# 面向未来 《《
# 教育变革趋势与路径研究

冯洪荣　郭秀晶　李旭　等◎著

教育科学出版社
·北　京·

# 目　录

# 总论

## 学校教育的美好未来

信息化时代，互联网、大数据、云计算、人工智能等科学技术的迅猛发展与广泛应用，正以前所未有的方式和速度推动着人类生产生活方式的变化，在深刻重塑经济社会各领域发展环境与生态格局的同时，也对人才培养及教育改革不断提出新的需求与挑战。面对新一轮科技革命的加速推进和复杂多变的国际环境，教育作为社会再生产的重要环节，不仅亟须面向未来，全面推动人才培养模式和教育制度的根本性、系统性革新，有效回应社会各方的改革发展诉求，而且需要引领未来，充分发挥教育在强国建设中的战略先导作用，做好人才培养和教育发展的前瞻性布局，为日趋激烈的科技、产业竞争和新质生产力发展提供具有可持续性的坚实助力。随着“第四次产业革命”带动着“第四次教育革命”蓬勃兴起，面向未来的教育改革正以其突出的重要性和必要性引起政界和学界越来越多的关注，诸多国家和地区都聚焦于此，开展了理论探索与实践创新。而学校作为人才培养的主阵地，则成为未来教育变革的重要载体。“未来学校”的先进理念与先行实践，成为技术驱动学校变革的重要表征（孙元涛，2022）[5]。近年来，未来学校在世界各地应运而生，以不同方式探索着未来教育的改革道路，以不同形态描绘着学校教育的美好未来。

从现有研究来看，国内关于未来学校的探讨主要体现为四种类型：一是以信息技术为切入点，聚焦学校育人方式或教学方式变革等内容，探讨信息技术对传统教育的影响及信息技术在未来学校的应用场景等问题；二是以课程体系为切入点，聚焦面向未来的学生素养发展需求，立足于以课程改革引导学校发展，探讨相应课程内容选择、课程体系设置、课程评价体系创新等方面的未来学校教育改革问题；三是以空间结构或学校环境为切入点，聚焦学校设施设备及学习空间的升级优化等内容，探讨以更好满足教育教学需要为目标的现代化学校基础条件建设与环境改造等问题；四是以管理结构为切入点，聚焦学校体制性改革等内容，探讨如何打破现有学校的组织制度架构、构建新的学校制度体系等问题。其核心在于，通过合理放权，重构学校与政府、学校与市场等主体间关系，不断提升学校的核心功能，增强学校办学活力。已有成果尽管为“未来学校”研究积累了丰富的资料，但从整体来看，围绕未来学校变革的探讨仍相对分散，在研究的全面性、系统性上仍显不足，在理论基础及逻辑体系的建构上仍相对薄弱。这便为进一步围绕面向未来的现代学校制度体系创新等问题开展更具整体性、系统性、深入性的思考与探索提出了迫切需求。相关研究应该坚持工具理性跟价值理性的统一（陶西平，2018c）[44]，这不仅需要我们在理论和实践层面系统梳理和总结未来学校建设的已有经验与教训，同时也需要以更高的站位和更广阔的视角全面认识并深入理解未来的世界及其对人的发展要求。

信息时代科学技术的迅猛发展，不仅为学校变革提出了必要性和迫切性，同时也为其带来了多重可能性与可行性。学校教育已站在机遇与挑战并存的十字路口，亟待顺应历史潮流、面向未来需求开展制度体系层面的全面深刻变革，努力塑造一个更加优质公平、更加包容均衡、更具韧性与活力的美好教育新生态。

# 一、教育变革的新阶段

教育作为一种上层建筑，属于社会意识形态范畴，依据马克思唯物史观，教育的改革发展必然受到社会经济基础与条件的决定性影响，呈现出鲜明的时代特性。一方面，为了适应社会经济发展的需要，教育必须进行与时俱进的改革；另一方面，教育对于社会经济的发展也具有反作用力，教育的改革创新无疑是促进经济和社会发展的重要手段。相应地，未来教育的发展变革也不是凭空产生的，而是建立在当代现实的社会经济发展环境基础之上的。因此，对未来教育变革的研究，不能从理想主义出发进行凭空臆断和想象，而是需要在深刻认识当前所处的时代背景及其发展趋势的前提下，从经济、社会、科技、文化等领域发展所带来的机遇与挑战之中进行辩证的分析和理解。

习近平主席指出，当今世界正在经历百年未有之大变局，这是世界之变、时代之变、历史之变（习近平，2022）。在这种发展环境中，新一轮科技革命和产业革命作为一把“双刃剑”，正深刻推动着各领域的改革创新。“教育何为、教育应该往何处去”已成为世界各国共同思考的重要命题（怀进鹏，2023）。

## （一）人类社会进入加速发展的数字时代

当今世界，新一轮科技革命正以极具颠覆性的形式和力量加速向纵深发展。数字技术作为当代全球科技创新、产业变革、社会进步的关键驱动要素，正日益广泛而深入地融入经济社会发展的各领域与全过程，不断重塑着人们的生产方式、生活方式、思维方式及社会治理方式，推动着人类社会加快迈入数字时代的更高阶形态，并对教育变革提出了迫切需求。

1. 新科技的快速迭代持续冲击全球劳动力市场。

信息化时代，新科技的大量涌现及快速迭代，全方位深刻重塑着全世界、全社会及各领域的发展环境与生态格局。以 ChatGPT 为代表的生成式人工智能在 2022 年底的横空出世和短期内的飞速突破，频频带来全球现象级的讨论与应用，更进一步推动了人们对未来的探索与畅想。“第四次产业革命”所带来的全新技术和数字变革，正在彻底改变全球的经济蓝图和工作场域，并带动“第四次教育革命”逐步兴起。

数字化转型在不断降低成本、提高效率的同时，不仅为各领域拓展资源、加强创新、扩大可选择性等提供了条件与机会，同时也对劳动力市场的人力资本结构及劳动力的能力素养提出了新的需要与要求。原世界银行行长金墉在 2017 年的世界政府首脑会议上演讲时指出，当前教育系统培养的学生技能与劳动力市场所需的就业能力之间存在明显的不匹配，全球市场人才供需普遍存在着严峻的结构性失衡现象。同年 5 月，欧盟委员会在向欧洲议会、欧洲理事会等机构提交的学校教育战略总体构想中指出，今天的许多孩子长大以后可能会从事以前从未出现过的行业，因此仅仅以一套固定的知识或技能体系来武装现在的年轻人是远远不够的，他们需要顺应时代的变化，掌握更强的学习与应变能力。有研究者指出，对多年以后学生需要什么技能或能力的准确预测十分困难，因此要着重培养学生的适应性技能，以帮助他们将来能够从容面对一个充满不确定性的新世界。未来学家预测，瞬息万变的职场中将会有越来越多的员工被要求在短时间内频繁更新学习，未来的雇主将更加需要灵活、适应性强、能够快速有效地吸收新内容和新技术的员工。因此，在“第四次教育改革”中，较之于“学习什么”，培养“学会学习”的能力显得更为重要（李旭，2021）。

随着数字时代的加速发展，知识迭代、技术革新与产业升级必将不断重塑全球劳动力市场，技术失业与人才竞争并存的现象势必广泛存在。如何进一步优化人才培养结构、提升其核心素养水平，已成为教育领域不可回避的重要议题。

2. 全球治理体系和国际秩序深刻变化倒逼各国加速教育变革。

当前，伴随着世界多极化、经济全球化、社会信息化、文化多样化的深入发展，国际秩序和全球治理体系都在经历深刻而复杂的变化。

一方面，21 世纪以来，新兴市场国家和发展中国家的群体性崛起，不断为世界经济增长注入新动力，并推动着世界发展格局逐步从欧美主导向多地区引领的多极化模式转变，世界经济重心东移趋势日益凸显。（国务院发展研究中心"国际经济格局变化和中国战略选择"课题组，2019）数据显示，2022 年，新兴市场经济体和发展中经济体的国内生产总值在全球的占比达到 58.3%，较 2008 年提升 7 个百分点，比发达经济体所占份额高出 16.6 个百分点（寰宇平，2024）。在这种背景下，发达国家在国际事务中长期占据主导地位的格局逐步变化，发展中国家和新兴经济体正日益深入地参与到全球治理变革之中。

另一方面，大国关系日趋复杂，大国竞争不断加剧。例如，近年来中美关系几经波折，美俄之间更是长期处于竞争对抗状态。大国关系的复杂多变，不断加深了地缘政治的紧张局势和地缘经济关系的复杂性。尽管全球经济增长乏力、金融危机持续、贫富分化严重等问题仍在加剧，但国家（地区）间相互依存与合作的程度仍在不断加深，人类社会正越来越紧密地构成一个命运共同体，许多全球性问题的解决都有赖于全球治理体系发挥积极作用，世界大国更应在其中承担起自身应有的责任和使命。

当今世界正在经历的治理体系和国际秩序的调整变革，最终都通过各国教育制度的调整，传递到教育改革的目标、任务、策略、方法的变革中（杨志成，2021a）[5]。为了更好地站在科技创新和国际竞争的制高点，无论是发达国家还是新兴经济体都不约而同地把教育置于发展战略的核心地位。作为全球最大的发展中国家和世界第二大经济体，我国也亟待进一步提升自身的国际话语权和国际影响力，这对我国相关人才的培养和相应的教育变革提出了迫切需求。

3. 数字技术赋能全面重塑教育教学新生态。

在新一代数字科技的支撑和推动下，以数据为关键要素，以数据赋能为主线，对教育各环节、全要素进行数字化升级、转型和再造的教育数字化转型（周全，2022），正带动着新一轮教育变革展开具有无限可能的未来图景。借助智能感知适应、虚实融合联动、数据驱动智能、泛在嵌入计算、实时可靠通信、云边端网融合、异构设备互联、自然姿态交互、智能服务生态等方式，数字技术正在推动教育运作模式发生变化，创造出新的教学方式、教育模式和教育服务新业务，构建出灵活、开放、终身的个性化教育的新生态体系（余胜泉，2023）[34-42]。数字化转型作为世界范围内教育转型的重要载体和方向，已成为国际社会应对危机挑战、开启光明未来的重要途径和举措（怀进鹏，2023）。

与此同时，随着数字技术、人工智能在教育领域的应用范围与程度不断拓展，技术与人文间的关系纠葛、信息安全、数据伦理，技术在教育中究竟能发挥怎样的作用等问题，也备受全球关切。站在教育改革的十字路口，如何在大调整大变革的新时代找准方向，在技术赋能教育的深入有效实施中拓展教育资源、优化教育生态、激发教育活力、提升教育竞争力，正引发教育实践者、理论研究者和政策决策者的共同思考与探索。

## （二）我国进入中国式现代化新阶段

党的二十大报告明确提出，“全面建成社会主义现代化强国、实现第二个百年奋斗目标，以中国式现代化全面推进中华民族伟大复兴”的战略目标，为我国社会主义建设事业新征程擘画出宏伟蓝图。2023 年 5 月，习近平总书记在中共中央政治局第五次集体学习时进一步强调，“建设教育强国，是全面建成社会主义现代化强国的战略先导……是以中国式现代化全面推进中华民族伟大复兴的基础工程”，并提出教育发展要“主动超前布局、有力应对变局、奋力开拓新局，加快推进教育现代化”。党中央的相关战略部署及习总书记的一系列重要讲话精神，不仅表明了教育在我国社会主义现代化强国建设中的重要地位与作用，同时也强调了教育发展在新时代新征程中必须主动肩负起的历史责任与使命。

1. 中华民族实现伟大复兴需以高质量教育强基赋能。

中国式现代化进程中，教育是基础，科技是关键，人才是根本。纵观人类文明史，世界强国无一不重视教育的基础性地位。我国建设社会主义现代化强国同样需要夯实教育之基，在着力解决教育发展中的突出问题和薄弱环节的同时，做好面向未来的教育改革与前瞻性布局。

需要深刻认识到的是，中国式现代化与西方现代化具有本质上的区别，它是中国共产党领导的社会主义现代化，既有各国现代化的共同特征，更有基于自身国情的中国特色。同样地，中国教育现代化也具有其自身的特色，且没有现成的经验可以照搬，因此也需要扎根中国大地走出自己的发展道路。面向未来，我国教育发展必须聚焦推进中国式现代化这个最大的政治，以战略思维和主动精神积极推动教育高质量发展，在充分发挥我国现代化“后发优势”的同时，深入挖掘教育服务强国建设的强大助力与潜能。

从根本来看，在中国特色社会主义新时代，中国式现代化的核心是人的现代化，是新时代中国人的全面发展（刘复兴，2023），而高质量教育体系和教育的高质量发展正是实现上述目标的基础所在。就此意义而言，未来教育与高质量教育具有内在追求的一致性。从整体来看，教育促进个体和群体的现代化的途径和作用是多方面的，包括为社会发展培养各行各业的高素质专业人才，为社会主义现代化建设提供源源不断的优质人力资源，传播先进文化与思想，推动科技创新，引领社会进步，等等。由此可见，教育服务和支撑社会主义现代化建设的功能与影响是全局性的，也是具有深远性的。

现阶段，在我国社会主要矛盾已转向人民日益增长的美好生活需要和不平衡不充分的发展之间的矛盾的背景下，教育领域的改革势必在走入“深水区”的境况下面临诸多难啃的“硬骨头”。这些教育难题往往都有着深刻的社会根源或制约因素，因此相关教育改革必须跳出教育看教育，这不仅需要打好社会各方的组合拳，同时也需要找准教育改革的时代落点，切实把教育放在实现中华民族伟大复兴的战略目标和世界百年未有之大变局中去谋划和推进。

2. 我国建设世界重要教育中心亟待推动教育从“面向未来”向“引领未来”转变。

随着改革开放和社会主义现代化建设的深入推进，我国在全球政治、经济、科技、文化等领域的国际地位和影响力不断提升，在国际事务中展现出了负责任的大国形象与担当。面向未来，我国正以自立自信的姿态日益走近世界舞台的中心。2021 年以来，习近平总书记先后提出使我国努力成为“世界主要科学中心和创新高地”“世界重要人才中心和创新高地”“具有强大影响力的世界重要教育中心”等一系列重要指示，为我国加快推进高水平的教育、科技、人才一体化进程指明了方向。而教育作为其中的先导变量，更是凸显出重要的战略价值。

在我国教育现代化建设中，“面向未来”一直是重要内涵和指征之一。其最早于 1983 年由邓小平同志提出，作为“三个面向”的核心内容，承载着对我国教育发展的期望与要求。经过 40 余年的发展，我国不仅建成了世界上规模最大的教育体系，同时教育现代化发展总体水平也已跨入世界中上等国家行列（国务院新闻办公室，2021）。站在新的历史起点，我国教育现代化建设亟待书写新的历史篇章，加快从“跟跑者”“并跑者”向“领跑者”角色的转变。同样地，我国“三个面向”的教育愿景也亟待向“三个引领”延伸，即从教育要“面向现代化、面向世界、面向未来”走向教育要“引领现代化、引领世界、引领未来”。其背后的隐喻在于，迅速崛起的中国不能仅作西方教育现代化的“看客”，而是要努力成为新时代教育变革的领导者。

当前，我国正处于近代以来最好的发展时期（习近平，2020），这为我们追寻上述教育变革目标提供了条件和契机。随着我国经济转向高质量发展阶段，我国也已成为世界经济增长的最大贡献国，近年来平均贡献率超过 30%（国务院新闻办公室，2021）；中国在“全球人才竞争力指数”（GTCI）中的排名已从 2013 年的第 47 位上升至 2023 年的第 40 位（INSEAD，2023）。这些成绩的取得，都离不开教育的支持。而国家综合实力的提升，也为教育现代化的发展提供了良好的基础与条件。中国教育科学研究院的研究显示，2012 年至 2022 年，我国教育强国综合指数的世界排名由第 49 位跃升到第 23 位，在研究选取的 125 个国家（地区）中进步最快（马晓强 等，2023）。在综合国力不断增强、教育现代化展现出强劲发展势头的形势之下，我国定将重回世界教育中心地位（高书国，2017）。这是中国教育发展的宏伟目标，也是以中国式现代化开辟出来的新道路为世界教育现代化进程提供“新范式”的应有之义。

然而，同时也应该看到，当前我国教育发展不平衡不充分等问题依然存在，制约教育竞争力的短板依然严峻。有研究显示，除教育投入竞争力指数外，我国在教育资源竞争力指数、教育公平竞争力指数、教育效率与产出竞争力指数等方面的评分均低于全球主要国家的中位数（黄艳 等，2022）。在现有基础上进一步促进教育的高质量发展，已成为我国现阶段教育改革的核心任务。

### （三）大规模疫情带来的叠加影响增强了未来教育变革的复杂性与不确定性

2019 年底，新冠肺炎疫情的突然暴发及随后在世界范围的大规模传播，不仅使全球公共卫生系统陷入二战以来最大的危机，同时也给经济、政治、社会、国际关系等诸多领域带来了全方位的严峻挑战，为百年未有之大变局叠加了新的复杂性和不确定性。在教育领域，为了防止疫情的传播，世界各地的学校纷纷被迫停课停学，全球约 90%（15.7 亿名）的学生无法到校学习（彭婵娟，刘宝存，2023），正常的教育教学活动受到巨大干扰与冲击。学校教育被迫从线下转为线上后，尽管在一定程度上倒逼了远程教育的迅速发展，但学生学业质量却在猝不及防的被动变化中遭受到了严峻考验。同时，远程教育资源在区域配置上的不均衡性、教师和学生在数字素养上的准备不足与能力差异等因素导致的“数字鸿沟”，也不断加剧了教育系统的不公平问题，弱势群体学生更是面临着进一步被边缘化的不利处境。此外，线下教育的中断还给学生的心理健康带来了不同程度的影响。

突如其来的疫情给全球教育系统带来了前所未有的危机与挑战，暴露出教育发展中的诸多弱点，并由此引发了人们对教育系统在应对全球系统性风险时其脆弱性的担忧（刘奕涛 等，2021）。后疫情时代，我们亟须加强主动的思考与规划，变危机为契机，通过引入可以惠及所有人的新学习模式，为紧急情况做好准备，并使教育系统更具韧性（resilient）（KALIOPE A H.，TIGRAN S.，2020）。这里的“韧性”，是指教育系统通过消纳、适调、变革来消减、规避外在冲击或应激源，或在受压下依然正常运转甚至更加完善的能力（祝智庭，彭红超，2020），可以体现在宏观教学环境的韧性、组织韧性、管理韧性及微观层面的课堂教学韧性等诸多方面（祝智庭，胡姣，2022）。增强教育系统的韧性，促进教育系统提升其在复杂多变的环境中保持相对稳定发展的应对力、适应力、恢复力、调节力和创变力，已然成为时代赋予教育变革的迫切议题。而数字化、人工智能等技术的迅猛发展，正为此提供了支撑。

站在“两个一百年”奋斗目标的历史交汇点，我国教育发展亟待深刻认识社会主义现代化的发展规律和错综复杂的国际关系带来的新矛盾、新挑战，以战略性、前瞻性眼光和思维提前做好谋篇布局，积极把握趋利避害的主动权，有效防范化解重大风险挑战，在危机中育先机、于变局中开新局（杨河，2021)，为中华民族的伟大复兴提供强有力的教育支撑。

最后需要指出的是，尽管“未来”在一般意义上是没有时间边界的，但研究未来教育或未来学校应该是有时间边界的（陶西平，2018c）[45]。这是因为，我们可以畅想遥远的未来教育，但更需要从现实出发，探索通向不再遥远的未来教育的道路（陶西平，2018b)。从国内来看，党的二十大报告明确指出，全面建成社会主义现代化强国，总的战略安排是分两步走：从 2020 年到 2035 年基本实现社会主义现代化；从 2035 年到本世纪中叶把我国建成富强民主文明和谐美丽的社会主义现代化强国。从国际视角来看，2015 年联合国发展峰会通过的《2030 年可持续发展议程》提出了到 2030 年需要实现的 17 项可持续发展目标。2020 年，经济合作与发展组织（Organization for Economic Co-operation and Development，简称 OECD）发布《回到教育的未来：OECD 关于学校教育的四种图景》报告，将探索的视角指向 2040 年的未来教育。2021 年，联合国教科文组织（United Nations Educational, Scientific, and Cultural Organization，简称 UNESCO）发布的报告《共同重新构想我们的未来：为教育打造一种新的社会契约》，则将对未来教育的展望落到 2050 年。未来教育变革是一个长期的过程，具有一定的渐进性和阶段性。结合国内外相关战略规划的时间脉络及学术界的有关观点，我们认为，当前可以将未来教育研究的视角锚定在 2050 年左右。据此，我们将有近 30 年的时间去探索和推进未来教育变革，这一时间预设既与我国社会主义现代化建设规划相辅相成，也能够为教育制度的创新与重构预留相对充足的时间。

## 二、未来教育的新特征

就概念内涵而言，“未来教育”并非是一个严格意义上的学术概念，可以看成是“面向未来的教育”或“引领未来的教育”的简称，主要是指对更高品质和更新形式教育的追求和期待，目标是促进学生全面发展，以适应未来社会和人类的需求（余胜泉，2023）[32]。近十余年来，随着第四次产业革命和科学技术的迅猛发展，未来教育及未来学校的发展受到越来越多国家的关注，并逐渐成为教育领域热议的话题之一。

通过对相关文献的梳理可以发现，“未来教育”研究主要呈现为四种路径：一是基于“技术预测”的未来教育探究进路；二是基于知识进化的“进化教育学”探究进路；三是基于预期系统理论的“未来素养”探究进路；四是基于后结构主义理论的“因素多层分析”探索进路（卜玉华，2022）。与西方世界相比，我国在“未来教育”研究方面的起步较晚。在中国知网期刊数据库中以“未来教育”和“未来学校”为主题词进行检索可见，尽管 20 世纪 80 年代已有相关成果出现，但研究较为零散，直至 2012 年左右，相关研究成果数量才开始迅速攀升，并在 2017—2021 年形成论文发表的高峰。利用 CiteSpace 可视化分析软件可以看出，近年来国内关于未来教育或未来学校的研究热点主要集中在“互联网 + 教育”、教育信息化、人工智能、个性化学习等方面。

尽管国内外关于未来教育的研究呈现出不同的视角、分析框架和结论，但至少具有三点共识：一是未来教育的发展深受大数据、人工智能等先进技术的影响，是信息化时代发展的必然产物；二是未来教育具有相对开放的时空格局，其发展具有多种可能性；三是未来教育的本质在于促进人的全面发展，教育目的（而非技术）决定着未来教育的发展走向。随着相关研究与实践的逐步拓展与深入，未来教育的样态正在理想与现实间逐步清晰起来。从整体来看，较之于传统教育，未来教育主要呈现出以下新特征。

## （一）育人目标更加长远化和素养化

面向未来的教育变革首先需要回答“培养什么样的人”这一核心问题。随着信息化时代的深入发展及大量颠覆性技术在生产生活领域的广泛渗透，未来的社会不仅要面临人与机器协同工作的局面，同时也要面临越来越多的不确定性。人要在这种环境中胜任未来，仅拥有丰富的知识和各种新技能是远远不够的，提升高阶能力或核心素养才是关键。

从内涵来看，核心素养是学生在接受相应学段教育过程中，逐步形成的适应个人终身发展和社会发展需要的必备品格与关键能力（辛涛 等，2016）。20 世纪末以来，国际组织及各国（地区）围绕核心素养的构成进行了广泛探讨。例如，UNESCO 在 2013 年发布的报告《向普及学习迈进：每个孩子应该学什么》中提出，基础教育阶段需关注学生七大领域的发展，即身体健康、社会情绪、文化与艺术、文字与沟通、学习方法与认知、数字与数学、科学与技术。OECD 在国际学生评估项目（PISA）中着重强调了科学素养、数学素养、阅读素养、问题解决素养、财经素养等内容。世界经济论坛（World Economic Forum，简称 WEF）在 2020 年发布的报告《未来学校：为第四次工业革命定义新的教育模式》中提出，年轻一代成为未来经济的生产贡献者和未来社会的负责任公民应具备四项关键技能，分别是全球公民技能、创新创造技能、技术技能和人际关系技能。同时，世界各国也纷纷构建了学生核心素养框架，如美国的“21 世纪学习体系”、新加坡的“21 世纪素养框架”、日本的“21 世纪能力型”、我国的《中国学生发展核心素养》等，这里不再一一赘述。

尽管各种核心素养框架的构成结构及表达方式不尽相同，但在整体上具有内在一致性，主要呈现出六个方面的共同特征：一是整体性，即核心素养是一系列知识、技能、态度、情感、价值观等能力品质的集合体，不能孤立地进行单独培养或发展（辛涛 等，2016）；二是共同性，即尽管学生受先天潜能和后天开发的影响，在能力和水平上存在差异，但所有学生都应该获得一些最关键、最必要的品格和能力（陶西平，2018a），以具备未来生存和发展的竞争力；三是人本性，即核心素养的培养必须遵循学生身心发展规律和人才培养规律，需要面向不同学段、不同领域、不同群体合理设置发展目标；四是生发性，即核心素养有助于生发其他优良的品格与能力（陶西平，2018a）；五是内隐性，即核心素养在态度、情感等方面的发展常体现为内在体悟或成长的过程，往往难以进行即时性或定量性的测评；六是发展性，即核心素养的内容或表征不是一成不变的，而是会随着时代的变迁和社会需要的变化而不断进行动态调整，但在一定时期内通常会保持相对稳定。

相较于传统教育较多指向确定性，未来教育更加注重通过发展学生的核心素养和教会学生如何学习，使其在全面发展的基础上，更好适应未来社会和终身学习的需要，能够更好地认识未来、理解未来、迎接未来、胜任未来，从容面对复杂世界和未来的不确定性。

### （二）教育内容更加体系化和融通化

信息技术的飞速发展不断加快着知识的增长速率。据美国斯坦福大学的人工智能、机器人和未来教育中心（Stanford AIRE：AI Robotics and Education）预测，未来 20 年内，知识总量翻倍的速度将达到每年 106 倍（纪雯雯，刘向兵，2021）。面对知识的爆炸式增长和快速迭代，传统学校中学科划分过细、内容分散、更新缓慢的知识体系越来越难以跟上时代的步伐，这便对教育内容的变革提出了强烈诉求。未来教育致力于帮助学生增强认知体系和认知能力的韧性，更好适应充满未知的未来，在教育教学内容的选择与建构上，主要呈现出以下特点。

首先，注重知识的整合和跨学科知识体系的建构。信息化社会发展复杂性与不确定性的交织，使得各类问题往往受到多领域、多层面因素的影响，仅仅依靠单一知识或单科思维方式很难有效解决，而是必须要有综合性、系统性的思维办法（陶西平，2018a）。海量知识信息的扩增使“一切的知识教给一切的人”这个基本假设不再成立（杨志成，2021a）[5]，未来教育势必需要打破学科壁垒，促进不同领域知识间的交融互通。一方面，将单学科内的“知识碎片”整合为具有内在逻辑性的“知识体系”，帮助学生在夯实某一领域的基本专业知识的基础上，进一步理解和把握知识发展规律，提升系统思维能力。另一方面，促进跨学科知识的整合，加强交叉学科、新兴学科等领域知识体系的建构与创新，在引导学生以大知识观对多学科内容进行综合学习和灵活运用的过程中，培养学生的发散思维、批判精神以及认识和解决复杂问题的能力。

其次，注重教育内容与个性化需求的匹配性与生成性。与传统教育的“工厂式”培养模式十分注重统一性、标准性不同，未来教育注重尊重并维护个体之间的差异性，满足学生的个性化需求。学生可以不再使用同一套课表或教材，不必遵循步伐一致的教学计划和进度，而是可以依据个人学习能力与水平，对学习内容进行自由选择与重组。这不仅有助于通过引导学生在繁杂的知识之林中遴选和建构起自己的知识系统，培养学生的自主学习能力，同时也有助于挖掘和激发学生的学习志趣与学习潜能，提高学生学习的主动性和内驱力。

最后，注重教育内容与时代和社会的紧密融合。科技和社会的飞速发展，要求教育内容也需加速更新，这不仅包含对知识和技能向度的教育内容进行与时俱进的补充和调整，同时也包含知识背后所蕴含的价值观、人生观等意识和精神层面教育内容的进化，并注重引导学生围绕经济、社会、科技、文化等领域发展中的现实问题进行探索、思考和解析。这不仅有助于促进学科知识与个体经验、社会生活、生产实践等的有机结合，培养学生综合运用所学知识解决复杂问题的能力，而且有助于促进学生树立良好的世界观，培养其成为对人类和社会发展具有真情关切、富有责任感的时代新人。

### （三）教育方式更加多元化和个性化

源自工业社会的现代学校教育，深受统一化、标准化工业生产模式的影响，致力于大规模地培养符合基本规格的“合格”人才。尽管这种教育模式在历史进程中对教育的普及化产生了积极助力，但在加速发展的信息化时代，其弊端日益凸显。为满足学生个性化成长和社会发展的多元诉求，未来教育亟须对传统的教学方式和学习方式做出积极变革，其特征主要体现在以下三个方面。

其一，尊重学生的个体差异，注重满足学生个性化学习需求，促进教学方式从单一讲授式向多元方式转变。根据加德纳（H. Gardner）的多元智能理论，人类思维和认识的方式是多元的，每个学生都具有在某一方面或某几方面的发展潜力，只要为他们提供了合适的教育和训练，每个学生的相应智能水平都能得到发展（钟志贤，2004）。因此，尊重学生的独特性和差异性是未来教育开展教学活动的首要前提。在充分了解学生所具有的不同智能特质、学业基础、学习风格、发展方向等个性特点的基础上，教育应平等对待每个学生，并为学生提供多样化的教学方式，使每个学生都能找到契合自身特点和发展需要的学习路径和学习资源，进而在“全面发展”和“个性发展”的有机结合下，实现自身潜能的充分开发。由此形成的育人模式，不再体现为统一规格的“批量生产”，而是具有了“个性化定制”的色彩，符合因材施教的教育规律，有助于实现人人成才的教育效果。

其二，强调以学习者为中心，注重支持学生自由参与学习路径的设计，促进学习方式从“权威配置”向“自主选择”转变。长期以来，传统教学过程都体现为统一目标导向下的单向度资源配置，教师在教学场域中居于权威地位，在很大程度上决定着“教什么”和“怎么教”的问题，学生大多只能在统一的教学计划和教学方式下接受教育。但未来教育的发展强调个性化学习，这不仅指向学习载体或学习路径面向个性化需求所呈现出的多样性，同时也包含学习者可以参与学习路径的设计、自主选择学习方式的意蕴。这种多元参与和自主选择符合学生个性化发展的需要，也有助于从中调动学生自主学习的积极性。正如有学者指出的，教育过程以促进学生发展为目的，归根结底是学生自我建构的过程（冯建军，2004）。但需要注意的是，这种自主选择不是漫无边际的，而是在经过教育者合理建构的选项范围内进行的选择。

其三，注重开发学生学习的内驱力，促进人才培养过程从被动的“教”向主动的“学”转变。与传统教育中教师居于主导地位、教学常体现为自上而下的知识灌输式过程不同，未来教育注重培养学生面向终身学习需要的独立性和自主性，因此应积极促进人才培养过程从以“教”为主导向以“学”为主导转变，注重激发学生爱学习、会学习的主动性，引导学生提升探索未知世界的勇气和能力。需要注意的是，这种转变并不是对“教”的否定，而是指向在理念与功能层面对“教”的创新或重塑。学习方式的改变会对师生关系产生多重影响，表现为师与生走向融合、教与学相互促进、师生同为学习者实现共同发展等方面（王素云，冯建军，2023）[94-95]。由于数字时代获取知识的渠道或来源不断丰富，教师在课程上的学术权威将不断受到挑战。如何重塑师生关系，使教师在教学过程中更好地发挥引导、鼓励、启发、示范等作用，是未来教育变革中值得深入讨论的话题。

### （四）教育治理更加精细化和高效化

在复杂多变的时代背景中，未来教育的发展势必面临一系列不确定性，需要依靠优质高效的教育治理共同应对挑战，通过不断提升治理能力把制度优势转化为治理效能。伴随着教育领域的数字化转型，未来教育治理主要呈现出以下四个方面的新特征。

一是组织结构扁平化。在快速多变和充满不确定性的数字时代，传统的科层式管理体制机构重叠、多头管理、层层推进导致效率降低、面向变化的目标应对迟缓、部门间各自为政、信息传递不顺畅等问题不断显露。促进教育治理体系的组织结构逐步从“纵向垂直”的科层制模式向“横向互联”的扁平化模式转型，随之成为未来教育变革的重要方向。在数字网络平台的搭建及大数据、区块链等技术广泛应用的推动下，扁平化组织间的信息壁垒被打通，数据信息可以从原来自上而下的单向传输模式转变为不同部门和层级间的自由流动与开放共享。这有助于改变利益相关体之间信息不对称的情况，提升教育管理体系的组织效能与办事效率。

二是管理服务精细化。在数字化、智能化信息技术的支持下，借助教育大数据服务平台、数字化事务管理平台、数字运营支撑服务平台等技术空间的搭建，教育治理手段不断丰富和创新，能够对接学生、教师、管理者、决策者等不同主体的个性化需求，为其提供定制化的管理服务，推动教育治理从过去的粗放式管理模式向精细化服务模式转变。在这种转变中，教育治理过程更加注重对“人”的关切。毋庸置疑，技术与治理理念、治理方式之间具有一定的共生关系，但仅仅靠技术力量是没办法真正改变教育的，技术需要和理念共同推进教育变革（朱永新，库奇，2020）。而精细化的治理服务则体现了对传统“绩效主义”价值导向的超越，更加关注人的主体价值，有利于促进“技术”与“人”之间关系的平衡。

三是决策与评价科学化。在教育决策方面，数字化平台的搭建和机器学习、人工智能等数智技术的运用，能够为管理者和决策者提供丰富而客观的数据信息，并通过对教育教学活动的实时监测与动态分析，提前预判可能出现的问题或风险点。这些都为基于数据和循证的科学决策与规划提供了支撑和工具，有助于促进教育决策能力与水平的优化升级。在教育评价方面，未来教育治理通过充分运用先进信息技术对教育教学管理活动中全要素、全过程、全方位的数据采集与分析，可以推进个性化评价、发展性评价、综合性评价等方式的综合运用。未来教育评价日益呈现出评价模型科学化、主体参与多元化、数据获取立体化、诊断分析最优化、评价反馈精准化等特点（刘邦奇 等，2021），推动教育评价过程更加科学高效地运作。

四是主体参与协同化。面向未来的教育治理，鼓励和支持包括教师、学生、家长、教育管理者等利益相关群体在内的多元主体的共同参与和协同作用，而数字化、智能化的治理手段与方式也为拓展互联渠道、共享数据信息、增强交流合作等提供了条件。这不仅意味着教育治理制度要赋予相关主体以更多的知情权、监督权、参与权和表达权，而且意味着要进一步完善学校与政府、市场间的关系，促进权力结构的平衡化发展。

### （五）教育制度更加人性化和弹性化

教育的根本性变革离不开制度的创新。教育制度的创新，是制度主体以新的观念为指导，通过制定新的行为规范，调整主体间的权利平等关系，为实现新的价值目标和理想目标而自主地进行的创新性的活动（王占魁，2006）。未来教育制度层面的创新，突出体现在其人性化和弹性化特点之上。

人性化的制度主要指向以个体自由和人与人之间权力平等为基础，以充分尊重人的个性化发展为前提，以促进人的全面发展为目标，为保障人的培养活动顺利开展而制定的准则和规范。这种教育制度深刻强调“以人为中心”，注重在教育活动中突出人的主体性地位和学习内驱力的发展。从学生的视角出发，这里的“人性化”主要包含四层含义：一是学生是教育的主体，教育要以促进学生的全面发展作为各类活动的出发点和落脚点；二是学生的参与是有效教育的关键，教育活动要注重引导和培养学生的主体意识、主动精神和自主学习能力；三是使人性中的美好品质得到良好发展是教育的核心要义，教育不仅要使人“成才”，更要使人“成人”；四是服务于学生是现代教育的重要追求，教育供给要注意关注和满足学生的个性化、差异化需求。

教育制度的人性化特点要求教育制度衍生出弹性化的特质，这也是未来教育更好实现人的现代性发展的内在要求。在教育领域，传统教育制度呈现出集中性、等级性、统一化、标准化等特征，这虽然有助于在大规模教学中保障基本教学质量，但却不同程度地压制了人的主体性、创造性及多元个性的发展，越来越难以适应新时代的人才培养需要，这便要求相关制度从“刚性”走向“弹性”。教育制度的弹性主要是指教育系统以学习者为中心，为其提供多元化、开放性的教育资源和策略，并赋予学习者从中自主选择的权力和路径，从而为满足学习者个性化、差异化的发展需求提供保障和规范。在这种制度下，教育可以实现“大规模”和“个性化”的统一，真正促进因材施教的实现。

具体而言，弹性化的教育制度可以表现在以下诸多层面：(1) 弹性的学制，包括灵活的入学制度、学期制、学籍管理制度等；(2) 弹性的课程体系，包括学科和课程体系的设置、课程内容结构的设置、自主选课制度等；(3) 弹性的学生组织制度、学习组合方式以及学生工作体系；(4) 弹性的教学制度及其管理系统，包括教学时间与地点的灵活安排、多样化的教学组织方式与教学方法、学分制等；(5) 弹性的教与学两方面的评价系统，包括对学生的多样化考评制度、对教师的多元化考核制度等；(6) 支持弹性教与学的技术系统；等等（原霞，2005）。

制度的弹性化，在根本上意味着权力的转移，特别是政府权力的下放。因此，如何处理好学校与政府间的关系，对于未来教育变革的成效至关重要。此外值得一提的是，学校是制度化的产物，学校教育制度作为教育制度的子系统，是制度在学校场域中的具体化，同时也体现为制度化程度最高的教育形式（冯永刚，2011）。鉴于此，学校制度创新无疑是教育制度创新的核心内容和关键一环，在面向未来的教育变革中，迫切需要聚焦学校制度创新开展深入研究。

### （六）教育形态更加开放化和多样化

信息化时代，教育的空间场所、时间范围、参与主体、服务对象、方式方法等系统要素都在不断延展和扩增，推动着教学和学习活动逐渐突破原有的教室、课堂、学校围墙等物理空间限制，形成了更加开放和多样的系统形态。这不仅指向物质资源和空间层面的开放共享，也指向教育的公平性、包容性、均衡性、终身性等内在特质的强化。

其一，线上教育与线下教育有机融合，教育资源实现跨时空灵活供给。随着线下教育与线上教育融合关系的深化，在线教育不再仅是课堂教学或线下学习的补充，而是将会成为和后者同样不可或缺的教学形式（黄荣怀 等，2020）。与此同时，线上教育本身具有的开放性、泛在性、便利性等特质，也极大地拓展了教育资源的供给，有助于打破传统教育体系中地域、年龄、经济能力等各种限制，为学习者提供前所未有的多样化选择（余胜泉，2023）[36]，更好满足不同学习者的个性化学习需求。

其二，学校、家庭、社会等多方主体协同育人，教育资源生产方式不断创新。未来的学习将突破学校的物理空间，拓展至更加多元化的学习场所，如社区、图书馆、博物馆、学习中心等。对于人的培养不仅仅是学校的责任，而是需要由家庭、社会等多方主体共同承担。这不仅意味着学习者获取知识的途径更加丰富和多元，同时也意味着教育资源生产方式的优化升级。通过各方主体的协同合作，全社会的教育资源可以更好地实现整合和利用。

其三，泛在学习提供更多教育机会，终身学习成为常态。在快速变化的信息化社会，学习不再只是青少年时期为未来生活所做的准备，而是需要持续一生的活动，以应对充满不确定性的未来世界的挑战。在任何人都可以在任何地点、任何时间获得所需任何信息的“泛在学习”支持下，学习将全面嵌入日常生产生活的各个时空领域，成为人们常态化的生存方式。新的教育格局也将为此提供正式学习与非正式学习相结合的多元化学习资源与学习方式，并致力于为包含弱势群体在内的所有人提供所需的教育服务。

其四，学校教育展现多向度演化趋势，未来教育充满多样性与不确定性。学校教育作为未来教育的重要构成，必将在不断的开放创新中呈现多样化的发展趋势和样态。OECD 在 2020 年发布的报告《回到教育的未来》中，提出了未来学校教育的四种图景，即学校教育的大规模扩展、教育外包、以学校为核心的学习中心和无边界学习（见下页表）。OECD 指出，这种“图景”的构建不包含预测或建议，而是指向一组可选择的未来，意在引导人们认识到通向未来教育的道路不止一条（张敬威，苏慧丽，2021），并为各国规划相对长期的教育发展战略提供思路。

**OECD 展望未来教育发展的四种图景**

| | 目标和功能 | 组织和结构 | 师资力量 | 治理和地缘政治 | 公共当局面临的挑战 |
|---|---|---|---|---|---|
| 学校教育扩展 | 学校教育在社会化、资格认证等方面扮演着重要角色 | 教育垄断，并保留了学校系统的传统功能 | 教师职业垄断，并具有潜在的新规模效益和任务分工 | 传统公共行政部门发挥重要作用，并强调国际合作 | 适应不同需求并确保系统质量；在共识和创新间保持潜在平衡 |

续表

| | 目标和功能 | 组织和结构 | 师资力量 | 治理和地缘政治 | 公共当局面临的挑战 |
|---|---|---|---|---|---|
| 教育外包 | 需求碎片化，自主性强的学生需要更灵活的服务 | 结构多样化，即教师个人可以实施多种教学组织形式 | 学校内外运作更加多样 | 教育系统在（地区、国家、全球）教育市场中扮演重要角色 | 确保准入和保证质量，纠正“市场失灵”；与其他学习供应商竞争，促进信息流通 |
| 学校作为学习中心 | 学校的灵活安排支持个性化学习和社区参与 | 学校作为学习中心，组织多种资源配置 | 专业教师是专业知识网络节点，该网络具有广泛性和灵活性 | 高度重视地方教育决策；伙伴合作关系可自行组织 | 利益和权力分配、地区目标和系统目标存在潜在冲突；不同地区当局的能力差异巨大 |
| 无边界学习 | 传统的教育目标和功能因技术得到而被改变 | 学校作为社会机构被取消 | 学习者成为知识的生产者和消费者，并在社区（地区、国家、全球）中发挥重要作用 | 全球数据和数字技术的治理成为关键 | 潜在的高度干预主义（国家、公司）影响民主控制和个人权利保护；社会分裂的风险高 |

资料来源：兰国帅，张怡，魏家财，等. 未来教育的四种图景：OECD《2020 年未来学校教育图景》报告要点与思考 [J]. 开放教育研究，2020（6）：21.

总的来看，随着信息化时代科技赋能教育的不断深化，现代教育变革将在超越校园束缚、超越班级授课、超越学科边界、超越教材资源、超越专业教师授课、超越现代学制中实现面向未来教育实践范式的转型（杨志成，2021a）[7]。教育的未来，作为全世界共同关注的话题，正在理论与实践层面的积极探索下，不断展现出充满开放化和多样化的崭新样态。

## 三、未来学校的新形态

未来学校作为未来教育的重要实施载体，并非是一个严格的学术概念，也没有一个统一的模式，它可以看成是学校存在与发展模式随时代更迭与社会变革发展而呈现出的新样态（姜晨，2023），蕴含着人们对不同于传统学校样态的多种期待。无论从概念的内涵还是外延来看，“未来学校”都与“未来教育”一致，呈现出鲜明的时代色彩，其建设发展既需要有前瞻性的视角，也需要建立在现实的经济社会基础之上。随着人类社会逐步从信息社会迈向智能社会，世界各国（地区）纷纷在机遇与挑战的共同驱力下围绕未来学校开展了多种多样的探索与实践，初步描绘出了具有未来气息的学校教育新形态。

### （一）关于未来学校的两个核心观点

关于未来学校的思考，一般有两种思路：一种是“以未来看学校”，另一种是“以学校看未来”。本研究在前文的分析可以基本回应前者，而对于后一种认识视角，我们持有两个核心观点：一是学校在未来不会消亡，而是作为教育的主阵地成为未来教育变革的重要载体；二是未来会诞生出多样化的教育形态，但学校仍以其难以替代的功能优势居于教育体系的核心位置。这既是我们对未来教育发展态势的基本研判，也是开展未来学校研究的重要前提。

其一，未来尽管会涌现出多种多样的教育形态，但学校不会消亡，学校教育仍然是未来教育的主要载体和形式。随着全新的科学技术和数字变革逐步打破学校的固有边界，教育逐步具有“人人可学、时时可学、处处可学”的形态特点，原有的学校结构及学校制度也需进行应势而为地调整与革新，以适应不断变化的教育环境和社会环境。在这种变化趋势下，学校消亡论不绝于耳。一些观点认为在技术赋能下，学习网络、虚拟学校、家庭教育等组织形态都可以为“去学校化”提供支持，学校将被“没有围墙”的更广阔的学习平台所取代。但从理性的视角审视不难发现，技术赋能虽然能够帮助解决传统学校教育发展中的一些问题，但技术对教育的影响是有条件的，也是有界限的。正如有学者提出，“未来学校”研究应当聚焦在“教育 + 技术”上，而不是“技术 + 教育”上（孙元涛，2022）[12]。UNESCO 的研究亦指出，学校教育作为制度化学习和在家庭之外实现社会化的第一步，在相当长的一段时期内仍是社会学习的重要组成部分，其重要性并不会在技术变革的洪流中被削弱（联合国教科文组织，2017）。从根本上讲，学校仍然是，也将永远是学生最基本的社会活动场所（塞尔登，阿比多耶，2019）。在可见的未来，学校不会消亡，而是需要继续承载着重要的育人功能，在帮助学生走入社会方面肩负起主要责任（OECD 教育研究与创新中心，2016）。

其二，尽管当前或未来涌现的多种多样的教育形式均能够承载一定的教育功能，但教育功能体系最为完整且能够全面实施集中育人活动的场所仍是学校，未来教育变革需重视推进学校制度变革。毋庸置疑，数字技术的融入，拓宽了教育的途径及时空范围，在线学习、学习中心、学习社区、高度专业化的学习社群等新型教育形态不断产生。但学校作为一种组织化了的社会机构和相对稳定的系统，较之于其他学习场域，更能够培养学习者思想探究、反思和交叉审视的能力，并促进学习者学科知识和跨学科知识的习得（兰国帅 等，2020）。[24] 由此可见，学校教育凭借其功能完整、活动集中、组织成熟等优势，将依然位于整个教育新格局的核心位置，学校教育变革仍是未来教育变革的重中之重。

## （二）国际社会围绕未来学校建设的积极探索

随着对信息化时代人类社会发展趋势及传统学校落后于时代发展需要的认识不断丰富，近年来越来越多的国家和国际组织开始重新思考学校和学校教育的变革问题，并在思想引领、政治规划、实践行动等多个层面对未来学校的改造与创新进行了积极探索。

针对急剧变化的世界，为了更好地呼吁社会、学校及相关部门推动系统变革，使年轻一代具备创建一个更具包容性、凝聚力和生产力的世界所需要的技能（王永固 等，2020）[3]，世纪经济论坛在2020年发布的报告《未来学校：为第四次工业革命定义新的教育模式》中提出，未来学校应着力创建具有四个关键特征的学习生态系统，即个性化和自定进度的学习、可及性和包容性学习、基于问题和协作的学习、终身学习和学生自驱动的学习（王永固 等，2020）[4]。同年，OECD在《回到教育的未来：OECD关于学校教育的四种图景》中强调，随着人们对学校教育期望的日益提高，学校教育在保持教育公平、提供优质教育和满足个人学习需求方面扮演的角色越来越具有挑战性和必要性，并在一定意义上承载着重塑社会结构和社会规范的功能（兰国帅 等，2020）[19-22]。未来学校需要在建立良好学习环境的基础上改革学校教学，为所有学习者提供充足、平等的学习机会和丰富、多样的学习资源。UNESCO于2021年底发布的报告《共同重新构想我们的未来：为教育打造一种新的社会契约》从“我们要继续做什么？应该抛弃什么？需要创新什么？”三个基本问题出发，对迈向2050年及以后的教育进行了整体性的构想与展望，并呼吁世界各地的政府、机构、组织和公民缔结一份新的教育社会契约来修复过去的不公正现象，同时改变未来（王清涛 等，2023）。报告指出，教育的未来是多样的，我们要为教育创造怎样的未来，取决于现在的选择。

在国际组织的带动下，世界各国（地区）也围绕未来学校的建设开展了多样化的探索与实践。而由于不同国家（地区）在经济基础、社会文化、教育水平等方面存在差异，因此，未来学校在世界各地的推进实施状况不尽相同。从部分较有代表性的国家实践管窥可见（见下表），在政府、企业、教育机构、科研机构、社会组织等多元主体的共同推动下，未来学校正在世界范围内蓬勃发展，并形成了多样态的整体性框架或推进策略，为未来教育变革不断注入着新的活力。

国内外关于未来学校的实践探索举例

| 国家 | 政策支持 | 实践探索 |
| --- | --- | --- |
| 美国 | 2004 年，微软公司和费城教育局联合实施“未来学校”计划 | 2006 年，计划由地区资本提供资金，并通过微软学习伙伴计划（PiL）获得人力资源和技术支持，费城学区打造了第一所以“未来学校”命名的学校，实现了在技术支持下任何时间任何地点都能进行学习的高科技环境，并且在学习方式、课程教学、教育管理等方面大胆创新，如人手一台电脑、自定学习步调、项目式学习等 |
| 英国 | 2004 年，英国政府发起“为未来建造学校”（Building Schools for the Future）项目 | 在政府、企业、科研及教育机构的强力合作下，该项目在 2005 ～ 2020 年期间规划重建英格兰一半的中学，对 35%的学校进行结构改造，对其余的学校进行翻新；转变教学方法、课程和学习期望，让学生在 21 世纪的高科技环境中学习 |
| 新加坡 | 2006 年，新加坡信息通讯发展管理局（IDA）联合新加坡教育部发起了为期十年的“智慧国 2015”项目（Intelligent Nation 2015） | 2007 年，新加坡教育部以“未来学校”计划作为“智慧国 2015”在教育方面的具体规划。该计划与 IDA、行业伙伴以及高等教育机构建立伙伴关系，共同推动前沿的信息技术在学校的基础设施、课程、学习中的应用，为学生创设沉浸式虚拟环境和创新的教学方法，促进人、技术与环境连接、互动和协作，让学生在学校、社区和其他地方学习，并更好地让家长参与孩子的教育 |

续表

| 国家 | 政策支持 | 实践探索 |
| --- | --- | --- |
| 日本 | 2011 年，日本文部科学省在总务省的“未来学校推行事业”的协同下，并行实施“学习创新工程”，开展面向 2020 年的未来学校设计 | “学习创新工程”以“未来学校推进事业”所选取的 20 所学校作为实验基地，在由教育研究专家和中小学教师所组成的“学习创新推进协议会”的总体负责下，采用信息技术开发电子教材、提高教师指导能力、创新学习方式 |
| 中国 | 2013 年，中国教育科学研究院正式启动中国未来学校创新计划 | 该创新计划启动以来，组建了“中国未来学校创新联盟”，建立了“未来学校实验室”，构建了几十所未来学校示范校、未来学校项目校和上百所未来学校联盟校，开展分类实验和研究工作，推动学校在学习空间、教学技术、教与学方式、组织管理、课程实施等方面的创新 |

资料来源：姬冰澌. 人工智能时代未来学校研究 [D]. 武汉：华中师范大学，2021：11.

## （三）从实践逻辑看未来学校发展的新形态

现代学校是工业社会的产物。为了打破过去“大一统”式的学校教育格局，构建起更能满足学生多样化、差异化、个性化需求的崭新教育生态，越来越多的国家和地区开展了未来学校的实践探索，并呈现出多层面、多模式、多路径的变革趋势。需要注意的是，未来学校的形成并不是对含有未来因子的各种教育要素的简单集合，而是体现为对捆绑在一起的学校制度体系的整体革新。那么，未来学校究竟具有怎样的形态？为什么会呈现为这种形态呢？对于这些问题的回答，不仅可以从逻辑推理中寻找线索，更应该从已经发生的事实或实践中探寻依据。由此出发，我们尝试从以下几个方面梳理未来学校的新形态。

1. 课程体系新形态。

课程作为现代教育的核心载体，是专业建设和人才培养的基石（桑新民 等，2021），其结构与内容无不折射着所处时代的社会观点、知识成果、科技前沿和教育理念，并伴随着教育的变革和时代的发展而变化（杨志成，2021b）[19]。与面向未来的人才培养目标相一致，未来学校的课程体系以提升学生的核心素养、满足学生的个性化发展需求、促进学生的全面发展为导向，主要呈现出以下几种新形态。

（1）突出实践和应用导向的课程体系。

促进知识的学习与现实问题相互关联，对信息化时代的人才培养十分重要。未来学校着力改变课程内容“繁、难、偏、旧”和过于注重书本知识的现状，加强课程内容与学生生活以及现代社会、经济、科技等各领域发展的联系，精选终身学习必备的基础知识和技能，加强知识与经验的结合、知识学习与知识应用的结合（杨志成，2021b）[22]。在课程体系的设置上，注重突出问题解决，重视学科实践、课内外实践，让学生在做中学，实现知行合一。例如，印度尼西亚的绿色学校（Green School）以可持续发展为核心理念，在贯穿幼儿园至高中的 15 年课程体系中，除数学、英语等基础学科外，还创设了自己的绿色课程，包含了农业、园艺等与社会生产生活密切关联的知识与技能，并充分利用校园内外的自然界素材开展教学实践活动，从中培养学生的好奇心、环保意识、社会责任感、合作能力、创造思维等素养，以期塑造未来的绿色领袖。

（2）突出学段衔接、学科融合、大概念统领的课程体系。

育人是个系统工程，对学段、学科、知识点进行切分的课程体系，虽然便于实施、管理和评价，但与全面育人、整体育人的目标导向不可避免地存在偏差，分科教学也与解决现实问题的综合性、跨学科性形成矛盾。事实上，任何一门学科都不是孤立存在的，任何一门学科的素养发展也不能只依赖于该学科本身。为改变过去过于强调学科本位而带来的一系列问题，未来学校加强了在整合不同学科的基础上，形成具有跨学科性、融合性、整体性、系统性的课程体系。相关课程内容以大概念统领，可以在纵向维度上促进学段衔接，也能够在横向维度上加强学科融合，具有内在的一致性和贯通性，符合学生全面发展的要求。例如，美国的探索学习学校（Quest to Learn）便打破了单一学科的课程模式，在整合传统领域的数学、科学、社会、语言、体育等科目内容的基础上，设置了跨学科性质的课程体系，包括“万物运行”课、“视角”课、“编码世界”课、“存在、空间与位置”课、“健康”课等，引导学生们能以更真实的跨学科方式解决问题。

（3）突出可选择性、个性化、定制化的课程体系。

借助大数据、人工智能等技术，未来学校可通过收集、测量、分析、诊断每个学生的学情基础、知能结构、思维倾向等，设计具有差异化的定制性课程及学习方案，使每个学生都能在与自身特质和需求高度契合的学习内容和学习进度基础上，实现最优路径的个性化成长。这种课程体系突出体现了以学生为中心的教育理念，打破了传统教育中按照年龄或年级统一配置课程资源的局限，使课程结构和课程内容等都能更好匹配学生的个性化发展需求，在激发学生学习志趣和主动性的同时，引导学生学会建构自己的知识体系，从而更好适应充满不确定性的未来社会对人才素养的要求。例如，上海市近年来实施了“一个学生一张课表”和“一个学生一条路径”的数字化行动，利用自适应学习技术，力图按照每位学生的学习风格和学习基础定制个性化学习方案，推送合适的学习资源，让每人都能拥有专属的课程表，并通过分析学生多模态有时序性的学习数据，预判学生学习状态，为每位学生推荐适合的学习路径，以实现“因需导学”（袁振国，2023）。

2. 学习方式新形态。

在未来学校，学生要从被动的受教育者向主动的学习者转变，学习也不仅仅是学生的事，而是教师和学生共同的追求。作为未来学校制度创新的重要内容之一，学习方式的变革主要形成了以下几种新形态。

（1）项目式学习。

项目式学习作为学科教学走向实践教学的一种迭代方式，通常以项目为基础，由学生围绕项目中的某一问题开展自主研究。这种学习方式主要具有如下特征：一是基于现实生活中学生比较关心的疑难问题设置项目；二是疑难问题需要综合应用多学科知识来解决，强调深度学习；三是项目目标和学习目标相一致；四是学生在学习过程中包含了探究和知识建构；五是学习过程体现积极主动性；六是学习过程中强调合作学习，强调形成学习共同体（尚俊杰，2020）。项目式学习不仅有助于学生在知识的综合运用中更好地掌握相关知识，而且有利于在学生的自主探究中培养科学精神、发散性思维、批判性思维、创造性思维、团结协作能力、问题解决能力等核心素养。例如，美国 HTH 学校（High Tech High School）倡导项目式学习，为此开发了 245 个跨学科主题项目，如复耕城市、虚拟楼梯、海湾治理等，这些项目的设置注重为学生们提供真实情境的任务挑战，且不设标准化答案，鼓励学生们综合运用多领域知识进行自主探究。学生们自主选择项目任务，并需要通过自主设定目标、组建团队、安排流程等过程，合作解决各种问题（曹培杰，2018）[115]。在这种学习方式下，学习的意义已从确定性知识的习得转变为思维方式的培养和学习自主性的提升。

（2）混合式学习。

混合式学习是将在线学习和传统教学的优势结合起来而形成的一种“线上 + 线下”的综合性、自调节的学习方式。在混合式学习过程中，学习时间和学习空间都可以灵活调整，具有无边界学习的特点。例如，印度的普拉塔姆（Pratham）教育机构于 2015 年启动了混合式学习计划，旨在为印度约 1000 个村庄的 10 ～ 14 岁儿童提供相关教育服务。该计划通过在线应用程序为学生提供学习内容，包括基于角色扮演的 70 多个角色离线执行的英语课程、基于数学的在线游戏和项目构想等。学生可以组成 5～6 人的学习小组，选择感兴趣的项目共同努力完成学习任务。研究表明，参加混合学习项目的学生成绩有显著提高（王永固 等，2020）[9]。

（3）体验式学习。

体验式学习是一种以学习者为中心、通过实践与反思相结合来获得知识、技能和态度的学习方式，它注重个体经验的总结、反思与内省（马波，邹婉玲，2007）。与传统学习相比，体验式学习更强调学习者从全身心的投入体验和实践操作中引发对学习内容的联系与内化，在促进学生获得认知和社会经验的同时，提高其学习的主动性和创新性。教师可综合利用各种空间、实物、技术等资源和手段，通过创设或模拟真实情境等方式，为学生提供相关体验。例如，美国创办于 2010 年的思考全球学校（THINK Global School），作为全球第一所旅居型高中，每年都会组织学生前往 4 个不同的国家进行深度体验与学习，引导学生从中更好地认识世界、理解世界，并在未来更好地推动世界发展。在研学过程中，教师团队会帮助学生制订学习计划，并全程跟踪学习进展，以保障学习质量。

（4）游戏式学习。

许多研究和实践表明，游戏蕴含着多重教育价值，如提升学习者的自信心、培养交流合作能力、培养问题识别及多视角分析问题的能力等。游戏式学习就是把游戏中有利于学习的元素（如动机、兴趣、好奇、挑战、反馈等）与学习内容结合起来，像玩游戏一样，通过轻松、投入、进阶式的学习过程，达到预期学习效果的一种学习方式（周昌能 等，2009）。例如，美国的探索学习学校（Quest to Learn）即采用了游戏式学习方式，为此开发了一套独特而又融合学科课程的游戏系统，通过问题环境设计、立即回馈、刺激动机等环节，引导学生们将学科内容融入游戏与体验中进行学习，并培养其同理心和解决问题的能力。学校在教学设计中指出，对“好的游戏”的判断标准，是其既能引起学习者玩的动机，又能有效地达到学习的目的。

3. 教学组织新形态。

在数字技术、智能技术的融入与驱动下，未来学校的教学活动可以依据师生的需求与特点，对各类教学要素在多个维度上进行灵活重组，从而实现个性化的教学目标。在这种背景下，作为传统教育制度核心的班级授课制首当其冲地在教育变革中受到革新或颠覆，灵活多样的教学组织形态随之重塑着未来学校的教学场域。

（1）小班化教学。

小班化教学是一种班额较小的教学组织形式，相对于大班额教学，它更有利于在较低的生师比结构下，使教师能够关注到每个学生的特点与需求，并给予及时指导和回应，同时也有利于促进师生、生生间的交流互动，为各类创新型教学活动的顺利有效开展提供良好的组织生态。从现实来看，以小班额形态组织教学已成为许多未来学校实现个性化教育的基本前提。例如，前文提及的美国思考全球学校（THINK Global School）始终秉持小班教学理念，将班级规模控制在 10 人左右。又如，越南成立于 2017 年的 TEKY Steam 学院，作为该国第一所面向 6 ～ 18 岁青少年儿童的 STEAM（即科学、技术、工程、艺术和数学的缩写）学校，致力于培养学生适应未来的数字技术及技能。学生可自由选择最感兴趣的技术班级开展学习，每个班级 3 ～ 8 人，学生在这样的小班级中进行基于合作和技术互动的自主学习（王永固 等，2020）[7-8]。

（2）小组式教学。

小组式教学改变了传统的“排排坐”式的授课模式，通过在课堂教学中组织学生以小组的方式围圈而坐开展讨论学习，或是在课堂之外以小组为单位进行合作式学习等方式开展教学活动。这种教学组织方式突出合作性、互动性、互补性、平等性与开放性等行为特征，强调学生是学习活动的主体，教师主要作为学习活动的设计者、指导者、启发者、控制者发挥作用（郭绍青，2006）。小组式教学有利于在平等开放的学习氛围中，促进学习者之间互相学习、互相帮助、互相启发。其优质有效的开展通常需要具备两个要点：一是有分工基础上的合作，二是有行动之上的思考。

（3）走班制教学。

走班制教学是指学校向所有学生提供的不同层次、类别的必修和选修课程，学生在学科教师的指导下，根据自己的知识基础、兴趣、课程说明等选择适合自己的课程，到相应的学科课室进行学习（戴季瑜，2016）。根据选课范围和分班模式，走班制教学又可以划分为选修课走班制教学、必修课走班制教学（也称为“分层走班制教学”）、全员全科选课走班制教学等多种类型（戴季瑜，2016）。我国北京十一学校即采用了全员全科选课走班制教学模式，将所有课程都排入每周35课时的正式课表，并赋予学生充分的自主选择权。学生不仅可以依据自身兴趣、能力、发展目标等因素自主选择课程，还可以自主选择上课时段，真正实现了“一人一张课程表”。该校秉持“有选择、无淘汰”的理念，开展走班制教学，致力于“为有差异的儿童提供有区别的教育”（北京十一学校，2023）。

（4）混龄式教学。

混龄式教学打破了传统教育体系中按年龄分班的做法，而是将不同年龄段的学生安排在同一个教学环境中，主要以学生的学业基础、能力、兴趣、学习需要等因素为依据配置教学资源。虽然这种组织模式给教学、管理等工作都带来了更多的复杂性，对教师素养也提出了更高要求，但它因对个体差异的尊重和对合作学习的重视，而受到很多未来学校的青睐。例如，马斯克（E. Musk）创建的Ad Astra学校①便取消了年级制度，学生不通过年龄，而是通过能力和兴趣评估被编到不同的学习小组。该校没有统一的教学计划，除了必须学习的数学、英语等常规课程外，所学内容和进

① 2020年更名为Astra Nova学校。

度等都依据学生实际能力和兴趣而设。学校倾向于让学生解决实际问题，并从中理解和学会批判性思维。又如，美国于2013年创办的Altschool也全面采用了混龄式教学模式，学校庞大的工程师团队会利用大数据技术为每个学生定制最契合的学习计划，并不断依据实际学习情况对其进行调整，从而保障个性化学习的科学有效推进。

4.学校治理新形态。

未来学校治理制度的创新既包含学校内部治理制度的创新，也包含学校外部治理制度的创新，覆盖治理主体、治理体系、治理机制、治理手段等多个层面，并涉及学校内部各类教育要素之间、学校与政府和市场之间的关系调整与优化，是一个复杂的系统化工程。伴随着信息化时代的教育变革，学校治理主要呈现出三个向度的发展趋势：一是依托器物层面的现代化，日益走向智能化和精准化；二是依托制度层面的现代化，日益走向法治化和规范化；三是依托理念层面的现代化，日益走向人本化和专业化（成刚，朱庆环，2021）。在这种发展背景下，未来学校普遍重视对治理体系与治理模式的改革创新，以期为学校教育塑造更好的治理环境并提供更好的治理服务。结合国内外相关经验，可以梳理出以下几种学校治理模式。

（1）协同式治理模式。

信息技术在未来学校的深度应用，拓展了学校教育的时空范畴，借助互联平台、数据交互、信息联通等多种渠道和方式，学校与社会、家庭等教育主体间形成了紧密相连的关系结构，塑造了新的教育生态。这种生态场域体现为包含多元主体、多维要素、多重空间、多种运行机制等在内的有机整体，在这种生态环境中，单向的、管制式的学校治理模式已难以有效发挥作用，亟待整合多元主体力量协同式治理。这就要求场域中所有的角色，包括学生、教师、家长、学习同伴、社区管理者等，以及所有的体制构成要素，如家庭、学校、各级管理人员、行政部门等，都能自觉参与学校治理，利用智能技术形成强有力的协同式治理体系（王素云，冯建军，2023）[96]，为学校教育的优质高效发展塑造良好的生态环境。从整体来看，协同式治理模式强调治理空间的开放性和治理主体的多元性，注重在充分调动各主体的责任意识下，促进多元主体在治理体系中的积极参与及主体间的协同共治，这是保障其治理能力和治理效果的关键所在。

（2）网络化治理模式。

网络化治理模式关注学校内部点与点的联结、外部点与面的嵌合，作为一种整体有机的治理形态，要求学校治理在纵向与横向的权力上均达到适时的分散，因此这种模式也被冠以“双重权力下放”的标签（林琦，2021）。在治理逻辑上，网络化治理模式以学校治理体系中各点位的主体需求为导向，致力于在满足个性化需求与增强整体治理效率间达到权力的平衡。在治理结构上，它一般建立在扁平式组织结构基础上，有利于形成多中心的治理格局，降低治理成本、提高治理效率、增强治理活力。在治理程序上，该模式强调民主协商，注重在参与者的有效互动基础上建构合理的规则，提高决策的民主性和科学性。在治理工具上，网络技术为未来学校搭建了即时性、个性化、互动式的管理平台，利用装备先进的网络信息设备，实现治理内容的数字化（中国教育科学研究院未来学校实验室，2016），并借助大数据、云计算、人工智能等技术赋能，为学校治理提供便捷高效的信息空间。经过长期实践，网络化治理模式被认为是有助于解决学校固有弊病的一大选择（林琦，2021），成为未来学校治理制度变革中的重要形态之一。

（3）嵌入式治理模式。

嵌入式治理是以多元一体理论为指导，以学校各利益主体共同发展为目标，以法治为基础，破解一般学校资源分散、课程空间区隔、师生交往分离造成的学习和交往障碍，保障学校高质量运转的生态治理模式。该模式主要包含三个子系统：一是嵌入式决策系统，强调规划嵌入式领导设计，构建扁平化组织结构，采取“清单式”赋权增能；二是嵌入式运转系统，强调建立嵌入式双驱共转机制，实行“驿站式”教师共育机制，开启“自助式”学生自治机制；三是嵌入式保障系统，强调构建多主体协作督导机构，实施内控协约评价，涵养协同治理文化（郭先富，2021）[25-26]。

5. 空间场域新形态。

为了满足学生多样化的学习需求，未来学校不仅要在教学方式、管理制度等软环境上做出深刻变革，同时也需要对学校以硬环境呈现的空间场域进行合理调整与运用，以期为教育教学改革提供学校基础建设层面的有力保障。正如有学者指出的，“当环境改变了，学习才能改变，学习者的学习需求才能得到满足。”工业化时代形成的学校教育着眼于为社会培养更多的有知识的劳动者，为了让更多的人接受教育，传统学校在物理空间上往往具有工厂的缩影，教室模仿车间，校园建设具有标准化特征（孙志鹏，2021）。针对传统学校教学空间场域中的一系列问题，未来学校进行了全面的改造创新。

教室作为传统学校开展教学活动的主要场所，通常采用正前方是讲台和黑板的空间构造，无形中塑造了教师站在讲台上灌输知识的空间氛围。为了营造更利于师生互动和自主学习的教学空间，许多未来学校对教室的学习空间进行了革新。2021 年，欧盟“诺维加多”（Novigado）项目发布了《学习空间创新指南》，基于对未来教育发展趋势的研判和展望，构建了六个未来课堂图景，即“专家”图景、“基于项目的学习轮盘”图景、“协作阅读”图景、“展会式项目评估”图景、“知识市场”图景、“移动辩论”图景（张永军，2022）[74]，并提出了未来学校学习空间创新的具体策略。在教室的学习空间创新上，一是构建动态化教室，通过去除教室里不必要的家具，并采取易移动的桌椅，组合出适宜多种活动的布局。二是打造基于学习区的未来教室，注重将教室的空间设计与创新教学结合起来（张永军，2022）[75-76]，设置承载不同功能的多样化“学习区”。例如，欧洲学校网 2012 年在比利时创建的未来教室实验室即设置了互动区、交换区、发展区、探究区、创造区、展示区六个学习区，并配置了与各区学习需求相契合的家具和设备。

除此之外，未来学校还将学习空间拓展至教室之外的整个校园之中，致力于通过创新性地改造空间格局、统筹空间资源、合理规划功能分区等方式，将学校整体塑造成开放、灵活、便捷、多样的学习空间。例如，位于瑞典的维特拉电信学校（Vittra Telefonplan）被称为“没有教室的学校”。学校的管理者认为，校园的空间布局不应该是千篇一律和固化的，而是应该面向学生的不同学习方式和需求，提供相应的学习空间。为此，该校抛弃了传统的工厂车间式的教室布局，代之以“水吧”“营地”“实验室”“洞穴”等新型学习场所，为学生提供多种多样的开放式学习空间。这些富有创新性的空间更加人性化，更具亲和力，提供给学生全新的浸入式体验，帮助他们开展个性化的深层次学习（曹培杰，2018）[111]。总的来看，未来学校借助不断涌现的新兴技术建构出虚实相融的空间场域，重构了确定性的学校教育时空，使遍布学校各处的场地和空间都被赋予了育人的价值，共同承载起为个性化学习提供服务的功能属性。

## 四、小结

当前，人类正处在大发展大变革大调整的时期，同时，也正处在一个挑战层出不穷、风险日益增多的时代（习近平，2021)。大变局中的中国同世界，都处于矛盾运动的新常态中，世界在动荡变革期中的不稳定性不确定性与中国在发展中的不平衡不充分问题交织在一起，构成了各种不利因素的长期性和复杂性（杨河，2021)。教育在这种发展背景中也难独善其身，无论是教育组织和活动体系还是教育场域中的群体与个体，都在不断叠加的风险与挑战中经受着各种冲击与考验。但同时也应该看到，复杂多变的发展环境中也蕴藏着新的契机和突破口，特别是信息化时代迅猛发展的新技术及其在教育领域日益深入的应用，正从不同层面给全球教育变革带来加速升级的新思路和新机遇，呼唤着面向未来的更具韧性的教育系统的建构与发展。

从全局来看，教育变革不仅能促进教育体系与时俱进的发展与进化，提高其适应环境、应对挑战的能力，同时教育本身也能作为长期战略性资源，成为推动人类世界从遭遇种种变化与危机的动荡形势下走进新的和平稳定发展状态的一支重要力量。这是因为，一方面，教育能够培养出在知识体系、价值观和能力等方面与未来社会发展相契合的人；另一方面，教育内在的具有主动地、能动地推动社会变革的责任与使命，必然生发出改变自己、改变社会、改变人类未来的坚韧力量，这是时代赋予教育变革的重要命题。

由此出发，我们亟待厘清两个问题：一是如何看待未来教育发展进化的主线与趋势？二是如何应对时代所需推动教育变革与创新，使其更好地服务于经济社会的未来发展？前者主要指向教育如何顺应历史潮流推进改革实践，后者主要指向教育如何发挥能动作用帮助人类更好地塑造未来，二者紧密联系，且相互作用。面对教育变革的迫切需要，我们应该认识到，不断加速发展的信息化社会为教育变革注入了诸多机遇与活力，但教育变革不可避免地会面临诸多挑战与阻力；未来的教育有进步性的一面，也可能夹杂或衍生出新的风险和问题；教育变革不是自然发生的，也不是被动等待的，而是需要各方主体主动发力、协同作用。因此，对于前述问题的探索与解答，既不能盲目理想化，也不能过于短视，而是应该始终秉持科学、理性、长远、批判的视角和积极的态度开展研究。

在此基础上，我们对未来教育变革问题进行了初步的梳理，相关分析主要依循如下思路展开。首先是要逐层厘清世界的发展是什么形势，中国的发展是什么形势，中国在国际中处于什么样的发展形势等问题。应该认识到，世界不同国家、不同地区的经济、社会、技术等的发展是不平衡的，未来教育的发展也是不平衡和多样态的。在动态演进的过程中，未来教育不是横空出世的，而是逐渐展露出“端倪”的。这些“端倪”生发于不同的视角、不同的层面、不同的地区、不同的实践之中，在一定程度上构成了未来教育发展的特点。而这些以“点”呈现的特征不断发展演化，就会集聚凝结成一些相对固定的“面”，即表征为未来教育的形态。就此意义而言，特点是形态的基础，形态是对特点的进一步演化和定型。由此可见，上文所述的“新阶段”“新特征”“新形态”三者之间是辩证统一的，在这种分析框架下探讨面向未来的教育变革问题具有其内在的逻辑性和科学性。

从整体来看，通过前文的梳理分析，我们主要得出以下几点结论：（1）时代变化决定未来教育，经济社会科技等时代背景影响和制约着未来教育的走向；（2）未来教育变革是一个动态演进的过程，也是一个主动建构的过程，应兼顾工具理性和价值理性，用系统的、批判的、发展的视角进行审视和探究；（3）在可见的未来，学校仍然是教育的主阵地，这是探讨未来教育变革问题的前提；（4）未来教育变革的逻辑起点在于“未来”对“人”具有怎样的发展要求；（5）未来教育愿景的实现有赖于对学校教育制度体系进行系统化、深层次的创新或重构；（6）未来学校在形态上一定是多样化的，以开放性和创新性为基础，未来学校变革展现出巨大的空间与潜能，亟待理论与实践相结合的深入探索。

综上所述，面对信息化时代带来的多重机遇与挑战，以及人类社会发展不断加剧的复杂性和不确定性，面向未来的教育变革势在必行。这不仅是一种时代的召唤，更是一种信念的驱动。我们不仅要展望未来、理解未来、适应未来，更要积极规划未来、塑造未来、带动未来。可以说，好的未来需要好的教育，好的教育引领好的未来。

**参考文献**

北京十一学校，2023. 校史故事 [EB/OL]. (2023-09-01)[2023-12-14]. https://www.bnds.cn/about/history/.

卜玉华，2022. 当前国际社会对未来教育的四种探究进路及其启示 [J]. 南京师大学报（社会科学版）(3)：13–23.

曹培杰，2018. 未来学校变革：国际经验与案例研究 [J]. 电化教育研究（11)：114–119.

成刚，朱庆环，2021. 学校治理现代化再认识：理论特质与未来趋势 [J]. 中国教育学刊（4)：10–11.

戴季瑜，2016. 我国走班制教学的类型与特点 [J]. 教学与管理（12)：54.

冯建军，2004. 论个性化教育的理念 [J]. 教育科学（2)：13.

冯永刚，2011. 中国学校教育制度的变革趋势 [J]. 教育科学论坛（10)：5.

高书国，2017. 2030 中国将回归世界教育中心地位 [J]. 中国教育学刊（4)：1.

郭绍青，2006. 参与式小组教学活动 [J]. 电化教育研究（9)：52.

郭先富，2021.“嵌入式”治理：学校内部治理变革探新 [J]. 中小学管理（4)：24-26.

国务院发展研究中心“国际经济格局变化和中国战略选择”课题组，2019. 未来 15 年国际经济格局面临十大变化 [J]. 中国发展观察（1)：39–40.

国务院新闻办公室，2021. 中国的全面小康 [EB/OL].(2021-09-28) [2023-09-01]. https://www.gov.cn/zhengce/2021-09/28/content_5639778.htm.

胡红珍，夏惠贤，2023. 第三空间视角下项目式学习的主要特征、学习序列与教师行动 [J]. 全球教育展望（12)：120.

怀进鹏，2023. 数字变革与教育未来：在世界数字教育大会上的主旨演讲 [EB/OL].(2023-02-13) [2023-08-08]. http://www.moe.gov.cn/jyb_xwfb/moe_176/202302/t20230213_1044377.html.

寰宇平 . 携手推动平等有序的世界多极化 [N]. 人民日报 2024-03-26：3.

黄荣怀，汪燕，王欢欢，等，2020. 未来教育之教学新形态：弹性教学与主动学习 [J]. 现代远程教育研究（3）：11.

黄艳，周洪宇，黄晶，2022. 中国教育竞争力：评价指标体系构建与国际比较 [J]. 统计与决策（4）：76.

纪雯雯，刘向兵，2021. 数字经济发展对未来教育的影响与应对 [J]. 国家教育行政学院学报（3）：63.

姜晨，2023. 泛在学习背景下未来学校建设研究 [D]. 济南：山东师范大学 .

兰国帅，张怡，魏家财，等，2020. 未来教育的四种图景：OECD《2020 年未来学校教育图景》报告要点与思考 [J]. 开放教育研究（6）：17–28.

联合国教科文组织，2017. 反思教育：向全球共同利益的理念转变 [R]. 北京：教育科学出版社 .

李旭，2021. 国际大都市教育发展面临的共同挑战与改革趋势 [C]// 方中雄，桑锦龙 . 北京教育发展研究报告（2020—2021）. 北京：社会科学文献出版社 .

林琦，2021. 学校治理模式的国际经验及其启示：基于新公共治理理论的比较分析 [J]. 外国教育研究（4）：63–64.

刘邦奇，袁婷婷，纪玉超，等，2021. 智能技术赋能教育评价：内涵、总体框架与实践路径 [J]. 中国电化教育（8）：17–18.

刘复兴，2023. 以高质量教育体系支撑教育强国建设 [J]. 人民教育（12）：13.

刘奕涛，杨体荣，方晓湘，2021. 增强教育系统的韧性：联合国教科文组织危机敏感型教育规划论析 [J]. 比较教育研究（11）：31–38.

马波，邹婉玲，2007. 论体验式学习的教学策略 [J]. 教育与职业（17）：144.

马晓强，等，2023. 建设教育强国：世界中的中国 [J]. 教育研究（2）：9.

彭婵娟，刘宝存，2023. 如何通过教育变革避免全球教育危机？——联合国教育变革峰会愿景述评 [J]. 中国远程教育（4）：69.

塞尔登，阿比多耶，2019. 第四次教育革命：人工智能如何改变教育 [M]. 吕晓志，译 . 北京：机械工业出版社 .

桑新民，1999. 科教兴国的教育使命：实现人类学习方式的历史性变革 [J]. 人民教育（1）：13–14.

桑新民，秦炜炜，2021. 未来教育视野下的教育技术理论创新与实践探索：桑新民教授专访 [J]. 苏州大学学报（教育科学版）(1)：90.

尚俊杰，2020. 未来教育重塑研究 [M]. 上海：华东师范大学出版社 .

孙元涛，2022.“未来学校”研究的共识、分歧与潜在风险 [J]. 南京师大学报（社会科学版）(5)：5–14.

孙志鹏，2021.“未来学校”空间与信息技术融合的研究 [D]. 芜湖：安徽师范大学 .

陶西平，2018a. 基础教育改革的八大走向 [J]. 教育（19）：9.

陶西平，2018b. 未来不再遥远 [J]. 人民教育（17）：31–32.

陶西平，2018c. 未来学校的七个共同特点 [J]. 今日教育（8）：44–51.

王清涛，彭正梅，2023. 迈向新的社会契约：重塑未来教育何以成为全球共同议程 [J]. 全球教育展望（6）：22.

王素云，冯建军，2023. 智能技术下的未来学校图景 [J]. 中国教育科学（2)：89-98.

王永固，许家奇，丁继红，2020. 教育 4.0 全球框架：未来学校教育与模式转变——世界经济论坛《未来学校：为第四次工业革命定义新的教育模式》之报告解读 [J]. 远程教育杂志（3）：3–14.

王占魁，2006.“弹性”抑或“积极”：论创新型人才培养视野下的制度创新与个人主义 [J]. 清华大学教育研究（6）：14.

习近平，2020. 习近平谈治国理政（第 3 卷）[M]. 北京：外文出版社 .

习近平，2021. 共同构建人类命运共同体 [J]. 求是（1）：1.

习近平，2022. 共迎时代挑战 共建美好未来：在二十国集团领导人第十七次峰会第一阶段会议上的讲话 [EB/OL].（2022-11-15）[2023-08-08]. https://www.ccps.gov.cn/tpxw/202211/t20221116_155719.shtml.

辛涛，姜宇，林崇德，等，2016. 论学生发展核心素养的内涵特征及框架定位 [J].

中国教育学刊（6）：4.

杨河，2021.“世界处于百年未有之大变局”的哲学思考 [J]. 北京大学学报（哲学社会科学版）(5)：52–53.

杨志成，2021a. 百年未有之大变局下世界教育变革与中国教育机遇 [J]. 教育研究（3）：4-11.

杨志成，2021b. 面向未来：课程与教学的挑战与变革 [J]. 课程 · 教材 · 教法（2）：19-25.

余胜泉，2023. 智能时代的未来教育愿景 [J]. 人们论坛 · 学术前沿（18）：32–43.

原霞，2005. 论弹性学习制度的内涵、发展和教育意义 [J]. 当代教育论坛（5）：24.

袁振国，2023. 教育数字化转型：转什么，怎么转 [J]. 华东师范大学学报（教育科学版）(3)：2.

张敬威，苏慧丽，2021. 为变化的未来而教育：基于经合组织《回到教育的未来》报告的分析 [J]. 比较教育研究（10）：17.

张永军，2022. 如何创新适应未来学校的学习空间 [J]. 人民教育（1）：74–78.

赵菊珊，廖旭梅，2019. 卓越小班化教学的典型特征与教学策略研究 [J]. 中国大学教学（3）：13.

中国教育科学研究院未来学校实验室，2016. 中国未来学校白皮书 [R]. 北京：中国教育科学研究院：24.

钟志贤，2004. 多元智能理论与教育技术 [J]. 电化教育研究（3）：7-8.

周昌能，余雪丽，2009. 游戏式学习研究综述 [J]. 现代教育技术（3）：58.

周全，2022. 数字化转型赋能基础教育高质量发展路径研究：以国家级信息化教学实验区为例 [J]. 中国电化教育（11）：54.

朱永新，库奇，2020. 技术如何释放终身学习者的潜能？——朱永新与约翰 · 库奇关于未来教育与学习升级的对话（3）：2.

祝智庭，胡姣，2022. 教育数字化转型的理论框架 [J]. 中国教育学刊（4）：44.

祝智庭，彭红超，2020. 技术赋能的韧性教育系统：后疫情教育数字化转型的新

路向 [J]. 开放教育研究（5）：41.

INSEAD, 2023. The Global Talent Competitiveness Index 2023[R]. France: Fontainebleau：207.

KALIOPE A H., TIGRAN S, 2020. Managing the Impact of COVID-19 on Education Systems Around the World: How Countries are Preparing, Coping, and Planning for Recovery[EB/OL].（2020-03-18）[2023-08-20]. https://blogs.worldbank.org/en/education/managing-impact-covid-19-education-systems-around-world-how-countries-are-preparing.

OECD 教育研究与创新中心，2016. 技术驱动，教育为本：技术革新教育的系统方法 [M]. 张怀浩，译 . 上海：华东师范大学出版社 .

# 第一章

# 面向未来的

## 教育变革形势与需求

## 第一节　面向未来的教育变革新形势与新挑战

未来已来，将至已至。当前，我国进入高质量发展新阶段，以互联网、大数据、人工智能、区块链以及5G等核心技术为代表的信息化时代扑面而来，人类的生产生活方式正经历着前所未有的改变，对学校（本研究主要指中小学校）的改革发展带来诸多不确定的复杂影响。在信息化时代背景下，学校作为组织化实施教育的重要机构，需要反思历史、立足当下、面向未来，持续推进制度创新，探索构建高质量未来学校制度体系，以快速适应新形势，从容应对新挑战。

### 一、未来学校的源起及定义

#### （一）未来学校的源起

教育是面向人类未来的事业，具有强烈的未来属性，始终关注着人的未来成长和可持续发展，关注着人类社会的未来和永续生存发展。未来学校正是教育未来属性的一种鲜明体现，是教育面向未来不断创新发展在学校制度建设上的一种基本表征。一般而言，未来学校是指面向未来人和社会发展需要，不断变革现存学校制度，探索建立不同于传统学校的新型学校制度，为每一个学生个性发展全面发展提供更适宜更高质量更好教育的一类学校。未来学校自诞生起就与信息技术的发展密不可分，以新信息技术应用为杠杆撬动学校整体改革发展是未来学校建设的重要策略，而新信息技术全面融入学校教育教学的方方面面，深度融入学校制度建设的方方面面，是未来学校的基本特征。目前存在的未来学校案例几乎都遵循了该策略，体现了这一特征。

微软集团与美国费城学区于2003年筹建、2006年合作共建了世界上第一所“未来学校”（School of the Future），由政府负担经费，微软集团提供学校设计的理念、师生发展的指引、信息化的课程体系以及技术支持。费城未来学校主要具有四大创新：借助电脑实现无课本课堂；非固定上课时间；依托评估软件对学生进行学业监测与评价；开展研究性学习。费城未来学校本质上依托于高速发展的电脑技术，通过运用最新的信息技术来改革传统学校，探索建立新学校制度。比尔·盖茨曾指出，“高速发展的电脑技术，正在转变我们教授、学习及生活方式。微软公司之所以和费城学区共建‘未来学校’，就是要创造一个新环境，使教师和学生能在其中探索电脑技术带来的无尽可能。”（冯大鸣，2007）[71] 随后，俄罗斯未来项目、新加坡“智慧国2015”项目、芬兰“FINNABLE2020”项目、日本“超级高中”计划、德国“MINT友好学校”、韩国尝试开办并运营“未来学校”等未来学校的建设探索都强调了新信息技术与教学、课程、空间的融合，打破传统约束和限制，推动学校制度创新，体现着未来学校建设的基本策略和基本特征。

在我国，未来学校探索风起云涌，方兴未艾，呈现蓬勃发展之势态。中国教育科学研究院王素研究员及其团队于2013年启动了“中国未来学校创新计划”，成立了未来学校实验室，以科学研究为基础，以培养创新人才为根本，利用信息化技术手段促进教育的结构性变革，推动空间、课程与技术的融合创新，为未来学校的整体创新提供了理论引领和实践指导。该计划被教育部列入《2017年教育信息化工作要点》（教技厅〔2017〕2号），并得到各地中小学校的热烈响应和广泛支持，组建了覆盖全国的“中国未来学校联盟”，包括深圳南山实验学校、成都七中初中学校、北京日坛中学实验学校、电子科技大学实验中学等400多所联盟学校，并联合北京海淀区、深圳南山区、成都青羊区、广州荔湾区、天津和平区、大连金州区、宁波北仑区、杭州下城区等20个实验区进行未来学校试点工作（王素 等，2016）[11]。北京师范大学余胜泉教授及其团队依托未来教育高精尖创新中心，面向北京市基础教育领域师生未来教育发展的需要，研发基于大数据的智能教育公共服务平台，创新移动互联时代的教育公共服务模式，努力实现“全学习过程数据的采集；知识与能力结构的建模；学科优势的发现与增强；学习问题的诊断与改进”，探索新的教育业务形态、治理方式和应用解决方案，探索未来学校建设路径（北京师范大学未来教育高精尖创新中心，2017）。

2020年东城区第十六届人民代表大会第六次会议宣布，北京市东城区将着力创建“国家智慧教育示范区”，建设东城教育“数据大脑”和5～10所“未来学校”，引领区域智慧教育发展。东城区教委主任周玉玲指出，“未来学校”将积极探索以人工智能为代表的新一代信息技术在校园中的融合应用，以数据为驱动，以学生为核心，构建拥有灵活、智能、跨越围墙、精准教学等特点的智慧教育生态。比如，通过手持技术终端，孩子在答完题的那一刻推送结果，老师第一时间就能知道有多少人掌握了这个知识点，提升了课堂效率，或者通过视频虚拟演示，让孩子们更感性地认识化学反应、生物细胞裂变等；再比如，通过互联网，让某些特级教师的课程同步被更多学校的孩子听到，跨越学校软性的“围墙”，扩大优质教育资源的覆盖范围等。

2021年4月29日，北京第一所未来学校成立。在教育部在线教育研究中心基础教育部、清华大学人文学院人文教育发展研究中心的指导下，慕华成志未来教育研究院联合首都师大附属育新学校发起成立首都师大育新未来学校。首都师大育新未来学校以学习者为中心，借助人工智能、云计算、大数据等先进技术，结合中小学生的学习特点，开发出了符合学生学习规律的个性化学习平台，打造智慧课堂，让千人一面的课堂变成千人千面，保证学习者在任何时候，任何地点，任何设备下都能愉快地进行个性化学习。首都师大育新未来学校课堂的典型场景是从一个 2 ～ 3 分钟的动漫微课切入核心知识点，学生们借助平板电脑展开小组探究、投票及答题……未来课堂的“3+5”混合式教学模式，依托清华大学的教研成果和教学资源，已经赋能全国近千所学校的课堂教学改革，使其教学成果和教学效率显著提升。首都师范大学副校长杨志成认为，未来教育一定从未来课程、未来学校、未来教学、未来教师、未来学制、未来教材六大方面进行变革（冯琪，2021）。

未来学校在北京等地的探索实践表明，我国的未来学校建设抓住了现代信息技术发展带来的机遇，正借鉴世界各国未来学校建设的经验，扎根中国大地，不断变革传统学校制度，努力探索具有中国特色的现代学校制度，努力形成具有世界普遍意义的未来学校建设的中国经验和中国方案，成为世界未来学校建设的重要力量。

## （二）未来学校的定义

随着未来学校探索实践的发展，学界对未来学校的研究已日渐增多，对未来学校的定义也已形成了许多不同的认识。国内外学者对于未来学校的定义主要基于如下视角：

一是基于哲学视角阐释未来学校。Masschelein,J. 和 Simons,M. 指出：“未来学校是对教育的一种理想化阐述，是一种特殊的时间—空间—问题的安排，包括具体的建设、技术、实践以及特征。”（罗生全 等，2020）[41] 这一定义强调了对未来学校的认识根源于对未来教育的认识，根源于人们对于理想教育的理念、想象和设计。不同的未来教育理念必然带来不同的未来学校认识和实践。

二是基于信息技术视角阐释未来学校。相关学者主要从“互联网＋教育”的信息技术发展背景构建未来学校形态。余胜泉指出：“在互联网的推动下将会出现一些为学生提供更适合的个体需求、更灵活的课程安排的学校，这些学校是从根本上进行重新设计的，而不是根据固定的课程结构或传统的学期来组织的。”（余胜泉 等，2016）[8]这一定义强调了信息技术发展对未来学校建设的决定性影响，对学校制度变革所提供的机遇，对传统学校的变革和超越，为学生个性发展、全面发展提供更好的教育。

三是基于教育功能视角阐释未来学校。“未来学校的建设必须以培养学生的高阶思维认知能力为目标与基本理念，以为未来社会提供创新型人才为目的”（张生 等，2018）[39]。“未来学校的建设应站在未来的制高点上，创造更加适宜学生的未来教育，即关注和发展学生核心素养的教育”（李笑非，2016）[27]。这一定义强调了未来学校满足未来社会人才培养需求的基本功能要求，要立足对未来社会人才的基本认识来探索学校制度建设，探索适宜学生发展的未来教育，探索能够培养创新型人才的学校建设途径。

四是基于建构主义视角阐释未来学校。朱永新指出：“在未来学校，开学和毕业的时间不再固定，教师的来源多元化、角色多样化，学生的学习是以解决问题和个人兴趣为前提的，是一种自发的学习，是大规模的网络协作学习。”（朱永新，2016）[3]这一定义强调了未来学校要以学生自主学习、自我建构和自主发展为中心来推动学校制度全面建设，提供一种不同于现存学校教育的新教育样态，服务和促进学生的全面发展。

由此可见，“未来学校”虽然也是一个专有名词，但并非是一个严格的学术概念，也没有一个统一的模式，而是人们基于未来社会和未来教育的认识所形成的对不同于传统学校样态的多种教育期待和理想学校认识。从信息化社会发展角度来看，未来学校的基本特征体现为运用现代信息技术，打破原有固定的围墙和界限，实现教学场所的无边界化，实现学校制度的持续创新发展。随着教学场所无边界化的发展，学习方式由传统的他组织走向自组织；教学与技术、课程与课程以及各课程学习中心与育人指导中心等之间的融合（荆子蕴，2020）[15]。

本研究认为未来学校是一个面向未来社会发展的时间和空间相交融相结合的综合概念，是一个不同于传统学校，具有全面教育功能和全新教育结构的新型学校。它是立足于未来人才和未来社会发展所需的核心素养培养，通过现代信息技术的全面运用，实现教育资源要素的时空重组，以满足学习者更具个性发展需求的学习共同体。在具体形态上，或表现为物理层面的新型学校空间，或表现为理念层面的学校发展新理念，或表现为制度层面的现代学校制度。

## 二、未来学校制度创新面临的新形势

未来学校的发展是伴随信息化时代，将新信息技术不断运用到学校改革发展中，推动学校教育适应经济社会和人的发展需要的过程，其发展始终面临着信息化时代所带来的外部环境变化形势的影响，面临着时间、空间及社会与人的变化的影响。具体而言，未来学校制度创新主要面临如下新形势要求。

### （一）时间上：信息化时代的深入发展

学校是因应时代要求而不断发展的。从农业时代到工业时代再到信息化时代，学校因应不同的时代要求而呈现出不同的发展样态，承担不同的发展职能，发挥不同的发展作用。在历次时代转型之时，学校制度都会发生变革，推动传统学校向现代学校转型发展。目前的学校主流仍然是建基于工业时代的经济社会环境和土壤，是适应大工业社会发展需求的传统学校。它也是适应从以农业经济为主体转变为以工业经济为主体的时代变革要求，从分散化的农村小私塾模式转变为集中化、标准化的工厂模式的学校制度。这种模式就是用统一的方式让学生去学习统一的科目，训练学生高效完成例行任务，不仅不能出错，而且杜绝一切因个体创造力而衍生出来的偏差现象，进而产出一批整齐划一的劳动力，时刻准备着将毕生奉献给装配线工厂。传统学校的学生埋头背诵定义、公式，重复低水平步骤，拼命练习，想要熟练掌握的低水平技能，完全可以由如今性能最基本的智能手机来轻松实现。传统学校训练这些学生去遵守规则，然而等规规矩矩的他们从学校走出来，只能在创新时代的枪林弹雨中坐以待毙。他们身上具备的各种技能，在创新时代已变得毫无用处；他们的思维模式也成了阻碍自身发展的壁垒。传统学校是僵化的教育体系打造出来的纸老虎，是创新时代的博物馆文物。伴随现代信息技术的指数级创新发展，信息化时代正在不断地深入发展，正在进入以人工智能技术为标志的新阶段，正在推动着工业社会向信息化社会全面转型发展。未来的社会将不同于今日的社会，未来的世界将不同于今日的世界，未来的学校将不同于今日的学校。这就要求未来学校要变革当下的传统学校，要不断适应信息化时代对人才创新的需求和对时代新人核心素养的要求，不断改革陈旧的学校制度，不断推动学校制度创新，为未来人和社会的发展提供更好的、更适宜的、更高质量的学校教育。

### （二）空间上：全球化的深入发展

现代信息技术的发展，加速推动着全球化深入发展。全球化将世界变得平坦，让每个个体都站在同一水平线上，任何企业、组织甚至个人都可以参与到全球整合的业务环境中，唯有创新才能获得成功。成为一个真正的创新者，正是平坦世界对每一个参与者的要求。全球知识不断传播、重组、创新，人人都可以参与全球知识型工作的竞争。越来越多的人会发现他们能够找到越来越多的合作对象和竞争对手，人们将和世界各地越来越多的人相互竞争和合作，人们将会在越来越多的工作岗位上相互竞争和合作，人们的机会将越来越平等。全球化的发展将会把地球上的各个知识中心统一到一个单一的全球网络中，这将带来一个繁荣而充满创新的时代。如果说全球化 1.0 版的主要动力是国家，2.0 版的主要动力是公司，那么 3.0 版的主要动力则是新发现的合作完成全球化的个人的能力，是个人在全球范围内的合作与竞争。全球化的深入发展将个人的创新能力提高到了历史上从未有过的高度，也将个人的全球合作和竞争能力提升到了前所未有的高度。这就要求未来学校要适应全球化发展的要求，要从全球、世界、人类命运共同体的广阔视野来看待学校制度创新，来看待学校培养具有全球视野和创新能力的未来人和未来人才。

### （三）国家层面上：高质量发展新阶段

信息化时代和全球化的深入发展都具体体现到每一个国家的发展上，不同的国家在信息化和全球化中的地位和阶段不同，所受的影响也不同。从制度变革上来说，国家还是作为最基本的一个单位，参与到信息化和全球化当中，对各行各业、各领域各方面的制度进行创新。学校制度的创新从根本上来说是一个国家主权范围内的创新，是受整个国家制度特别是教育制度制约和影响的。未来学校的制度建设和探索都要立足本国实际，扎根本国发展阶段、发展趋势和历史文化传统。我国已经进入中国特色社会主义建设的新时代，已在全面建成小康社会、实现第一个百年奋斗目标基础上开启了全面建设社会主义现代化国家新征程、向第二个百年奋斗目标进军的新阶段，已经迈上了高质量发展阶段。在此阶段，我国要全面贯彻创新、协调、绿色、开放、共享的新发展理念，以深化供给侧结构性改革为主线，以改革创新为根本动力，以满足人民日益增长的美好生活需要为出发点和落脚点，加快构建以国内大循环为主体、国内国际双循环相互促进的新发展格局，推动高质量发展，推进国家治理体系和治理能力现代化，到本世纪中叶实现社会主义现代化强国目标。这就对我国教育发展提出了新要求，对未来学校制度建设和探索提出了新要求：必须立足高质量发展阶段，全面贯彻落实新发展理念，服务新发展格局，推动高质量发展，为社会主义现代化强国建设培养和提供充足的人才和智力资源。

### （四）教育发展上：构建高质量教育体系

虽然在信息化时代背景下，各国教育立足本国实际呈现出不同的发展态势，但在努力适应时代要求，创新运用现代信息技术，提升教育信息化水平，推进教育公平优质发展上仍是一种主流趋势。面对中国式现代化总体要求，面对新发展阶段的新要求，我国教育发展已经确立了《中国教育现代化 2035》发展战略，确立了构建高质量教育体系的发展主题，以教育信息化引领和促进教育现代化，以教育现代化服务和促进国家现代化，以高质量教育体系服务和促进国家高质量发展。国家教育现代化目标和进程从整体上决定着学校教育现代化，决定着现代学校制度建设进程，也就决定和影响着未来学校制度创新进程。我国的未来学校制度创新需要从构建高质量教育体系的角度来考虑高质量学校体系的建设，需要以高质量的标准和要求来推进学校制度改革创新。更为基本的是，在整个未来学校制度创新过程中，需要始终坚守为党育人、为国育才的初心和使命，坚持党的教育方针，坚持社会主义办学方向，坚持立德树人根本任务，着力提升教育质量，着力促进教育公平，为培养德智体美劳全面发展的社会主义建设者和接班人奠定坚实的基础。

## 三、未来学校制度创新面临的新挑战

未来学校制度创新是一个对传统学校制度不断改革的过程，也是一个面向未来不断探索新的学校制度的过程，既受到传统学校制度改革的路径依赖的影响，也受到学校制度创新带来的不确定性的影响。综合而言，未来学校制度创新就是一个不断克服阻力，增大引力，形成变革强大动力的过程。未来学校制度创新的基本逻辑是未来社会—未来人—未来教育—未来学校，虽然不一定是这种简单的线性发展逻辑，但也在一定程度上体现了未来学校发展的内在关系。因此，未来学校制度创新主要面临如下挑战。

### （一）传统教育形态亟待调整革新

教育形态是伴随社会形态的转型而不断调整革新的。信息化是当下和未来教育发展的时代特征，也是教育现代化本身的重要内容，更是推进教育现代化的关键途径。信息化时代背景下的教育形态转型就是从适应工业社会的传统教育形态向适应信息化社会的现代教育形态转变。

《第四次教育革命：人工智能如何改变教育》总结了第三次教育革命衍生的五大难题：未能克服根深蒂固的社会阶层固化问题；教育制度僵化；教师因行政而不堪重负；大班教学抑制学生学习的个性化和学习的广度；教育的同质化和缺乏个性化。并且提出了人工智能能够推动第四次教育革命，解决这些难题，每个人都可以随时随地拥有最好和最个性化的教育资源，定制化的教育和学习将取代传统教育模式（安东尼·塞尔登 等，2020）[40]。

《未来的学校》分析了美国传统教育形态（传统学校）的主要弊端：

就是把教育作为一项标准化的事情来做，剥夺了孩子们深入探索的机会，剥夺了他们掌握独特能力的机会，剥夺了他们为自己闯出一条发展之路的机会，剥夺了他们在创新时代茁壮成长的机会。进而提出了适应创新时代（信息时代）的新教育形态（未来学校）。学校和家庭要把决定未来的权利还给孩子，让孩子利用自身的技能、经验和做出明智决定的信心，昂首挺胸地步入成人的世界；学校应将自身的角色视为培养拥有自学能力，能够自我驱动的学生；学校的目标应是对孩子身上的潜质进行发掘和培养；孩子们上学是为了找到自身的天赋和兴趣所在，开发自身潜能，获得充分的教育，从而踏上充实而富有责任感的人生旅途（见下表）（泰德·丁特史密斯，2018）。

**美国教育中的传统模式与创新模式**

| 传统模式 | 创新模式 |
|---|---|
| 工业 | 创新 |
| 集中 | 分散 |
| 数据驱动 | 目标驱动 |
| 微观管理的课堂 | 值得信赖的课堂 |
| 标准化环境 | 有机学习 |
| 训练 | 创造 |
| 内容知识与低水平技能 | 必备技能组合与智能组合 |
| 为进入大学做准备 | 为人生做准备 |

通过信息技术革新突破传统教育的难题已经得到了我国政府部门和教育机构的高度重视。《中国教育现代化 2035》提出，要通过建设智能化校园，探索新型教学方式，创新教育服务业态，推进教育治理方式的变革，加快信息化时代教育变革。信息化所带来的知识获取方式和传授方式、教

学关系的变革，还需要教育组织形式和管理模式的变革创新，以适应信息化时代的教育发展。处理好这些关系将成为提高教育质量，建立健全基本公共教育资源均衡配置机制，逐步缩小区域、城乡、校际差距，推进城乡义务教育一体化发展，促进国家和区域教育现代化的重要途径和动力。

未来教育变革必然对未来学校产生决定性影响，未来学校的探索也必然建立在未来教育的认识和理解上。因此，传统教育形态的革新、传统学校的变革，都对未来学校的探索和建设提出了迫切的挑战。

### （二）未来学校的探索亟待实践检验

信息化时代，利用互联网技术再造教育流程，创新教育供给方式已经成为解决教育发展难题的有益探索。在各种探索中，探索未来学校已经成为主要的实践方式和基本变革选择，呈现出多种多样的未来学校建设路径。

一是以信息技术创新运用为引领。从国际来看，为了整合中小学教育与信息科技，2006 年美国费城学区与微软公司筹划的“未来学校”（school of the future）宣告成立，从学习方式、学习环境和管理方式上进行创新探索。在国内，深圳南山区利用高端科研机构、技术企业资源在全区布局未来学校建设，提出打造“东方硅谷”的目标，培养创新人才；利用“一块屏幕”，248 所贫困地区中学实现与成都七中同步上课，显著提高了贫困地区中学学生的高考成绩。与此同时，随着人工智能技术的发展，基于人工智能大数据平台发展而来的互联网教育产品也通过公益或者购买服务的方式进入传统学校和课堂，以学生为中心的个性化学习实践在探索中前进。

二是以学习空间重构为引领。瑞典（Vittra Twlwfonplan）、欧洲学校网络（European Schoolnet）、苹果今日 & 明日教室（Apple Classroom of

Tomorrow-Today，简称 ACOT2）、明尼苏达大学的活动学习教室（Active Learning Classroom，简称 ALC）和美国堪萨斯州的技术丰富的教室（Technology Rich Classrooms，简称 TRC）等项目以学习空间重构引领未来学校建设。学习空间（Learning Space）通常指整个学校的学习环境，主要研究技术丰富的环境下，如何改造学校的环境，以便适应学生的学习需求（杨俊锋 等，2013）[15]。学习空间的重构包括正式的学习空间（教室、图书馆等）、非正式的学习空间（休息室、户外学习区等）和虚拟的学习空间（学习管理系统、校园网络环境等）三种。通过学习空间的重构引领未来学校建设直接作用于学校的时空环境，着力于有形空间的改变，塑造新的行为模式。

三是以权力关系调整为引领。未来学校并不是学校内部各要素的简单相加，学校的建立与其所依赖的外部环境之间形成的张力与矛盾促使了学校的变革（张爽，2019）[47]。教育作为社会系统的重要组成部分，不可避免地受到外部环境的影响，时刻处于"内力"与"外力"的相互作用。澳大利亚早期未来学校的改革充分体现了其着力于权利关系调整的建设策略。20 世纪 80 年代，澳大利亚面临着严峻的经济形势，体现在国际经济竞争压力增大，主要经济支撑矿产出口业受到日韩影响，产业结构转型与劳动力结构不匹配。社会各界人士纷纷指责学校未能培养高质量的人才。1992 年，澳大利亚开始了大规模的学校改革。其中签订学校责任状（School Charter）是澳大利亚学校改革中的一项重要举措。学校责任状是未来学校委员会与州政府教育主管部门之间达成的正式协议，规定了未来学校在三年内要达到的目标、发展规划和行为规范等。依据权利关系的调整，学校获得了极大的自主权，充分发挥了学校在教育改革、课程安排上的积极性，提高了教育质量（陈驾，1996）[19-22]。

四是以课程评价制度创新为引领。英国"未来学校建设"（BSF）项目指出，未来的学校将采用以学习者为中心和以技能为中心的观点，家庭学习和学校学习之间的界限将被削弱，其中学科学习（例如数学、科学和英语）在未来学校建设中起到了关键的作用。美国的“基础学校联盟”项目和以色列的“克拉姆学校”，这两个未来学校项目建设的主要原则中指出，课程改革是不可或缺的，且应改变引进和管理以及教与学评价的工具（林惠琴，2024）。除此之外，有学者在对英国、美国、芬兰、日本、澳大利亚等开展未来学校工程的发达国家在采用新的教育和技术方法、新的班级制度等方面进行改革尝试的学校案例进行调查后指出，课程改革正在处理以未来公民所需关键技能为基础的学科问题。虚拟现实、3D 技术、物联网、增强现实、机器人、人工智能等新技术也加入综合课程中。作为教育操作系统，有应用混合学习和基于游戏的学习策略的示例教室。前沿技术引领着教育改革，但要解决教育成就的问题，不仅要应用新技术本身，还要不断开发和完善与融合化、主题化的未来课程相结合的新的学习方法和策略（罗冬梅，2010）[5]。

然而，目前来看，这些未来学校探索带来的成效与风险仍亟待评估，未来学校探索所取得的经验和教训仍亟待总结提炼，面向未来“人工智能 + 教育”的未来学校发展新样态仍亟待实践检验。

## （三）学校制度面向未来亟待重构

信息化时代学校教育变革是一项系统工程需要在实践探索基础之上通过制度重构予以保障。2020 年 9 月，经济合作与发展组织（OECD）发布了题为《回到教育的未来：经合组织关于学校教育的四种图景》的报告。关于未来教育的发展，报告认为学校作为学习中心将打破传统学校教育以课程为中心的组织模式，形成了更加灵活的结构，以适应数字新信息系统支持的混合学习活动。2020 年，教育部等八部委联合印发的《关于进一步激发中小学办学活力的若干意见》也提出了激发中小学办学活力需要坚持制度创新，“认真总结成功经验，加强顶层设计，着眼于长远的制度建设，鼓励各地各校继续深入探索、勇于创新、不断完善，持续释放和激发中小学的生机与活力。”由于信息技术促进教育变革将会打破封闭的学校办学体系、传统的教学结构和固化的学校组织形态，因此需要在区域层面实现跨区域优势资源的重整，需要学校内部治理机制的完善和重构，更需要教师群体的积极参与和角色转变。目前看来，这样一项系统变革工程还需要科学的探索，并最终建构与之相适应的制度体系。

我们认为“制度”在未来学校建设中更具有基础性、先导性和全局性。学校制度构建具有系统性，包含两个层面的关键内涵：既包括静态层面，学校教育教学内外部关系调整的具体化和制度化的文本；也包括动态层面，学校教育教学内外部关系调整的实践集合。二者存在着相互制约、相互建构的关系。在此互动发展过程中，需要以人的发展与教育制度的结构性矛盾为核心，在把握国际未来学校理论与实践发展趋势的基础上，立足本土创新实践经验的系统总结和反思，在中国教育实践的场域之中，理性分析现有教育制度与人的发展之间的结构性矛盾，并以此作为未来学校制度创新的抓手。未来学校制度建设也需要强调本土经验的总结和理论提升，而非理论模型的验证，能够收集“生动”的教育变革故事，理论化本土实践经验，把握区域学校和国家学校的联系，把握中国学校和世界学校的联系，以便形成具有普遍价值和共同意义的特殊经验和理论认识；要突出未来学校建设探索的个案分析以及对个案间的差异进行综合比较，把握一所学校制度和所有学校制度的联系，以便能够充分挖掘未来学校的实践逻辑，能够总结未来学校制度创新的经验和理论认识，推进未来学校生动而富有成效的实践发展。

**参考文献**

安东尼·塞尔登，奥拉迪梅吉·阿多耶，2020. 第四次教育革命 [M]. 北京：机械工业出版社.

北京师范大学未来教育高精尖创新中心 [DB/OL]. (2017-03-25) [2022-08-12]. http://aic-fe.bnu.edu.cn/zxgk/zxjs/16678.html.

陈驾，1996.“未来学校”的诞生：九十年代澳大利亚学校改革新动向 [J]. 外国中小学教育（4）：19–22.

冯大鸣，2007. 21 世纪先锋学校的创新及预示：对美国费城“未来学校”的考察与评析 [J]. 全球教育展望（6）：67–71.

冯琪，2021. 首都师大育新未来学校揭牌 推进“未来课堂”教学模式落地 [EB/OL]. (2021-04-29) [2022-08-13]. https://baijiahao.baidu.com/s?id=169837215670555114 7&wfr=spider&for=pc.

荆子蕴，2020. 未来学校的特征、构建及发展路向 [J]. 教学与管理（1）：15–18.

李笑非，2016. 创造最适宜学生的“未来”教育：基于核心素养与学习能力的未来学校建设探索 [J]. 教育科学论坛（14）：27–31.

林惠琴，2024. 英国“为未来建设学校计划（BSF)”及其终止的研究 [D]. 长沙：湖南师范大学.

罗冬梅，2010. 混合学习模式下的教学过程设计与实施：以《网络教育应用》课程为例 [J]. 现代教育技术（10）：5.

罗生全，王素月，2020. 未来学校的内涵、表现形态及其建设机制 [J]. 中国电化教育（1）：40–45，55.

泰德· 丁特史密斯，2018. 未来的学校 [M]. 杭州：浙江人民出版社.

王素，曹培杰，康建朝，苏红，张永军，赵章靖，张晓光，2016. 中国未来学校白皮书 [R]. 北京：中国教育科学研究院 .

杨俊锋，黄荣怀，刘斌，2013. 国外学习空间研究述评 [J]. 中国电化教育（6）：15–20.

余胜泉，王阿习，2016.“互联网 + 教育”的变革路径 [J]. 中国电化教育（10）：1–9.

张生，曹榕，陈丹，韩盼盼，齐媛，2018.“AI+”时代未来学校的建设框架与内容探究 [J]. 中国电化教育（5）：38–43，52.

张爽，2019. 未来学校的理解与建构之路 [J]. 中国教育学刊（12）：45–49.

朱永新，2016. 关于未来学校的思考 [J]. 中小学校长（3）：3–4.

## 第二节　面向未来的人才培养新要求与新目标

综合国力竞争说到底是人才竞争。人才是衡量一个国家综合国力的重要指标。国家发展靠人才，民族振兴靠人才。基础不牢，地动山摇。基础教育在人才早期培养中的地位不容忽视。信息化时代面向未来的学校制度的重构与创新，首先需要从思考和明确未来教育究竟要培养什么样的人开始：国家需要什么样的人才，才能在21世纪激烈的国际竞争中立于不败之地？个人需要具备哪些核心素养，才能在未来拥有属于自己的优质生活，才能成功融入未来社会并推动社会的健康发展？核心素养是对未来人才素养的形象勾画，是未来学校制度重构的生命基因。面向未来的学校培养目标，必须基于核心素养，指向核心素养，为了核心素养。

### 一、理论研究

#### （一）核心概念外延与内涵的界定

1. 人才。

"人才"一词源于《诗经·小雅·菁菁者莪》。诗曰："菁菁者莪，乐育材也，君子能长育人才，则天下喜乐之矣！"；新编辞海对"人才"的解释是："有才识学问、德才兼备的人"。《国家中长期人才发展规划纲要（2010—2020）》对"人才"的定义是："指具有一定的专业知识或专门技能，进行创造性劳动并对社会作出贡献的人，是人力资源中能力和素质较高的劳动者。人才是我国经济社会发展的第一资源。”党的十九大报告中提出：“努力形成人人渴望成才、人人努力成才、人人皆可成才、人人尽展其才的良好局面，让各类人才的创造活力竞相迸发、聪明才智充分涌流。”

2. 素养。

《现代汉语词典（第5版）》中，“素养”主要指“平日的修养”，强调其是后天习得和养成的。通常对应的英文文献中的competence或competency一词。无论是国际普遍认同的OECD的“素养”界定“运用知识、技能和态度满足特定情境中复杂需要的能力”，还是欧盟的界定“适用于特定情境的知识、技能和态度的综合”，均体现了“素养”英文概念的原初含义（郑新丽，2021）[90]。我国学者林崇德将“素养”界定为“在教育过程中逐渐形成的知识、能力、态度等方面的综合表现”（林崇德，2016）[2]。

3. 核心素养。

“核心素养”这个概念舶来于西方，英文词对应Key Competencies或Core Competencies。OECD在2003年出版的报告《核心素养促进成功的生活和健全的社会》(Key Competencies for a Successful Life and a Well-Functioning Society）时，首次使用了该词。我国教育学术界较为普遍赞同的核心素养界定是指：学生在接受相应学段的教育过程中逐步形成起来的适应个人终身发展与社会发展的人格品质与关键能力（钟启泉，2018）[1]。强调不同学习领域、不同情境中都不可或缺的共同要求，是关键的、必要的也是重要的素养。核心素养旨在勾勒新时代新型人才的形象，规约学校教育的方向、内容与方法（钟启泉，2018）[3]。

4. 学校培养目标。

是指依据国家的教育目的和各级各类学校的性质、任务提出的，各级各类学校的培养人才的具体要求。在党和国家的总教育目标的指导下，依据学校的层次、性质、人才培养的具体质量规格的不同，形成不同学校的不同培养目标。学校培养目标是人才素养体系在学校层面的具体化和细化。

5. 人才核心素养体系概念的内涵与外延。

人才核心素养体系，着眼于结果导向，旨在为接受完基础教育，走向社会或继续深造的人，根据德智体美劳全面发展标准进行符合时代特征的人才画像，为面向未来的时代新人画像，构建起未来人才的核心价值观、必备品格和关键能力框架。该体系强调基础素养，而非专业化素养，聚焦基础教育完成这一节点，面向 2035 这一中长期未来。作为一套有系统规划设计的、指向 21 世纪的育人目标体系，指引未来学校培养目标的制定，支撑未来每一所学校的办学理念及实践。

## （二）国内外文献简单综述

国内关于核心素养的研究大致从 2012 年开始，2016 年以后研究成果急剧增长（见下图）。

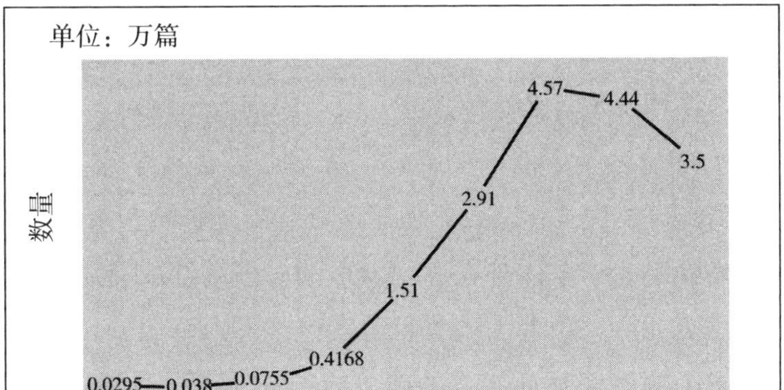


2012 年以来中国知网（CNKI）中以核心素养为主题的论文数量

研究主题涉及核心素养概念辨析、国外核心素养框架介绍、国内外核心素养框架比较、核心素养的培养、学科核心素养、核心素养如何在学科教学中体现、核心素养背景下的课程改革及各学科的教学模式与教学策略变革、核心素养背景下教师专业发展与校长领导力提升等（见下表）。

**国内关于核心素养的研究主要涉及的主题（截至2021年7月）**

| 主题 | 核心素养 | 核心素养培养 | 学科核心素养 | 数学核心素养 | 教学策略 |
|---|---|---|---|---|---|
| 论文数量 | 6.02万篇 | 3474篇 | 6430篇 | 5691篇 | 3526篇 |

就国外文献而言，在EBSCO-ERIC数据库中以Key Competencies、Core Competencies、21Century Skills为关键词进行搜索，自2003—2021年7月分别有3055篇、1729篇和3738篇论文。研究主题聚焦核心素养的内涵、教师的核心素养培养、学生的核心素养培养如何融入课程、在传统学习与混合学习中如何促进学生核心素养培养等。与国内研究者聚焦基础教育阶段不同，国外有关核心素养的研究文献大多聚焦高等教育阶段。

### （三）国内外针对核心素养的主要理论、理念或核心观点

近年来，国内外关于核心素养的讨论非常多，界定、遴选与发展核心素养成为全球教育（尤其是基础教育）改革的潮流。但对于“素养”的内涵，国际上始终缺乏一个清晰的界定。著名心理语言学家乔姆斯基曾对“素养”和“表现”（Performance）做了区分。受此影响，后继的心理学研究通常将素养界定为“个体外在表现背后的心理属性或特质”。素养导向的教育模式在20世纪90年代风靡职业教育或人力资源领域。在该领域，素养一般是指个体胜任某项工作的能力或行为（杨向东，2020）[51]。核心素养作为基础教育领域的一个重要概念出现在国际组织及众多西方发达国家的政策文本中始于20世纪90年代，源于当时的国际组织及各国政府意

识到即将到来的21世纪会是一个以“变”为核心的时代，更是一个充满了机遇和挑战的时代。从一些发达国家提出和不断完善核心素养内涵的历程来看，核心素养并不是一成不变的。

1. 有关核心素养的概念。

2003年，OECD选择了Key Competencies这个术语，并且遴选出一组能力框架。从此，Key Competencies获得更大范围的认可（见下图）（沈章明 等，2019）[5]。对于我国而言，从“能力”“技能”“知识”等概念转向“素养”概念，体现了对于人的“知识、技能、态度和价值观”等方面全面发展的综合考虑，表明我国正回归以人为本，促进人终身学习的教育根本。

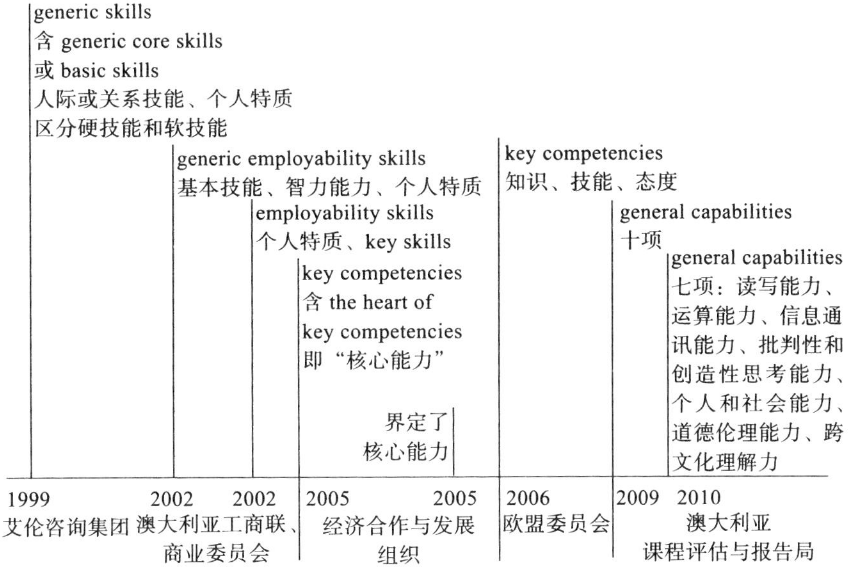


**核心素养概念的演变历程**

资料来源：沈章明，许营营.“核心素养”的生成逻辑与发展方向：基于相关政策文本的分析[J].外国教育研究，2019（11）：3-28.

2. 有关核心素养的内容。

面对新时代新变局，教育到底应该培养什么样的人？或者说，未来一代应当具备哪些必备的素养才能够很好地适应未来社会发展的需要？对这一问题的回答是世界各国包括国际组织在展望未来教育改革和发展时所考虑的首要问题。各国和主要国际组织也基于不同的发展需要和价值取向遴选核心素养。

如张娜在比较了 OECD、欧盟与联合国教科文组织的核心素养框架后，指出三大框架、三大核心素养指标框架都强调核心素养是个体在生活上取得成功应该具备的关键素养，且这种素养是指向个体的全面发展的。虽然指标的名称有所不同，但指标的内涵是基本一致的，关注人的全面发展是三者的一致追求（张娜，2017）[44]。

郑新丽指出，国外对核心素养内涵的界定，体现了时代对人发展的要求和世界教育的大趋势。如 OECD 认为核心素养指的是帮助个体在复杂情境中满足重要需要，对个体和社会都能产生价值的最根本、最关键的素养，它具有迁移性、民主性和价值性等特征。欧盟将核心素养界定为“所有个体达成自我实现，发展成为主动的公民，融入社会和成功就业所需要的那些素养”。日本用“学力”表示核心素养，认为学力是学习主体以其“能动的力量”与学习对象交互作用，进而形成和发展起来的以思维力为核心，以基础力和实践力为辅助的综合能力（郑新丽，2021）[100]。

师曼提出，由于国际组织制定框架的初衷和服务对象各有不同，经济体的社会经济发展阶段与文化特征也有差异，核心框架的具体目标阐述略有不同。有的框架旨在帮助公民实现成功生活并发展健全社会，如经济合作与发展组织（OECD，2005）等；有的以培养学习能力为目标，指向终身学习，如欧盟（European Commission，2006）、联合国教科文组织（LMTF，2013）与中国台湾等；有的以培养创造力和创业精神为导向，关注 21 世纪职场需要，如美国 P21（U. S. Department of Labor，1991）、亚太经合组织（APEC，2008）与加拿大（C21 Canada，2012）等；有的凸显核心价值观，培养有责任感的合格公民，如新加坡（Singapore Ministry of Education，1998）等（师曼 等，2016）[30]。

关于核心素养的具体内容，荷兰学者沃格特（Joke Voogt）等在对世界上著名的八个核心素养框架进行比较分析以后，认为所有框架共同倡导的核心素养包括协作素养，交往素养，信息通信技术素养，社会和（或）文化技能、公民素养，创造性，批判性思维，问题解决，开发高质量产品的能力或生产性，这八大素养是人类在信息时代的共同追求，可称为“世界共同核心素养”。对它们做进一步提炼，可简化为四大素养，即协作、交往、创造性与批判性思维，由此构成享誉世界的“21 世纪 4C”。魏锐等人通过对 29 个素养框架的分析，汇总了两个维度共 18 项核心素养（见下表）：9 项与某个特定内容领域密切相关，称之为领域素养，包括基础领域素养（6 项）和新兴领域素养（3 项）；9 项超越特定领域，称之为通用素养，它们分别指向高阶认知（3 项）、个人成长（2 项）与社会性发展（4 项）。其中的沟通与合作、信息素养、创造性与问题解决、自我认识与自我调控、批判性思维、学会学习与终身学习、公民责任与社会参与等成为各国际组织和经济体高度重视的七大素养（魏锐 等，2020）[25]。

**全球共同关注的核心素养**

| 维度 | 核心素养 |
|---|---|
| 领域素养 | 基础领域素养：语言素养、数学素养、科技素养、人文与社会素养、艺术素养、运动与健康素养<br>新兴领域素养：信息素养、环境素养、财商素养 |
| 通用素养 | 高阶认知：批判性思维、创造性与问题解决、学会学习与终身学习<br>个人成长：自我认识与自我调控、人生规划与幸福生活<br>社会性发展：沟通与合作、领导力、跨文化与国际理解、公民责任与社会参与 |

资料来源：魏锐，刘坚．“21 世纪核心素养 5C 模型”研究设计 [J]. 华东师范大学学报（教育科学版），2020（2）：20-28.

3. 有关核心素养的落实。

关于核心素养如何落地，刘晟基于 OECD、美国、澳大利亚、南非等国际组织和经济体的实践案例，总结出全球推进、落实 21 世纪核心素养的四条教育实践经验：系统化的解决方案；基于真实情境的课程、教学与评价；多样化的测评方式；政府引导、社会参与（刘晟，2016）[62]。邓莉指出，美国正围绕学校愿景、课程、教学、学习和评价等方面在学校层面落实 21 世纪技能。旨在培养 21 世纪技能的 21 世纪学习示范学校不断增多（邓莉 等，2017）[53]。

钟启泉强调，核心素养是课程发展的 DNA，核心素养的界定是学校教育从“知识传递”转向“知识建构”的信号，标志着我国学校的课程发展进入了新的阶段。核心素养落地的关键是对学校课程的整体把握以及创新的教学设计和以表现性评价为代表的新型评价模式的构建（钟启泉，2016）[5]。

## 二、政策梳理

### （一）主要发达国家、国际组织人才核心素养体系构建历程

尽管核心素养现在已逐渐成为国际基础教育改革与发展的风向标，然而，从本质内涵来说，这一概念是深受技术变革影响的时代更迭和职业领域变迁的结果（马健生 等，2018）[30]。许多国家和国际组织都曾基于未来社会对人才需求的预判，根据不同的逻辑，提出过各种核心素养模型或体系。

1. 核心素养框架的先行者——澳大利亚聚焦就业相关的核心素养。

最早使用 key competences/competencies 这个术语的是澳大利亚卡梅尔委员会（Karmel Committee），该委员会旨在通过确立学校应该追求的最高

水平的目标来规范并推动教育改革。1985 年 4 月,《卡梅尔报告》出炉,目前所知的全球第一份通用于各类学校和培训机构的目标能力框架 general competences 框架面世（沈章明，2019）[11]。报告中将 competences 界定为“有效利用知识和技能以达成目标的能力”，等同于“ability”，包括可描述的知识以及能力，不包括价值观和态度。1991 年 7 月,《芬恩报告》( Finn Report）问世，报告将 competences 界定为“不仅包含执行特定任务的技能，而且包括拥有知识和理解，以及迁移知识和技能以适应新情势的能力”，并遴选出了一组 key competencies，具体包括语言与交流、数学、科技理解、文化理解、问题解决、个人和人际能力（Finn，1991）[57]。1992 年 9 月，该框架又经迈耶委员会修订，更聚焦就业相关的核心素养，如收集、分析与组织信息能力，沟通思想和信息能力，计划及组织活动能力，与他人以及团体合作能力，使用数学理念和技巧的能力，问题解决能力，技术运用能力，删除了芬恩委员会提出的文化理解与科技理解能力（Mayer，1992）[9]。

2. OECD 核心素养总体概念参照框架指引下的国际组织与发达国家核心素养体系构建。

OECD 作为最早将 Key Competencies 这一概念应用于基础教育领域的国际组织，它在这方面所进行的理论思考及实践探究对各成员国、其他国际组织以及世界其他国家和地区核心素养的探索都产生了直接和深远的影响，在 key competencies 概念界定、框架遴选和应用推广中，起到了举足轻重的作用，一些国际组织和许多国家纷纷依照 OECD 制定的核心素养总体概念参照框架来建构本组织和本国的指标框架体系。

为帮助年轻人应对 21 世纪世界技术飞速发展、社会多样化与区域化以及全球化的复杂挑战，OECD 于 1997 年启动“素养的界定与遴选：理论和概念基础”( Definition and Selection of Competencies: Theoretical and Conceptual Foundations，即 DeSeCo）研究项目，2003 年出版最终研究报告《核心素养促进成功的生活和健全的社会》( Key Competencies for a Successful Life and a Well-Functioning Society)，正式使用 Key Competencies 这一概念。为推进核心素养走进教育实践，2005 年 OECD 又发布了《核心素养的界定与遴选：行动纲要》( The Definition and Selection of Key Competencies:Executive Summary)，该报告形成的“核心素养”概念参照框架（Conceptual Framework）旨在增强核心素养应用于教育实践的可操作性（褚宏启，2016）[2]。报告规定遴选出的核心素养需要满足的三个条件：(1) 要对社会和个体产生有价值的结果；(2) 帮助个体在多样化情境中满足重要需要；(3) 不仅对具体领域专家是重要的，而且对所有人都是重要的。基于此，OECD 框架将核心素养分为“互动地使用工具、在社会异质群体中互动和自主行动”三个类别，这三个类别关注不同方面，但彼此间相互联系，共同构成核心素养的基础（见下图及表格）。该框架超越传统意义上的知识与技能，以反思为核心，整合了各个核心素养（师曼 等，2016）[34]。

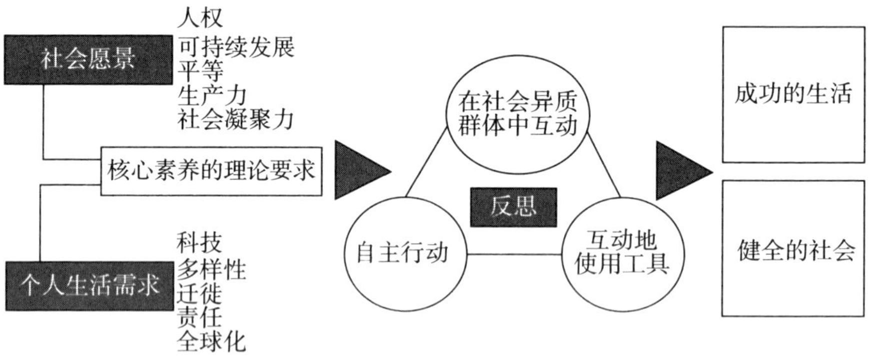


DeSeCo 核心素养的概念参照框架图

资料来源：OECD. The Definition and Selection of Key Competencies: Executive Summary [R]. Paris: OECD, 2005:5.

OECD 三类核心素养的具体内容

| 核心素养维度 | 核心素养具体内容 |
| --- | --- |
| A 能互动地使用工具 | A1 互动地使用语言、符号及文本的能力<br>A2 互动地使用知识和信息的能力<br>A3 互动地使用科技的能力 |
| B 能在社会异质群体中互动 | B1 与他人建立良好关系的能力<br>B2 合作的能力<br>B3 控制与解决冲突的能力 |
| C 能自主地行动 | C1 在复杂大环境中行动的能力<br>C2 设计人生规划与个人计划的能力<br>C3 维护权利、利益、限制与需求的能力 |

资料来源：林崇德. 21 世纪学生发展核心素养研究 [M]. 北京：北京师范大学出版社，2016：12.

2005 年，基于 OECD 核心素养概念参照框架，欧盟发布了《终身学习核心素养：欧洲参考框架》(Key Competences for Lifelong Learning: A European Reference Framework)，该框架提出了终身学习所需的八大核心素养：母语沟通能力、外语沟通能力、数学和科技基本素养、数字化素养、学会学习、社会与公民素养、创新与企业家精神、文化意识和表达，每一素养又从知识、技能与态度三个维度进行具体描述。此后，英国、法国、德国相继发布的核心素养框架都不同程度借鉴了 OECD 核心素养三大类别（见下表）。

欧盟、英国、法国、德国核心素养的具体内容

| 国家维度 | A 能互动地使用工具 | B 能在异质社会群体中互动 | C 能自主地行动 |
| --- | --- | --- | --- |
| 欧盟 | A1 母语沟通能力<br>A2 外语沟通能力<br>A3 数学与科技素养<br>A4 数字化素养 | B1 创新与企业家精神<br>B2 社交与公民素养 | C1 学会学习<br>C2 文化意识与表达 |

续表

| 国家维度 | A 能互动地使用工具 | B 能在异质社会群体中互动 | C 能自主地行动 |
| --- | --- | --- | --- |
| 英国 | A1 有效沟通，运用数学<br>A2 运用科技与信息<br>A3 熟悉现代语言 | B1 个人与人际交往技巧<br>B2 与他人合作<br>B3 解决问题 | C1 处理变化<br>C2 学习与自我提升 |
| 德国 | A1 有关工作及跨越不同职业领域的知识<br>A2 辨析关系的能力<br>A3 外语掌握<br>A4 媒体素养 | B1 冲突管理<br>B2 解决问题<br>B3 国际合作能力<br>B4 交流共同能力<br>B5 领导能力 | C1 终身学习的意愿与能力<br>C2 勇于进取<br>C3 自我控制<br>C4 决策能力<br>C5 韧性<br>C6 创造性<br>C7 批判性思维<br>C8 独立行动的能力<br>C9 责任感 |
| 法国 | A1 法语素养<br>A2 数学与科学文化素养<br>A3 人文文化素养<br>A4 外语素养<br>A5 信息通信技术素养 | B1 社会交往与公民素养 | C1 独立自主与主动进取 |

资料来源：林崇德. 21 世纪学生发展核心素养研究 [M]. 北京：北京师范大学出版社，2016：14-18，82-84.

3. 21 世纪技能运动推动下美国等国家 21 世纪素养体系的构建。

伴随核心素养兴起的还有“21 世纪技能运动”。21 世纪以来，为了应对全球经济竞争、技术变革和未来挑战，世界各国在基础教育领域兴起了超越知识、超越传统学科、聚焦技能和能力的 21 世纪技能运动（21st Century Skills Movement）（见下表），全球教育系统的目标和内容转向更为明确地关注 21 世纪社会所需的广泛技能（邓莉，2019）[89]。

美国的 21 世纪技能运动与国际里程碑事件

| 时间 | 21 世纪技能运动 | 美国之外的里程碑事件 |
| --- | --- | --- |
| 20 世纪 90 年代 | 1996 年 CEO 论坛成立 | OECD 开始跨课程素养遴选，1996 年，联合国教科文组织《德罗尔报告》发布 |
| 21 世纪初 | 2002 年 P21 成立 | 2005 年，OECD 核心素养框架发布<br>2006 年，欧盟核心素养框架发布 |
| 21 世纪 10 年代 | 2018 年 P21 解散 | |

资料来源：Kathryn Anderson-Levitt. 21st century skills in the United States: a late, partial and silent reform[J]. Comparative Education, 2020 (11): 16-25.

美国的 21 世纪技能运动始于 2002 年 21 世纪技能联盟（Partnership for 21st Century Skills, P21）的建立。P21 的重要活动之一是发展和推广“21 世纪技能清单”。2009 年发布的“21 世纪学习框架”（学习结果与支持系统）：核心技能、与之配套的课程以及支持系统之间的相互关系以彩虹图呈现（见下图），其中核心技能包括“学习与创新技能”“信息、媒体与技术技能”“生活与职业技能”三个领域的 11 项核心技能（见下页表）。

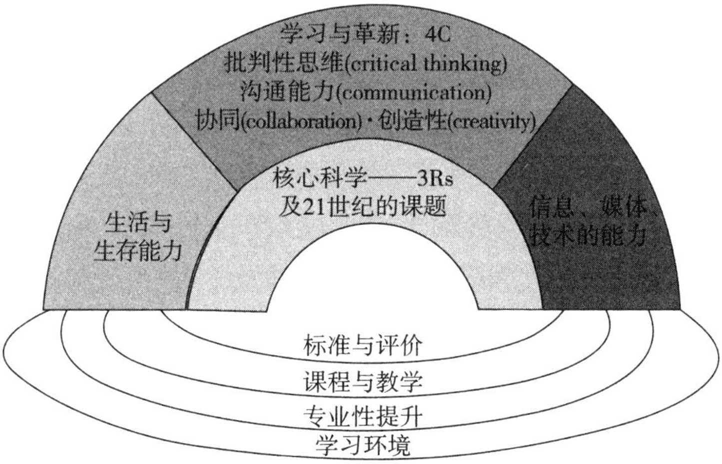


美国 21 世纪的学习结果与支持系统

资料来源：Partnership for 21st Century Learning. Framework for 21st Century Learning [R]. New York: 2009.

美国21世纪核心素养指标体系

| 核心素养领域 | 核心素养指标 |
|---|---|
| 学习与创新素养 | 创造力与创新 |
| | 批判思维与问题解决 |
| | 交流沟通与合作 |
| 信息、媒介与技术素养 | 信息素养 |
| | 媒体素养 |
| | 通信技术素养 |
| 生活与职业素养 | 灵活性与适应性 |
| | 主动性与自我导向 |
| | 社会与跨文化素养 |
| | 创作与责任 |
| | 领导与负责 |

资料来源：林崇德. 21世纪学生发展核心素养研究 [M]. 北京：北京师范大学出版社，2016：75-76.

这个框架有两个非常重要的特点：一是体现素养教育过程与结果的结合；二是重视支持系统在21世纪学习框架中的作用（师曼 等，2016）[29]。图中彩虹部分的外环呈现学生学习结果的内容，即核心素养，描述了学生在未来工作和生活中必须掌握的技能、知识和专业智能，是内容知识、具体技能、专业智能与素养的融合。其中尤其强调学生应该具备成功适应新型世界经济的4个“C”，即创造性、批判性思维、沟通交流和团队协作。每一项核心素养的落实都要依赖于基于素养的核心科目与21世纪主题的学习（见下页表），即彩虹的内环部分；图中的底座部分呈现的四个支持系统，包括21世纪核心素养的标准与评价、课程与教学、教师专业发展以及学习环境，它们构成了保证21世纪核心素养实施的基础。

**美国支撑 21 世纪核心素养培养的核心学科及学习主题**

| 学科及主题 | | 具体内容及目标 |
| --- | --- | --- |
| 核心学科 | | 英语、阅读与语言、外语、艺术、数学、经济、科学、地理、历史、政府与公民 |
| 21 世纪主题学习 | 全球意识 | 1. 运用 21 世纪核心素养理解和重视全球化问题<br>2. 以互相尊重，开放对话的态度，在个人生活、工作或社会中与来自不同文化、宗教及生活背景的人合作并相互学习<br>3. 理解异国文化，包括学会应用外语 |
| | 理财素养 | 1. 懂得如何做个人的理财选择<br>2. 理解经济在社会中的地位<br>3. 运用创业素养提高职场生产力，增强职业选择 |
| | 公民素养 | 1. 通过了解和理解政府的工作流程来有效参与公民的生活<br>2. 行使地区、州、国家和全球各个级别的权利和义务<br>3. 了解公民决策在本土和国际上的影响 |
| | 健康素养 | 1. 获得、解释和理解基本的健康信息和服务，并懂得运用这些信息和服务来增进个人健康<br>2. 懂得身体和心理的保障措施，包括合理节食、营养、锻炼、躲避危险和释放压力<br>3. 运用可得信息做出恰当的确保健康的决策<br>4. 建立并监控个人与家人的健康目标<br>5. 理解国家与国际上公共卫生与安全问题 |
| | 环保素养 | 1. 了解和理解有关环境及其影响因素的知识，尤其是与空气、气候、土壤、食品、能源、水和生态系统等有关的条件<br>2. 了解和理解社会对自然界的影响（如人口增长、人类发展、资源消费率，等等）<br>3. 调查和分析环保问题，并提出有效的解决方案<br>4. 为了应对环境危机而采取个人和集体层面的行动（如参与全球化行动，设计鼓励环保行动的方案等） |

资料来源：林崇德. 21 世纪学生发展核心素养研究 [M]. 北京：北京师范大学出版社，2016：77.

基于美国的框架，新加坡、加拿大、日本等国都颁布了本国的 21 世纪素养框架，如新加坡教育部 2010 年发布了《21 世纪素养与学生成果框架》(Framework for 21st Century Competencies and Student Outcomes，见下图)，确定了在全球化、不断变化的人口结构和技术进步时代的，对于儿童未来发展至关重要的关键素养清单。该框架分三个层次，其核心层是“品格与道德培养”；中间层是“社交和情感技能”——自我意识、自我管理、负责任的决策制定、关系管理及社交意识；最外层是“面向全球化世界的关键能力”——全球意识、跨文化技能、公民素养、批判思维和信息与通讯技能。

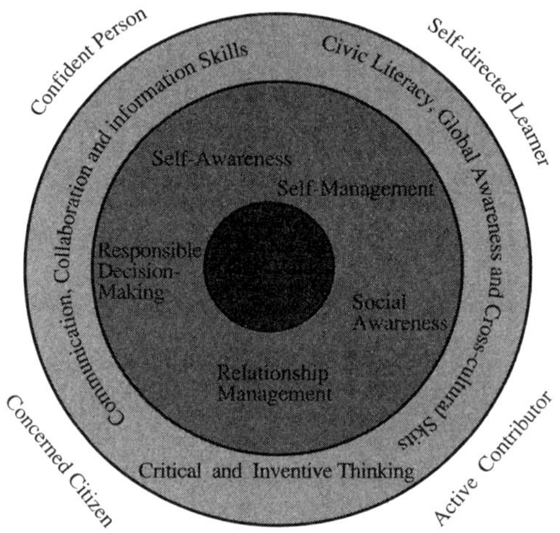


新加坡 21 世纪素养与学生成果框架

资料来源：新加坡教育部网站。

日本国立教育政策研究所 2013 年发布了《培养适应社会变化的素质与能力的教育课程编制的基本原理》报告，提出了“21 世纪型能力”，其内涵是 21 世纪所需要的生存力，包括实践力、思考力、基础力（藤野赖彦，2013）[26]，以“思考力”为核心，与支撑思考力的“基础力”（语言力、数理力、信息力）以及运用知识技能的“实践力”，构成三层结构（见下页图）。

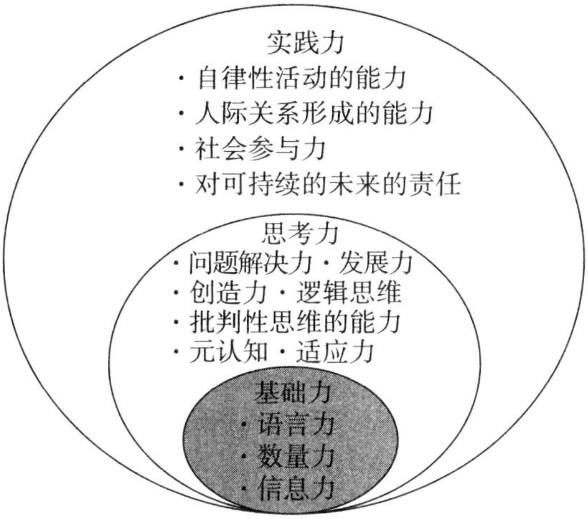


"21 世纪型能力"的框架

资料来源：森敏昭. 21 世纪学习的创造 [M]. 京都：北大路书房，2015：133.

无论是基于 OECD 核心素养框架构建的核心素养体系，还是借鉴美国 21 世纪素养框架构建的 21 世纪素养体系，均是超越了教育本身而与经济、职业等领域建立了更加密切的关联。尽管不同国际组织、国家和地区结合各自的现实需求、文化特色和语言习惯对 Key Competencies 作了差异化的概念表述，但他们在有关这一概念的功能定位上却存在较大程度的相似性，许多都以满足未来社会职业需求为价值取向（师曼　等，2016）[29]。绝大多数都把与时代变革、职业世界直接关联的素养纳入其中，如经合组织在报告中明确指出，他们"采用了一种需求导向的方法来探究个体为获得工作需具备哪些胜任力，以及为应对技术变革需具备哪些品质"（OECD，2017）[59]。同时一些致力于促进个人全面发展的人文与社会素养、艺术素养、运动与健康素养以及人生规划与幸福生活等素养也包含在一些国家的核心素养框架中，体现了对教育的社会功能与全面育人目标的兼顾。

### （二）我国有关核心素养体系与学校培养目标的政策梳理

我国核心素养体系构建起步较晚。在核心素养这一概念提出之前，党和国家高度重视“创新素养”的培养，与教育有关的重要政策中对培养学生创新素养的内容和水平提供了总体方向与目标。

1994 年国家教委启动的《高等教育面向 21 世纪教学内容和课程体系改革计划》中提出：培养适应 21 世纪需要的社会主义现代化的建设者和接班人。探索适应现代社会、经济、科技、文化发展的教育观念和人才培养模式，形成培养适应 21 世纪需要的基础扎实、知识面广、能力强、素质高的人才改革思路。尤其指出注重素质教育、重视学生创新能力的培养。

党的十八大以来，党和国家教育政策对创新素养的描述更为具体，赋予创新人才培养目标与过程的新的理论内涵与时代特征。例如，党的十八大报告《坚定不移沿着中国特色社会主义道路前进为全面建成小康社会而奋斗》明确指出，教育的根本任务是立德树人，增强学生社会责任感、创新精神、实践能力。《国家中长期教育改革和发展规划纲要（2010—2020 年）》中则提出“鼓励学生利用信息手段主动学习、自主学习，增强运用信息技术分析解决问题能力”。《中小学生心理健康教育指导纲要（2012 修订）》为实现创新素养在不同阶段水平上的衔接提供了明确指导，指出在小学高年级培养学生分析问题和解决问题的能力，为初中阶段学习做好准备。

同时，自党的十八大把立德树人作为教育根本任务之后，我国开始从国家层面更加深入系统地思考“教育要培养什么样的人”这一最根本的问题。面对这一时代命题，2014 年 4 月教育部研制印发的《关于全面深化课程改革，落实立德树人根本任务的意见》中，着力推进的一大关键领域就是研究制订学生发展核心素养体系和学业质量标准。提出“教育部将组织研究提出各学段学生发展核心素养体系，明确学生应具备的适应终身发展和社会发展需要的必备品格和关键能力”（师曼，2016）[31]，核心素养这个崭新的概念，首次出现在国家文件中，被置于深化课程改革，落实立德树人目标的基础地位。文件从学生个人发展和社会发展的角度明确核心素养的内涵是“必备品格和关键能力”。同年教育部委托林崇德教授领衔的专家团队研制《中国学生发展核心素养总体框架》。2016 年 9 月 13 日，北京师范大学联合国内高校近百位专家，历时 3 年完成的《中国学生发展核心素养》研究成果发布。核心素养总框架（见下图）以培养“全面发展的人”为核心，分为文化基础、自主发展、社会参与 3 个方面，综合表现为人文底蕴、科学精神、学会学习、健康生活、责任担当、实践创新六大素养，具体细化为人文积淀、人文情怀、审美情趣、理性思维、批判质疑、用于探究、乐学善学等 18 个基本要点，概述了学生的“必备品格和关键能力”，每一个要点的主要表现都有详细的描述。基于总框架，还提出了小学、初中、高中各年级学生应该达到的核心素养表现水平。

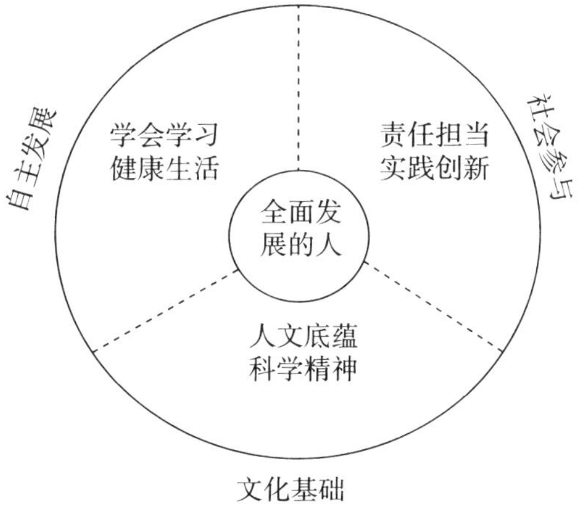


**中国学生发展核心素养**

资料来源：林崇德. 21 世纪学生发展核心素养研究 [M]. 北京：北京师范大学出版社，2016：273.

2017年9月，中共中央办公厅、国务院办公厅印发了《关于深化教育体制机制改革的意见》，并发出通知，要求各地区各部门结合实际认真贯彻落实。《关于深化教育体制机制改革的意见》提出："要注重培养支撑终身发展、适应时代要求的关键能力。"首次明确了隶属于"核心素养"的"关键能力"的四大类子能力（见下表）。这四种"关键能力"的提出，回应了国际上重视的关键能力，突出了中国学生发展"核心素养"的任务重点。

关键能力的四大类及内涵

| 能力维度 | 包含内容 |
| --- | --- |
| 认知能力 | 独立思考、逻辑推理、信息加工、学会学习、语言表达和文字写作的素养，养成终身学习的意识和能力 |
| 合作能力 | 学会自我管理，学会与他人合作，学会过集体生活，学会处理好个人与社会的关系，遵守、履行道德准则和行为规范 |
| 创新能力 | 具有好奇心、想象力和创新思维及创新人格，勇于探索，大胆尝试，创新创造 |
| 职业能力 | 爱岗敬业、精益求精的职业精神，积极动手实践和解决实际问题的能力 |

2018年9月10日，习近平总书记在全国教育大会的讲话中明确指出："要在增强综合素质上下功夫，教育引导学生培养综合能力，培养创新思维。"特别强调"综合素质"与"综合能力"，尤其关注"创新思维"的培养。

2019年6月19日，国务院办公厅下发的《关于新时代推进普通高中育人方式改革的指导意见》，首次明确了隶属于核心素养的"必备品德"的几个关键点：树立正确的国家观、历史观、民族观、文化观，切实增强"四个自信"，厚植爱党爱国爱人民思想情怀，立志听党话、跟党走，树立为中华民族伟大复兴而勤奋学习的远大志向；践行社会主义核心价值观；养成良好个人品德和社会公德。此外，"关键能力"特别强调培养学生创新思维和实践能力，提升“人文素养”“科学素养”和“文化理解素养”。

2020 年 5 月 13 日，修订完成的《普通高中课程方案》(2017 年版 2020 年修订）发布。其中明确了普通高中的培养目标是在义务教育的基础上，进一步提升学生综合素质，着力发展核心素养，使学生成为有理想、有本领、有担当的时代新人。核心素养作为单独的概念第二次出现在国家的政策文件中。同时对首次出现的“学科核心素养”概念进行了说明:“学生学习该学科课程后应达成的正确价值观、必备品格和关键能力，对知识与技能、过程与方法、情感态度价值观三维目标进行了整合。”从“核心素养”到“学科核心素养”，从“必备品格和关键能力”到“正确价值观、必备品格和关键能力”，我国核心素养体系的内涵不断丰富和拓展。

2022 年 4 月 21 日教育部公布的《义务教育课程方案和课程标准（2022 年版)》，提出“聚焦中国学生发展核心素养，培养学生适应未来发展的正确价值观、必备品格和关键能力”；要求课程内容“基于核心素养要求，遴选重要观念、主题内容和基础知识技能，精选、设计课程内容，优化组织形式”；各课程“依据核心素养发展水平，结合课程内容，整体刻画不同学段学生学业成就的具体表现，形成学业质量标准”。

通过相关政策文件梳理，可以看出当前我国以核心素养为统领，基于核心素养目标的各项改革已经有了明确的指引与基石。

## 三、创新实践

研究核心素养的根本出发点是面对全球化、信息化的社会挑战，提升公民成功应对这些挑战的能力，并为社会发展做出贡献。因此，国内外在遴选核心素养关键指标与界定内涵时，均突出其时代性和前瞻性，不断完善已有的核心素养框架，凸显其关注的关键能力培养。

## （一）OECD2030 学习框架：驱动全球教育系统和更大生态系统变革的变革素养与新型基础素养

OECD 始终关注每个学习者应该为未来做怎样的准备，其倡导的核心素养框架针对不断变化的形势进行修订。2015 年 OECD 启动了“教育 2030：未来的教育与技能项目”（Future of Education and Skills 2030 Project），其中一条重要主线是研制“学习框架 2030”（Learning Framework for 2030），达成全球对于塑造面向 2030 的未来人类必须具备的知识、技能和价值观的共识。2019 年 5 月，历时四年完成的“学习框架 2030”终稿——《OECD 学习罗盘 2030》（OECD Learning Compass 2030）发布。在 OECD 原有核心素养基础上，提出了应对新未来挑战与机遇的“变革能力”培养以及其他新的核心素养，旨在培养出敢于创新、勇于承担、善于解决问题的新型精英（见下页图）。

新框架特别强调的三类能力统称为“变革能力”（Transformative Competencies），OECD 认为当前各国应该将它们作为个体核心素养的重中之重进行培养。变革能力是指变革社会和塑造未来的各项能力，包括创造新价值、协调矛盾困境、承担责任三个子类。在变革素养之外，2030 学习框架还强调了各种新型基础素养的重要性，包括：世界公民 / 素养、可持续发展、革新、幸福、计算思维 / 编程 / 编码、金融素养、预见能力、媒体素养、健康素养等，尤其强调数据素养和数字素养将成为 2030 基础技能的一部分。

此次素养框架更新的一个重要创新点是将学生学习与发展的研究从点到面，扩展至同伴、教师、父母、社区等多个社会支持体系。如果说上一轮 OECD 关键能力项目的目的在于找出哪些能力对学生学习与发展最为重要，那么此次 OECD 提出的“学习框架 2030”则是将关键能力是什么，影响关键能力发展的主体有哪些，如何培养关键能力等纳入其中，对学生学习与发展进行全面综合考察，致力于构建新的学习生态系统。

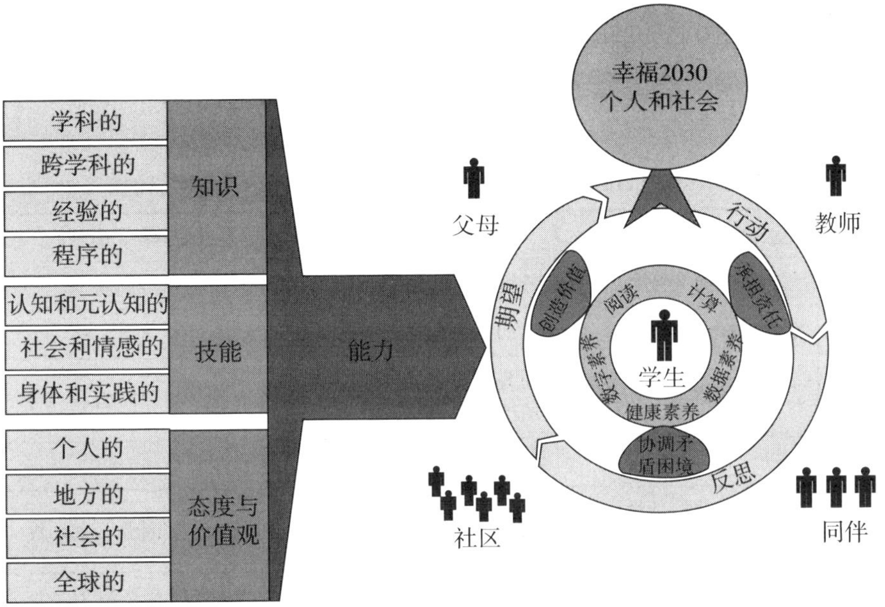


OECD 学习罗盘 2030

资料来源：OECD. OECD Learning Compass 2030 [EB/OL]. [2021-12-20]. http://www.oecd.org/education/ 2030-project/teaching-and-learning/learning.

## （二）世界经济论坛：从雇主的视角，基于职业变迁的未来技能框架

自 2016 年以来，达沃斯世界经济论坛通过每隔两年发布的《未来的工作》（The Future of Jobs）旗舰报告，跟踪需求日益增长的跨职能技能（cross-functional skills），汇总全球各行业的领军人物对未来人才的核心能力的投票预测（见下页表）。世界经济论坛特别强调的“人类技能”（human' skills），如创造力、独创性和主动性、批判性思维、说服力和谈判能力，每年都排名前列。对细节的关注、抗逆力（resilience）、灵活性和复杂的解

决问题的能力正保持或持续增加其价值。情商（Emotional intelligence）、领导能力、社会影响力以及客户服务能力等方面的需求也出现了大幅度增长。最新预测（2020 年报告）中新出现的技能需求是自我管理方面的技能，如主动学习、抗逆力、抗压能力和灵活性。这在一定程度上与目前仍然肆虐的新冠疫情相关。

不同年份需求排名前列的关键技能（Key skills）预测对比表

| 序号 | 2018 年 | 2022 年（预测） | 2025 年（预测） |
|---|---|---|---|
| 1 | 分析性思维与创新 | 分析性思维与创新 | 分析性思维与创新 |
| 2 | 解决复杂问题能力 | 主动学习与学习策略 | 主动学习与学习策略 |
| 3 | 批判性思维与分析 | 创造力、独创性、主动性 | 解决复杂问题能力 |
| 4 | 主动学习与学习策略 | 技术设计与编程 | 批判性思维与分析 |
| 5 | 创造力、独创性、主动性 | 批判性思维与分析 | 创造力、独创性、主动性 |
| 6 | 关注细节、诚信 | 解决复杂问题能力 | 领导力与社会影响力 |
| 7 | 情商 | 领导力与社会影响力 | 技术使用、监测与控制 |
| 8 | 推理、解决问题与构思能力 | 情商 | 技术设计与编程 |
| 9 | 领导力与社会影响力 | 推理、解决问题与构思能力 | 抗逆力、抗压力与灵活性 |
| 10 | 协调与时间管理能力 | 系统分析与评估 | 推理、解决问题与构思能力 |
| 11 | | | 情商 |
| 12 | | | 解决纷争和用户体验设计 |
| 13 | | | 客户服务能力 |
| 14 | | | 系统分析与评估 |
| 15 | | | 说服力与谈判能力 |

资料来源：根据世界经济论坛（World Economic Forum），2016 年、2018 年、2020 年《未来的工作》报告相关信息整理。

报告也列出了不同技能培训需求的变化（见下图）。其中培训需求持续增加的素养包括：批判性思维与分析、解决问题、自我管理、技术使用与开发、与人合作。保持稳定需求的素养包括：核心读写能力、身体能力、活动的管理与沟通。

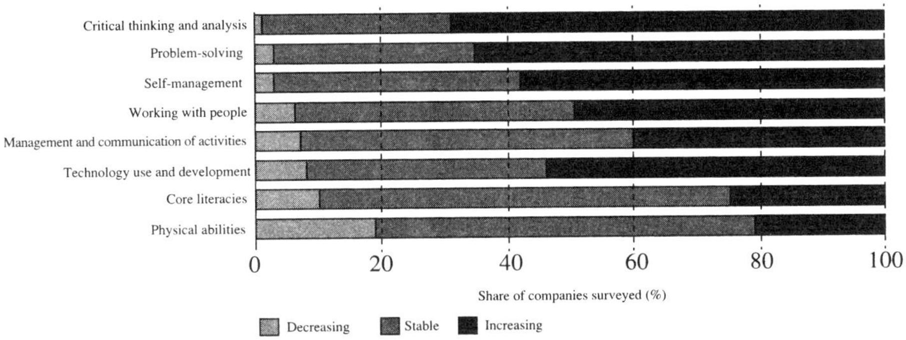


培训需求变化

资料来源：世界经济论坛（World Economic Forum）2020 年《未来的工作》报告。

## （三）人工智能时代重新定义“人类智能”

国际人工智能学会会长、从事人工智能与学习领域研究近 30 年的罗斯玛丽·卢金博士于 2019 年出版了《智能学习的未来》一书，提出：未来社会将是一个超级智能的世界。为防范人工智能取代人类，她对人类智能进行了重新定义，明确指出了人工智能与人类智能的关键区别，并将人类智能界定为一种由七大高度相关的要素所组成的“交织型智能”（Interwoven Intelligence）（罗斯玛丽·卢金 等，2020）[34]：1. 学术智能，是关于事务的整体性理解和解决复杂问题的智能；2. 社交智能，是与人沟通交往和良好合作的智能；3. 元认识智能，是关于对知识及其意义的形成过程的认识和智能；4. 元认知智能，是对自己的思维、自己知道和不知道什么的认知的智能；5. 元主观智能，是识别自己情绪和他人情绪的智能；6. 元情境智能，是把握自己的身体和周围环境相互方式的智能；7. 自我效能感，是对自己如何行动的认知和控制自己行为方式的能力。卢金强调，上述智能的七大要素不是单个独立的智能（见下表），而应该被视为一个相互关联的交织型智能网络中的不同要素，其中最重要的是元智能，这是当前或许是永远也无法通过人工智能实现自动化的智能，无疑应该成为教育与培训体系的核心。

交织型智能：学术智能、社交智能与元智能

| 要素名称 | 具体描述 |
|---|---|
| 1. 学术智能 | 关于世界的知识，设计多个学科领域，具有跨学科性质 |
| 2. 社交智能 | 社会交往的能力 |
| 元智能 | |
| 3. 元认识智能 | 对知识的认识：知识是什么？认识某事物意味着什么？何种证据是有效的？如何基于证据和情境做出合理判断 |
| 4. 元认知智能 | 对于正在发生的心理活动的解读能力 |
| 5. 元主观智能 | 识别自己和他人情绪的技能，调节自己的情绪和行为的能力 |
| 6. 元情境智能 | 通过身体的实际体验与世界进行交流与学习的智能 |
| 7. 自我效能感 | 对自己的理解、情绪和个人化情境拥有准确的基于证据的判断能力 |

资料来源：（英）罗斯玛丽·卢金. PXV《智能学习的未来》[M]. 徐烨华，译. 杭州：浙江教育出版社，2020（6）.

## （四）国内实践层面的核心素养体系主张

北京师范大学中国教育创新研究院与美国21世纪学习联盟合作研制的“21世纪核心素养5C模型”于2018年2月发布，致力于打造既符合中国教育需求，又适合向全球推广的21世纪核心素养模型。该框架包括文化理解与传承素养、审辨思维素养、创新素养、沟通素养、合作素养 5 个方面，从不同角度刻画了 21 世纪人才必备的核心素养，它们之间既各有侧重，又相互紧密关联，形成一个整体（见下图），其中文化理解与传承素养是核心。创新离不开审辨思维，沟通是合作的基础；良好的审辨思维能够提升沟通与合作的效率，有效的沟通与合作有助于实现更高质量的创新。

**21 世纪核心素养 5C 模型**

资料来源：魏锐，刘坚．“21 世纪核心素养 5C 模型”研究设计 [J]. 华东师范大学学报（教育科学版），2020（2）：20-28.

未来学校的倡导者朱永新教授发起的新教育试验，是一项民间的教育教学改革探索，它是以教师的成长为起点，以营造书香校园、师生共写随笔等十大行动为路径，以帮助教育共同体过上一种幸福完整的教育生活为目的的教育试验。该实验以生命的幸福完整为终极目的，培养遵守公共道德，认同、理解、遵守与维护我国宪法、关心及参与公共事务，具有独立思考与敢于承担责任的能力、对民族的传统和文化有归属感的现代公民。北京师范大学教授张志勇提出：新冠疫情加速了世界的不确定性；工作地点、时间的自由转换，带来了人类经济社会生活的非组织化新形态。这一社会变革，对未来教育如何培养更加自律和自控的时代新人提出了更高的要求。重构教育的本体价值观，需要人们从单一的“知识中心教育”向“四个核心能力转变”，德性成长、情感能力、创造能力、数据能力素养将会成为人类教育的终极使命（张志勇，2021）[7]。

无锡狄邦文理学校是经无锡市委、市政府引进，由狄邦教育集团融合南京外国语学校和英国国王学院学校的教育理念创办的一所以能力为导向、着眼未来的创新型学校。该校提出培养具有民族根基、国际视野、富有创新精神、协作能力及社会责任感的未来青年领袖。清华大学的钱学森力学班隶属“拔尖计划”和“学堂计划”，致力于构建一个开放性的创新教育模式，以有利于学生成长，为工程技术领域培养具有社会责任、专业伦理、人文关怀、领导力、国际视野，以及具有突出创新研究能力和发明能力的人才。项目设置少而精的荣誉课程，引导学生挑战性学习，突出思维方式和可迁移能力的培养。

## 四、趋势研判

核心素养体系的时代性与前瞻性意味着它不是一成不变的，国际组织与各国不断根据时代的需求对核心素养框架进行调整，在核心素养体系的构建中，一些新的视角不断纳入，一些一直以来强调的基础素养被赋予了新的内涵，一些素养的地位更加凸显。核心素养如何在实践中落实，从而带来整个教育生态的变革也成为各国思考的重点。

### （一）核心素养体系的构建正不断纳入新视角

不同国际组织和国家都从不同的视角构建核心素养体系，如 OECD 的核心素养框架从社会心理学角度选择核心素养并定义其具体内容，以实现个人成功生活与发展健全社会为基础，紧随时代变化，关注社会中的热点问题，强调21世纪的教育系统应帮助学生发展与社会进步相适应的技能和素养；欧盟和联合国教科文组织都立足终身学习来建构“核心素养”框架，分别指向构建全民终身学习并最具竞争力的经济体，以及建构理想的学习社会，创造更美好的人类生活。日本则从“学力维度”的视角展开“学力”构成要素的分析，构建起以“思考力”为核心，以“基础力”（语言力、数理力、信息力）以及运用知识技能的“实践力”为支撑的三层结构21世纪能力模型。世界经济论坛的“技能”框架始终坚持雇主视角，基于职业变迁，特别凸显在自动化进程中“人类技能”（human’ skills）的重要性。国际人工智能学会会长罗斯玛丽·卢金博士回应超级智能时代，从与人工智能相区别的视角对人类智能进行重新定义，构建起七大高度相关的要素所组成的“交织型智能”框架。

### （二）在核心素养体系的演进过程中，“4C”素养始终得到凸显

创造力、批判性思维、沟通交流和团队协作，即学生成功适应新型世界经济应该具备的“4C”素养，在国际组织和各国的核心素养框架中得到了一以贯之的凸显，成为21世纪素养的核心，尤其是批判性思维与创造力。创造力，是一种展现想象力、独创性以及问题解决技能的能力；而批判性思维是建立在良好判断基础上，使用恰当的评估标准对事物的真实价值进行判断和思考的能力，是对自身思维进行系统性监测的能力。从世界经济论坛的未来技能需求预测中可以看出这两项始终排在前五之列，而且需求持续保持稳定增长；OECD的2030学习框架中强调的变革素养的重要内容就是创造新价值。新加坡的核心素养框架直接将以“4C”素养为核心的21世纪素养作为一个重要层级进行构建；北京师范大学中国教育创新研究院的“5C”模型更是直接在“4C”模型上进行构建。

## （三）一些素养被赋予了新内涵并日益凸显其重要性

许多素养在新时代被赋予新的内涵，其重要性也得到凸显。这种变化既与人们对关键（核心）素养的认知和提炼水平有关，更主要与时代对人的素养的新要求有关。如合作素养与沟通能力，以前更多是限定于与人的交往和合作，但信息化时代，合作的空间从物理环境拓展到虚拟空间，要保证在网络空间进行高效率的团队合作，不仅需要掌握必要的技术技能，更需要掌握新的网络规范、道德标准与礼仪；而且网络空间也拓展了合作范围，跨越国界、跨越时空，这对个体的合作能力提出了更高的要求。此外，智能化时代，人与人工智能共存和共同生活与工作将成为常态，因此，合作能力中的“人机合作”能力得到越来越多的关注。

又比如数字化素养。在2000年里斯本欧洲理事会会议上提出的“新基本能力”中包含“信息技能”，是指能够运用信息通信技术有效地获取信息、分析评估信息、应用信息等方面的能力，同时遵循信息获取和使用的道德或法律规范；而后欧盟发布的《指向终身学习的核心素养：欧洲参考框架》所概括的八大素养中，“信息技能”变为了“数字化素养”，其内涵不仅包括信息技能，还包含了“媒介素养”：数字读写能力（能够理解视频、数据库或者计算机网络中的信息）；OECD的2030学习框架中将“数字化素养”列为新型基础素养，提出在数字变革时代，随着大数据出现，数字化素养变得与身体健康及心理幸福一样重要，同时将数据素养（学习如何通过数据进行思考和交流）、计算思维 / 编程 / 编码等内容纳入其中。

另外，肆虐全球的新冠疫情使混合学习成为新常态，这对学生的自主学习能力以及抗压能力提出了新要求。此外，终身学习的大力推进，以及未来以“学习中心”为特色的教育教学新样态，都对自主学习提出了更高的要求。

### （四）核心素养体系的构建日益思考实践层面的落实

核心素养体系的构建最终要落实到实践层面，体现为育人目标的实现。国际组织和各国在构建核心素养体系的同时也在思考不同核心素养框架的落地模式：美国21世纪联盟（2007）在提出21世纪素养框架时，就构建起了21世纪学习与支持系统，通过标准与评价、课程与教学、教师专业发展及学习环境重构等落实21世纪素养的培养，特别提出围绕核心素养培养的核心学科及学习主题的课程新架构；OECD的2030学习框架则致力于构建包含同伴、教师、父母、社区等多个层面的核心素养培养社会支持体系，同时通过将“问题解决能力”“全球化能力”“社会与情感技能”“创造性思维”等素养逐步纳入PISA测评领域，通过评价助推各国核心素养的聚焦与培养；新加坡将“21世纪素养和学生成果”框架作为新加坡基础教育领域所有教育政策和计划的共同指南，以及评估这些政策和计划的基础，构建起包括核心课程、辅助课程活动、应用型学习、户外学习课程的教学新模式，支持核心素养的培养。芬兰则通过推动以“现象教学”为核心的新一轮基础教育改革促进核心素养的落地。

## 五、问题聚焦

为落实立德树人的根本任务，培养德智体美劳全面发展的社会主义建设者和接班人，提升21世纪国家人才竞争力，2016年9月13日，林崇德教授领衔研究的《中国学生发展核心素养总框架》发布，尝试构建我国的核心素养体系。但该核心素养框架发布之后，没有实现预期的影响力，在之后的国家教育政策文件中，核心素养框架的内容并没有得到呈现，也没有实现预期的指引教育改革，推动课程重构及教育方式变革的初衷，该核心素养框架在实践中正面临以下挑战和问题。

### （一）需要更多纳入未来视角

现在的教育是为未来至少 20 年培养人才，中国学生发展核心素养框架在研制过程中考虑了国际视角、传统文化视角、现实需求视角，而未来视角的思考略显不够。

世界各国、地区或组织纷纷基于对 2030 年社会、经济、职业和技能等的预测，提出了各自面向 2030 年的教育和学习战略，为 21 世纪的全球市场储备竞争性人才。面对劳动力市场对新技能的要求，以及全球经济竞争的挑战，中国教育如何做出回应，是迫切需要思考和解决的问题。为了参与全球人才竞争，应对全球化和技术进步带来的挑战，世界各国也正在加快教育和学习的变革，竭力提升本国人才的全球竞争力。在这样的全球人才争夺战中，中国要想角逐未来世界，必须做好人才储备，必须面向未来架构我们的人才素养体系，为人才培养做好前瞻性设计和规划，培养具有全球竞争力的中国人。面向未来的人才素养体系需要基于对未来社会的全面分析，以及对未来社会人所需要的全部素质的描述，刻画未来社会需要的人才形象。

### （二）人才需求的时代性需要凸显

目前的学生核心素养框架关注素养的完整性、全面性，时代性和针对性聚焦不够。

世界正处于百年未有之大变局，一个易变的、不确定的、复杂的、模糊的“乌卡时代（VUCA）”，即一个充满波动性、不确定性、复杂性和模糊性的世界。逆全球化时代、数字时代、后疫情时代、技术赋能的时代，正深刻影响着社会的发展，伴随着科技、国际趋势、社会更好变化的共同挑战，教育和学校也面临变革——如何培养能够适应并引领未来社会的创新型人才，是全世界都在关注和探索的重要议题。

2010 年 6 月 6 日发布的《国家中长期人才发展规划纲要（2010—2020 年）》中指出：当前我国人才发展的总体水平同世界先进国家相比仍存在较大差距，与我国经济社会发展需要相比还有许多不适应的地方，主要是：高层次创新型人才匮乏，人才创新创业能力不强。我国目前正在进行新的结构调整，强调“创新、协调、绿色、开放、共享”的发展理念，创新驱动和可持续发展已成为举国的共识，也是对国际社会的承诺。所有这些都迫切需要中国的教育目标应有适合自己的 21 世纪技能或关键能力，聚焦于核心的高阶技能，重点是突出培养学生的创新能力。从 PISA 测试的内在比较中可以看出，我们的教育在激发和培养高阶思维方式上存在不足，与欧美发达国家的教育存在差距。而我国提出的中国学生发展核心素养总体框架中关于实践创新这一素养，更多地注重于“实践”二字，对“创新”强调不够，没有细化地描述怎样培养并评估学生的创造力。对应经济强国建设的要求，我们对创新人才的重视和培养还远远不够。迫切需要在提高全民素质的基础上，树立创新素质是人才硬核素质、创新人才首要是竞争力人才的观念，努力建设人力资源强国。

### （三）人才培养的层次性需要得到体现

《中国学生发展核心素养总体框架》中将核心素养界定为学生适应个人终生发展和社会发展所需要的必备品格和关键能力，是每一名学生获得成功生活、适应个人终生发展和社会发展都需要的、不可或缺的“共同素养”，是每个个体都应该达成的“最低共同要求”。

2010 年 6 月 6 日发布的《国家中长期人才发展规划纲要（2010—2020

年)》中提出，到 2020 年，我国人才发展的总体目标是：培养和造就规模宏大、结构优化、布局合理、素质优良的人才队伍。突出培养创新型科技人才，重视培养领军人才和复合型人才，大力开发经济社会发展重点领域急需紧缺专门人才，统筹抓好党政人才、企业经营管理人才、专业技术人才、高技能人才、农村实用人才以及社会工作人才等人才队伍建设，培养造就数以亿计的各类人才，数以千万计的专门人才和一大批拔尖创新人才。

人才强国战略已成为我国经济社会发展的一项基本战略，为实现这一战略，迫切需要制定完整的人才素养框架，体现对不同层次人才的不同需求。切实实现人人都能成才、行行出状元的人才观，并实现各类人才队伍的协调发展。

### （四）素养框架制定中缺乏教育领域之外的更多行业的专业人士的深度参与

《中国学生发展核心素养总体框架》是由北京师范大学、华南师范大学、河南大学、山东师范大学和辽宁师范大学五所高校组成的联合攻关项目组的研究成果。在框架制定过程中，虽然也通过焦点小组访谈和问卷调查相结合的方式获取了各领域专家（教育系统、行政管理系统、各学科领域专家和社会人士）对核心素养建构的意见和建议，但框架的制定主体仍然只限于教育领域，缺乏行业及高校之外的更多科研机构的深度参与。

2010 年，荷兰应用科学研究组织、荷兰开放大学、英国媒体公司和欧盟联合研究中心发起联合项目“学习 2030 的未来”( The Future of Learning 2030)。该研究通过分析人口、经济、社会、技术、生态和政治因素，对未来教育的结构、发展、机遇和挑战进行了预测。基于此，2011 年，欧盟联合研究中心发布了面向 2030 年报告《学习的未来：为变革做准备》。该报告以“众筹”的方式收集了大量专家、教师和政策制定者的意见，对未来10～20年的教育与学习变革进行了预测，描绘了未来学习的蓝图。在美国，21世纪技能运动是一场自下而上联合联邦教育部、州教育局、学区、学校、社区、企业界和非营利性机构所推动和实施的教育改革运动，致力于面向每一个人培养适应21世纪所需要的具有“4C”技能的高阶人才。

## （五）核心素养框架本身也存在一些不足

《中国学生发展核心素养总体框架》是我国学界公认的研究核心素养的权威资料，其中对核心素养的内涵、维度、指标等进行的阐释和说明，对进一步深化教育教学改革提供了理论依据。但框架发布后，各界学者也在不断对这一框架进行审视，提出了框架本身存在的一些不足。如有学者认为，将中国学生发展核心素养解释为“以全面发展的人为核心”，培养“全面发展的人”应该是核心素养培养的目标，而不是“核心素养框架”的核心，“核心素养”框架中最重要的素养，或者说符合我国所处的百年未有的大变局时期，最应强调的素养到底是什么，框架中并没有明确；也有学者认为，《总体框架》对于核心素养的三个方面——文化基础、自主发展、社会参与之间的关系没有明确，从呈现的框架图来看是并列关系，没有体现这些领域素养培养的彼此联动性；还有学者认为，《总体框架》对素养体系的遴选，没有明确清晰的聚焦核心素养的对象，致使核心素养的概念众说纷纭，指标体系臃肿繁杂，这样无疑增加了指标体系在课程、教学、评价等实践中落实的难度（李颜如 等，2019）[25]。事实上，国际的一些组织和世界主要发达国家所构建的特色核心素养体系，均有其明确的对象。例如，经合组织以“反思”为核心，日本以“思维力”为核心，法国以“共同文化”为核心，美国以“核心知识”为核心等（李润洲，2018）[5]。

## 六、改革建议

如何从未来的“社会形象”出发去界定作为一个“社会人”应有的素质要求，这就是当下各国的学校教育之所以聚焦“核心素养”的背景。《中国学生发展核心素养总体框架》的完成，引发了国内外的关注，使“核心素养”这一概念深入到我国教育改革的各个层面。在现有框架下，迫切需要我们根据时代的变化和需要对该框架进行完善，使核心素养教育理念在实践中生根结果，使之成为各项改革举措的指引及政策评价的标准。

### （一）围绕“有理想、有本领、有担当的时代新人”这一教育培养目标进行符合时代特色和中国特色的核心素养指标遴选

核心素养框架的构建必须对“培养什么样的人”进行回答。虽然各国对核心素养 / 关键能力的界定存在区别，但由于同处于全球化深刻扩散，知识经济、信息技术飞速发展的 21 世纪，因而，毫无例外地，世界上的每一个国家都对其人才培养目标进行了重新思考。党的十八大提出把“立德树人”作为教育工作的根本任务，明确强调了教育的本质功能和真正价值，开始从国家层面更加深入系统地考虑“教育要培养什么样的人”这一教育最根本的问题；党的十九大报告明确提出：“要全面贯彻党的教育方针，落实立德树人根本任务，发展素质教育，推进教育公平，培养德智体美全面发展的社会主义建设者和接班人”。“德智体美全面发展的社会主义建设者和接班人”从个人发展和满足社会需求、适应社会发展两个维度对国家的总体教育目标进行了规定。核心素养框架的制定首先需要对这一总体目标进行细化，即体现国家的意志，还要体现未来与时代的需求，更

要体现处于大变局和开新局节点的中华民族的人才需求特色。修订完成的《普通高中课程方案》和《义务教育课程方案与课程标准》都明确提出了“使学生有理想、有本领、有担当”，实际上是对社会主义建设者和接班人进行了符合时代特色和中国特色的细化。

当前《中国学生发展核心素养总体框架》是以“全面发展的人”为核心进行构建。全面发展的人是一个非常笼统的概念，它在不同的国家、不同的时代有不同的表述，例如：联合国教科文报告《教育：财富蕴藏其中》将全面发展的人细化为能够“学会认识、学会生存、学会做事和学会与他人共处”的人；在苏格兰“卓越课程”改革中，苏格兰明确提出把学生培养成为“成功的学习者、自信的个体、负责任的公民和社会的积极贡献者”的总体目标；新加坡的全人发展教育体系将“培养自信的个体、自主的学习者、有担当的公民和积极的贡献者”作为目标；澳大利亚的教育新愿景中将“使所有澳大利亚青少年成为自信而有创造力的个体、成功的终身学习者、主动而明智的社会成员”作为教育总体目标；日本则提出培养“生存能力”的教育目标，等等。因此，在未来构建核心素养体系时，建议围绕“有理想、有本领、有担当”这一培养目标，聚焦关键指标进行遴选，避免指标的罗列。

### （二）以“创新素养”为核心的“4C”素养应在一级指标中得到凸显

核心素养是对党和国家的宏观教育目标的解读与落实，是连接宏观教育理念、教育目标和具体学科的教育内容、教学方式的中间环境，是对党的教育方针政策、国家总体教育目标的解释框架。在一个竞争激烈的全球化社会中，中国的内部需求和外部压力迫使中国必须培养大量具有全球竞争力的高阶人才。党的十九大报告将建设教育强国作为实现中华民族伟大复兴的基础工程，标志着我国已经进入从教育大国迈向教育强国的新征程。中国之所以是一个教育大国而不是教育强国，差距在于创新人才的培养。创新人才的培养核心在于高阶技能。PISA 测试显示，我国四省市学生的合作性问题解决能力排在第 26 位。以“4C”为核心的高阶素养的培养比以往任何时候都迫切。

当前，《中国学生发展核心素养总体框架》的三个方面和六个一级指标都没有凸显全球普遍强调的核心素养。如前所述，在核心素养体系的演进过程中，“4C”素养在国际组织和各国的核心素养框架中始终居于主要位置，但在《中国学生发展核心素养总体框架》中，作为 21 世纪技能核心的“4C”素养并没有得到凸显：“创新素养”融合在“实践创新”这一素养中，一方面，“实践素养”这一称谓内涵并不清晰，而且也不具有国际通用性；另一方面，“创新素养”这一迫切需要培养的素养并没有得到强调，其内涵，如创新人格、创新思维的培养在“主要表现”描述中也没有体现；“批判性思维”这一素养则下移到“基本要点”中，以“批判质疑”进行描述；“合作”与“沟通”素养更是只在“社会参与”维度里“责任担当”素养的两个基本要点“社会责任”和“国际理解”的主要表现中进行描述。此外，“数字化素养”仅以“信息意识”这一基本要点进行呈现，“整合信息的能力”“创造和发展信息的能力”“批判地使用信息技术的能力”“媒介素养”等信息化时代“数字化素养”的重要内涵都没有纳入。

### （三）需要构建起推进核心素养落地的支持体系

“核心素养”的出现，不只是人才观的变化，也不只是教育目标的调整，而是具有反思当代教育范式和学习范式的意味（沈章明，2017）[12]；核心素养的落地，不应该依靠制定学科核心素养体系和现有的课程体系去落实；“核心素养”的培养不能只依靠学校教育，更不能只注意课程、教材、教法的变革。信息化时代的教育已经超越封闭的学校场域，不能拘泥于学校内的学科教学或跨学科教学来培育和发展“核心素养”。在构建核心素养落地的支持体系时，需要跳出现有的学校教育框架，从“人”的发展而不是“学生”的发展角度来思考教育，应从学生自身、家庭、学校、社区多个维度来思考如何促进“人的发展”，只有这样才能真正培养面向未来的人。

按照整合的素养观，应该创设充满关爱、包容、安全和支持性的环境，让儿童可以自由探索，允许不断失败。要给学生提供机会去面对各种真实的任务和问题，让他们能够积极探索未知、敢于迎接挑战，在应对和解决各种复杂开放的现实问题或任务过程中逐渐发展创造性、批判性思维、沟通交流和团队协作等核心素养，应该是当下课程改革要关注的关键点。另外，把培养学生核心素养落实到学校层面，让课程创生与教学创新紧紧围绕培育时代新人展开，是每一所学校的使命担当。

### （四）确定未来人才的核心素养，需要一种跨界的专业共同体

《中国学生发展核心素养总体框架》是由教育领域的专家主导完成，这其中虽然通过问卷调查、焦点小组访谈及个别访谈，广泛征求了社会各界的意见，但社会各界人士缺乏深度参与。只有吸引教育领域之外的专家深度参与，才能避免限于目前“核心素养”的出现对于教育工作者也只是美好的教育愿景和上位概念，核心素养框架无法落地的尴尬境地。

**参考文献**

褚宏启，2016. 核心素养的概念与本质 [J]. 华东师范大学学报（教育科学版）(1): 1-3.

邓莉，彭正梅，2017. 美国学校如何落实 21 世纪技能：21 世纪学习示范学校研究 [J]. 外国教育研究（9）：51–71.

邓莉，2019. 培养具有全球竞争力的人才：基于全球 21 世纪技能运动的考察 [J]. 湖南师范大学教育科学学报（3）：88–98.

冯友梅，颜士刚，2018. 核心素养的哲学解读及其实践启示 [J]. 基础教育（3）：5–11.

傅维利，2020. 论核心素养的认识误区与关键素养体系的中国化构建 [J]. 高等教育研究（8）：13–21.

李润洲，2018. 何谓核心素养：一种“人—学习—知识”视角的回答 [J]. 教育科学研究（5）：5–12.

李颜如，李强，2019. 核心素养的意涵再探及其教育教学框架重构 [J]. 教育研究与实验（1）：25–31.

李政涛，2017. 人工智能时代的人文主义教育宣言 [J]. 现代远程教育研究（5）：3–11.

林崇德，2016. 21 世纪学生发展核心素养研究 [M]. 北京：北京师范大学出版社 .

刘晟，2016. 核心素养如何落地：来自全球的教育实践案例及启示 [J]，人民教育（20）：60–67.

罗斯玛丽 · 卢金，栗浩洋，2020.《智能学习的未来》[M]. 徐烨华，译. 杭州：浙江教育出版社.

马健生，李洋，2018. 核心素养的边界与限度：一种比较分析 [J]. 北京师范大学学报（社会科学版）(3)：28–40.

沈章明，2017.“核心素养”与“关键能力”是一回事吗 [J]. 湖北教育（11）：12–14.

沈章明，2019.“核心素养”的生成逻辑与发展方向：基于相关政策文本的分析 [J]. 外国教育研究（11）：3–28.

师曼，刘晟，刘霞，周平艳，陈有义，刘坚，魏锐，2016. 21 世纪核心素养的框架及要素研究 [J]. 华东师范大学学报（教育科学版）(3)：29–37.

藤野赖彦，2013. 社会の变化に対応する資質や能力を育成する教育課程編成の

基本原理 [R]．东京：日本国立教育政策研究所：26.

魏锐，刘坚，2020.“21 世纪核心素养 5C 模型”研究设计 [J]. 华东师范大学学报（教育科学版）(2)：20–28.

杨向东，2020. 关于核心素养若干概念和命题的辨析 [J]. 华东师范大学学报（教育科学版）(10)：48–59.

张华，2018. 论核心素养的内涵 [J]. 全球教育展望（4）：10–24.

张娜，2017. 三大国际组织核心素养指标框架分析与启示 [J]. 教育测量与评价（7）：42–48.

张志勇，2021. 未来学校教育治理的背景和走向 [J]. 宁波大学学报（教育科学版）(6)：7–10.

郑新丽，2021. 新时代核心素养的内涵分析、框架建构与实践路径 [J]. 四川轻化工大学学报（社会科学版）(5)：85–100.

钟启泉，2016. 基于核心素养的课程发展：挑战与课题 [J]. 全球教育展望（1）：4–25.

钟启泉，2018. 核心素养十讲 [M]. 福州：福建教育出版社.

Finn, 1991. Young People's Participation in Post-compulsory Education and Training [R]. Australian Government Publishing Service: 57–58.

Mayer, 1992. Employment-Related Key Competencies: A proposal for Consultation [R]. Melbourne: Australian Education Council: 9.

OECD，2017. The The Definition and Selection of Key Competencies: Executive Summary [R/OL ]. (2017-01-14) [2022-1-6]. http: //www.oecd.org/Pisa/35070367.pdf.

# 第二章

# 面向未来的学校教育制度创新

# 第一节　面向未来的学校学制体系创新

学制作为学校基本制度之首，反映了一个国家一定时期内的教育方针、政策要求等。它具有历史性与文化性的特征，不同历史时期、不同国家文化的学制存在差异。在互联网、大数据、人工智能等核心技术与教育教学深度融合的信息化时代背景下，面向未来的学校学制体系如何进行改革？这是教育治理改革层面需要关注的重要课题。

## 一、概念界定与文献综述

### （一）概念界定

清晰的教育概念是开展教育实践活动、构建教育理论的重要前提。当前，关于“学制”概念的界定纷杂，尤其在不同的使用场景存在较大差异。在日常交流中，“学制”用来形容学校的等级及其修业年限；在政策文本中，“学制”与“学校系统”“学校教育制度”“学校制度”等概念相互混用；在《教育大辞典》和教育著作中，“学制”的概念较为统一，指一个国家各级各类学校的体系（系统），它规定了各级各类学校的性质、任务、入学条件、入学年龄、学习（修完）年限以及彼此之间的衔接、转换关系（顾明远，1990）[72]，也有学者从学制是对教学知识进行划分的视角解释其概念（陶行知，1922）[130-132]。本文采用《教育大辞典》对于“学制”概念的界定，并将学段范围聚焦在基础教育阶段。

## （二）国内外文献综述

国内外基础教育阶段学制体系改革的相关文献主要围绕基础教育阶段学制体系改革的价值取向、多元化的学制体系改革路径，以及学制改革视角下基础教育的培养目标与任务等展开理论研究，也有学者对国内外基础教育阶段学制体系改革的历史与实验探索进行的梳理与总结。下面从国外和国内两个方面对基础教育阶段学制体系改革的主要研究内容展开阐述。

梳理国外基础教育阶段学制体系改革的相关文献发现，其改革的价值取向主要围绕如何使学生在较短的时间内获得更多的知识与技能展开，通过学制体系的设计，提高教育教学效率作为学制体系改革的主流观点。比如尼古拉斯·默里·巴特勒（Nicholas Murray Butler）就美国当时的“8–4学制”提出，初等教育的学制年限过长，不利于教育教学效率的提升，建议缩短初等教育阶段的学制年限，将美国的学制进行重组（Butler 等，1898）[15–27]。1901 年，教育家杜威也建议缩短学制，将“8–4–4”学制改为“6–3–3”学制。随着各界人士不断努力推进美国学制重组，“一战”后，“6–3–3”和“6–2–4”学制学校增多，“8–4–4”学制学校减少。之后，关于学制的相关研究也从关注教育教学效率的提升逐渐转变为如何更好地促进学生的全面发展。国外学界主要围绕设计多元化的学制体系、不断丰富学制改革的内容，以及建立新的学制体系等展开。阿尔文（Alvin）研究指出，初中修业年限缩短还是延长主要依赖于区域的差异化，教育决策者在不能确定哪种方式更好的情况下，应该把选择权交给学生，学生可根据自己的需求选择不同修业年限的学校进行学习（Alvin W. Howard，1966）[227–230]。也有学者提出多元化的学制体系增加管理难度，建议通过多样化的学校设计解决教育体制僵化的问题，丰富的学校类型同样能够为学生提供多元化的选择，而设计好各类型学校之间的衔接是关键问题（MK

Okuma-Nyström, 2009）[25-42]。还有学者从更加微观的课程的角度出发，认为应通过课程设计来解决学制体系改革的问题。西尔维·康戴特（Sylvie Condette）指出法国教育体系的症结在于课程设置不成系统，不利于学生系统化的学习。他认为需要将课程设计与教育制度的设计统一起来（Sylvie Condette, 2017）[212-226]。在20世纪中后期，“不分年级的学制”开始受到学界的普遍关注，并在美国实践中流行起来，其倡导者约翰和安德森等认为这样的学制体系能够充分满足学生的差异化需求。

梳理国内基础教育阶段学制体系改革的相关文献发现，其主要围绕我国基础教育阶段学制体系的历史变革、修业年限改革，以及基础教育的性质、培养目标和任务等方面展开。任仕君对我国基础教育学制改革历程进行了梳理，分为现代学制的奠定、新中国学制的奠基、全面建设社会主义时期大规模的学制改革实验、“文化大革命”时期学制盲目缩短、改革开放以来学制稳定但缺乏创新五个阶段，重点对缩短修业年限、“六三”和“五四”学制之争进行了分析（任仕君，2015）[14-18]。刘英杰对新中国成立以来我国教育事业发展历程中关于修业年限改革的历史演变情况进行了比较详细的介绍，对学制改革的原则、特征等进行了探究，并对建立符合我国实际情况的弹性学制体系提出了建议（刘英杰，1993）[35-43]。龚乃传将学制改革聚焦于义务教育阶段，对我国“六三三”学制的产生与扩张进行了较为系统的研究，并对部分地区的“五四”制改革实验进行了介绍（龚乃传，1995）[46-102]。也有学者从基础教育的培养目标与任务出发，认为这是学制体系改革的核心问题。何洪涛从历史的视角对小学的教育性质进行了再认识，指出小学教育是培养未来社会公民素质的初等教育（何洪涛，2004）[105-107]。还有学者从我国的基础教育阶段应该达成什么样的培养目标进行了深入的探究等。

综上，当前学界主要从基础教育阶段学制体系改革的价值导向、教育目标与任务等理论层面以及学制体系改革的历史梳理、改革实验等实践层面展开。在教育现代化的进程中，基础教育阶段的学制体系要与社会经济发展、区域的发展相适应，这是时间和空间对学制体系改革的客观要求。但是，在当前互联网、大数据、人工智能等核心技术与教育教学深度融合的信息化时代背景下，学界对学校学制体系改革的未来走向和相关问题的关注还不够，相关文献相对缺乏。

## 二、未来学校学制体系改革形势与挑战

随着大数据、云计算、人工智能等新生事物的井喷式发展，教育领域的课程设置、教学方式、学习方式等都在发生着深刻变化。近年来，在我国基础教育阶段，“智慧校园”等新型教育业态不断涌现，尤其在新冠疫情突发的状况下，教育信息技术为全国中小学生“停课不停学”提供了有力支撑，有效服务学生居家学习、服务教师线上教学。2022 年 3 月 28 日，国家中小学智慧教育平台移动端“智慧中小学”App 正式上线，上线仅半月，日均浏览就高达 1687 万次。我国学制体系改革需要考虑到基础教育阶段的变化，即学习者不再受时间和空间的限制，可随时随地进行学习与交流，学生成为学习时间的掌控者，学习需要学生发挥主观能动性，由被动学习逐步向主动学习转变。在教育信息技术不断涌现与发展的背景下，我国基础教育阶段更加灵活的学制体系改革势在必行，同时也应该看到我国基础教育阶段学制体系改革仍面临着较大挑战，主要表现在以下四个方面。

第一，统一性与多样性、稳定性与灵活性的矛盾。1981 年，教育部《关于在城市试行六年制小学问题的通知》要求基础教育实行“六三三”学制。除个别地区实行五年制小学教育，或单个学校进行的小规模试验，“六三三”学制成为我国基础教育阶段的主流学制，具有全国统一性。此外，“六三三”学制在我国实施已超过九十年，近三十年来实施稳定，因此还具有稳定性。若学制不断变动，不利于我国基础教育阶段教育质量的

提升。但是，由于我国地域辽阔，地区之间的经济和教育发展水平存在不平衡现象。基础教育领域人工智能、大数据等教育新业态的涌现，为我国学制体系改革留出一定的弹性空间，保持其灵活性与多样性也是有必要的。当前，我国学制体系表现出统一稳定的状态，但灵活性不足。面向未来，基础教育阶段的学制体系改革是在统一性与多样性、稳定性与灵活性的张力下不断发展的，如何处理两者之间的矛盾关系是我国基础教育阶段学制改革面临的一大挑战。

第二，学制体系改革的整体性与复杂性面临考验。学制体系改革不仅对入学年龄、修业年限等基本要素进行改革，还需要相关配套措施的支持，包括课程、教学、教材等，所谓“牵一发而动全身”。对基础教育阶段学制改革来讲，不能仅考虑缩短修业年限或是提前入学年龄等单项的改革举措，而不去考虑年限缩短后课程与教学应如何进行改革以减少学生过重的学习负担，入学年龄提前后如何让学生更快更好地适应学校生活等。学制体系改革是一项复杂的系统工程，上下阶段的教育，与之配套的课程与教学、管理制度等均在考虑内。基于学制改革的复杂性特征，具体的改革方案，需要教育行政部门、领域专家、学校一线教师等多方利益相关者共同参与制定完成，专家进行科学论证，相关学校积极配合、开展试验，才能进行实践和推广。学制体系改革的复杂性是我国基础教育阶段学制体系改革面临的一大挑战。

第三，平衡国家需求与学生成长规律之间的关系。学制改革涉及学生身心发展与成长规律、国家与时代需求两个方面。一方面，学制受国家政治、经济制度的制约，是一个国家教育方针政策要求的反映。国家制度决定了教育目标与内容，学制改革需要考虑国家需求。另一方面，按规律引领教育变革、创新教育发展是中外未来学校的集中共识，如何依据学生的成长规律科学合理地设定入学年龄和各阶段的教育进程也至关重要。然而，在实施过程中如何平衡两者之间的关系存在较多问题。比如，学制改革一般周期较长，但行政领导的任命周期一般较短，行政干预会造成学制改革的断层和分裂，不利于持续的改革与试验。当学制改革带有行政指令性质，往往注重的是国家和社会发展的大环境，很容易忽略学生的身心成长规律。但是，学制改革归根究底属于教育领域的改革，需要遵循科学性和合理性，如何在实践中处理好两者的关系是我国基础教育阶段学制体系改革面临的一大挑战。

第四，我国基础教育阶段地方自主权的限制。面向未来的学制改革的目的在于促进学生个性化、多样化发展，这就需要更为开放灵活的学制体系做支撑。原有单向度、封闭的学制模式已然无法满足未来学校的需求。近年来，学界关于弹性学制的研究开始在基础教育领域逐渐崭露头角。弹性学制兼顾地方性和差异性，给予学生更多自主选择、自我管理的机会，较符合未来学校的发展趋势。基础教育关涉“基础性”，需要兼顾教育质量与教育公平，为青少年的健康成长营造良好的环境，因此我国基础教育阶段的学制设计表现出统一性较强、灵活性不足的特征。我国中小学的办学自主权也比较有限，实施弹性学制相对困难，这是我国基础教育阶段学制体系改革面临的一大挑战。

## 三、发达国家学制体系改革的主要经验

他山之石，可以攻玉。基于国际比较的视角，通过梳理美国、德国、日本、澳大利亚四个国家现行学制体系与创新实践，为我国基础教育阶段学制体系改革提供参考。

### （一）现行学制体系

1. 美国。

美国基础教育阶段的学制具有浓厚的地方色彩，且呈现多样化、异质

化的特征。从1940年至今，“6-3-3”学制一直作为美国中小学的主流学制。美国现行学制体系（见下图），小学一般为6年，小学-初中学制为9年，也有小学到高中连续12年，9年学制的小学-初中形式较多。普通高中一般学制为3年，也有4年。综合高中一般学制为3年。全日制职业高中或职业中学、职业学校学制多为3～4年。职业技术学校有的招收初中毕业生，实施中等职业技术教育，学制3～4年；有的招收高中毕业生，实施高中后或专科教育，学制1～2年。

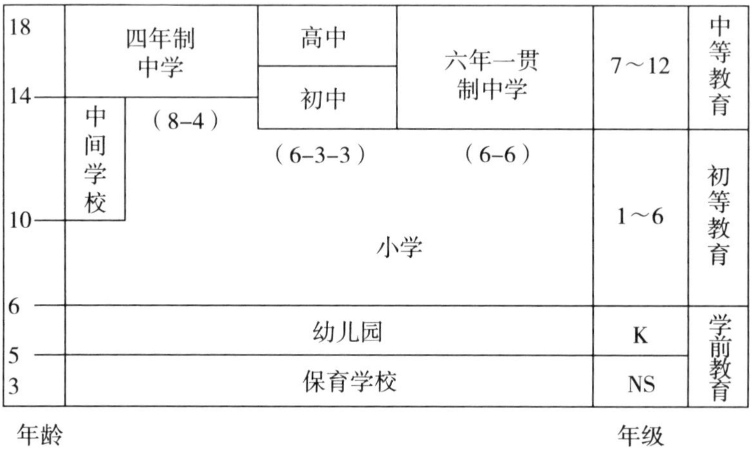


**美国基础教育阶段现行学制体系**

2. 德国。

德国现行学制体系（见下页图），小学阶段大部分州为4年，柏林和勃兰登堡州为5年。初中阶段前两年为定向阶段，对学生实行统一教育，两年后学生再选择学校类型。初中阶段分为主体中学、实科中学、文理中学和综合中学，其修业年限、毕业走向均存在差异。普通高中学校类型包括文理中学和综合中学，中职教育学校类型包括双元制职业学校（学制为2～3.5年）、职业专科学校（学制为1～3年）等。没获得主体中学或实科中学资格的毕业生也可以进入职业专科学校，但入学后必须先进行1年的基础课程学习以取得同等学力（姜大源，2005）[63-65]。

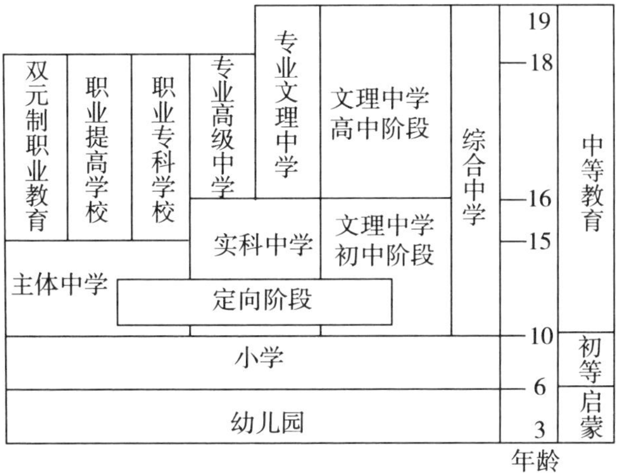


**德国基础教育阶段现行学制体系**

3. 日本。

日本现行学制体系（见下图），义务教育阶段包括小学 6 年和初中 3 年。儿童满 6 周岁入小学，小学毕业进入公立的初中学校需要参加入学选考。义务教育阶段后实施多样化的学校教育，包括高中、专修学校、高等专门学校、各类学校等。高中包括全日制、定时制、通信制、学分制等制度类型。其中定时制通常为夜间或特殊时段课程，主要实施对象为夜间或公休日进修学习者；通信制是利用通信手段（网络授课）进行教育的课程（王义智 等，2011）[192–200]。

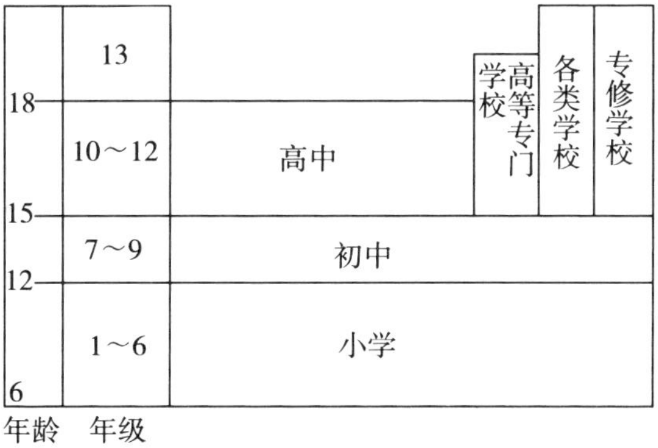


**日本基础教育阶段现行学制体系**

4. 澳大利亚。

澳大利亚现行学制体系（如下图），州际之间差异明显。首都地区、新南威尔士州、塔斯马尼亚州和维多利州小学学制 6 年，初中 4 年；西澳大利亚州、南澳大利亚州、昆士兰州和北部地区小学学制 7 年，初中学制 3 年。澳大利亚实行 10 年义务教育制度。高中学制均为 2 年，塔斯马尼亚州、首都地区称为大学预科。另外，10 年级（初中毕业后）的学生可选择进入澳大利亚技术学院，学制 2 年，接受专门的职业教育与培训。

| | | |
|---|---|---|
| 中等教育 | 高中（2 年，11 ～ 12 年级）<br>塔斯马尼亚州，首都地区称为大学预科。学生也可选择进入技术学院 | |
| | 初中（4 年，7 ～ 10 年级） | 初中（3 年，8 ～ 10 年级） |
| 初等教育 | 小学（6 年，1 ～ 6 年级） | 小学（7 年，1 ～ 7 年级） |
| 学前教育 | 幼儿园、小学预科（3 岁入学） | |
| | 首都地区、新南威尔士州、塔斯马尼亚州和维多利州 | 西澳大利亚州、南澳大利亚州、昆士兰州和北部地区 |

澳大利亚基础教育阶段现行学制体系

## （二）改革实践创新

1. 教育分流制度与转轨通道。

德国、英国等发达国家实施教育分流制度，尤其德国教育分流比较靠前，在基础教育阶段，学生就面临两次分流，其中小学毕业后面临一次分流，对注重实践能力的主体中学和注重文理知识的文理中学进行选择，也可以选择处于折中的实科中学，三类中学在校生比例约为 3:1:2（2000 年）（姜大源，2005）[63-65]。初中毕业后面临第二次分流，对普通类高中和职业类高中进行选择，两类高中的在校生比例约为 29:71（2000 年）（姜大源，

2005）[63-65]。在基础教育阶段就进行分流的依据在于：很多人过早地就已经展现出日后的潜力，早点分流可以避免“千人过独木桥”，使人才早点进入自己感兴趣且擅长的领域进行深耕，有利于人才的分类培养。

但是，早点分流的缺点也很明显：对于潜力展现较晚的孩子来说存在弊端。教育转轨通道的设计正是为了消除这一弊端，保证处于不同轨道的学生可以进行流动。以德国为例，基础教育阶段学生进行转轨的通道包括：一是在实科中学与主体中学之间设立了特别的十年级，十年级的学生经推荐能够升入文科中学十一年级；二是非在校生能够通过“晚间文科中学”和“大学预科”直接参加各类别学校的中等教育结业考试及高校入学资格考试等。教育转轨通道作为德国教育分流制度的重要保障，学生是有出路的，非十岁定终身。

从发展趋势来看，《德国国家教育报告 2020》数据显示，近十年德国实科中学和主体中学的在校生逐年减少，文理中学的在校生数量基本稳定，综合中学越来越受到德国中学生的青睐。“晚间文科中学”毕业生占普通大学入学资格者的 1.5%，大学预科占 1.9%。最终获得普通大学入学资格者中的学生类型中，分流时未进入文科中学和综合中学的学生占比至少 16%（郑也夫，2012）[6-15]。可见，多元灵活且给学生提供更多可能性的学校更符合未来发展的趋势。

2. 小初一贯制和初高中一贯制。

实施一贯制学制模式的国家以日本为代表。日本实施小初一贯制和初高中一贯制。日本有 211 个市区町村实施“小初一贯制”，其中小学 2284 所，初中 1140 所，占初中和小学总数的 12%；从学段划分来看，72% 的学校采用“6-3”制，26% 的学校采用“4-3-2”制，选用其他划分方式的学校不到 1%（孙晋露，2015）[89-94]。小初一贯制又称“九年一贯制”，指小学和初中联合办学，成为一个连续整体的学制模式。日本学校实施九年一贯制的目的是消除小学和初中之间的“衔接落差”，避免学生因为不适应新的环境而出现各种心理问题。就主要形式来看，包括“小初一贯制教育学校”和“小初一贯型小学·初中”，前者仅有一名校长和一个教师团队，并且原则上教师必须兼备小学和初中的教学资格；后者不同于前者，它的小学部和初中部都有各自的校长和教师团队，便于灵活实施“小初一贯制”教育。

初高中一贯制指初中和高中联合办学，成为一个连续整体的学制模式。初高中一贯制的学校模式也具有多样化的特征，其中，中等教育学校实施六年一贯制教育，本校的初中生毕业后可以不参加入学考试进入到本校的高中；并设型的初高中一贯制学校指隶属于同一地区的初中和高中以弱联系的方式进行连接，两个学校彼此独立，但是课程设计相互贯通，不需要进行进入高中的升学考试；还有一种模式为联合型的初中和高中一贯制学校，初中和高中隶属于不同的地区，并且多所初中对应一所高中，在课程、教学等方面没有严格进行贯通的要求，可自行选择是否进行相同主题的课程内容等；初中毕业后需要参加进入高中的升学考试，但考试形式也相对简易（谭建川，2012）[37-41]。

一贯制学制模式打破了传统的学制模式，具有明显的优势，即学生多数无须参加进入高中的升学考试或是仅需参加比较简易的考试，淡化了应试教育，学生的学习比较轻松，不会有太大的压力，可以持续挖掘和培养学生的个性与才能，有利于培养全面发展的人；同时一贯制学制模式的实施一般具有计划性、连续性的课程内容与教学指导，避免学习内容重复、混乱等问题的产生；一贯制的学制模式能够打破学段局限，促进不同学段的教师与学生进行交流。

3. 学分制与选修制。

当前实施学分制和选修制的发达国家以美国为代表，是美国高中课程管理的基本制度。美国的选修课使用学分制和选修制较为大家所熟知，但是，学分制与选修制在必修课中的应用与创新却少有介绍。在必修课中采用学分制和选修制是美国较成功的改革尝试，学生可以根据课程的难易程度和不同内容进行选择，每位学生的课表都是量身定制的，并且每个学生的课程计划也不受统一学习进度的限制，具有很大的自主性和灵活性。美国各州对毕业需要达到的总学分进行规定，具体实施层面由学生自主选择，比如修哪些课程、课程的顺序、上课的时间、每学期课程的安排等，这需要学分制、选修制、走班制等多种制度相互配套得以实现。需要说明的是，总学分和学分所对应内容的不同，学生最终获得的毕业证书的类型也不相同。美国高中毕业证分为普通毕业证书和荣誉毕业证书两种类型，分别为就业和升学做准备，学生可根据自己毕业后的流向选择课程内容和修符合规定的学分：选择毕业后就业的学生在高中阶段需要多选择职业性课程；计划升入大学的学生就要多选修学术性课程。

美国实施的“全年制学校教育”近年来备受关注，它就是以学分制和选修制作为制度支撑而实施的一种学校教育组织形式。全年制学校教育是美国学制体系改革的创新实践，它区别于一学年两个学期、三个月暑假的传统学制的教育教学组织形式，在保持一学年不低于 180 天教学日的前提下，将学年划分为多个学期，学期之间以假期相隔。学校一般将学生分成几个组，各组教学和放假的时间错开，典型的是将学生分成三至五组，总有一组在放假，而其他组的学生在上课。其优势在于可以利用现有校舍容纳更多学生，改善学校拥挤的现象。当前美国实施全年制教育的学校在教学和假期的安排上已经探索出了至少 50 种模式，如 45–15 交错式、全年弹性模式等。据美国全年制教育协会（National Association of Year-Round Education）统计，当前美国有近 3000 所学校实施全年制教育，80% 为小学，20% 为中学（屈书杰，2004）[44–47]。

4. 以课程为依托进行学段划分。

学段划分是学制体系改革中的重要内容。如何科学合理地进行学段划分，澳大利亚做出了以课程为依托的学段划分的创新实践，这种做法既可以保证课程与教学的连贯性，还可以为灵活多样的学段划分提供支持。澳大利亚依照学生的身心成长规律设计了从学前教育到高中的课程，共分成了四个阶段，每个阶段的培养目标明确，前面的阶段比较注重学生的综合素质和全面发展，后面的阶段关注学生未来的发展，提供多样化的选择。第一阶段为学前到 2 年级。在这一阶段，培养目标和课程设计优先考虑识字和计算的能力发展，因为这两种能力的掌握是进行下一步学习的基础。第二阶段为 3 ～ 6 年级。在这一阶段，培养目标和课程设计注重发展学生的交往能力、沟通能力、行动能力，以及提出问题和解决问题的能力等。同时，对于信息和通信技术的能力培养在这一阶段也有所体现。第三个阶段为 7 ～ 10 年级。在这一阶段，课程内容包括八个领域的知识与技能，为学生提供更多选择。学生可以选择自己感兴趣的领域，为进入下一阶段的学习做好准备。在 9 年级或 10 年级的课程内容中增加了工作教育的课程（仅设置一年），这是为准备进入职业教育的学生提供的课程选择。工作教育课程包括“学习与工作技能”和“职业与生活规划”两个部分，其中前者还可以细分为学会学习、工作技能、创业行为三个部分，后者分为职业发展与管理、工作性质以及工作获得与保持三个部分。第四个阶段为 11 ～ 12 年级。这一阶段的课程开始正式为升入高等院校或职业院校以及直接进入社会做准备。

四个阶段课程的一贯性表现在英语、数学等课程对全学段的覆盖，在内容的深度与难度层面层层递进，通过课程分段的形式让学生在学科领域的知识不断深化，体现出衔接、一贯的特征。对于学制的学段划分而言，各个州具有较强的自主性，可以依照国家关于课程的划分进行学段划分，或者依据地方实际进行差异化的组合。不管是怎样进行划分，都可以在国家课程分段中找到依据。

## 四、世界学制体系改革的主要趋势

学制是教育制度中相对稳定、变化较为缓慢的部分，变化周期较长，需要从较大的历史跨度进行考察，才能看到世界基础教育阶段学制体系改革的规律。梳理世界基础教育阶段学制体系改革发展情况，总结出以下四个特征。

### （一）重视学前教育与初等教育的衔接

学前教育是基础教育的起点。世界各国对学前教育的关注度逐步加大。他们认为儿童的智力需要提早开发、要保护儿童的创造力。学前教育作为小学教育的前一阶段，能够为后续的教育奠定基础，避免学生因突然入学带来不适应，造成其他不利影响。为促进学前教育与初等教育的衔接，各国采取的主要措施包括把学前教育纳入义务教育和开展专门的幼小衔接项目。把学前教育纳入义务教育的国家，如英国和荷兰等。开展“幼小衔接”专门项目的国家，如日本，于 2004 年提出“幼小一贯教育学校”计划，开设“幼小衔接推动班”。

### （二）初等教育的学制年限逐渐缩短

初等教育的学制年限与世界各国义务教育的范围密切相关。经济快速发展、科技不断进步，各国对义务教育范围的规定由初等教育逐步扩展至中等教育，初等教育的学制年限也经历了由长到短的过程。例如，南北战争后美国各州颁布的义务教育法令规定义务教育范围为初等教育，学制 8 年，之后范围扩展至中等教育，初等教育学制变为 6 年。这是因为当初等教育作为义务教育的范围时，它是具有结业性质的相对独立的教育阶段，承担着向社会提供劳动力的功能，课程门类、教学内容都会比较完整，因此学制较长。社会对劳动者素质的要求不断提高，义务教育的范围调整为中等教育后，初等教育的性质由独立阶段变为过渡阶段，因此其学制适当缩短。

## （三）初级中等教育的学制年限延长

初级中等教育学制年限延长在许多国家的教育改革中均有表现。随着科学知识总量的不断增加，一大批新兴学科出现，为适应这一变化，许多国家初级中等教育阶段的课程内容被突破重建。例如，20 世纪 80 年代，美国中学新增了计算机、环境科学、空间科学等新的必修与选修课程；同期日本在国家标准教学大纲中新增了许多反映科技前沿成果的课程；澳大利亚的选择性课程包括摄影、剧本写作、音乐欣赏等职业技术教育性质的课程，以帮助学生获得比传统中学教育所能提供的、同劳动市场更直接有关的技能；等等。此外，初中阶段的学生的生理与心理急剧变化，学制延长也是学生身心成长方面的特殊需求。

## （四）普通教育与职业教育逐渐结合

普通教育与职业教育逐渐结合主要体现在中等教育阶段，尤其在高级中等教育阶段。随着各国对职业教育重大意义认知的不断加强，职业教育得到普遍关注。普通教育与职业教育逐渐结合的策略包括两方面：一是在高中阶段增加职业教育课程以提供多样化的选择；二是职普双轨制运行。美国采用了前者，高中阶段的选修课提供了技能性较强的职业教育课程，占总课时的 50%。德国采用了后者，双元制将职业教育与企业需求相融合，注重实践技能的培养，学生基于工作的学习占比约 75%。除双元制外，还有职业专科学校、职业高中、专科高中等兼具职业教育和普通教育的高中。

## 五、我国学制体系改革的焦点问题

我国现行学制体系建立于清末，从最初的借鉴日本到后来的借鉴美国。目前采用的“六三三”学制是在 19 世纪下半叶学习美国因应社会变革而改进确定的。我国基础教育阶段学制体系改革的历史演进情况基本符合世界基础教育阶段学制改革的特征，在改革过程中的焦点问题主要集中在以下四个方面。

### （一）“六三”学制与“五四”学制之争

“六三”学制与“五四”学制之争是我国义务教育阶段学制体系改革的焦点问题。早在 20 世纪 50 年代，就有一批中小学进行“五四”学制改革实验，如北京师范大学第一附小、北京师范大学第二附小、北京市育才学校、北京六区第一中心小学等学校（刘远碧，2009）[9]。另外，围绕“五四”学制改革的试验涌现出了一批科研成果，主流观点认为：小学五年制是完全可以推广实施的，五年不仅能够完成小学阶段的教学任务，并且能够达到国家标准；“五四”学制还能够有效减轻学生的学习负担（加速推行“五四”学制的研究课题组，2000）[48-65]。“六三”学制与“五四”学制之争的本质在于学段如何划分更加科学合理。

### （二）基础教育阶段的学制年限

在 2021 年两会期间，基础教育阶段学制体系改革是代表委员热议的话题之一。部分学者主张缩短基础教育阶段的学制年限。全国人大代表张红伟建议调整中小学学制。他认为学制太长推迟了就业时间，婚育时间明显延迟，老龄化问题显著，压缩学制可使大学生毕业后进入工作的时间提前两年，对于工作、家庭有更充足的时间打理与分配。他建议小学由六年制改为五年制，高中由三年制改为两年制。也有学者提出不同观点，北京大学国家发展研究院院长姚洋建议，实施十年制义务教育，这有利于促进产业转型升级、实现教育公平。基础教育阶段修业年限的长短与一个国家政治、经济、科技、文化密切相关，且必须遵循教育发展规律，满足学生身心发展的需要。

### （三）基础教育阶段的职普分流

在我国，教育分流一般是指初中后普通教育和职业教育的分流。由于职普教育之间的衔接尚不完善，社会上存在对职业教育的“偏见”，导致教育分流实际上成为一种“淘汰”机制，而非个性化教育的自主选择，一定程度上加剧了人才培养的恶性竞争。因此，我国部分学者不支持中考分流这项举措，认为过早分流会导致很多学生的潜力没有被激发，不如等到高中再让学生选择是就读综合性大学还是技术型大学。为消解过早分流带来的弊端，德国采用在各级各类教育之间建立“立交桥”的做法，能给予我国一定启示。

### （四）基础教育阶段的升学考试

基础教育在基础性与选拔性之间存在矛盾，基础教育阶段的升学考试也成为社会各界争论的焦点之一。全国人大代表阳海玲在 2022 年两会提交的议案中指出，走出教育“内卷”必须从教育制度改革上入手，取消

“初升高”的遴选式考试，可以减轻初中阶段学生的升学考试压力。当前学界的普遍观点为弱化基础教育阶段的竞争性，强化基础性。早在20世纪60年代，日本和韩国就尝试取消基础教育阶段升学考试，同时进行了随机分配学校和学校均衡化改革。近年来，“初高中一贯制”成为日本学制改革的重要内容，该制度的特点就在于学生不用参加升学考试。

## 六、未来学校学制体系改革的建议

作为学校基本制度之首，近年来有关学制问题的讨论，上至两会提案，下至民众呼声，引起了社会各界的广泛关注。本文基于我国学制体系改革过程中存在的焦点问题，提出以下六点建议，以供参考。

### （一）深层次变革教育价值观

学制改革不只是简单地改变学习年限、学段划分、各级各类学校的衔接方式等，需要通过多种手段实现整个教育体系价值观的深层次变革，主要包括两个方面：一方面，要建立尊重学生差异、促进学生多样发展的学制体系，因为每个学生的天赋潜能、个性特长和能力倾向各不相同，学制调整应考虑如何保证学生获得差异化、创造性的发展；另一方面，在标准化、统一化管理的前提下，为弹性化、差异化的管理预留出一定的空间，在强调政府高度的行政化的前提下，为地方和学校预留一定的自主权和决策权，以此引导学生能够实现更加多元的价值选择。

### （二）探索基础教育阶段多种分流方式

为满足经济社会发展对研究型人才、应用型人才、技能型人才等不同类型人才的需要，我国基础教育阶段学制体系改革需要发挥其重要的分流功能，促使学生走向更适合自身发展的赛道。长期以来，由于人们对普通教育更加认同与追捧，职业教育地位较低是我国教育发展的短板。当前我国现行的学制是高中阶段和高中后教育分流，但较为有限。普通教育与职业教育逐渐走向结合已然成为未来的发展趋势。探索基础教育阶段多种分流方式，可以满足学生和社会的多样化需求。今后的改革应该继续探索多种分流方式，以更加科学合理的方式在学生志愿、社会需求与办学效益之间更好地寻求平衡。

### （三）设置基础教育阶段弹性学制年限

学习年限与学生成长规律、国家需求等诸多因素息息相关。与过去相比，我国儿童、青少年的社交活动、智力开发均有所提前，学制改革也应当与时俱进，适应学生的心理变化。具体建议为：不同于传统以班级为单位的组织形式，以课程作为纽带建立新的学习组织，将不同年级的学生联系在一起，教师和教室是固定的，学生是流动的。这对课程体系的构建要求很高，需要根据学生身心成长的规律和课程的难易程度进行设计，对于有优势或是劣势的学生设计差异化的课程，让每一位学生都能找到适合自己的课程内容。这样做有利于在某一领域有特长的学生能够深入学习和探索，激发潜能。

### （四）合理划分学段，加强衔接贯通

学段划分是学制改革的重点，小学、初中分段是“五四”制还是“六三”制一直是我国学制改革争论的焦点问题。学段划分固然重要，更重要的是加强各学段之间的衔接与贯通。建议从划分课程学段入手，这种做法

既能保证课程的连贯性又能兼顾学制的灵活性，为差异化选择提供可能。比如，数学课程学段可以划分为“1～2年级”“3～5年级”“6～9年级”三个阶段，这样的课程分段设计能够适应“九年一贯制”“六三”“五四”等多种学制选择。课程学段划分还能够解决学段间的衔接，避免课程重复。因此，建议通盘设计基础教育阶段的课程，保证学习的连贯性。

### （五）允许地方探索多种学制试行

我国区域、城乡经济发展不均衡，教育资源、教育发展水平不同，不同区域的儿童身心发展也存在较大差异。因此，建议在保证基本学制的基础上，允许地方探索多种学制试行。当前我国不同区域的中小学校在办学模式上存在同质化倾向，缺乏办学特色与亮点。允许地方探索多种学制试行能够给中小学校带来办学空间与改革契机，很多率先进行学制改革的学校，如北京十一学校、人大附中、深圳中学等都开拓出了特色化的办学模式。无论是培养创新型人才，还是开发多元、特色的课程，以及灵活、柔性的管理模式，差异化的学制改革都能够给当前我国基础教育阶段的学校发展带来新的活力。

### （六）加强课程、教学、评价等配套改革

学制改革是一项复杂的系统工程，它具有整体性、系统性、全局性等特征。要使中小学学制改革落到实处，就需要对配套的课程、教材、教法、教学评价等实行“组合式”改革。课程、教材是学制改革的载体，教学是中小学学制改革的重要手段，教育评价对中小学学制改革起着重要的引导作用。具体建议为：课程与教学改革参照选课制与学分制。选课制鼓励学生根据自己的能力选择难易不同的课程，提前或推迟毕业；以学分制

为依托，保证学生课程选择权的实现。评价改革应重视功能的多元性，淡化评价选拔作用而强化教育性与发展性。发展性注重学生潜在发展的可能性而非结果，因为中等教育阶段的学生尚未完全定性。它不仅需要制定具体的改革方案，还需要教育行政部门、领域专家、学校一线教师等多方利益相关者共同参与完成，以及专家进行科学论证，相关学校积极配合、开展试验，才能进行实践和推广等。

**参考文献**

龚乃传，1995. 中国义务教育学制改革大思路 [M]. 北京：人民教育出版社.

顾明远，1990. 教育大辞典：第 1 卷 [M]. 上海：上海教育出版社.

何洪涛，2004. 关于小学教育性质的再认识 [J]. 重庆教育学院学报（5）：105–107.

加速推行“五四”学制的研究课题组，2000. 基础教育学制研究：九年义务教育学制模式的探索 [M]. 北京：北京师范大学出版社.

姜大源，2005. 德国教育体系的基本情况 [J]. 职教论坛（7）：63–65.

刘英杰，1993. 中国教育大事典 [M]. 杭州：浙江教育出版社.

刘远碧，2009. 新中国义务教育学制改革与发展研究 [M]. 北京：中国社会科学出版社.

屈书杰，2004. 美国全年制学校教育探微 [J]. 比较教育研究（1）：44–47.

任仕君，2015. 我国基础教育学制改革历程述评 [J]. 上海教育研究（10）：14–18.

孙晋露，2015. 日本中小学新学制改革探究：以“初小一贯制”教育的制度化为中心 [J]. 比较教育研究（12）：89–94.

谭建川，2012. 中高一贯制：日本学制改革的一种选择 [J]. 比较教育研究（10）：37–41.

陶行知，1922. 评学制草案标准 [J]. 新教育（2）：130–132.

王义智，李大卫，董刚，等，2011. 中外职业技术教育 [M]. 天津：天津大学出版社.

郑也夫，2012. 德国教育与早分流之利弊 [J]. 清华大学教育研究（6）：6-15.

Alvin W. Howard, 1966. Which Years in Junior High? [J].The Clearing House, (4): 227-230.

Nicholas Murray Butler, 1898. The Scope and Function of Secondary Education [J]. Education Review, (16): 15-27.

MK Okuma-Nyström, 2009. Globalization, Identities, and Diversified School Education [J]. Globalisation Comparative Education & Policy Research: 25-42.

Sylvie Condette, 2017. The reality of Human Rights Education within the French school system: from paradoxical objectives to various ways of implementation [J]. Political Crossroads, (2): 212-226.

# 第二节　面向未来的学校课程体系创新

## 一、理论研究

### （一）相关概念的界定

1. 课程。

课程（curriculum）一词源于拉丁语“跑道”（race course），转义作为教育学术语，意味着“学习的进程”（简称“学程”）。最早对课程有系统论述的美国学者博比特认为，课程是儿童及青年为准备完美的成人生活而从事的一系列活动，以及由此取得的相应的经验（张华，2001）[5]。

从民国至今，我国的教育话语体系经历了从“课程论”到“教学论”再到“课程论”的过程。由于课程概念经历了发展变化，人们对它的理解可能停留在不同的时间节点，存在认识层面的混乱。课程的本意是课业及其进程的安排。虽然在实践过程中，“课”与“程”的内涵在不断改变，但作为“计划”“方案”的属性并未被否定，只是在强调预设的同时也强调生成（钟启泉，2007）[4]。现代课程观认为，课程是教育的核心，教育的目标和任务大都需要直接或间接、显性或隐性地体现、落实在课程上。

课程的分类方面（见下页图），按照不同的分类依据，存在如下不同类型：

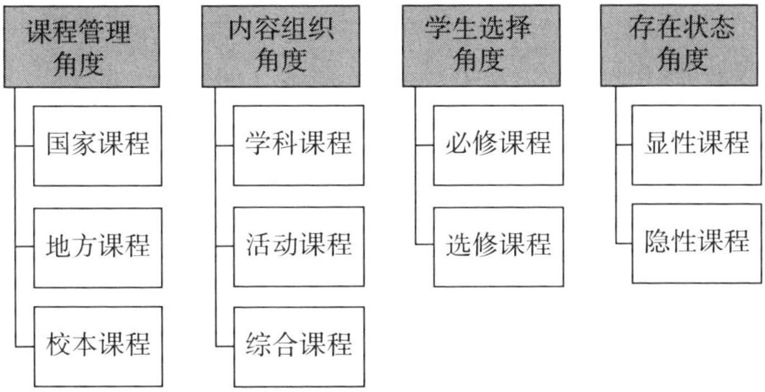


课程的分类

2. 课程制度与学校课程制度。

课程制度是指在落实课程计划、方案，促进课程实施、开发、管理和评价中需要共同遵守的行为规范。课程制度大体可分为国家课程制度和学校课程制度。国家课程制度反映了国家的意愿，通常有法律和政策效力，有明显的规范性和强制性。它一般体现在国家颁布的课程纲领、课程计划、课程方案中。学校课程制度是在国家课程制度的基础上，依据学校的独特理念和发展目标，制定的一系列关于课程运行的规章制度和行为准则（郭元祥，2007）[77]。学校课程制度是学校管理者为了适应学校具体办学条件，充分运用获得的课程权力，创新性地对国家课程制度加以具体化和校本化而制定的制度和规范。学校课程制度主要包含课程规划制度、课程管理制度、课程资源开发制度、课程实施制度、课程评价制度等。

国家课程制度与学校课程制度，是普遍与个别、共性与个性的关系，后者以前者为基础和前提，不得违背前者的关键要求。课程制度的建设和完善，是学校课程建设的首要工作，也是国家课程校本化实施、落实地方课程，以及开发校本课程的重要保障。

3. 学校课程体系。

学校课程体系是指根据学校实际对国家课程、地方课程进行校本化实施，开发校本课程，优化整合课程内容，构建的具有学校特色的课程结构。建构学校课程体系需要综合考量以下几方面要素：国家的育人目标、学生的发展需要、学校的办学理念、学校的实际情况、校内外的教育资源等。

## （二）国内外相关研究

近年来，国内外以“未来学校”命名的教育组织机构陆续涌现，探索着眼未来人才培养的学校形态及教育方式。这些探索各有侧重，具有一定的前瞻性和引领性。

2006 年 9 月，微软公司帮助美国费城学区筹备了一所超越“陈旧过时”模式的样板学校——“未来学校”。这所“未来学校”最突出的创新可概括为：无课本课堂、无边界课堂、无固定作息、个别化进度、研究性学习等（冯大鸣，2007）[68]。

祝智庭等人对国外几所比较典型的“未来学校”在课程设置、信息技术的应用等方面的特征进行了概括（祝智庭 等，2018）[58]。课程方面的突出特征包括：个性化、系统性、跨学科、生活化、真实问题导向、重视体验等。

国外几所典型未来学校的教育特征分析

| 未来学校 | 教育理念 | 课程设置 | 教学组织 | 学习方式 | 学习空间 | 技术可为因素 |
| --- | --- | --- | --- | --- | --- | --- |
| AltSchool | 学生为中心<br>个性化学习 | 课程取决于学生 | 跨级、混龄分班（根据学生优势与能力）<br>打破固定课时 | 基于项目的学习 | 空间多样化<br>空间灵活、开放 | 数据驱动教学决策<br>个性化服务<br>家校互通 |

续表

| 未来学校 | 教育理念 | 课程设置 | 教学组织 | 学习方式 | 学习空间 | 技术可为因素 |
|---|---|---|---|---|---|---|
| 可汗实验学校（KLS） | 个性化学习 | 个性化课程<br>技术发展不断更新课程 | 混龄组队（根据学习自主性和学习能力） | 混合式学习<br>基于项目的学习 | 空间灵活、开放不同活动空间 | 移动学习<br>个性化服务 |
| 虚拟学校 | 按需学习<br>个性化学习 | 系统化课程<br>个性化课程方案 | 面向年级的课程组织<br>突破班级概念 | 个别化学习 | 虚拟空间<br>任意有网络连接的场所 | 增加学习机会<br>优质资源共享<br>自主学习资源 |
| STEM课程学校 | 做中学 | 跨学科综合课程<br>聚焦真实问题 | 教学班<br>项目组队 | 基于项目的学习<br>基于问题解决的学习 | STEM 教室 | 虚拟实验环境<br>协作平台 |
| 达·芬奇学校 | 生涯定向<br>学以致用 | 课程与真实生活相关<br>跨学科综合课程 | 兴趣、生涯定向建班 | 基于项目的学习<br>社区服务学习<br>实习 | 社区、企业等真实工作场所 | 学校关注点不同<br>技术作用因素不同 |
| “野趣学习”学校（ELS） | 体验教育<br>做中学 | 探究体验类课程<br>面向真实问题<br>校外资源整合 | 打破固定班级<br>打破常规课表<br>不同能力与年级的学生组成探险小组 | 体验学习<br>突破校园的无边界学习 | 开放教室<br>自然世界在教室中再现 | 借助技术教学互动 |
| MTC 学校 | 全面、个性发展的评价 | 围绕学生 8 项能力的培养 | | | 记录学习过程 | |

我国对未来学校的研究总体处于起步阶段。虽然还缺少比较系统的理论建构，但一些学者对未来学校及未来学校的课程提出了自己的见解。

朱永新在《未来学校：重新定义教育》一书中，对未来学校的特征，安排的课程内容，教、学及评价方式，学校、家庭、政府等各方的责任进行了思考和阐述。

余胜泉提出，“互联网 + 教育”变革会重构学校的教育生态系统，环境会越来越智能化、智慧化，学校会越来越精确地了解学习者的知识结构、能力结构等。学校的内容供给、智慧学习环境、教与学方式以及管理与评价都会重构，更加追求选择性、适应性、个性化和精准性（余胜泉，2016）[14]。

康文彦等人认为，未来学校应努力提供丰富的课程来满足学生多样化的需求。同时，同一课程还须设置不同的层次，便于学生按自己的能力水平、发展需要灵活选择（康文彦，2017）[10]。

## 二、学校课程制度的政策梳理

课程制度的改革是课程改革的关键部分，通常是最重要、最关键的影响因素和推动力。课程改革的动因主要包括以下方面：社会制度发生变化，社会规范和文化知识的发展，经济的发展促进教育条件的改善，科技的进步、革新带来知识的发展，教育理念的提升，人才培养目标的变化，学生的发展变化，教育教学研究产生新成果等。相比一般意义的课程改革，课程制度的改革则更加体现出强制性、统一性。

### （一）西方课程制度的变革

1. 美国的课程制度变革。

20 世纪 50 年代，由于与苏联在航天竞争中未抢得先机，美国决定对基础教育进行大力改革，提出了“教育内容现代化”的口号，并于 1958

年颁布了《国防教育法》，主张采用学科主义课程，强调课程现代化，课程内容要充分反映现代科学的成就。

20 世纪 60 年代，由于民权运动的兴起，人们不满意黑人被排除在白人学校之外的现状。教育改革的主要目标是促进教育机会的平等。这一时期通过的《初、中等教育法案》《双语教育法案》旨在为贫困儿童提供平等的受教育的机会。

20 世纪 70 年代，学科主义课程受到批评，认为不利于完整人格的发展。课程改革重点在于恢复知识和技能基础，减少选修课，增加必修课，发挥好教师的主导作用。在此期间通过了《教育修正法案》和《全体残障儿童教育法案》。

20 世纪 80 年代，美国国家高质量教育委员会发表了一份题为《国家处于危险之中：教育改革势在必行》的报告，报告中列举了 13 项风险指标，认为美国教育培养了一代不懂科技的美国人。随之课程改革发起了学校重建运动，主张加强学术教育，并制定了“新课程框架”。同时，各州提高了对学术标准的要求，加强对教师和学生的考核。

20 世纪 90 年代，针对美国各州在教育方面各自为战的分散局面，政府发布了指导美国教育改革的纲领性文件——《美国 2000 年：教育战略》和《2000 年目标：美国教育法》，旨在通过统一的课程标准使教育统一化，适度加强国家集权，整体提升教育质量。

进入 21 世纪，为了让学生能顺利地实现从学校向社会及工作场所过渡，课程改革提出新要求，强调学校要合理改变课程结构，以反映工作中所需的科技及信息技能，并引导学生运用多学科知识来解决实际问题，以及提升他们的人际沟通交往等能力。

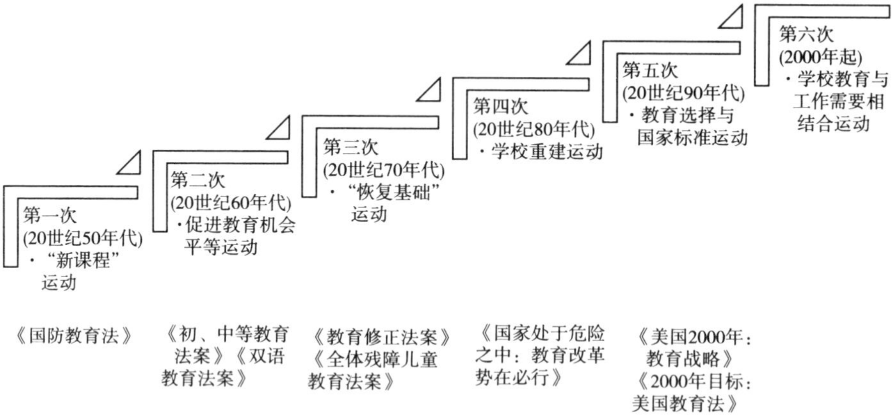


**美国的六次改革浪潮及典型课程制度**

2. 英国的课程制度变革。

英国自 20 世纪 80 年代开始的课程改革，旨在解决课程范围比较狭窄、过于专门化，课程之间缺乏平衡，课程被学校所控制等问题。改革重在拓宽学习内容，并提出围绕审美和创造、伦理、言语、数学、体能、科学、社会与政治、精神八个方面构建课程。1985 年，英国政府公布《把学校办得更好》(For Better School）白皮书，提出课程改革的基本原则：中小学课程应是广泛的、平衡的、适切的。1988 年的课程改革明显体现了宽广和平衡的要求。然而，由于课程基础不足，改革并没有取得预期的理想成效（钟启泉 等，2008）[217]。

2007 年，英国开启新一轮课程改革。改革强调在课程内容中重视学生的“生活技能”，加强与学生生活的联系，适应社会需要。

3. 西方课程制度变革的总体趋势。

西方课程改革体现出以下趋势：(1）重视价值观教育，重视学生的精神态度和道德发展；(2）重视学生基础学习能力的发展；(3）重视信息技术及科学技术教育，并以此促进教育现代化；(4）重视个性化课程，突出学生的学习者地位；（5）重视促进基础教育的教育公平；（6）重视基础教育与学生现实生活和未来工作的关联性。

## （二）我国的历次课程改革

从新中国成立至今，基础教育共经历了八次较大规模的改革。改革使我国的教育水平总体呈不断上升的趋势，尤其是改革开放之后。但改革进程中经历了探索和曲折。

我国的历次课程改革

| 时间 | 课改背景 | 主要特点 |
| --- | --- | --- |
| 第一次（1949~1952年） | 新中国成立之初百废待兴，缺乏充分的准备时间 | 在吸收其中有用经验的基础上，改造我国原有旧课程。模仿苏联，建设新民主主义教育，但某些学科存在脱离中国实际的情况 |
| 第二次（1953~1957年） | 国民经济初步恢复，进入过渡时期，开始实施“一五”计划 | 初步构建中小学课程体系，但模仿苏联的痕迹很深。课程变动过频，课程设置不尽合理，部分学科间的关联和配合不够 |
| 第三次（1958~1965年） | “大跃进”，政治挂帅，教育与生产劳动相结合，为阶级斗争服务。中苏关系恶化，摆脱苏联模式。批判“三脱离”和“少慢差费” | 缩短学制，课程权力下放。强化思想政治教育。设置选修课。开始重视地方教材、乡土教材的编写 |
| 第四次（1966~1976年） | 受“文化大革命”影响，教育进入无序状态 | 怀疑和否定了新中国成立以来取得的宝贵经验，过于实用主义的课程严重弱化了对基础知识的系统掌握 |
| 第五次（1977~1980年） | “文化大革命”结束，拨乱反正 | 恢复基本学科的应有地位，恢复正常的教学秩序，恢复招生考试制度 |

续表

| 时间 | 课改背景 | 主要特点 |
| --- | --- | --- |
| 第六次（1981~1985 年） | 课程发展已趋于正常化，但发现 1978 年颁布的教学计划在课程设置等方面跟不上新形势的要求 | 恢复后的整顿与过渡 |
| 第七次（1986~1996 年） | 基础教育取得了显著成就，但在个别问题上，如普及义务教育、教育体制僵化等，仍需进一步改革 | 在课程管理上打破集权制，确立了“一纲多本”的教材改革方略；在课程目标、内容、组织、结构等方面借鉴国际先进经验，突破诸多禁区 |
| 第八次（1996 年至今） | 全面实施素质教育，借鉴国际先进经验，顺应世界课改的潮流 | 课程改革涉及理念、目标、方法、管理、评价等方方面面，是一场课程文化的系统革新 |

## （三）我国的三级课程管理

实施课程改革之前，我国的中小学课程制度，可概括为“四个统一”，即统一课程政策、统一课程设置、统一课程标准、统一教材。推进课程改革，是为了打破这种封闭僵化的局面，开始实施国家、地方、学校三级管理体系，通过对课程管理权力进行合理分配，转变国家把课程统得过死，地方和学校难以发挥主动性、创造性，培养的人才单一化、同质化，不能适应地区教育差异的不良局面。1999 年 6 月，《中共中央、国务院关于深化教育改革全面推进素质教育的决定》中提出：“调整和改革课程体系、结构、内容，建立新的基础教育课程体系，试行国家课程、地方课程和学校课程。”2001 年出台的《国务院关于基础教育改革与发展的决定》和《基础教育课程改革纲要（试行）》都明确提出实行三级课程管理。

自上而下的三级管理主体，既存在从理想课程到实际课程的“接力”合作关系，又存在课程权力的分配关系。国家课程包含了国家对学生培养的意志和期望，处于核心、基础地位；地方课程反映地方对本地域学生的“额外”要求，体现出地方特色，满足地方实际需要；校本课程则是具体到一所学校，以校为本，满足学生发展需求的特色课程。后两者是对国家课程的丰富和补充，是在“共性”培养的基础上适度拓展“个性”，致力于在集权与分权、统一与多样、标准与特色中找到合理平衡。

### （四）我国部分教育发达城市的课程制度变革

1. 北京。

北京市从 1994 年开始，研究建立具有首都特点、面向 21 世纪的中学课程教材体系。在进入 21 世纪的课程改革中，北京多举措持续深化教育领域综合改革：从 2001 年起，开展国家基础教育课程教材改革试验；2006 年，发布《北京市基础教育课程改革实验工程实施方案》；2007 年，开展国家普通高中课程改革实验；2010 年，开始着手进行作为国家教育体制改革试点项目的“北京市基础教育课程教材改革实验”。

北京课程改革重视给区域、学校更多的课程自主权，同时通过制度顶层设计加强市级统筹管理权；尤其重视创新学科实践活动课程，要求开设不低于 10% 学时的学科实践活动课程，开展“开放性科学实践活动”等。

2. 上海。

作为国家教育改革的综合实验区，上海一直走在课程改革的前列。在 1988 ～ 1998 年的第一阶段课程改革中，上海市努力改变传统比较封闭、僵化的课程教材体系，夯实基础，培养能力，减轻教学负担，提升教学质量。原有课程结构被调整为必修课、选修课和活动课三部分，给学生课程选择权。

1998 年以来的第二阶段课程改革，则重视处理好十大关系：统一性与选择性；基础性与先进性；理论性与实践性；继承性与创新性；封闭性与开放性；科学精神与人文精神；分科知识与综合知识；外显知识与内隐知识；开发潜能与健全人格；教育文化与技术文化。上海市着力构建个性化的课程体系，设立了基础型、拓展型和研究型共三类课程，旨在为学生提供学习经验和获得学习经验的理念，以德育为核心，加强科学精神和人文精神的培养，注重通过改变学习方式，加强课程整合，促进课程各部分之间的有机联系，提高学生的创新精神和实践能力（张民生，2018）[7]。

## 三、信息化时代学校课程创新的实践案例

当前国内外很多学校着眼长远，致力于未来教育的探索和实践，呈现出丰富、生动的未来学校样态；在课程内容和形式方面体现出开放性、关联性、体验性、综合性等特点，更加聚焦人的长远发展。

### （一）美国高科技高中的课程创新

美国高科技高中（High Tech High School）是美国最著名的创新性中学，以科技创新教育著称，由比尔·盖茨和高通出资创办。自2011年以来，它在美国理工科（STEM）高中排名稳居第一，被比尔·盖茨赞誉为“每个美国孩子都向往的创新学校”。这所学校的核心教育理念，是为孩子们提供一个让学习自然发生的环境和任务。学校采用基于项目的学习，要求学生认真查阅文献、积极合作、大胆尝试。

美国高科技高中在成立之初就明确了三个办学原则：（1）个性化。要求教师善于倾听学生的意见，鼓励学生按自己的优势和兴趣发展，并为每个学生创建电子跟踪档案，确保所有人都受到关注。（2）共同的智力使命。教育的目的不应满足于掌握有限的知识，而是激活学生的思维，引导学生理解不同的观点。（3）联系现实世界。为学生提供开放性的任务和挑

战，让他们自己去探索和发现结论。为此，学校改变传统课程，构建了丰富的跨学科课程，开发了诸如城市改造、虚拟楼梯、海湾管理等 245 个主题项目（曹培杰，2018）[115]。

## （二）北京十一学校龙樾实验中学的未来学校课程创新

“未来小镇”是基于未来学校建构的龙樾模型（见下图），是未来学校初中教育新样态的具体表现，具有自主性、体验性、生活化、社会化、未来性五大属性。高质量选择性课程是龙樾模型的六大组成要素之一，是国家课程高质量实施的一种系统探索，它与其他五大要素形成有机融合的未来小镇特色的教育生态，指向高质量浸润式的全育人模式。

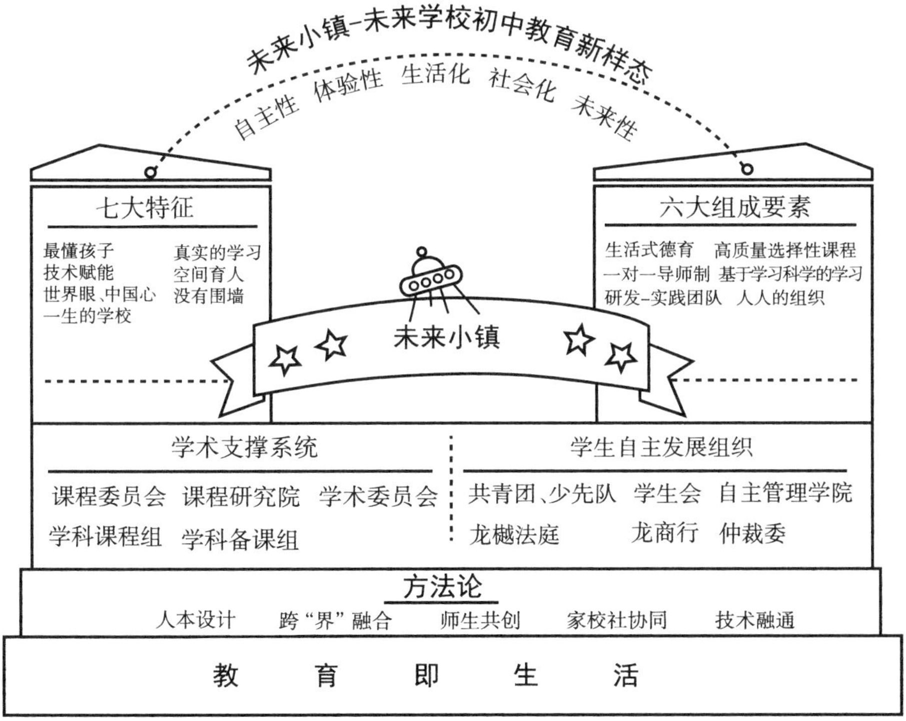


“未来小镇”模型

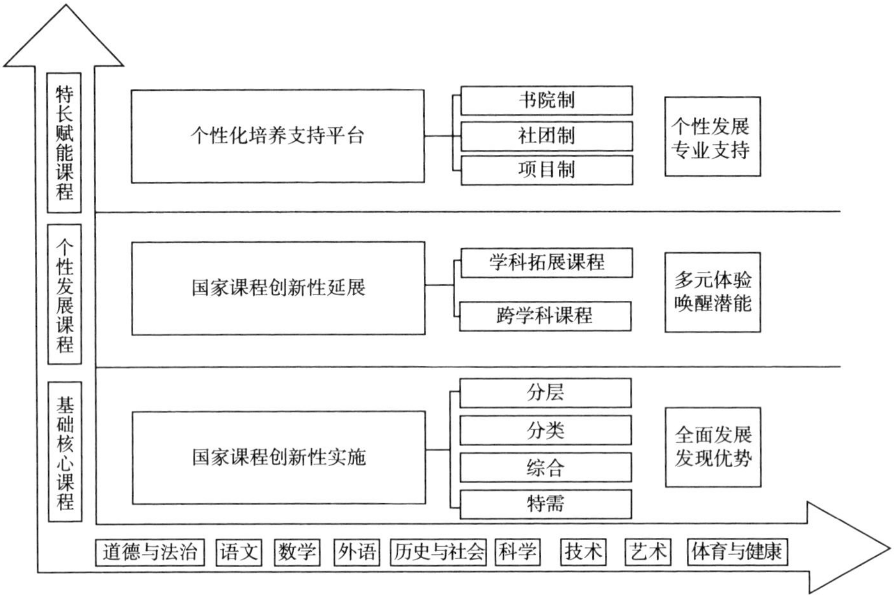


**“一体三层”的学科课程结构**

“未来小镇”秉承的教育理念是“教育即生活”。学校通过生活化的教育场景来实现追逐本真的教育，为每个人创造三个“场”：一是学习场，根据学生的能力进行教学，教师和学生相互学习；二是实践场，知识与实践相结合，面向现实世界，实现真正的成长；三是研究场，一个面向未来，促进素养发展的研究场。

“未来小镇”是针对 13 ～ 15 岁的青春期少年渴望独立与自由、渴望获得权利与认可、希望参与社会事务的特点，将学校打造成的微缩版社会。“未来小镇”是一个功能全面且内部能够实现自循环的虚拟“小社会”——有金融系统“龙商行”“龙币”“龙市”；有法律系统“学生自主管理学院”“龙樾法庭”；有食物供应系统“小镇农场”“小镇餐厅”；有医疗系统“小镇医学院”“小镇健康管理师”；有文化系统“龙樾博物馆”“龙樾影院”“名师讲堂”；等等。同时“小镇”与外部真实“大社会”进行着密切的物质与文化交流，比如在学校周边的广场设计并建有公益书亭，参与社区文化建设等。

### （三）江苏省溧阳实验小学的主题统整大单元课程建设

溧阳实验小学以“教育即生长、游戏与服务”为基本教育理念，确立了“让学校成为服务儿童生长的完美时空”的课程理念和“培养具有终身学习品质的合格社会公民”的课程目标，以合作为核心，大胆进行了课程统整的研究。

第一阶段，学校对原有学科进行系统梳理，整合相同内容，设置了七个学习领域，即健康与体育、语言与文化、数学与科学、艺术与人文、综合实践、公民与世界、校本项目。第二阶段，基于儿童是完整而具有丰富可能性的人，学校立足课程统整，引进领域与模块课程，建构个性化课程体系，促进学生的个性化发展。这一阶段的研究重点是主题统整大单元课程。

溧阳实验小学的主题统整大单元课程，打破了原有的学科设置，学生的学习将是一个综合性的学习，不再是分科学习。这样的统整是以一个主题为支点，综合与之相关的各学科知识，形成能满足学生需求的系列学习模块。主题的开发基于儿童立场，学习内容富有挑战性，学习方式体现游戏化与个性化的特点（薛辉，2014）[113]。

## 四、信息化时代学校课程制度的发展趋势研判

进入信息化时代，信息的获得变得更加轻松、快捷，知识的门槛不断降低，教育、学校是否可以被技术所取代？显然不是，即使是通过脑机结合将信息往大脑进行复制，也不能自然地实现道德形成、思维发展、观念建构等。未来教育应更加注重以知识为载体促进人本身在心智、情感、技能等素养的发展。相应地，课程价值应突出促进学生的元认知发展、批判

思维、创新能力、实践能力、系统思维，重视学生学习中的体验、感悟、合作、交流等。

结合当前信息技术对学校教育的赋能趋势分析未来产生的变化，特别需要关注以下方面：（1）育人目标的调整。一是要切合培养“新型”劳动者的要求，二是满足学生在信息时代生存的需求。（2）师生角色的重塑。一是实现“人机共教”，二是“人机共学”。（3）课程内容的重构。一是分科与综合结合，二是突出创新实践。（4）方式手段的优化。一是更好实现混合式教学，二是满足学生自适应学习。（5）管理评价的提升。一是实现智能化管理，二是进行智能化评价。

对于未来学校的样态，学者吕文清提出“六个进化”：一是功能进化，重在培养“真正的人”；二是课程进化，为未来、为价值、为智慧而教；三是组织进化，从班级集体听讲走向个性定制；四是流程进化，让课程、技术、空间深度融合；五是目标进化，让每个学生实现超越塑造；六是文化进化，未来学校是“深生态”的（吕文清，2016）[1]。

未来学校不是对传统学校的全盘否定或颠覆，而是对它合理变革，扬长补短使之适应时代的发展需要。学校的功能定位应满足时代对人才培养的要求，学校课程制度也应与之匹配。

有效的学校课程制度有助于规范学校课程行为，使课程的开发、管理、实施、评价等从感性走向理性，不偏离科学的目标和方向。实施有效的学校课程制度：（1）有利于优化课程权力分享的管理体系，使校本课程与国家课程、地方课程形成系统化的课程整体，实现整体育人。（2）有利于建构突出选择性、个性化的课程体系。（3）有利于构建凸显学段衔接、学科融合、大概念统领，以及问题解决、项目学习、实践应用的课程体系。（4）有利于构建着眼综合素养发展、创新能力发展的课程体系。（5）有利于构建正式与非正式相结合的课程体系。（6）有利于构建以人工智能为核心的信息科技融合课程体系，以及基于数字化教材为核心载体的数字课程资源体系。

## 五、信息化时代学校课程制度在实践中面临的挑战和问题

信息化时代的到来，对人类工作和生活的方方面面都产生着广泛而深刻的影响，带来了新的变化。教育技术在学校的应用深度、广度不断加大，应用品质不断提升，成为课程改革的关键抓手和重要“推进剂”，对学校课程制度产生着积极影响，但也不可避免地带来新的问题和挑战。

### （一）课程制度的一致性问题

课程制度的一致性一直是个值得持续重视，但始终解决得不够理想、彻底的老问题。它包含以下三个方面内涵。

1. 上位制度相互之间的一致性。

在三级课程管理的框架下，课程政策在制定、传达和执行过程中，要注意两个方面问题。一是要注意国家、省（市）、区（县）同级的课程政策有内在的一致性，不存在相互抵触。如果制度出台的部门不同，彼此又缺乏沟通和协调，导致“各唱各的调”，学校等下级单位在落实时将无所适从。二是相关政策要有相对持续性、稳定性，不能由于政策出台不够审慎，导致“朝令夕改”。

2. 学校课程制度与上位制度的一致性。

上位制度在传达的过程中，应有畅通的渠道，能保障制度的严肃性和准确性，不存在人为的信息衰减和失真，且应有配套的监督落实机制。上位制度不能代替学校制度，学校制度是基于学校实际条件及发展需要，对上级要求的细化和落实。学校课程制度不能简单照搬照抄上位制度文件内

容，也不能在缺乏深入分析、集体讨论的情况下随意调整相关要求。

3. 学校课程制度在理解和行动中的一致性。

一些学校出台的课程制度，往往条条框框很细致，用词很精美，但只是校长、中层领导等少数人的思考和意志，没有广大教师的参与，也不在校内进行培训和宣传。这种制度与行动“两张皮”的情况较为普遍，需要加以重视和改进。

## （二）课程权力的分享问题

三级课程管理体制本质上是课程权力在国家、地方、学校三者之间的重新分配，但权力“蛋糕”该如何切分，各方分别拥有什么权力，占比多大，如何保障权力正确使用……类似问题一直令课程管理者纠结。

1. 课程管理手段相对单一的问题。

我国课程管理手段还相对单一，主要依靠行政手段，其优势是突出权威性和强制性，执行力强，效率高；不足是缺乏民主性、灵活性，容易被社会舆论、领导意志左右，不易保持连续性和稳定性。今后可以适当结合市场、经济等手段，使管理更灵活，更有效。

2. 课程权力分配的灵活性问题。

对于学校的课程权力，需要从制度上加以明确，且制度的制定要有适当的前瞻性，实施要有相对的稳定性，让学校能够跟得上、走得稳。一是要尊重学校的积极性，激励学校的创造性。二是要有合理的约束，使之在正确的轨道上运行。三是要避免简单化地“一刀切”。相比一般学校，优质学校无论是理念、师资、资源、能力等都有优势，在课程建设上更能够有所作为，可以给予相对多的权限。

3. 课程实施的“越权”或“越界”问题。

有些学校可能会超越边界，突出强调校本特色，罔顾国家层面的共性、原则性要求，以整合之名，行校本之实，导致国家课程不能保证质量地开齐开足。

## （三）学校课程领导力问题

学校的课程赋权与学校的课程领导能力如果不能协调发展，极易引发步子走偏的风险。在过去很长的一段时期内，学校习惯于听命和执行上级主管单位的课程要求，缺乏主动性、创造性，课程改革意识较淡薄，课程研究和管理能力不足。具体表现为：课程管理意识不强，教师对课程的认知不足，课程开发行为不规范，校本课程质量不高，课程资源的整合能力不强（夏心军，2012）[16]。

## （四）课程目标的定位问题

教育是培养人才的工作，育人目标应顺应时代的发展而变化，着眼于具有个性特长的多元化人才的培养。课程目标的定位上要注重以下两个转型。

1. 培养“新型”劳动者的转型。

教育是为国家和社会培养劳动者和建设者。面向智能化时代，要着力培养具有以下特点的新型劳动者：一是善于利用人工智能帮助人类以更高的效率和质量完成一些工作；二是能发挥人力优势，完成人工智能不能完成的事情；三是能创新人工智能技术，使人工智能更好地服务于人类。

2. 智慧时代生存的转型。

人工智能技术的飞速发展，不断挑战人的地位，迫使人在进步的道路上与之同行。从个体生存的角度，学校必须引导学生与人工智能“和谐共处”，并利用人工智能提高人类的生活和工作质量（乐进军，2020）[10]。

## （五）课程体系的优化问题

在信息技术助力课程实施的过程中，还面临根据实际需要对课程体系不断优化的问题。

1.线上线下课程的融合。

线上线下课程融合有利于学生获得更丰富的教育资源——线下有任课教师的面对面指导，线上有更丰富的课程资源，甚至可以得到更多跨校、跨区域的优秀教师的帮助。然而二者的融合还存在一定的困难和挑战。一是线上课程的开发，除了政策、技术、成本支持外，还需要教育行政部门进行规划、协调和组织。二是线上和线下课程如何实现有机对接，而不是“两张皮”或重复教学。

2.信息德育课程建设问题。

网络的普及应用，使心智尚不成熟、辨别能力不足的青少年学生容易受到网络上良莠不齐的资源的影响，学校、家庭教育建立的积极、正面的价值观也可能受到网络中负面内容的冲击。这便需要加强网络德育课程的建设，筑牢德育阵地，帮助学生文明用网，明辨是非，坚定正确的信仰，抵御各种消极思想的侵蚀。同时应引导学生遵守信息安全的法律法规，增强信息安全的防范意识。

3.课程的整合问题。

课程整合旨在将相对零散、碎片化的知识内容合理调整，使之系统化，提升教学的效率和效果。但近年来出现了一些乱象，如有的学校和教师打着课程整合的旗号，随意对课程进行改造，甚至突破国家课程政策的底线。

4.课程建设重“量”轻“质”问题。

一些学校出于有意无意的攀比心理，认为课程（尤其是校本课程）的数量多多益善可以显示学校的课程领导力，反映出教师的课程开发能力。应克制这种功利化的冲动。课程建设应该切合学生的学习需要，切合学校的实际条件和能力，不在多而在精，不在数量而在质量。

5. 课程建设的“应试”倾向问题。

需要防范学校在课程建设中的应试倾向——对提升分数有直接帮助的课程就重视，反之就对付。例如，高中国家课程中的一些学科选修模块受到冷遇。这使得课程改革蒙上强烈的功利色彩。

6. 课程系统的封闭性问题。

一些学校采取“关门办学”的方式，不注重与社会对接，不善于合理利用社会资源形成课程建设的合力，在课程资源建设方面陷入孤立无援的境地，不利于课程品质的提升。

## （六）课程资源的数字化建设问题

1. 数字化教材建设。

教材是最重要的课程资源。融会各种信息技术的数字化教材是教育信息化的核心载体，是将教学“前台”与“后台”资源联通的关键终端，是构建数字交互课堂的枢纽。但数字化教材的研发和使用受到制度的制约。由于研究还不充分，业内对数字化教材缺乏相对统一的认识，包括其界定、组成、价值、功能等。对其可能存在的问题和带来的风险，还没有找到理想的解决办法。由于教材在教育中的高利害性，数字化教材的管理机制、评审标准等很难在短时期出台。加上保护青少年视力健康等政策文件的要求，数字化教材的研发和推广使用仍长时间停留在实验阶段。

2. 数字化课程资源建设。

数字化课程资源是支持数字化教学、促进教育信息化和现代化的重要支撑。学校在数字化课程资源建设方面，容易出现以下问题：一是缺乏理念上的引领和指导，教师对其重要性和要求认识不足；二是缺乏统一部署，学科组、教师各自为营，不能形成团队合力；三是缺乏技术支持，教师由于技术不足、精力有限而逐渐放弃主动开发。学校应出台相应的管理机制，给予教师应有的指导、支持以及合理的激励，使校本化数字课程资源建设进入良性发展的轨道。

## 六、我国学校课程制度的改革建议

教育要适应社会的发展变化，要重视信息技术对教育本身的影响和对人类生存、生活和工作方式的影响，要顺应时代的进步而着眼于信息时代人才的培养。而课程制度直接影响到教育目标、内容、方式及效果，因此，我国学校课程制度变革要结合我国实际，审慎地确定变革目标、重点和路径。

### （一）我国学校课程制度的变革目标

课程服务于人才培养。面向未来应培养什么样的人才？需要什么样的课程，什么样的课程制度，来达成这样的育人目标？好的课程制度能带来好的课程，坏的课程制度则带来坏的课程，因此，在学校课程制度的设计上要非常审慎。

学校的课程制度的变革应追求以下目标：

1. 与国家的教育理念、育人目标导向，以及上位的教育制度、课程制度有内在的一致性、关联性。

2. 课程能满足学生的普适性发展需求，以及尽量地满足差异化、个性化发展需求。

3. 契合学校的教育实际，有助于激发教师和学生的活力，甚至能调动家长和社会形成合力，参与课程的建设和实施。

4. 能促进学校课程有序、良性发展，形成校本特色。

5. 切合信息时代的人才培养目标。能促进信息科技等课程有效开展，有利于高质量信息素养人才的培养。

## （二）我国学校课程制度的改革重点

面向信息化时代的未来学校，着眼新时代人才的培养。学校课程制度的改革应重点关注以下方面。

1. 优化课程权力分享的管理体系。

随着时代的发展，学校办学条件不断改善，师资条件和课程建设、实施能力将不断提升，学生的课程需要也将更加多元。在这样的时代背景下，赋予学校更大的课程权力既具有必要性，也具有可行性。唯有如此，学校课程建设的积极性、创造性才能够被充分调动，自上而下的课程管理结构才更趋合理。课程管理的“国家模式”与“地方＋学校模式”相协调，才能形成合力。还应根据时代发展和需要，进行灵活、动态的调整。

2. 构建突出选择性、个性化的课程体系。

统一的课程只能培养出同质化的人才。未来信息时代的职业分类会越来越多，社会分工会越来越细，所需要的人才也必然更加多元化、多样化。基于这样的时代背景，针对学生不同的特长和发展方向，提供可选择、个性化的课程，才能满足人才培养的需要。

3. 构建凸显学段衔接、学科融合、大概念统领的课程体系。

育人是个系统工程。对学段、学科、知识点进行切分的教育方式，虽然便于实施、管理和评价，但与全面育人、整体育人的目标导向不可避免存在偏差。当前的课程体系设置以分学科为主，然而学校的分科教学与现实中问题的综合性、跨学科性相矛盾。任何一门学科都不是孤立存在的，任何一门学科的素养发展也不能只依赖于该学科本身。因此，学校课程制度应有利于发掘学校在课程校本化实施中的灵活性、自由度，以大概念为统领，实现学段衔接、学科融合的课程体系。

4. 构建凸显问题解决、项目学习、实践应用的课程体系。

学以致用，加强知识的学习与现实问题相互关联，对信息时代的人才培养显得尤为重要。在课程体系的设计和课程实施中，需要突出问题解决，合理安排项目式学习，重视学科实践、课内外实践，让学生在做中学，实现知行合一。

5. 构建着眼综合素养发展、创新能力发展的课程体系。

未来教育需要着眼于信息时代新型劳动者的培养，提升其包括劳动素养在内的综合素养，发展其创新能力，促进创新人才的成长。学校课程制度，应助推课程体系建设厚植创新的沃土，让创新型人才通过课程学习不断涌现。

6. 构建以人工智能为核心的信息科技融合课程体系。

以人工智能为核心的科学技术发展不断加速，对学生的信息素养提出了越来越高的要求。培养高信息素养的人才成为基础教育的重要使命之一。时代的进步对传统信息技术、通用技术课程产生倒逼效应，要求从课程目标、课程内容、课程实施方式、课程评价等方面进行调整。信息科技的综合应用要求构建融合型课程体系，打破传统的学科壁垒，构建逻辑关联的课程结构，贯通数字素养与技能培育目标，促进学生全面发展。

7. 构建正式与非正式相结合的课程体系。

信息时代的学校教育将突破围墙的阻隔，学生的学习不再局限于教室、校园，家庭、社会的很多场所都将在信息技术的支持下成为课堂。要满足正式学习与非正式学习相结合的新学习形态，需要构建与之相适应的正式与非正式相结合的课程体系，打造内外融通的“大课程”、开放课程。

8. 建设基于数字化教材为核心的数字课程资源体系。

在信息时代的学校教育当中，数字化教材将成为数字智慧课堂的关键载体。建设基于数字化教材的数字课程资源体系将有力地推进教育现代化，有利于培养具有数字素养的人才。要达成这样的目标，需要从国家、地方层面研制和出台数字化教材的相关标准和相关制度，需要学校在上位的制度框架下形成基于校情和发展需要的相应校本制度。

### （三）我国学校课程制度的变革路径

1. 从意识上重视学校在课程制度方面的变革力量。

学校处于教育的“一线”或“最前沿”，落实教育责任的重担主要压在学校和教师身上。作为实践者，教师拥有丰富的实践经验，最了解学生个性化的实际情况和发展需求。尽管常常需要通过培训学习教育理论、提升课程理念，但相信、调动并充分发挥学校和教师在课程制度方面的变革力量，也是促进学校课程特色化建设、特色化办学的有效途径。

2. 在管理上给学校提供课程制度变革的权力空间。

学校课程制度的确立要从学校面临的实际情况出发，不只是要解决课程制度的可能性问题，还要解决可行性、现实性问题。我国传统上习惯采取“自上而下”的课程管理策略，学校的要求常常得不到应有的重视，使得课程实施难以真正创新。信息时代的课程制度，要改变这种统得过死的状况，上位制度需要给学校预留合理的权力空间，使学校能够结合自身实际情况和发展需要，形成校本化的课程制度。

3. 通过培训指导提升学校课程领导力。

想要提升学校课程领导力，应利用多样化的方式和策略，加强对学校课程管理人员和教师的培训，以增进其课程建设意识，更新其课程理念。培训应着眼于课程领导力的提升，一方面注重课程理论的学习，另一方面增强课程开发、管理、组织和实施的能力。这样，学校才能珍惜并切实用好上级教育管理部门赋予的课程建设权力。在实践过程中，还要注意加强对一线学校的指导和帮扶，尤其是课程领导力较弱的学校。

4. 构建学校课程制度变革的动力机制。

学校课程制度的变革是一项系统工程，需要关注教育行政部门、学校管理者、教师、学生、家长等相关人群的利益诉求，构建共同的目标愿景，形成合力。在重新调配教育权力的基础上，应提升课程体系的运行效率和质量。另外，虽然课程制度主要影响和促进学校的发展，但仍需要构建有利于制度形成和应用的和谐的内外环境。

5. 多样化的课程体系是课程制度创新的重要表现形式。

学校课程制度的创新最终要落在课程本身，要呈现出满足差异化需求、着眼多元人才培养的多样化课程体系。在保障国家课程法定地位的前提下，赋予学生合理的选择权，能促进学生结合自身实际主动学习、个性化学习、合作学习，激发其创新潜能。

**参考文献**

曹培杰，2018. 未来学校变革：国际经验与案例研究 [J]. 电化教育研究（11）：114–119.

冯大鸣，2007. 21 世纪先锋学校的创新及预示——对美国费城“未来学校”的考察与评析 [J]. 全球教育展望（6）：67–71.

郭元祥，2007. 学校课程制度及其生成 [J]. 教育研究（2）：77–82.

康文彦，刘辉，2017. 论未来学校的主要特征 [J]. 教育科学论坛（14）：9–10.

乐进军，2020. 机遇与挑战：中小学教学牵手人工智能 [J]. 教育与装备研究（10）：10–13.

吕文清，2016.“未来学校”重在六个进化 [J]. 基础教育课程（13）：1.

夏心军，2012. 校长课程领导力：学校特色发展的应然选择 [J]. 教育理论与实践

32（5）：15–18.

薛辉，2014. 当前学校课程体系建设的几种范式 [J]. 吉林教育（20）：112–113.

佚名，2017. 上海课程改革的发展历程 [J]. 上海教育（13）：14–15.

余胜泉，2016. 没有围墙的“未来学校”[J]. 教育家（22）：12–14.

张华，2001. 课程与教学论 [M]. 上海：上海教育出版社.

张民生，2018. 我亲历的上海中小学课程改革 [J]. 上海课程教学研究（5）：3–7.

钟启泉，2007. 课程论 [M]. 北京：教育科学出版社.

钟启泉，汪霞，王文静，2008. 课程与教学论 [M]. 上海：华东师范大学出版社.

祝智庭，管珏琪，丁振月，2018. 未来学校已来：国际基础教育创新变革透视 [J]. 中国教育学刊（9）：57–67.

## 第三节 面向未来的学习方式创新

当前，以人工智能、大数据、5G 等为代表的新兴技术已深入社会各个领域，推动工业时代向数字时代转变。新兴技术带来的人类思维观念更新和认识转变正对传统学习方式产生着巨大影响，泛在学习、定制学习、虚拟学习、沉浸式学习等方式越来越被重视，且逐渐实现。在新时代、新形势下，新的技术和工具将赋予学习方式新的内涵与特征，促进学习方式的优化和重组。

### 一、概念界定

推动学习方式的变革，首先要厘清基本概念和主要理论，以便更加科学有效地在新的条件和环境下付诸实践。

学习，在《现代汉语词典（第七版）》中的解释是，从阅读、听讲、研究、实践中获得知识或技能。

方式，即言行所采用的方法和形式。

学习方式是由学习主体、学习客体以及学习中介三大要素共同组成的完整的学习系统（刘沛 等，2021）[18]。这三要素互相作用，推动学习方式的发展。

学习主体，即学习者。传统认知中，学习者或以个体行为进行自主学习，或以群体行为进行协作学习，相应构成了“个人”“多人”的学习主体。“互联网 +”时代，智能机器人开始成为学习伙伴，不仅可为学习者提供各种学习支持，还可以深度参与学习者的学习过程。学习者与智能机器人的日渐融合扩展了学习主体的范畴，使之更倾向于是一个“人 + 机”融合体，或多个“人 + 机”构成的复杂共同体（刘沛 等，2021）[18]。

学习客体是学习活动的对象，如知识、技术和能力等。学习客体会随着时代的变迁和技术的进步而不断更新迭代。在“互联网 +”时代，学习客体具有动态性、不确定性和开放性等特征。

学习中介主要指学生学习所依赖的手段、工具、技术等，如以计算机、移动终端设备等为代表的硬件设备。在“互联网 +”时代，数字技术、云计算技术、互联网技术等新兴科技的快速发展催生了各式各样的教学媒介，打破了时空限制，拓宽了学习途径，丰富了学习资源，最终改变了学习主体的认知思维方式（刘沛 等，2021）[19]。

从上述相关概念的内涵可以知道，学习方式的外延是非常丰富的，我们常说的正式学习和非正式学习、接受学习和探究学习、面授学习和网络学习等，都属于学习方式的范畴。

## 二、政策梳理

学习方式变革一直是我国教育教学改革的主要内容，特别是近十几年来，随着互联网、大数据、人工智能等现代信息技术在教育领域的应用逐渐广泛和课程改革、教学方式改革的不断深化，我国教育朝着高质量发展深入推进。国家不断出台相关政策，持续推动学习方式优化。

2010 年，我国颁布的《国家中长期教育改革和发展规划纲要（2010—2020）》中明确提出，要关注学生不同的特点和个性差异，发展每一个学生的优势潜能，为每个学生提供适合的教育。

2012 年 9 月 5 日，国务委员刘延东在全国教育信息化工作电视电话会议上指出，教育信息化是教育理念和教学模式的一场深刻革命。信息技术突破了学习围墙，扩展了学习的手段与范围，使师生拥有了获取信息的平等地位，有助于构建师生积极互动的教育新模式。信息技术的深度应用，迫切要求教与学的“双重革命”，加快从以教为中心向以学为中心转变，从知识传授为主向能力培养为主转变，从课堂学习为主向多种学习方式转变。

2014 年 4 月 8 日，教育部印发的《关于全面深化课程改革落实立德树人根本任务的意见》指出，改进学科教学的育人功能。全面落实以学生为本的教育理念。要在发挥各学科独特育人功能的基础上，充分发挥学科间综合育人功能，开展跨学科主题教育教学活动，将相关学科的教育内容有机整合，提高学生综合分析问题、解决问题能力。充分利用现代信息技术手段，改进教学方式，适应学生个性化学习需求。

2016 年 6 月 7 日，教育部印发了《教育信息化“十三五”规划》。文件指出，随着云计算、大数据、物联网、移动计算等新技术逐步广泛应用，信息技术对教育的革命性影响日趋明显，要以“构建网络化、数字化、个性化、终身化的教育体系，建设‘人人皆学、处处能学、时时可学’的学习型社会，培养大批创新人才”为发展方向，按照“服务全局、融合创新、深化应用、完善机制”的原则，稳步推进教育信息化各项工作。

2018 年 10 月 8 日，教育部等六部门发布了《关于实施基础学科拔尖学生培养计划 2.0 的意见》，提出创新学习方式。给天才留空间，营造创新环境，厚植成长沃土。深入探索书院制模式，建设学习生活社区，注重环境浸润熏陶，加强师生心灵沟通，促进拔尖学生的价值塑造和人格养成。注重个性化培养，给学生提供自主选择导师、专业和课程的空间。开展研究性教学，鼓励学生参与科研项目训练，促进学生自主深度学习、建构知识体系、形成多维能力。引导学生多读书、多实践、知民情、懂国情，从经典著作和社会实践中汲取思想养分，获取精神力量，在传承中创新、在创新中发展。探索实施荣誉学位项目，提升学生学习的挑战性，增强优秀学生的荣誉感。以现代信息技术为支撑，创设线上线下、课内课外、虚拟与现实相结合的学习环境和机制，提高学习成效。

2019 年 1 月 16 日，教育部发布了《关于加强网络学习空间建设与应用的指导意见》，提出加快推进教育信息化转段升级，推动教与学变革，构建“互联网 + 教育”新生态。主要任务之一为：引导学生主动应用网络学习空间，实现学习应用常态化，其中明确指出要引导学生利用空间参与课内外教学活动、研学活动，伴随性记录成长过程，管理和展现学习成果，记录综合素质评价过程性数据。根据自身学习需要，通过空间选择网络课程、在线测试、智力资源服务等进行自主学习，强化应用空间解决问题的意识。利用空间组建学习共同体，跨班级、跨学校、跨区域开展交互活动，提升学习兴趣和学习效果。利用空间集成的丰富多元的资源与服务进行探究学习，培养解决问题的能力、创新意识和创新能力。利用学习诊断、学习预警等可视化分析结果，发现问题，改善学习。

2019 年 6 月 23 日发布的《中共中央、国务院关于深化教育教学改革全面提高义务教育质量的意见》提出，要优化教学方式。坚持教学相长，注重启发式、互动式、探究式教学，教师课前要指导学生做好预习，课上要讲清重点难点、知识体系，引导学生主动思考、积极提问、自主探究。融合运用传统与现代技术手段，重视情境教学；探索基于学科的课程综合化教学，开展研究型、项目化、合作式学习。精准分析学情，重视差异化教学和个别化指导。

2020 年 8 月 6 日，《教育部办公厅关于公布“基于教学改革、融合信息技术的新型教与学模式”实验区名单的通知》提出，着力提升师生信息素养，利用信息技术调动学生学习的内生动力，促进学生养成自主学习习惯，提高自主学习能力；探索运用人工智能、物联网、区块链等技术，推动数字资源内容监管、确权保护、共建共享；加强对学生学习过程数据的收集，开展教学分析与过程性评价，实现差异化教学和个别化指导，推动个性化自适应学习；探索以学生学籍号作为“教育身份证”，联通不同平台与工具应用之间的学习数据，推动学习大数据应用。

2020 年 10 月 12 日，教育部、国家文物局发布了《关于利用博物馆资源开展中小学教育教学的意见》，提出创新博物馆学习方式。博物馆教育活动要以促进学生学习为中心，根据博物馆环境、藏品、展览等，综合运用解说导览、专题讲座、互动游戏、角色扮演、动手实践等方式，增强博物馆学习的趣味性、互动性和体验性。要制作博物馆手册、导览图、辅助读物、口袋书、动漫等，引导学生利用博物馆资源创造性开展活动、辅助学习，不断探索完备博物馆学习模式，增强博物馆学习效果。

2023 年 5 月 26 日，教育部印发的《基础教育课程教学改革深化行动方案》提出，推进数字化赋能教学质量提升。充分利用数字化赋能基础教育，推动数字化在拓展教学时空、共享优质资源、优化课程内容与教学过程、优化学生学习方式、精准开展教学评价等方面广泛应用，促进教学更好地适应知识创新、素养形成发展等新要求，构建数字化背景下的新型教与学模式，助力提高教学效率和质量。

通过梳理推动学习方式变革的主要政策不难看出，学习方式的变革一方面体现我们对教育规律、教育目标和教育价值等认识的不断反思和深化，另一方面得益于教育技术不断升级迭代，教育技术的应用为更加突出以学生为本的学习方式变革提供了有利契机。教育信息化不断促进学习方式的变革，学习的时间、地点、内容、方式等越来越多地实现自主选择，学习的个性化、多样化、多元化特点越来越鲜明。当前，随着数字技术的发展和在教育领域的日益推广应用，教育信息化进入教育数字化的新发展阶段。

## 三、创新案例

放眼全球，教育创新蓬勃开展，世界各国都希望通过高质量教育更好地布局未来。2006 年，由美国费城学区和微软共同创建了世界上第一所以“未来学校”命名的学校即“费城未来学校”以来，有关“未来学校”的话题便引起各界广泛关注，全球教育界开始了对未来学校模式和样态的广泛研讨并进行了诸多创新实践，各种崭新的学校类型和教育形态不断出现，学校教育迈入面向未来的全新时代。

### （一）美国费城未来学校

“未来学校”（Microsoft School of the Future）是美国微软公司帮助费城学区创建的一所公立高中，从筹划到开办历时 3 年。该学校旨在改变陈旧的学校模式，让教学过程与科学技术深度整合，使学生的学习方式与 21 世纪的工作方式相契合，消除学生从学校走向社会时可能会出现的障碍，从而为大学或市场输送合乎时代要求的毕业生。该所学校有几个显著的特征：第一，无课本课堂，追求以更多科技产品和数字资源、网络资源和更少的纸质资源开展教学；第二，无边界课堂，学生可以随时随地学习并得到指导；第三，非固定作息，每个学生自主安排在线学习日程或按预定时间约见老师；第四，个别化进度，为了满足个别化需要允许每个学生有不同的学习进度，教师通过数字化作业处理系统即时掌握学生的学习进展与效果；第五，研究性学习，让学校课程与社会现实紧密联系（冯大鸣，2007）[67-69]。

## （二）可汗学院

可汗学院（Khan Academy）的创始人是孟加拉裔美国人萨尔曼·可汗（Salman Khan）。在麻省理工学院学习的4年时间里，可汗拿下了数学学士、电气工程与计算机科学学士及硕士学位，此后又攻读哈佛商学院MBA，毕业后进入一家基金公司任金融分析师。2004年，可汗12岁的表妹在一次数学考试中考砸了，向他求助。通过雅虎的聊天软件、互动写学板和电话，可汗帮她解答了所有问题。随着更多孩子讨教，可汗忙不过来了，他就把自己的教学辅导材料制作成视频放到YouTube网站上分享，没想到好评如潮。于是他于2006年创办了可汗学院（萨尔曼·可汗，2014）[16]。

可汗学院是一家非营利组织，其使命是为任何人、任何地方提供免费的世界级教育。可汗学院是颠覆传统教育的典型，为翻转课堂等教学组织形式的实践提供了优质的视频资源和后台技术支持。平台利用视频技术改革传统教学手段，提供适合所有年龄段的个性化学习资源，涵盖了数学、科学、计算、历史、艺术史、经济学等所有核心科目以及和备考相关的内容。可汗学院的教学视频一般都简明扼要，大多只覆盖一个知识点，方便学生掌握。每个学习者都能获得教学和练习视频，按照自己的节奏获得个性化学习体验，个性化学习路径也会根据学习进展情况动态调整。可汗学院的教学视频只有教学内容，没有授课教师出境，为的是避免干扰学生注意力，提升网络自主学习的效果。可汗学院通过系统监测反馈提供学生课堂表现的整体总结以及详细的学习档案，帮助教师了解学生在学什么，学习过程是否顺利，有哪些障碍点以及如何更好地帮助他们。

### （三）北京市十一学校

这是一所“为每个人开的学校”，提供分层、分类、综合、特需的课程体系，采取多元化、个性化的课程实施策略，努力创造适合每一位学生发展的教育。

北京市十一学校秉持因材施教的教育思想，充分尊重和发展学生的个性特征，采用各种有效的教学方法，建立多样化的人才培养模式，努力帮助学生发现自己，唤醒自己，最终成为自己。

为满足学生的个性发展需求，学校自 2011 年开始全面实施选课走班制，即学科教室和科任教师相对固定，学生根据自己的兴趣愿望和能力水平，选择符合自己需要的学科课程和层次班级上课。走班制设计下，每一位学生都可以选择适合自己的课程，生成个人的专属课表。学校已逐步形成了一套分层、分类、综合、特需的课程体系，最大限度地满足每一位学生的学习需求。

## 四、趋势研判

未来学习方式的核心原则是以学生为中心。未来的教育将颠覆传统教育以教师、教材、教室为中心的做法，在人工智能、大数据等互联网技术的支持下真正实现以学生为中心。以“教”为中心的“教育”与以“学”为中心的“学习”有着很多方面的不同，《学习的升级》一书对二者做了相对全面的比较（见下表），得到很多学者的认同。

教育与学习的对比

| 构成要素 | 教育 | 学习 |
|---|---|---|
| 整体范式 | 传授 | 发现 |
| 社交结构 | 阶段式 | 社区式 |
| 背景 | 教室 | 世界 |
| 环境 | 虚拟 | 真实 |
| 内容 | 固定式 | 开放式 |
| 功课 | 提供公式 | 提供框架 |
| 活动 | 消耗式和重复式 | 结构式和创造式 |
| 基础结构 | 注重管理 | 注重学生 |
| 评估 | 教师驱动 | 社团驱动 |
| 过程 | 标准化 | 个性化 |
| 动机 | 外在 | 内在 |
| 期望 | 成绩和证书 | 技能和经验 |

上述教育与学习的对比，也是对教育的一种重新定义，即把教育回归到学习上。

## （一）基本指导原则：帮助学生实现个性化学习

1. 因材施教要求以学定教。

教育的本质是以人为本，以学生的发展为本。孔子提出的因材施教教育理念至今影响着全世界。教学的出发点和归宿都应当是为了每一位学生的个性潜能充分发展。21 世纪以来，个性化教育和个性化学习已经成为世界范围内一种强劲的教育思潮。2006 年，欧洲经合组织（OECD）发表的《面向明日之学校教育：使教育个性化》报告，将个性化教育作为应对时代变革的重要教育议程。

由于学生在客观上存在着个体差异，不同的学生在学习相同内容时，学习的进度、掌握的程度以及所需要的支持和帮助都有可能不同，因此有效的学习方式应该是个性化的。个性化学习意味着学生的学习目标、学习基础和学习特点等是教育的起点，即以学定教，也就是依据学生的具体情况来确定教学的内容、方法和策略，通过最适切的支持，让每一位学生获得富有实效的学习成果，获得最大可能的发展。

2. 教育技术助力以学定教。

2019 年 5 月，习近平总书记在致国际人工智能与教育大会的贺信中提出，中国高度重视人工智能对教育的深刻影响，积极推动人工智能和教育深度融合，促进教育变革创新，充分发挥人工智能优势，加快发展伴随每个人一生的教育、平等面向每个人的教育、适合每个人的教育、更加开放灵活的教育。2022 年 10 月，党的二十大报告首次将“推进教育数字化”写入“办好人民满意的教育”部分，提出“推进教育数字化，建设全民终身学习的学习型社会、学习型大国”。习近平总书记强调，从教育大国到教育强国是一个系统性跃升和质变，必须以改革创新为动力。进一步推进数字教育，为个性化学习、终身学习、扩大优质教育资源覆盖面和教育现代化提供有效支撑。

随着教育数字化的发展，教师可以利用大数据、人工智能、学习分析等新兴技术，准确了解学生的学习状态，客观评估学生的认知水平和优势潜能，构建学习者学习行为相关模型，预测学习者学习趋势，为他们提供个性化学习方案，推送适配的学习资源，提供精准的学习支持，从而帮助学生开展积极有效的个性化学习。数字技术也可以帮助学习者更全面地分析自己的学习进展，更合理地完善学习计划，更有针对性地选择学习内容与学习方式，并通过系统反馈及时检测学习效果。

## （二）多样化的学习方式：帮助学生实现有效性学习

1. 知行合一的体验式学习。

体验式学习是学生自己通过各种事实来发现概念和规律的方式，是使学习超越课堂、更具参与性的学习方式。它能把知识学习与动手实践、实地参观、游学探究、社区服务等结合起来，让学习在真实情景中自然发生。体验式学习是当下教学改革的趋势，也将是未来学习的基本方式，更符合科学发现与科学创造的规律，更能发挥学习者的学习主动性、积极性，激发学习者的学习兴趣和学习潜能。

2. 主张探究的项目式学习。

项目式学习（Project-Based Learning，简称 PBL），是一种以学生为中心来设计学习项目的教学和学习方法，是在一定的时间内，学生根据学习内容选择、计划、提出一个项目构思，再通过演讲等多种形式展现项目、解决实际问题，从而更有效地掌握学科知识（丹尼尔·琼斯、乔纳森·伯格曼，2022）[29]。传统的学习方式是接受性学习，即是从教师讲授开始，从学科的概念、规律学起的方式。项目式学习，则是一种以研究问题、解决问题为导向的学习方式，更有利于发挥学习者自身的学习主动性、积极性、创新性，激发学习者发现真实问题的兴趣，提升学习者解决真实问题的能力。

3. 虚拟现实的沉浸式学习。

虚拟现实（Virtual Reality，简称 VR）技术，是指利用电脑模拟产生一个三维空间的虚拟世界，提供关于视觉、听觉、触觉等器官的模拟，通过佩戴相应的装备，让使用者身临其境般感受三维空间的事物。虚拟现实技术集成了计算机图形技术、计算机仿真技术、传感器技术、显示技术等多种科学技术，具有多感知性，除一般计算机所具有的视觉感之外，还能提供听觉感知、触觉感知、运动感知、甚至包括味觉感知、嗅觉感知等。理想的虚拟现实技术应该能够提供人所具有的一切感知功能，如存在感（使用者感到作为主体存在于虚拟环境中的真实程度）、交互性（使用者对虚拟环境内物体的可操作程度和从环境得到反馈的自然程度）和自主性（指虚拟环境中的物体依据现实世界的规律运动的程度）（朱永新，2019）[169]。

虚拟现实技术在教育领域有着广泛的应用，比如医学领域、生物学领域、航空航天领域等。通过创设虚拟空间、营造真实情境、穿戴特殊设备等教学设计，可以显著增强学生的感知能力，提升学习成效。此外，虚拟现实技术也可以突破诸如标本、场地等客观因素的限制，还可以让学生反复练习，不断提升专业技能。

4. 激发天性的游戏化学习。

游戏化学习（Learn Through Play），又称为学习游戏化，就是采用游戏化的方式进行学习。以往，游戏常常被视为学习的敌人，因为人们担心游戏占用学习时间，分散学习注意力。其实游戏本身可以用来学习，“游戏化学习”或“学习游戏化”已经成为国际教育改革的一个热点，是目前比较流行的教学理论和教育实践，正在很多创新型学校教学中得以探索实践。美国著名教育家杜威曾指出，游戏是儿童的精神态度的完整性和统一性的标志。美国学者詹姆斯·约翰森等在《游戏、儿童发展与早期教育》一书中论述了游戏对于儿童成长的三个方面的重要作用：一是对儿童的认知发展具有积极意义，例如想象类游戏能够锻炼发散思维能力；二是能够使个人获得独特个性，因为游戏是一种表达个体品位和兴趣的方式；三是能够通过游戏与他人建立联系，也是获得自我意识和成为群体一员的手段（朱永新，2019）[163]。游戏化学习虽然是一种具有积极作用的学习方式，但是需要克服其应用于学习的困难和障碍，最大化消除其负面影响。

### （三）延拓教育环境：帮助学生实现泛在化学习

面向未来的学习一定不再是局限于课堂或校园的学习，而是与全社会、全世界建立广泛联结的学习。因此未来学习的一个重要标志，就是突破时空限制的泛在学习（U-Learning）。泛在学习，也称为“无缝学习”“无处不在的学习”，即任何人在任何地点、任何时间获取所需的任何信息的学习方式。

泛在学习两个最显著的特征是学习时间弹性化与学习空间多元化。学习时间弹性化，是指学习不需要在固定的时间准时上课，每天学习的时间也是弹性安排的。学习空间多元化，是指学生不需要到固定的教室学习，可以到各种能够提供学习资源或学习体验的地方学习，还可以利用网络资源进行在线学习。泛在学习的目标，就是创造可以让学生随时随地、利用任何终端进行学习的教育环境，实现更有效的以学生为中心的教育（朱永新，2019）[106]。在泛在学习环境中，学生根据各自的需要，在适宜的时间、不同的空间，以多样化、自主化、个性化的方式进行学习。

未来，学习场景相互融通，任何可以实现高质量学习的地方都是学校；学习组织富有弹性，学生按能力而非年龄进行分班，开展混龄、混班、弹性学期等探索，教师将成为学生学习过程的领航员、学生学习的评估者、学习情境的创设者、学生发展的交流者、学习资源的开发者和专业成长的自主学习者（曹培杰，2020）[58]。因此在未来，学校、班级、年级、教室等概念都面临进一步重构。

## 五、问题聚焦

教育是民生之基，关系到每个人的成长和千家万户的幸福。为了办好人民满意的教育，一直以来，我国持续不断地推进教育改革，在很多方面取得了显著成绩，但同时也发现，有些深层次问题难以彻底破解。究其根源，是由于当前沿用的主要还是工业时代的教育理念、教育体系和教育方法等，这些已经不再适应当下知识时代、数字时代的发展需求。

教育改革重点之一是推动学习方式变革，突出以学生为本，关注学生的个性化发展，当前学校制度存在着若干影响学习方式变革的问题。

### （一）刚性化学制

目前，我们实行的基本是刚性化的学制，青少年按照统一年龄入学，随机分班，使用统一的课程内容，按照相对一致的进度开展课堂教学和考试，达到相应标准后升入更高年级至毕业离校。这种统一化的教育模式为人类社会从农业社会进入工业社会提供了大量的人力资本支撑，但是难以支持学生个性化发展。在刚性学制的时间限制下，无论是学有余力的学生还是学习吃力的学生，通常都只能按照教学计划要求按部就班地完成学业，降低了学生的学习积极性和学习成效。

### （二）局限化空间

一直以来，由于学校教育的专业性、体系性、全面性特点保证了其效率与优势，教学行为主要发生在校园。每所学校基本上都是独立办学，实现自己的封闭性内循环，基本上不需要和外部世界进行过多的联通。班级、教室，也普遍都是基于传统学校相对固定的学生组织、相对固定的学习时间和学习内容来安排的，未能充分实现信息化发展所支撑的个性化、灵活性学习。虽然学校是有计划、有组织地进行系统性教育活动的组织机构，但不应忽略和弱化社会在教育中的重要协同作用。社会资源在教育中的重要作用没有得到足够的重视，比如图书馆、博物馆、科技馆、青少年活动中心等，都是很好的教育资源，都对学生的学习成长有着非常重要的作用，但是学校和这些社会资源的联系并不紧密，使用并不充分。

### （三）大班化组织

大班化学习组织是现代学校制度的典型特征，是伴随着工业革命规模化生产的要求而出现的，强调的是效率，追求用最少的投入实现教育效率的最大化。人才培养不同于产品的批量生产，大班额的教学组织教师在一堂课上向几十人传授相同的知识技能，从规模效益上看效率较高，但从学生的切实获得来看，个体的学习成效有时会存在很大差异。在大班教学中，教师用于关注每个学生的时间会很少，难以满足学生的个性化需求，学生对知识和技能的学习反馈也往往不能充分地表达，教与学的实际效果相对理想效果会有较大差距。此外，常规管理也会占用教师更多时间，导致教师用于教学研究的时间减少。

### （四）统一化标准

目前，学校基本上是统一的教学标准、统一的教材、统一的课程、统一的难度、统一的评价等，“统一化”是学校遵循的一个基本原则。这种统一化教学容易把具有无限发展可能的学生培养成“单向度的人”。因为每个学生的学习能力是不一样的，每个人学习不同学科、不同内容的特点和节奏也是不一样的。统一化进度不考虑学生的个性差异、不考虑学生的不同知识背景与学习基础，采取“齐步走”的简单做法，对于所有的学生采用同样的进度，不能够适应个性化的学习需求（朱永新，2019）[159]。

## 六、改革建议

一方面，随着互联网、大数据、人工智能等技术与教育的深度融合，教育变革面临着前所未有的机遇。另一方面，人民群众对公平且优质教育的迫切诉求与教育发展的不平衡不充分之间的矛盾，是我国教育改革发展的主要矛盾。我们迫切需要把握机遇，面向现代化、面向世界、面向未来，推进教育变革创新。

目前，信息技术主要作用于教育教学的某些环节，局部改善教学效率和效果。未来，数字技术优化整个教育教学流程，将形成教与学的新范式，全面改变教学效率和效果，创建高质量的个性化终身学习体系（李永智，2022）[14]。

### （一）以基础理论和前沿理论为引领

若想避免教育改革仅是局部的、浅层的经验探索，就要注重以基础理论、现代前沿理论为引领。例如，深度学习是基于计算机科学、脑科学理论而开展的学习方式变革；体验式学习是基于情境理论而实施的学习方式变革，等等。这就要求变革者要基于理论的充分认知与深刻理解，利用现代教育技术手段，创新性地变革学习方式（徐金海，2021）[3]。

### （二）以学生素养和能力发展为中心

学生是学校教育教学的主体，学习方式变革必须体现学生主体性，坚持以学生发展为本。这就要求变革者秉持让每一位学生都得到全面而有个性发展的理念，从以教师为中心真正转变为以学生为中心，遵循教育规律和学生身心发展规律，做好顶层设计，制订专业人才培养方案，围绕学生的个性和发展需求，积极引导学生转变学习方式，实现多元化、个性化学习。例如，传统的学校制度为了提高教学效率，设计了班级授课制，把年龄相同的学生编班教学。虽然从总体上来说，相同年龄的学生有着基本相同的认知水平与行为特征，但具体到每个学生来说又是完全不同的（朱永新，2019）[71]。未来要全面深入推进个性化学习方式和设计更具弹性的学制。

### （三）以教与学方式同步变革为抓手

一是要实现教与学的协同创新。教与学是一个整体，二者相互依存促进。仅有学习方式变革并不够，还需要教学方式变革同步跟进，二者同频共振。二是要实现学习方式变革的整体性建构。每种学习方式作为一种实践样态都需要有整体性建构，需要从学习方式的理论基础、基本内涵、基本原则、主要环节等方面加以设计，以便变革者整体性认知与系统性推进，避免单向度、碎片化的学习方式变革（徐金海，2021）[3]。三是要实现家、校、社协同。未来的学习绝不止于教室或校园，要与真实世界建立联结，更加关注学科知识在现实生活中的应用，引导学生走出学校、走进社会。因此，学校要与政府部门、科研机构、社区、家庭合作，整合多方资源，形成协同育人效应（曹培杰，2020）[58]。

### （四）以现代科技发展与应用为契机

学习方式变革需要学习条件的支撑，有什么样的条件支撑，就有可能产生什么样的学习方式。比如，由于互联网、人工智能、大数据等新技术和智能手机、平板电脑等新产品的出现，学习便不再局限于固定时间和地点，变得更加自主化和个人化，使泛在学习成为可能。

未来，学校可能不会消失，但教学模式很可能会改变。跨年级、跨班级、跨学科、跨时空的学习共同体可能会取代传统班级成为常态化的基本教学单位。基于数字空间，根据教或学的需要，特定学习共同体可以随时建立，随时解散。充分满足学习社会性与个性化结合的要求。通过适合的学习生态，为每个学生提供更适合的教育（李永智，2022）[15]。通过为每个学生提供适切的教育，实现高质量教育体系建构。

**参考文献**


曹培杰，2020. 高质量教育需要一场结构性学习变革 [J]. 人民教育（23）：58.

陈琦，刘儒德，2007. 当代教育心理学 [M]. 北京：北京师范大学出版社.

丹尼尔·琼斯，乔纳森·伯格曼，2022. 翻转课堂与项目式学习 [M]. 韩成财，译. 北京：中国青年出版社.

冯大鸣，2007. 21 世纪先锋学校的创新及预示——对美国费城“未来学校”的考察与评析 [J]. 全球教育展望（06）：67-69.

李芒，2006. 信息化学习方式 [M]. 北京：北京师范大学出版社.

李永智，2022. 教育数字化转型的构想与实践探索 [J]. 人民教育（7）：14.

刘沛，何家欢，余亮，2021.“互联网 +”背景下学习方式的主要类型与特征 [J]. 教学研究，44,（4）：18-19.

萨尔曼·可汗，2014. 翻转课堂的可汗学院：互联时代的教育革命 [M]. 刘婧，译. 杭州：浙江人民出版社.

尚俊杰，蒋宇，2018. 游戏化学习：让学习更科学、更快乐、更有效 [J]. 人民教育（Z2）：102-104.

徐金海，2021. 学习方式变革的五个关键要素 [J]. 教育发展研究（24）：3.

约翰·库奇，贾森·汤，栗浩洋，2019. 学习的升级 [M]. 徐烨华，译. 杭州：浙江人民出版社.

朱永新，2019. 未来学校 [M]. 北京：中国人民大学出版社.

朱永新，2020. 走向学习中心：未来学校构想 [M]. 北京：中国人民大学出版社.

# 第四节　面向未来的教学方式创新

## 一、理论研究

### （一）教学方式概念内涵

教学方式，显然是“教学”这一特定领域所运转运行的方式，或者说“方式”这一哲学或科学概念在“教学”这一特定领域的应用和解释。教学方式是教学主体为达成教学目标、实现教育价值而采用的动态化教学行为序列及系统化教学活动的总和（谢幼如　等，2020）[21]。也就是说，它是在教学理论的指导下开展教学活动，通过合理应用教学资源，最终达成教学目标。

与教学方式类似还有教学范式的概念，用以概括教学活动的相关知识。这一概念最早由美国著名教学研究专家盖奇（N. L. Gage）在1963年出版的《教学研究手册》（*Handbook of Research on Teaching*）一书中提出。国内学者在盖奇的基础上开展相关研究，认为“教学范式”是由教学人员及教学研究人员这一共同体对教学共持的理念、认识和方法所构成的整体（王开　等，2021）[115]。

教学方式和教学范式两者既有区别，又有联系。前者是一个“动”的概念，注重指导性，更加突出教学行为、教学活动、教学实践；后者是一个“静”的概念，注重研究性，更加突出学术理念、教学认识和教学方法。教学方式是教学范式的下位概念，是教学范式的实践应用投射；教学范式是教学方式的上位概念，是教学方式的理论概念抽象。

## （二）教学方式主要特征

教学方式并不是脱离环境和主体的独立存在，它的内核和外延也并非一成不变，它会随着经济社会发展、技术进步、教师素养等诸多因素变化而变化，呈现出以下特征。

1. 社会环境相关性。

教育变革与社会形态息息相关。教学方式作为教育的核心要素、教书育人的基本途径，与经济社会的发展密不可分。人类社会的不同发展阶段对教育的定位和要求，映射在教学层面，便是特定社会环境下的特定教学方式。教师教学方式的选择与运用受到各种教育环境因素直接或间接的影响（张辉蓉 等，2014）[33]。教学方式除了具有与社会发展相关的长期变化特征外，还兼具短期稳定性。有研究者认为，教学方式是教师在教学过程中所形成的相对稳定的行为方式（马思腾 等，2018）[15]。教学改革的根本在于实现教学方式的转变。随着知识经济的到来，知识的内涵和外延不断扩大和丰富，知识的创生、存储和使用都发生了根本性改变。运用知识已不再是简单的“拿来主义”，而更需要价值考量或情境研判。面对这种新的要求，传统的知识传授型教学已经不能适应了。教育者必须面对正确处理知识创生的无限性与课堂教学内容的有限性矛盾、引导学生从知识掌握层面的“学会”到知识迁移层面的“会学”（康淑敏，2015）[97]等现实问题。

2. 主体相关性。

教学方式作为一种行为方式，施加的主体是教师，施加的客体是学生。在发挥课堂功能、增强教学效果方面，教师进行自主支持型教学比非控制型教学成效更加明显。研究表明，在实施自主支持型教学的班级里，学生倾向于表现出更好的学业能力、更愿意留在学校、更主动迎接挑战和更具创造性。教师自主支持型教学有助于学生产生真正的学习兴趣，保持学习热情，从而更好地推动自主探究性的学习。教学方式可以影响学生的学习方式。为了提高学生的可持续发展能力和创新精神，促进学生自主学习和探究学习，教学方式需进一步从传统的控制型教学向自主支持型教学转变。

3. 技术相关性。

以信息技术为代表的第四次工业革命以来，信息技术与教育教学的融合日益加深。通过动态生成、非线性和自组织来激发学习者的主观能动性，为信息技术发展带来的社会形态变革提供支撑，进而实现教学方式的变革。互联网具有的富媒体、交互性、数字化记录、去中心化等显著特征，被物联网、云计算、AR/VR 等新兴技术赋能和放大后，不断渗透和影响到教学目标、教学环境、教学资源、教学活动、教学评价等教学方式中。基于信息技术的在线教学方式不仅重塑了传统的教学内容、重构了教学结构、再造了教学流程、创新了教学方法，也变革了教学模式和服务模式。

## 二、政策梳理

随着经济社会转型调整和信息技术快速发展，基于核心素养的教育教学改革深入推进，传统的教学方式虽然已经发生改变，但依然存在“满堂灌”“填鸭式”的现象，大部分教学方式的调整变化仍旧停留在教学内容的增减、教学形式的机械变化等表层阶段。对“育人”与“教学”关系认识不深，对“教”与“学”关系认识不透，对信息技术与教学要素关系把握不清。当前的教学方式距教育现代化需要，距教育强国、网络强国、数字中国、教育高质量发展、教学实践的需要还有一定差距，因此有必要提前布局谋划，开展前瞻性研究和探讨。

### （一）教学方式面临的变革与挑战

时代呼唤教学方式变革。习近平总书记强调：“没有信息化就没有现代化”“要以信息化推进国家治理体系和治理能力现代化”。随着人类进入信息社会，世界主要国家均已意识到新形势下教育变革势在必行，纷纷从国家层面发布教育创新战略，设计教育改革发展蓝图（宫谦，2020）[34]。《国家中长期教育改革和发展规划纲要（2010—2020年）》明确指出：“信息技术对教育发展具有革命性影响，必须予以高度重视。”经过多年的理论发展和实践探索，信息技术对教育理念、方法、评价等教育要素的影响已经充分显现，“互联网+”在推进教育教学创新、丰富教育资源供给、促进线上线下融合、优化教育政务服务等方面发挥了重要作用。以大数据、云计算、人工智能、增强现实/虚拟现实（AR/VR）、5G为代表的新一代信息技术，不仅能构建以沉浸式学习、过程性记录、精准化分析、智能化辅导为特征的智慧教育环境，还可以实现与传统教育全学科、全学段、全要素、全流程、全方位的融合，拓展了教育信息化应用服务的边界，提升了教育信息化应用服务的效率。

技术赋能教学方式变革。一是信息技术有利于推进教学普惠均等。跨越时空的在线教育特性，有利于构建“人人皆学、处处能学、时时可学”的学习型社会和“网络化、数字化、个性化、终身化”的教育体系，有利于扩大优质教育资源覆盖面，对于消弭教育代际差异、地域差异、城乡差异，具有重要的推动作用；二是信息技术有利于提升教学质量。在线教育是信息技术与教育教学融合的结果，不仅丰富了教育资源种类和数量、改变了教育组织形态和模式，还促进了大数据、云计算、物联网、人工智能等新兴技术在教育教学中的应用，提高了教育教学的个性化、精准化、人性化和智能化程度；三是信息技术有利于提升服务效能。信息技术和教学方式深度融合将产生一系列面向学校一线教学的产品、工具和服务，从而促使政府、学校转变传统教育供给视角，深入推进“政府引导、学校主体、企业支持、社会参与”的多元供给机制，以在线教育为抓手统筹整合校内校外各类组织机构资源，确保教育教学服务提质增效。

疫情加速教学方式变革。面对突发疫情，传统线下教学、教研、督导和管理全部转向线上，在线教育成为极端突发情况下开展教育教学的唯一手段。在短时间内动员大量人力、物力进行通力合作，面向全国两亿多学生开展在线教育，其规模之大、范围之广、程度之深、时间之长，既充分体现了新型举国体制的优越性，也加速了教学方式面向教育现代化和“互联网 + 教育”发展趋势的变革。由于疫情的突发性、急迫性，既有的按部就班推进的教学方式变革已经不能满足需要，教学内容、教学目标、教学方式、教学评价等一系列要素和环节都已加速融入技术要素，尽管有应急性和不深入等局限，但不可否认，教师和学生的信息素养得到了普遍提升，教学方式变革的速度、广度和深度得到显著增强。

### （二）国内教学方式变革政策要点

面向中长期发展和“十四五”建设，国家和地方围绕党的教育方针，充分发挥信息技术优势，从“新基建”“深度融合”“资源建设”“评价变革”“模式创新”等方面纷纷出台相应措施。

《中国教育现代化2035》指出，深化教学改革，推行启发式、探究式、参与式、合作式等教学方式以及走班制、选课制等教学组织模式，注重培养学生的创新精神与实践能力。提升校园智能化水平，统筹建设一体化、智能化教学、管理与服务平台，实现数据伴随式收集、信息自动化分析、资源最优化配置。推动信息技术与教学深度融合，实现规模化教育与个性化培养的有机结合。创新教育服务业态，建立数字教育资源共建共享机制，完善利益分配机制、知识产权保护制度和新型教育服务监管制度。

《关于推进教育新型基础设施建设构建高质量教育支撑体系的指导意见》由教育部等六部门于 2021 年 7 月发布。涉及的教学方式变革主要包括“普及教学应用”和“创新评价应用”两个方面。前者主要包括：普及新技术条件下的混合式、合作式、体验式、探究式等教学，探索新型教学方式；开发基于大数据的智能诊断、资源推送和学习辅导等应用，促进学生个性化发展；开发基于人工智能的智能助教、智能学伴等教学应用，提高教育教学质量。后者主要包括：创新信息化评价工具，全面记录学生学习实践经历，客观分析学生能力，支撑各学段全过程纵向评价和德智体美劳全要素横向评价；推动学生数字档案在评价中的应用，转变简单以考试成绩为唯一标准的学生评价模式；鼓励有条件的地区和学校探索试行规模化在线考试、无纸化考试。

《关于大力加强中小学线上教育教学资源建设与应用的意见》由教育部等五部门于 2021 年 1 月发布。意见指出，服务教师课堂教学，积极推动线上线下混合教学，拓展教学时空，促进教学组织方式重构和教学方法创新；赋能教师因材施教，充分利用大数据技术，加强对学生学习过程信息收集，精准分析学情，促进差异化、交互性教学和个别化指导，特别是关心帮扶学习上有困难的学生，不断提高课堂教学效率与质量。

《关于推进“互联网 + 基础教育”的工作方案》由北京市教委于 2021 年 4 月发布。方案提出要打造“三个”课堂：一是“空中课堂”，形成覆盖小初高各学段各学科的全口径课程资源库，实现应急状态线下线上场景瞬时切换；二是“双师课堂”，基于优质微课丰富教育供给，提升教师教学水平，促进优质资源均衡；三是“融合课堂”，探索线上线下融合，实现时时可学、处处能学、人人皆学的理想学习状态。用技术优势助力教育教学质量提升，高标准实现优质均衡的义务教育，高质量发展特色多样化的高中阶段教育。

《浙江省教育信息化“十四五”发展计划》指出，要建成体系完备、资源丰富、服务精准的数字教育资源公共服务体系，逐步满足大规模因材施教、个性化学习和全民终身学习需求。“计划”中的八大任务中有三项与教学方式变革相关：优化数字资源公共服务，发展高质量在线教育；深化融合创新，引领教育教学变革；提高技术装备水平，优化数字教育基础环境。

《上海市教育数字化转型实施方案（2021—2023）》提出的八项任务中，至少四项与教学方式变革相关：创新教育场景示范应用，深入推进教育教学变革；打造教育数字基座，赋能各类教育应用发展；推进教育评估数字化，开展数据驱动的教育综合评价；创新教育资源建设模式，满足多元数字化教育需求。

### （三）国外教学方式变革政策要点

新加坡、欧盟、联合国教科文组织等国家和国际组织围绕“为何学、怎样学、学什么、哪儿学、何时学”的迫切需求，以及政策制定者、学生、教育工作者和雇主等相关方的利益诉求，出台了一系列政策。

2020 年 9 月，新加坡教育部长黄循财在李光耀公共政策学院的“亚洲思想者系列”线上对话会上，针对“后冠病时代：重新想象教育”主题致辞时指出，新加坡学校于 2021 年起将结合在校和居家学习实施混合学习（Blended Learning）模式，学校须重新思考教学法和课程设计，探讨将数字化设备融入教学的最佳方法。混合学习模式不是一个新概念，但疫情加快了这一模式在新加坡的落地，促使新加坡思考如何让学生充分从这个学习模式中获益。新加坡教育部于 2020 年 12 月 29 日正式宣布：从 2021 年第三学期起，全国中学、初级学院和励仁高中将逐步实行结合居家及在校学习的混合模式，并于2022年第四学期起全面落实。自此，混合学习纳入新加坡教育主流。新加坡教育部的实施指南明确，一般是每两周进行一天的居家学习或每学期连续几天等。配合混合学习模式的推进，新加坡教育部将“2028年实现让全国中学生都拥有个人学习电子设备，用于登录学生学习平台”的计划提前到2021年底。

欧盟发布《重新思考数字时代的教育》专题报告，从多个角度阐明了数字时代教育在当前和未来面临的挑战以及决策方向。报告围绕教育工作者、政策制定者、学生和雇主四个最主要的利益相关方进行了详细阐述和分析。报告指出，教育工作者和培训人员在将数字技术应用到学校教育中发挥着至关重要的作用，他们是课堂数字化转型成功的核心驱动力，正因如此，他们需要具备很强的数字能力。为了促进课堂数字化转型的成功，政策制定者应特别支持教育工作者和培训人员了解和掌握教学新技术，并通过专业发展提升他们应用数字技术的信心和能力。报告强调，可以从以下四个方面提升教育工作者应用数字技术的信心和能力：了解、掌握学习分析、学习内容的个性化、监测和控制学习者行为等人工智能技术，以及增强现实（AR）和虚拟现实（VR）技术；开展嵌入式培训学习；通过数字化学习（E-learning）领域的创新和在线培训的低门槛，使教师能够在任何时间、任何地点参与培训；鼓励教师开展混合式学习，试用新的教学方法组织教学实践。

为探讨和展望面向2050年乃至未来的教育，联合国教科文组织于2021年11月发布了题为《共同重新构想我们的未来：一种新的教育社会契约》的报告。报告指出，世界正处于新的转折点，当前面临着重构“为何学、怎样学、学什么、哪儿学、何时学”的需求。革新教育不仅要继承好的传统，也需要新的教学法、课程、教师功能、学校愿景和教育时空等。教学法的组织应本着合作、协作和团结的原则。课程应强调生态、跨文化和跨学科学习，培养学生获取知识、生产知识，批判知识、应用知识的能力。教师教学应进一步专业化，让教师作为知识的生产者与促进教育、社会转型的关键人物而获得社会认可（中国常驻联合国教科文组织代表团，2021）[09]。

## 三、创新案例

### （一）北京市十一学校技术助力学校形态变革

北京市十一学校为培养一线学科教学骨干力量的技术应用能力，成立了领导机构——云校建设委员会，组建了包含各学科技术骨干教师、年级技术助理以及信息中心在内的技术助力课堂项目组。该项目组中，来自各个学科的骨干教师，致力于探索、推广一线课堂中能使技术应用于不同学科的案例工具，通过以点带面的方式，带动学科教师的整体提升，推动各学科技术主力课堂的应用；年级技术助理主要负责为一线教师提供“陪伴式”的技术支持，切实帮助教师解决实施过程中遇到的难题；信息中心则主要提供支撑和培训，为技术助力课堂生态的形成保驾护航。

### （二）衢州市书院中学考试评价 3.0

衢州市书院中学考试评价经历了三个阶段。1.0 时代：各学科的成绩、排名及进退情况就是学生、教师、家长所获得的信息，重点体现的是区分、排名、选拔的功能，对教与学难以起到提升作用。2.0 时代：能够为学校客观衡量教师的教学工作提供较为准确的参考依据，主要通过小题的得分、“三率”、学科均衡度、超均率等角度体现。考试评价 1.0、2.0 对学生和教师的个性化发展作用没有充分凸显，因此书院中学启动了“二维（知识＋能力）教学质量诊断系统”项目研发工作。该项目在大数据技术助力下，根据国家课程标准、“知识＋能力”结构、本校学生情况设计“双向细目表”等标准，实施教学质量诊断。在此基础上，学校按照“制定测评标准、形成测评工具、实施数据采集、分析数据样本、促进行为改进”（姚荣辉，2016）五个环节设置了新的测试工作流程，最终构建起3.0时代的教学质量诊断体系。

### （三）北京市东城区教育科学研究院“双线”融合教学

线上线下混合式教学模式是综合运用不同的技术手段和学习方式，将课堂教学和网络教学进行整合，实现线上线下有机融合、教与学最优重构。前期的调查和访谈结果显示：在线教学模式种类丰富，但教师参与在线教研的情况不足、教学设计的创新性缺乏。因此，应充分利用混合式教学模式，协调好线上线下教学时间，把线上教学作为线下教学的补充和延伸，充分高效地让教学实际落地。北京市东城区教育科学研究院加强线上线下相结合的教学模式研究，重点培养学生的学科思维和解决关键问题的能力；加强对适合线上授课的教学内容、教学方法的研讨和对学生学习活动的设计，总结混合式教学经验做法，多思考如何激发学生学习兴趣和自主学习意识，更好地了解学情，提高学生课堂的实际收获。

### （四）清华附中朝阳学校翻转教学模式与实施

清华附中朝阳学校把课堂分成了线上和线下两部分，分别对教师活动与学生活动进行了构建。它强化了师生间的双向联系，在重视学生主体地位的同时，突出教师在翻转课堂中的主导作用。线上课堂旨在激发学生学习的动力，帮助学生理解基础知识。线下课堂旨在教师的引导下，在理解基础知识的基础上，帮助学生加深对知识的理解和内化，从而学以致用。

教学平台通过对学生学习情况的监控和检测，为师生提供教学效果的反馈信息，帮助教师调整教学的进度和教学方法，使教学工作更具有针对性；帮助学生改进学习方法和学习习惯，提高学习的效率。

## 四、趋势研判

### （一）教育信息化承担重要的历史使命和任务

教育信息化，顾名思义，是教育和信息化两个领域、行业的交叉融合，它在产生一些新模式、新业态的同时，也继承这两个行业的基本属性和特征，在某种程度上同时具备这两个行业的战略地位和价值。教育事业，事关民族复兴、事关人民福祉，事关我国推进社会主义现代化、建成社会主义现代化强国。强国必须强教。党的十九大制定了面向新时代的发展蓝图，提出要建设网络强国、数字中国、智慧社会，发展数字经济、共享经济，培育新增长点、形成新动能（杜悦英，2018）[22]。这些都是信息化与经济社会的融合在广度和深度层面的拓展，充分体现信息化对现代化的驱动和先导作用。其实，自党的十八大以来，以习近平同志为核心的党中央对网络安全和信息化就高度重视，习近平总书记在中央网络安全和信息化领导小组第一次会议上强调了“没有信息化就没有现代化”，在全国网络安全和信息化工作会议上强调了“信息化为中华民族带来了千载难逢的机遇”。既然教育和信息化都被赋予了崇高的历史使命和任务，因此，我们有理由相信，教育信息化与民族复兴、国家现代化天然地产生了或直接或间接地紧密联系，必将为实现民族复兴和国家现代化发挥不容忽视的力量。

### （二）信息技术快速发展带来机遇与挑战

以大数据、云计算、物联网、人工智能为代表的新一轮科技革命正在席卷各个行业、各个领域，深刻改变着社会形态和生产生活方式，教育行业也迎来了新的变革。5G 的高网速、低时延特性，能够极大地丰富数字化、网络化课堂教学内容，增强视频内容品质（例如高清、超高清视频），全面整合文本、图片、音频、视频等媒体格式，提高课堂直播效果，承载基于虚拟现实（VR）、增强现实（AR）、全息投影技术的沉浸式、互动式、体验式教学，从而推动教学变革，激发学生学习兴趣，提升学习效果。此外，人工智能的应用得到进一步扩展。在语音和图像识别、作业批改、知识测评、课程设计、知识图谱构建等多个领域，人工智能与虚拟现实、增强现实、机器学习、知识网络、大数据等技术融合取得了一定成效，为改进传统教学过程、重构师生学习关系、满足个性化需求奠定了基础。“人工智能 + 教育”相关的基础研究和应用领域已有所突破，以人工智能为基础的个性化教育学习技术体系正在初步形成。但是，信息技术的进步和普及也带来了一些焦虑。如学生缺乏自控力，容易沉迷于电子产品和网络游戏；长时间使用电子屏幕，容易造成视力不佳。尤其是关于人工智能是否会取代老师这一话题，更是引起广泛讨论。人工智能不是洪水猛兽，它的普及应用也并非一蹴而就，至少在很长一段时间内，人工智能所能做、所要做的仅是代替低水平、低附加值、重复性的体力劳动和部分脑力劳动。

### （三）信息时代呼唤教学方式全面变革

信息时代的教学方式变革，并不是教学方式本身的“基因突变”，它既有农业时代、工业时代教育教学方式的历史传承，又有信息时代的“新烙印”“新标签”“新作用”。将大数据、云计算、人工智能、AR/VR 等技术与教育教学深度融合，践行大规模、个性化教学，使得面向未来的教育教学变革能够与社会对人才培养的多样化、个性化、终身化诉求充分契合。从学习者的角度来看，以学习者为中心，通过技术的推动，力求让学习者更主动地参与到教学中，促进更加有效的人机协作。通过个性化的学习服务，学习体验更加丰富和完整，从而提高学习者的兴趣和效率。从技术角度来看，通过智能设备、传感器、通信网络等信息技术设备，支持从学习前的有效需求分析、学习中的感知记录到学习后的诊断评价，形成动态的学习环境，有效分解学习者的学习过程。从教学者的角度来看，教师既是教学者也是学习者、设计者。在技术的助力下，教师和学生之间的深度交互，提高了教学效果。此外，教师能根据系统反馈不断改进和完善教学。同时，教师自己也将变身为学习者，利用智慧学习环境提升其专业技能和知识储备（叶宇平 等，2020）[89]。

## 五、问题聚焦

### （一）信息技术与教育教学深度融合体制机制不顺

虽然自《教育信息化十年发展规划（2011—2020 年）》发布以来，我国就强调信息技术与教育教学的深度融合，但如何在体制机制上进行保障仍没有一套相对成熟、可大规模推广应用的经验。从顶层设计来看，“政府主导、应用驱动、多部门参与”的工作机制尚未充分建立，信息技术与教育教学深度融合过程中各自为政、多头管理、自成体系等问题没有根本解决，是由信息化部门牵头还是由教学教研部门牵头负责仍不明确，或者虽然明确了但职责不清晰，或者虽然部门明确、职责清晰，但部门协作支持力度不够。从人才队伍来看，现有的人才队伍和领导机制对教学方式变革支撑能力不足。一方面，既擅长教学业务又掌握信息技术的复合型人才极度匮乏；另一方面，虽然早在 2018 年教育部发布的《教育信息化 2.0 行动计划》就提及了“各级各类学校应普遍施行由校领导担任首席信息官（CIO）的制度”，但首席信息官管理制度至今仍在摸索中，没有普遍建立，导致信息技术与教育教学融合缺少决策层面的领导支持。从经费保障来看，教育信息化的建设、应用与融合是一项投资大、周期长、见效慢的系统工程，但教育信息化经费投入和产出都没有明确的政策保障和要求，不能满足教育改革快速发展的需要。

### （二）科研成果创新引领和服务实践能力不足

从大数据、人工智能、物联网、区块链到5G、新基建、元宇宙、数字经济，信息技术发展日新月异，不断融入经济发展、社会生产、人民生活等多个方面。教育作为经济社会发展的重要组成部分，也在不断接纳、融入、应用信息技术。因此，我国迫切需要做一些面向基于信息技术的教学实践的创新性、前瞻性、引领性研究，但很显然这方面的布局不够、储备不足、应用不深。例如，高质量教育体系中，教学方式应当发挥什么样的作用？如何应用信息技术赋能变革？教育公共服务体系应当如何构建？数字教育资源应当包含哪些内容？以什么样的形式呈现？新型教育教学场景是一种什么样态？作业、考试、评价的定位如何？如何与信息技术有效融合？教师应当如何适应和推动教学方式变革？关于这些问题，还在进一步探索研究中。

### （三）教师信息素养不足

教师是影响教学质量的重要因素之一，其教育教学实践是影响教学改革成功的关键。面对信息技术浪潮冲击，学科与学科之间、技术与技术之间、学科与技术之间的融合程度日益加深，教学过程更加强调创造、创新、批判、想象等能力，但依然普遍存在传统的教师片面主导、知识单向输出、交流互动不足、技术应用不充分等问题，教师信息素养有待进一步完善和提升。尤其是面向未来的教学，不仅要将知识和技能传授给学生，以解决学生对接受某些教学主题、知识和技能的困惑，更要在培养学生保持独立思考能力的同时，学会用信息技术思考、工作，学会与信息技术共生共存。因此，信息技术与各学科的创新和融合，要求教师转变传统的教学观念，优化自身专业知识和技能，掌握科学的教学方法，增强跨学科教学意识和能力，并不断提高教学质量，根据校本实际情况，探索信息技术辅助教学的新方法（朱惠敏，2020）[108]。

## 六、改革建议

### （一）基本原则

1. 体现中国特色。

坚持以习近平新时代中国特色社会主义思想为指导，全面贯彻党的教育方针，落实立德树人根本任务，遵循教育发展规律，以办好人民满意的教育为导向，办好网络教育，不断发挥教育信息化对教育现代化的支撑引领作用。加速推广新一代信息通信技术在教育领域的应用，增加数字教育资源有效供给和应用效能，创新在线教育服务新模式、新业态，构建起网络化、数字化、个性化和终身化的教育体系，发挥“互联网 +”在推动教育公平、提升教育质量、促进人的全面发展方面的积极作用，努力实现更加开放、适合、人本、平等、可持续的教育。

2. 突出改革创新。

以充分发挥信息技术对教育发展的革命性影响为主线，积极探索建立线上线下融合、校内校外融合的弹性高效的教学体系和监管模式。按照“不求所有、但求所用，不求所在、但求所为”的原则，打破阻碍教育生产要素流动的刚性约束和体制机制障碍，加强改革系统集成，注重协调推进，加快形成适应和引领教育方式变革发展的政策环境，让信息技术这个“最大变量”变成深化教育改革创新、推进教学方式变革的“最大增量”。

3.坚持审慎包容。

在明确教育信息化，守住教育在意识形态、守法经营、公平竞争和网络安全等方面的底线基础上，用创新的思维、发展的眼光、包容的态度，营造有利于促进基于信息技术的教学方式变革的政策环境，既避免宽松放任又避免矫枉过正，在差异化、动态化促进教学方式变革的进程中，不断发挥信息技术优势，不断规范教育信息化发展，不断完善“互联网＋教育”的公共服务政策。

## （二）主要建议

1.创新优化教育服务体系。

全面总结在线教育的作用和优势，充分发挥教育信息化对教育现代化的支撑引领作用，发挥信息技术、“互联网＋”对教育教学、教育治理各个环节的渗透、变革和重构作用。围绕智慧城市、学习型城市建设和教育现代化发展目标，创新教育教学的新模式和新业态，打造线上教育与线下教育、校内教育与校外教育、常态教育与非常态教育之间的新型互补融合关系。拓展资源分发渠道，推动形成以区域资源平台、有线电视、IPTV等公共服务主体为基础，以互联网企业等商业运营机构为重要补充，优质高效、主体多元、弹性灵活的在线教学平台服务体系，实现各类学生无障碍参与线上学习，确保教育公平“不掉线”、教育质量“不掉档”。

2.构建新型教学育人场景。

构建“网络教师传授基础知识＋任课教师跟踪指导服务”的双师模式。组织优秀骨干教师开发录制基础授课内容，并通过网络平台向全社会开放使用。任课教师通过翻转课堂等形式，将上述基础授课内容灵活地嵌入教学环节中，将更多的精力放在学生心理特点、性格养成、学习习惯、学习困惑等方面，将学校打造成为育人场所、学习社区和社交中心。推动“面对面”实体教学环境和“屏对屏”虚拟教学环境的深度融合。将伴随性学习行为等各类数据作为教学方式变革的重要衍生品加以持续积累和广泛应用，以大数据驱动学习体验更加优化、学习干预更加精准、教育质量更加优质。建设完善智能化自适应学习系统。实现教师与智能化教学工具之间的人机协同，将教师从简单重复的工作中解放出来，借助信息技术为学生提供多样化、个性化、精准化的教学指导和成长咨询服务，促进学生全面、长远发展。

3. 优化完善教育资源供给。

构建常态和非常态下的课程安排指导方案和学科教学指导方案，着重建立以大概念、大单元、任务群为基本形式的课程整合内容，确保两类数字资源互融互通、无缝对接、有序衔接，实现日常状态和应急状态教学之间的“顺畅双向切换”。持续开展教材、课件、习题、案例、实验项目等教学资源数字化建设，在覆盖基础课程、核心课程和骨干课程基础上，逐步实现不同学科、不同学段的数字教育资源全面覆盖。持续构建体系化的数字教育资源图谱，最终形成既有全面完整的教学资源内容，又有浓缩精简的教学资源内容，既有适合面授的线下教学资源内容，又有适合远程的在线教学资源内容。不同资源弹性调整、动态组合，能够有效满足各种状态和场景下的教学需要。

4. 持续提升教师信息素养。

引导教师转变理念，提高站位认识。鼓励教师创新教学理念、教学方法，善于融合信息技术于教育教学中，善于运用信息技术解决教学问题、提升教学效率、改善教学效果，推动教师对信息技术的应用从“外在驱动”变为“内在自觉”。强化信息技术培训，增强应用能力。围绕信息技术在教学过程中的热点、难点、堵点问题，倡导案例式、情景式、实战式等多种培训方式，引导教师熟悉各类信息技术工具和各种网络教学模式，鼓励教师开展基于信息技术的启发式、互动式、探究式的教学。发挥知名教师、特级教师、骨干教师的示范引领作用，一级带一级，层层传导。推动信息化教学由竞赛活动导向的碎片化、脉冲式应用，向课堂教学导向的系统化、常态化应用转变，将信息技术价值发挥在日常教学实践中。

5. 建立高效协同工作机制。

制定政策与规则鼓励社会力量参与教育信息化、在线教育，打破体制内外教育资源要素流动壁垒，积极引导企业规范有序参与教育教学环节和数字教育资源建设，充分发挥“政府引导、学校主体、企业支持、社会参与”的中国特色发展模式的优势。建立上下垂直联动体系，整合科研、教研、电教、信息、装备等相关业务，构建常态和非常态融合下的课程设置、学科教学、资源制作、内容审核、平台发布、意见反馈等全链条服务体系和资源保障机制，实现不同层级、不同部门、不同业务高效协同。

**参考文献**

杜悦英，2018. 把握机遇应对挑战，力促“互联网 +”发展——“互联网 +”支撑环境建设研讨会综述 [J]. 中国发展观察（1）：22–25.

宫谦，2020. 基于移动互联网的职业院校信息化教学生态环境建设研究与实践 [J]. 创新创业理论研究与实践（5）：33–34.

康淑敏，2015. 信息化背景下的教学方式变革研究 [J]. 教育研究（6）：96–102.

马思腾，赵茜，焦欣然，2018. 自主支持：教师教学方式的转变 [J]. 华东师范大学学报（教育科学版）(1)：15–20.

王开，汪滢，2021. 智能时代“因材施教”的回归与超越——基于教学范式变革的历史考察 [J]. 河南大学学报（社会科学版）(6)：114–122.

谢幼如，邱艺，黄瑜玲，等，2020. 疫情防控期间“停课不停学”在线教学方式的特征、问题与创新 [J]. 电化教育研究（3）：21.

姚荣辉，2016. 衢州市书院中学：一份 15 页成绩单，学生震撼，家长惊喜 [EB/OL].(2016-04-16) [2022-02-01]. https://mp.weixin.qq.com/s?_biz=MzI4MjA4ODE4NA==&mid=2650754367&idx=4&sn=7c3b09cf18827006f180de67df1335ff&chksm=f394aaa8c4e323be6b4e72bb3e44eef47288f112f576ea2e2bf290211ec21f20095f4fe73a7d&scene=27

叶宇平，何笑，2020. 智慧教育引领教学方式新变革 [J]. 高教发展与评估（4）：87–97.

张辉蓉，贾瑜，2014. 教育环境对教师教学方式选择与运用影响程度的实证分析 [J]. 课程 · 教材 · 教法（8）：32–37.

中国常驻联合国教科文组织代表团，2021. 共同重新构想我们的未来 [N]. 中国教育报，2021-11-11(9).

朱惠敏，2020. 人工智能辅助教育所面临的问题与挑战 [J]. 长春工程学院学报（社会科学版）(3)：105–109.

## 第五节　面向未来的融合教育体系创新

特殊教育是教育的重要组成部分，党的十九大提出了“办好特殊教育”的政策方针，党的十九届五中全会通过的《中共中央关于制定国民经济和社会发展第十四个五年规划和二〇三五年远景目标的建议》明确了“建设高质量教育体系”的政策导向和重点要求。特殊教育是高质量教育体系不可或缺的重要内容（冯雅静　等，2020）[71]。《中国教育现代化2035》提出，要全面推进融合教育、提高特殊教育质量，让更多的特殊需要儿童能够在普通教育中平等地接受优质教育。融合教育是保障特殊需要学生平等接受教育的重要途径，也是构建高质量教育体系的重要一环。

融合教育是20世纪80年代国际上兴起的一种新型教育理念，主张特殊需要儿童有权在普通教室接受高质量的、适合其特点的、平等的教育；学校应为每一名学生提供获得成功的机会，不能因学生的障碍与困难而差别对待，甚至是排斥与歧视。我国从20世纪末就开始进行融合教育的本土化研究，在融合教育的政策支持、物质保障、专业支持、师资队伍和教育教学等方面都做出了诸多有益的探索和切实的实践（罗洁，2013）[96]，所形成的具体操作策略，有效促使融合教育理论走进学校、走进课堂，使融合教育思想在中国教育的土壤中逐渐扎根。

2021年，国务院办公厅转发教育部等部门《“十四五”特殊教育发展提升行动计划》中，对发展融合教育提出了顶层设计及全面部署，指出要“坚持尊重差异、多元融合”。当前，推进融合教育是保障我国广大特殊需要儿童受教育权利的现实需求，也是办好人民满意的教育的必然追求。

# 一、理论研究

## （一）核心概念界定

融合教育是一种理念，其核心思想是让包括特殊需要儿童在内的所有儿童都得到适合他们的教育，使每个儿童都得到最佳成长机遇和对社会生活的最佳适应。具体来讲，是指让特殊需要儿童在就近学校普通班级里和同龄儿童一起在自然的教育环境中平等接受高质量的教育与服务。也就是说，无论儿童的能力、年龄、性别，无论儿童残疾与否，都应在相对平等的环境下接受教育。同时强调每个儿童都是不同的，教学需要接纳和包容每个学生的特点。

融合教育体系的建构依据主要遵循融合教育的核心理念，即尊重学生的多样化与差异。融合教育认为每个学生都是独一无二的存在，他们拥有自己独特的兴趣、能力、个人特点和学习需求，因此每个学生之间都会存在差异（邓猛 等，2008）[18]，教育者应当承认并尊重这种差异，并在此基础上采取多种方式和途径优化教育资源，尽可能地满足每一名学生的个别化教育需求（邓猛 等，2003）[2]。基于融合教育的核心理念，融合教育体系须是包容开放、纵向衔接、横向互通，全方位覆盖所有儿童教育需求的终身学习体系。包容开放是指教育系统应当依据“零拒绝”的原则对所有儿童开放，教育内容的制定应当考虑到系统内每位儿童的独特需求，不能因为贫困、残障或能力不足等原因拒绝任何一名儿童。纵向衔接是指各学段之间的相互衔接，自然延展，并基于学生个体的广泛差异性，为处于不同阶段的特殊需要儿童提供教育服务计划。横向互通是指学校、家庭和社会教育紧密结合，相辅相成，为包括所有特殊需要儿童在内的所有儿童提供全方位的优质教育服务。

## （二）融合教育：基于教育公平与均衡理论的行动

1. 教育公平理论。

教育公平是当前我国教育政策的重要目标。一个社会文明程度越高，“公平”就越来越多地被用作评价社会制度的首要价值取向（王培峰 等，2003）[3]。教育公平是社会公平价值在教育领域的延伸和体现。根据罗尔斯的正义理论，教育公平包含教育资源配置的三种合理性原则，即平等原则、差异原则和补偿原则（褚宏启 等，2008）[10]。教育资源配置的平等原则强调受教育权平等和教育机会平等两个方面。教育机会平等又可界定为教育起点平等和教育过程平等，实质上是指获取教育资源的机会的平等。教育资源配置的差异原则，就是要尊重学生的选择，要提供多样化的教育资源让学生能够选择（储宏启，2012）。教育资源配置的补偿原则关注受教育者的社会经济地位差距，并对社会经济地位处境不利的受教育者在教育资源配置上予以补偿，任何不平等的利益分配都符合最少受惠者的最大利益实现，即只允许那种能给最少受惠者带来补偿利益的不平等分配。我国要实现教育公平的目标，必须关注少数民族儿童、女童、残疾儿童等弱者的教育机会均等。这是因为这些人往往是教育公平与社会公正目标实现过程中最艰难的群体，是任何教育理论与实践难以回避的关键议题（邓猛 等，2010）[7]。近几十年以来，联合国先后颁布了一系列的公约、宣言等文本来保障残疾儿童的教育权利，促进残疾儿童的教育公平。教育公平也是我国特殊教育中长期发展的一个基本的价值取向。在未来的特殊教育发展中，我国仍然要坚持教育平等权，保障残疾儿童接受教育的权利，继续提高残疾儿童的入学率。

2. 教育发展均衡理论。

教育均衡发展主要是指不同地区之间、城乡之间、同一地区不同学校之间、同一学校不同群体之间的教育均衡发展问题；主要涉及的是受教育者的教育权利保障问题、教育的民主与公平问题（翟博，2006）[16]。在宏观层面上，教育均衡包括教育权利的公平和教育机会的均等，以及教育与经济社会相互协调发展等；在中观层面上，教育均衡包括区域均衡、城乡均衡、校际均衡、群体均衡，反映的是教育资源配置的均衡（翟博，2008）[7]；在微观层面上，教育均衡包括课程、教学和教育评价的均衡，它是教育均衡的具体化，是实质性的、内在的，更深层次的教育均衡，反映的是实质的、内在的教育质量和教育效果（吴开俊 等，2003）[11]。教育均衡发展所要实现的目标就是为更多的人提供更多的教育机会，为所有的人提供基本平等的教育，为尽可能多的人提供尽可能好的教育（叶玉华，2003）[38]。其最基本的要求就是在教育机构和教育群体之间平等地分配教育资源和份额，达到教育需求与教育供给的相对均衡，并最终落实在人们对教育资源的分配和使用上。特殊教育一直存在着城乡差别大、与普通教育差距大等问题，是基础教育中最薄弱的环节之一，因此融合教育要追求均衡化发展：公平接受教育、高质量教育方面要均衡。

### （三）融合教育：国际特殊教育发展的主要趋势

1994 年 6 月 7 日至 10 日，联合国教科文组织在西班牙萨拉曼卡市召开了“世界特殊教育大会”，并颁布了《萨拉曼卡宣言》，首次明确提出了“融合教育（Inclusive Education）”的思想。融合教育以尊重学习者多样性和满足学习者个性化学习需求为旨趣，打破了普通学校对特殊需要儿童的固有限制和障碍，彻底改变了特殊教育的发展模式（邓猛，1999）[5]。自《萨拉曼卡宣言》提出融合教育的思想主张以来，“融合”的趋势迅速扩散到全球各国，成为特殊教育改革的时代号角。2001 年的《达喀尔行动纲领》、2002 年的《适合儿童生长的世界》、2007 年的《残疾人权利公约》、

2014 年的《中期教育战略（2014—2021 年）》、2015 年的《教育 2030 行动框架》、2019 年的《通过全纳教育等途径赋权残疾儿童以使他们享有人权》等文本都是融合教育发展里程碑式的见证（冯超　等，2020）[20]。2021 年，联合国教科文组织发布的《共同重新构想我们的未来：一种新的教育社会契约》强调，必须重新思考和设计我们的教育系统，使其成为重视学习者多样性、关注个性发展和提供优质教育的平台，维护包容、公平以及个人和集体福祉。

在美国，自 20 世纪 70 年代以来的教育法案都在不同程度上引领和驱动着特殊需要儿童在融合教育环境中的发展与学习。例如，在 2016 年，美国 6 ～ 21 岁的特殊教育需要学生中，超过 90% 的学生就读于各州的普通学校，其中将近 2/3 的学生在普通教室中的时间超过了一天时间的 4/5。在英国，从 20 世纪 90 年代开始，政府就不断强调主流学校是融合教育的“主力军”，并通过加强职能部门监督、出台政策法规文件、设置专项资金和调整课程与教学设置等来促进特殊教育学校与普通学校在教育形式和教育理念上的一体化。2020 年，特殊教育需要学生中的 90.7% 被纳入普通学校的课程与教学中。在意大利，自 20 世纪 70 年代出台第一个融合教育法案以来，政府相继颁布了多项法律和公告，以举国之力推动由上至下的激进、全面的教育改革，实现从隔离到一体化，再到融合教育的巨大转变，并发展成被联合国在全世界推广的“意大利融合教育模式”。

## 二、政策梳理

在我国，从 20 世纪 80 年代末开始推广随班就读，在近 40 年的实践过程中逐渐发展为具有中国特色的本土融合教育发展模式。近年来，我国政府也出台了多项支持和促进融合教育发展的政策文件，从制度层面推动特殊需要儿童进入主流教育环境。《国家中长期教育改革和发展规划纲要（2010—2020年）》提出保障残疾人的受教育权利（朱卫国，2017）[10]，推动了随班就读的发展。2017年修订的《残疾人教育条例》要求在特殊需要儿童的安置过程中优先选择普通教育方式，并为其提供高质量的教育服务。2014年和2017年先后发布的第一期《特殊教育提升计划（2014—2016年）》和《第二期特殊教育提升计划（2017—2020年）》从多个方面和领域落实了《规划纲要》对特殊教育发展的总体要求，也促使融合教育逐渐由规模扩张走向质量提升。2020年的《关于加强残疾儿童少年义务教育阶段随班就读工作的指导意见》进一步强调“就近优先”和“应随尽随”。2022年教育部等七部门联合印发的《“十四五”特殊教育发展提升行动计划》则明确指出，推动融合教育高质量发展，确保随班就读的特殊需要儿童都能开发多元潜能，为融入社会奠定基础。总的来讲，我国融合教育改革与发展政策体现出以下三个方面：

### （一）更加突出普特融合，推进教育公平

教育公平是教育改革与发展应该始终坚持的基本目标。20世纪80年代以来，为了提高残疾儿童的入学率、推进残疾儿童的教育公平事业发展，我国以普特融合为核心推进了具有中国特色的随班就读实践。特别是1994年的发布的《关于随班就读工作的试行办法》标志着随班就读工作作为一项特殊教育发展的政策正式开始实行。2017年国务院修订颁发的《残疾人教育条例》明确指出，残疾人教育应当提高质量，积极推进融合教育，根据残疾人的残疾类别和接受能力，采取普通教育方式或者特殊教育方式，优先采取普通教育方式。融合教育已经成为我国残疾儿童、少年教育安置的主要形式，也是我国教育领域践行公平理念、实现教育公平目标的重要途径。

### （二）重点聚焦特殊教育质量的提升

国家在2010年发布的《国家中长期教育改革发展规划纲要（2010—2020年）》（以下简称《纲要》）中提出，要“关心和支持特殊教育”“完善特殊教育体系”“健全特殊教育保障机制”（邓猛，2019）[13]，开启了我国特殊教育质量提升行动。为了深入实施《纲要》，加快推进特殊教育发展，教育部分别在2014年和2017年颁布了两期特殊教育提升计划。两期提升计划以完善特殊教育体系、增强特殊教育保障能力、提高特殊教育质量为重点任务。并从各级各类特殊教育普及水平、特殊教育经费、特殊教育专业支撑体系、特殊教育师资队伍以及特殊教育课程等方面进一步阐述具体措施，突出问题导向，在特殊教育普及水平大幅提升的基础上，进一步提高特殊教育质量。

### （三）大力促进教师的专业化发展

发展融合教育离不开高水平特殊教育教师队伍的支撑。国家先后出台了一系列政策来促进特殊教育教师专业发展。2010年国家出台的《国家中长期教育改革和发展规划纲要（2010—2020年）》和2014年发布的《特殊教育提升计划（2014—2016年）》中都提到了要“加强特殊教育师资队伍建设”“提高教师专业水平”。主要体现在两个方面：一是特殊教育教师专业标准的制定。2015年10月，教育部发布了《特殊教育教师专业标准（试行）》，该标准是我国对合格特殊教育教师的基本专业要求，是特殊教育教师实施教育教学行为的基本规范，也是特殊教育教师培养、准入、培训、考核等工作的重要依据；二是特殊教育教师培养模式改革的探索。随着融合教育在我国的实施，越来越多的特殊需要儿童已经开始进入普通班级。这要求我国高等院校调整特殊教育师资培养模式，改革教师教育体制，探寻适合我国随班就读要求及融合教育发展方向的教师职前培养体系。1994 年颁发的《残疾人教育条例》提出，普通师范院校应当有计划地设置残疾人特殊教育必修课程或者选修课程，使学生掌握必要的残疾人特殊教育的基本知识和技能，以适应对随班就读的残疾学生的教育需要。

在新的历史发展时期，我国融合教育的未来发展既要与国家特殊教育发展的融合趋势相接轨，同时也要体现中国特色社会主义特殊教育发展的独特性。在教育变革与政策的推动之下，融合教育的发展获得了源源不断的内生动力与外生支持。

## 三、创新案例

作为发展中的国际化大都市，北京市一直重视为特殊需要儿童、青少年提供合适的教育。2013 年 3 月，由北京市政府发布的《北京市中小学融合教育行动计划》是全国第一个以“融合教育”命名的省级专项教育文件。近年来，北京市以“让每一个特殊需要儿童都得到适合的教育”为目标，以“正向支持、精准施策、可持续发展”理念为指导（孙颖 等，2023）[91]，构建了“一体多元三师四融合”的融合教育发展模式，形成了切实可行的融合教育质量保障制度和机制，分层、分类地培养了融合教育专业师资队伍，创造性地提出了省域融合教育质量提升的方案和策略。

### （一）构建“适应个性、分类多样”的融合教育创新机制

1. 构建了“市级统筹，一体多元”的制度顶层设计。

2013 年以来，北京市相继发布了规范义务教育招生、全面推进融合教育、深化特殊教育改革等多份文件，以行政推动，做好顶层设计。首

先，统筹义务教育招生，突出“优先”原则。当片区内优质学位紧张时，优先保障符合入学条件的特殊需要学生，实现每一名特殊需要儿童应随尽随、优随的制度保障。其次，统筹市级专业资源。在全市范围内特殊教育资源需求大的区域，专项投入建设学区融合教育资源中心和示范性孤独症教育康复训练基地，为特殊需要儿童提供更充分的支持。最后，统筹管理制度，建立融合教育推行委员会制度。在市区政府、教委和普通学校设立融合教育推行委员会（黄伟，2023）[8]，突出制订融合教育推行计划、提供行政支持、整合专业资源等职能，压实学校主体责任。

2. 设计了“适应个性，分类多样”的管理机制。

一是建立了市、区、学区、学校四级管理制度，编制《北京市特殊教育专业服务实体管理手册》，规范各部门职责、管理细则及评估标准（朱振云 等，2020）[30]。二是设计了由学校和家长共同申请、区特教研中心审核适配的基地接案服务流程，以及由基地初筛确定学生需求、评估诊断、制定方案、指导和实施方案和评估与反馈共同构成的学生服务工作流程。三是建立专业服务实体评估机制，依据各级专业服务实体评价指标体系，开展调研视导和专业评估，以评促建，保障服务质量。

## （二）探索“三师协同”的融合教育专业师资培育创新方案

1. 培育了“以服务学生为核心”的融合教育专业师资团队。

一是组建一支具有特教情怀、掌握特教理念、身怀专业技能的教师骨干队伍，通过个案督导、专题讲座、远程学习相结合的方式，为普通学校中的特殊教育资源教师提供高端抽离式培训，切实提高资源教师在特殊需要儿童的特殊问题评估、分析、干预计划制定与实施方面的工作能力。二是全面提升每一名普通学校教师的融合教育专业素养。各区结合实际，面向班主任教师、科任教师和部分兼职资源教师，通过系列专题培训、小组研讨和个别指导的形式，加强普通学校教师对特殊需要儿童的认识，让教师掌握融合教育的通识知识以及班级融合氛围创建、课程教学调整、资源教室有效利用等专题知识和技能。三是充分锻炼和发挥基地特殊教育专业教师的作用，通过定点驻校、定期巡回、联盟内交流等途径，让资源中心和孤独症基地教师对区域内普通中小学特殊需要学生和教师进行康教支持、业务培训、知识宣讲，履行为学校提供全方位、多元化专业支持的职责，使其从教授特教学校残疾学生的“单面手”，变成身兼教育者、评估师、康复师、融合教育宣导者等多重角色的“多面手”，作为全市特殊教育专业支持的高端人才。

2. 探索开展了“三师协同”正向支持实践体系。

根据特殊需要儿童的差异性需要，探索实施以区级专业人员为引领、学区 / 学校专业人员为骨干、学校普通教师为主体的区域自闭症儿童融合教育“三师协同”正向支持实践体系。具体而言，第一级：以区级特教中心巡回指导教师 / 孤独症教育基地的专业教师为“教练”，负责区域内就读于普通学校的特殊需要学生的个别化教育计划制订、督导实施和紧急、棘手问题的解决。第二级：以学区特殊教育支持教师和学校特殊教育资源教师为骨干，在区级巡回指导教师的指导下，为特殊需要儿童制定个别化教育计划，协调基地或学区内的专业资源为学生提供注意力训练、认知训练、行为矫正、社交故事课等个性化的教育干预。第三级：以普通学校的校长、主任、班主任教师和科任教师为主体，统筹调动学校内的资源，主导实施个别化教育计划，结合学生特点和学科特点做好课程教学调整，创建融合性班级环境，开展家校合作等（孙颖 等，2023）[92]。以该实践体系为指引，各区根据不同学生的实际需要，衍生发展出了不同的实践模式，如“普通学校普通教师 + 资源教师”的校内合作模式，“普通学校普通教师 + 驻校支持教师”的校内合作模式，“普通学校普通教师 + 基地教师”的“校 - 地”合作模式，“普通学校教师 + 资源教师 + 巡回指导教师”的三级支持模式等。

### （三）设计提升特殊需要学生实际获得的“四融合”工作实践

1. 构建了学校融合教育整体育人的“四融合”目标。

融合教育不仅是让特殊需要学生与普通学生在物理空间上结合，更重要的是为特殊需要学生的特殊教育需要提供足够的支持，从而实现特殊需要儿童物理融合、心理融合、学业融合和社会生活融合的“四融合”目标，其中物理融合是前提，心理融合是关键，学业融合是核心，社会生活融合是最终的落脚点。

2. 实践了提升特殊需要学生实际获得的“四个三”工作模式。

以“四融合”目标为核心，探索实施由三级筛查评估、三重氛围建设、三类支持性课程模式和三方协同合作的“四个三”特殊需要儿童融合教育工作模式。一是建立三级筛查评估。通过班主任、科任教师最先发现，资源教师 / 评估教师筛查，特教中心 / 专家委员会评估与医院诊断相结合的方式，支持保障特殊需要儿童进入普通学校接受融合教育的权利，加强物理融合。二是聚焦三重氛围建设，依托学校融合教育推行委员会制度，加强融合教育理念宣导，建设同伴互助制度、班级接纳文化和学校无障碍环境，营造融合教育氛围（孙颖 等，2023）[93]，支持特殊需要儿童在普通学校的心理融合。三是实践三类支持性课程调整，遵循特殊需要学生的异质性发展规律，为每一个学生都制定专属的个别化教育计划，并通过普通课程和特殊课程相结合、个别化课程与班级课程相结合、普通学科课程与生活课程相结合等方式，“一人一案”设置支持性课程。有针对性地调整教学目标、方法和学习方式，并根据需要提供基地抽离个别或小组训练。四是加强学校、基地、家庭三方联系，通过专家咨询、培训、指导等方式为家长提供多种形式的服务，关注特殊需要儿童的优势和个性发展，减轻家长的心理压力，建构家长的合理信念，增强干预信心，共同增强特殊需要儿童的社会生活融合。

3.创建了立体化融合教育数字资源体系。

一是开发了服务于资源教室个别化教学/小组教学的丰富的课程教材文本类资源；二是建设了北京市特殊教育资源网，上线了面向融合教育特殊需要学生的线上学习资源；三是与中央电教馆合作设计了面向普通教师的如何开展自闭症儿童融合教育的微课资源；四是组织基地的专业教师录制了关于自主交往课程的微课，内容涉及课程介绍、共同关注、相互参照、意图理解等。微课已经通过网络平台免费向所有学校、教师和家长开放。

## 四、趋势研判

联合国教科文组织发布的《2030年教育行动框架》将“确保全纳、公平、有质量的教育”确立为未来15年世界教育发展的总目标，对各国融合教育发展均产生了积极影响。当前世界大国、强国的融合教育发展战略和形势，主要体现出以下几个方面的特点和趋势。

### （一）特殊教育学生数量增多、类别扩大，自闭症儿童教育问题受到普遍重视

1.特殊教育学生的人数和在全体学生中的占比均有所提高。

美国2019—2020学年共有730万名特殊教育学生（3～21岁），占3～21岁全体学生总数的14.4%（较十年前增长80万人，占比提高1.3个百分点）。英国2019—2020学年共有137万名有特殊教育需要的学生，占全体学生总数的15.4%（较五年前提高1个百分点）。日本2015年接受特殊教育的学生人数为36.2万人，占全体学生总数的3.58%。

2. 特殊教育对象从残疾扩大到有特殊教育需要。

美国特殊教育服务对象包括学习障碍、言语和语言障碍等 14 类。英国特殊教育服务对象既包括残疾学生，又包括学习困难、社交、情绪和心理健康障碍等共 12 类特殊教育需要学生。日本特殊需要儿童包括视觉障碍、听觉障碍、注意缺陷多动障碍、肢体残疾、病弱和身体虚弱、言语障碍和情绪行为障碍等 12 类。

3. 自闭症儿童增速快，教育问题受到普遍重视。

美国自闭症儿童在所有特殊教育学生中占比为 11%，占比增速最快（较十年前提高了 5.2 个百分点）。英国自闭症儿童在重度特殊教育需要学生中占比最高，达 30%，在所有特殊教育类别中人数增速最快，2019—2020 学年较上一学年增长 12.9%。有学者梳理英国、法国、波兰、西班牙、荷兰、比利时、德国等国的特殊教育政策发现，目前这些国家的政策中都有关于自闭症儿童不受歧视、接受免费教育的规定。

## （二）融合教育专业支持服务体系不断完善

1. 在普通学校接受教育的特殊需要学生比例不断扩大，但各国采取多样安置方式。

美国 6 ～ 21 岁的特殊需要学生中，有 95.1% 的学生就读于普通学校，其中 64.8% 的学生有 80% 及以上的时间可以和普通学生共同学习。英国 90.4% 的有特殊教育需要学生就读于普通公立学校。在意大利，义务教育阶段（6 ～ 16 岁）的特殊需要学生中在融合环境下就读的超过 99%。但是，并非所有国家都像这些欧美国家那样积极推行融合教育。比如，俄罗斯认为融合教育的推行并不意味着要取缔听障儿童等分类教育体系，且强调普通教育体系和特殊教育体系不断完善并适当互动。新加坡采取务实做法，建立普通学校和特殊教育学校并行的教育体系，安排具有轻度特殊教育需要、具有一定认知能力和足够适应能力的学生就读于普通学校，而在教育上需要更多强化和专门帮助的学生，就读于特殊教育学校。

2. 在中央、地方、学校设立融合教育支持中心或资源中心，成为多国保障融合教育质量的普遍做法。

比利时、丹麦、瑞典等国的许多特殊教育学校现今均已转变成为融合教育资源中心，不再具备学校的地位和功能。法国、德国等欧洲国家通过地方政府的行政手段，支持设立地方融合支持中心。爱尔兰各公立中小学均在学校内部直接设立校内支持中心或资源中心。此外，英、美等教育发达国家残疾学生进入高等教育的比例达到 10% 左右，在高校内设置残障资源中心也已成为一种普遍做法。

3. 大力发展国家课程，保证残障学生参与普通课程的权利。

美国要求学校要考虑特殊需要学生参与普通教育课程并达到州和地区的评估标准，逐渐形成了普通课程、变通课程、扩展课程和替代课程四种基本课程变式，满足不同学生的不同需要。澳大利亚颁布《残疾人教育标准》，要求教育者必须要采取合理的步骤实施课程调整，以确保残疾学生能够与普通学生一样参与课程和活动，并满足残疾学生的教育需求。

### （三）特殊教育经费投入持续增长，覆盖范围不断扩大

1. 各国特殊教育经费投入总额持续增长，占教育经费总投入的比例不断增加。

美国联邦政府的特殊教育经费投入总额从 2000 年的 45 亿美元左右增长到 2017 年的 120 亿美元左右。英国特殊教育预算近十年间从 21.79 亿英镑上升至 31.26 亿英镑（增额近 50%），特殊教育生均经费高出普通教育生均经费的 5 倍左右，特殊教育经费预算占教育总预算的比例从 2.85% 提高至 5.10%。澳大利亚 2018 年启动“优质学校项目”，规定特殊教育经费投

入总额将在未来十年内每年上涨 6.3%，2018 年对特殊需要学生的经费投入占到教育总投入的 8.9%。

2. 特殊教育经费覆盖范围不断扩大。

美国特殊教育财政投入的保障对象已实现 0 ～ 21 岁的特殊需要儿童与青少年全覆盖，经费用于特殊幼儿及家庭补助金、3 ～ 5 岁学前特殊教育儿童补助、特殊教育及相关服务、职业康复以及全国性特殊教育活动等多种用途（傅王倩　等，2016）[13]。英国特殊教育经费覆盖 0 ～ 25 岁残疾和特殊教育需要群体，资助范围除了“相关的医疗、教育服务”以外，还包括其社区生活和休闲生活等。澳大利亚特殊教育经费的使用对象不仅包括残疾学生，还有英语能力有限的学生、原住民和托雷斯海峡岛民、经济与教育水平低下的家庭、地理位置偏僻的学校、规模有限的学校等共六部分。除常规的中小学教育外，还包括早期干预、职业教育、高等教育和成年后的继续教育等。

### （四）加强融合教育专业师资培养，多方支持保障特殊教育教师待遇

1. 设立专门性项目，培养融合教育专业师资。

美国将普通教育教师和特殊教育教师的培养完全合并，开设普通教育教师和特殊教育教师双重从业资格“双证式”融合教育教师教育项目，采用教育专家培养等方式培养融合教育专业师资（冯雅静　等，2015）[65]。英国、德国、丹麦、奥地利等国家在普通中小学教师的职前培养项目中纳入固定学时和学分的特殊教育课程。欧盟确定欧盟教师的融合专业素养，制定共同的欧盟职前教师教育计划，并启动“融合教师教育项目”。

2. 多方支持保障特殊教育教师待遇。

美国特殊教育教师平均年薪为 53,220 美元，高于普通企业员工 25%—

35%，也高于政府工作人员平均年薪。英国特殊教育教师平均工资比一般职员高出 35%，同时享有特教津贴，约为年薪的 10%。澳大利亚特殊教育教师工资水平明显高于普通学校教师，且统一享受 2000 澳元的特教津贴。

## 五、问题聚焦

在国家推行一系列政策举措推动融合教育并取得了一定成效的同时，我们应该清醒地看到我国融合教育的发展仍面临不少困难与挑战。我国残疾人事业基础还比较薄弱，残疾人社会保障政策措施还不够完善，总体生活状况与社会平均水平仍存在较大差距（邓猛，2019）[13]。与此同时，特殊教育基础薄弱、发展不均衡的现实并未得到根本的改善，仍然是国民教育体系中最为薄弱的环节。特殊教育与普通教育之间差距较大，城乡以及不同类别残疾人受教育程度也不均衡。

### （一）提高残疾儿童少年普及水平方面的问题与挑战

1. 融合教育普及水平基础较弱。

主要表现在：一是特殊教育专家委员会制度不完善，残疾儿童少年的教育评估安置标准和流程缺乏规范性；二是特殊教育学位资源仍然不足，有些 20 万人口以下地区还尚未设立特殊教育学校，残疾学生不得不跨县就读，增加家长接送、陪读等方面的压力和经济负担；三是特殊教育区域发展不平衡，中西部边远和农村地区义务教育普及水平还偏低，农村残疾儿童少年就近入学问题比较显著。

2. 特殊教育向两头延伸进展缓慢。

主要表现在：一是学前特殊教育学位供给不足，特殊教育幼儿园数量不足，普通幼儿园融合教育水平不高，特殊需要儿童早发现、早评估、早干预机制有待健全；二是特殊群体高中阶段教育资源缺乏，面向残疾学生的中等职业教育资源不足、地区发展不平衡、专业设置不能完全适应特殊群体发展特点。

### （二）拓展特殊教育服务对象方面的问题与挑战

1. 孤独症儿童教育有效性不足。

主要表现在：一是孤独症儿童教育资源不足。目前孤独症发病率呈迅速上升趋势，包括孤独症儿童在内的精神残疾在校生数自 2017 年至 2020 年增加了 77.3%，增速之快、增幅之大，使得现有特殊教育资源远远难以满足孤独症儿童的基本教育需求；二是孤独症儿童教育有效性不高，生源数量增加迅速且不同儿童表现不一，专业人才紧缺，缺乏有效的教育教学方法和对教师的专业支持。

2. 超常儿童教育研究指导和发现培养机制尚不健全。

主要表现在：一是有类无教，存在超常儿童这类特殊群体但没有相应的教育制度安排及体系化的机制设计；二是教非所需，现有一些实验及超常儿童教育模式不能真正体现和切实满足这个群体的个性化、特殊化教育培养需求；三是教非其类，超常儿童与普通儿童的“尖子生”存在交集，引发有关入学的社会矛盾和义务教育入学政策的冲突；四是保障不足，政府按照普通中小学校的生均标准进行拨款保障，难以进行充足的保障支持。

### （三）提高特殊教育质量方面的问题与挑战

1. 特殊教育课程的教学质量有待提高。

主要表现在：一是现行特殊教育学校义务教育课程设置实验方案于 2007 年颁布，亟须修订；二是特殊教育学校课程教材编审进度滞后，课程教材资源建设不足；三是随班就读学生的教学质量参差不齐，“随班就座”的现象还并不少见；四是特殊教育学校德智体美劳五育并举有待进一步推进；五是信息技术在特殊教育中的作用有待进一步发挥。

2. 特殊教育资源建设不足。

主要表现在：一是全国建立特殊教育资源中心的省、市、县还不能达到全覆盖，各级特殊教育资源中心建设有待加强；二是普通学校特殊教育资源教室建设不足，不能满足普通学校特殊需要学生的个性化需求。

3. 特殊教育质量评价机制不够健全。

主要表现在：一是特殊教育学校办学质量评价、普通学校随班就读工作质量评价体系尚不健全；二是符合特殊需要儿童实际的特殊教育评价办法有待完善。

### （四）完善特殊教育保障机制方面的问题与挑战

1. 学校无障碍条件亟待改善。

主要表现在：部分特殊教育学校和招收残疾学生随班就读的普通中小学的无障碍基础设施和无障碍信息交流条件相对滞后，普遍缺乏坡道、盲道、扶手；缺乏为听力残疾学生提供的文字提示和为视力残疾学生提供的语音提示、盲文试卷等无障碍服务。

2. 特殊教育经费投入长效机制有待完善。

主要表现在：一是特殊教育学校、特教资源中心以及普通教育学校特殊教育资源教室的建设缺乏长期、稳定的经费来源；二是残疾学生十五年免费教育的具体举措尚未完全落地，因家庭经济负担较重而导致的残疾儿童入学困难或接受教育意愿不高的现象仍然大量存在；三是义务教育阶段生均公共经费标准有待提高，招收重度、多重残疾学生较多的学校日常运转依然困难，且很多地区尚未制定符合特殊教育实际的学前、高中和高等教育阶段生均财政拨款标准。

3. 特殊教育教师队伍建设仍是薄弱环节。

主要表现在：一是数量不足，一些地方尚未出台编制标准，特殊教育教师总量不能满足发展需要；二是结构不合理，特殊教育学校中康复类教师、孤独症教育教师尤为缺乏，普通教育学校专职资源教师、特殊教育资源中心教师、送教上门教师和特殊教育专职教研员普遍缺乏；三是教育教学水平亟待提高，第一学历为特殊教育专业的特教学校教师仅占专任教师总数的 30%，特殊教育教师专业水平亟待提高。

## 六、改革建议

### （一）面向未来：建立多元主体合作机制促进融合发展

推进融合教育的关键场域和变革主体是普通教育学校。融合教育是一种重点针对普通教育体制的改革，它要求打破主流和中心的思想，重视每一个儿童的存在，认为教育并不是只为大多数儿童设立的，它要求公共教育体系的顶层制度设计能充分考虑少数儿童的教育实现需求。因此，应当从行政管理、资源配置、师资培养、课程教学等多个方面，对现有普通教育体系进行深层次变革，使其能够主动开放地接纳所有儿童，尽可能地为每一位儿童提供适当的教育。与此同时，融合教育的成功实施不仅需要普通教育体系的主动变革，更需要特殊教育作为专业力量进行有力支撑。特殊需要儿童的发展还涉及医疗、康复、社会保障等多部门，因此需要加强教育部门与医疗和社会保障等部门的协作、区域内学校之间的合作、学校与当地社会组织的合作、学校与当地高等教育机构的合作、学校与家长的合作、学生之间的合作等，全方位为特殊需要儿童提供优质的教育服务。

## （二）面向未来：打造全融合的大数据资源平台

随着“互联网 +”时代的到来，信息技术正在以前所未有的速度席卷各行各业。“互联网 + 教育”将深刻影响教育资源的配置和整合，放大优质教育资源的作用，为实现教育公平创造有利条件。但是，目前特殊教育的信息资源开发和利用还远远不够，用于教育教学和支持教育决策的数据资源还不充分，信息共享与资源整合的通道也不畅通。如何推动信息技术与特殊教育的深度融合，发挥信息技术在促进教育公平和实现优质教育资源广泛共享、提高教育质量的独特作用方面，还没有明确答案。数字信息技术的发展，为完善融合教育提供了发展和更新的契机，可以帮助政策制定者进一步优化现阶段的融合教育。全融合的大数据平台可以统合每一个特殊青少年儿童的全部信息，去除繁杂冗余，简洁高效地为特殊人群服务。具体包括：第一，该平台可以发挥普通档案记录的功能，记录人口学变量，从而有利于政策制定者和科学研究人员根据数据平台识别的基本信息，制定具体的支持政策和实施方案。第二，该平台可以发挥康复诊疗手册的作用，记录每一个残障人士参与的康复训练课程和特色学习课程，以及课程结束之后的恢复进展。从而有利于教研团队和科研人员判断课程或训练前后残障人士在知情行动上是否有提升，从而完善课程。第三，该平台可以作为评估平台，记录残障人士的认知、情感和行为发展水平。第四，当平台数据足够充足时，可以发挥算法和人工智能的优势，为其他有相似特殊需求的个体推荐康复课程或者学习课程。还可以发挥数据库的优势，帮助政策制定者、研究人员、医护人员为某一有特殊需求群体选择与他们相匹配的学校、课程和康复计划。

## （三）面向未来：推进人工智能与融合教育的深度融合

技术的变革引领时代，教育模式也应与时俱进。随着人工智能技术的发展，涌现出多种人工智能与教育充分结合。人工智能时代为教育带来了机遇和变革，融合教育更应紧跟时代步伐，利用好科学技术红利，例如，构建智慧学伴给予特殊需要儿童更多的个性化支持；构建人工智能互动反馈系统实现学习的交互过程，及时追踪以及分析儿童的学习状态，量身定制个性化的教学指导；建立智能化的评价系统，减轻教师的工作量，辅助老师规划接下来的教学任务。赵沁平院士提道，“人类即将进入一个人机协同、跨界融合、共创分享的智能时代，期待全球教育界、科技界、企业界人士携起手来，加强虚拟现实与数字孪生在智慧教育中的应用研究与实践，推动新技术与教育的融合创新”。利用好人工智能时代所带来的技术红利，必将可以很好地推动融合教育，一步一步解决当前融合教育所面临的困境（赵沁平，2021）[43]。

## （四）面向未来：借鉴脑科学的研究成果推动融合教育发展

融合教育是教育的一种形式，理解融合教育的发展，首先得理解未来教育将如何发展。中国科学院院士、同济大学原校长裴钢提出，“教育与脑科学结合是未来教育发展的大方向”（申晓腾　等，2021）[39]。2021 年，国家正式启动了“中国脑计划”，其中有相当一部分研究内容是关于儿童、青少年脑智发育的机理研究，比如儿童脑智发育迟滞、孤独症、注意缺陷障碍等。理解了特殊需要儿童为何“特殊”，更需要了解儿童的认知能力形成的神经机制是什么，比如诊断有注意缺陷障碍的儿童的注意分配是怎样的，某种干预手段能否提高注意缺陷儿童的注意，等等。如果能够很好地理解了学习背后的神经机制，特别是某些障碍背后的脑机制，对于融合教育的建设将会有指导性的意义，能更好地助力融合教育的发展。

综上所述，面向未来的融合教育将在大数据、人工智能的大背景下，结合脑科学的发展，以及更加完善的支持体系，为融合教育中的家庭、学校、教师提供更成熟更有利的帮助，建构出更完善的融合教育体系。

**参考文献**

褚宏启，2012. 关注差异性公平 [N]. 光明日报 2012-12-08（6）.

褚宏启，杨海燕，2008. 教育公平的原则及其政策含义 [J]. 教育研究（01）：10-16.

邓猛，1999. 从隔离到全纳——对美国特殊教育发展模式变革的思考 [J]. 教育研究与实验（4）：3-5.

邓猛，2019. 新时期我国融合教育现状和发展趋势 [J]. 残疾人研究（1）：12-18.

邓猛，郭玲，2010. 西方个别化教育计划的理论反思及其对我国特殊教育发展的启示 [J]. 中国特殊教育（6）：3-7.

邓猛，潘剑芳，2003. 关于全纳教育思想的几点理论回顾及其对我们的启示 [J]. 中国特殊教育，（4）：2-8.

邓猛，肖非，2008. 全纳教育的哲学基础：批判与反思 [J]. 教育研究与实验（5）：18-22.

冯超，傅王倩，陈慧星，2020. 国际融合教育政策演进路径、特征及其启示——基于联合国组织的融合教育政策文本分析 [J]. 中国特殊教育（11）：14-20.

冯雅静，王雁，2015. 美国“双证式”融合教育教师职前培养项目的概况和启示——以田纳西大学早期教育融合教师培养项目为例 [J]. 中国特殊教育（3）：65-71.

冯雅静，王雁，2020. 普通师范专业融合教育通识课程的建构——基于实践导向的模式 [J]. 教育科学，（5）：71.

傅王倩，陆莎，肖非，2016. 美国特殊教育经费投入机制述评 [J]. 中国特殊教育

（8）：8-13.
黄伟，2023. 讲好中国特殊教育故事 提供中国特殊教育方案 [J]. 中小学校长（8）：5-9，70.
罗洁，2013. 推进融合教育　促进教育公平——在北京市残疾人融合教育研讨会上的讲话 [J]. 中国特殊教育，（6）：96-97.
申晓腾，崔金奇，2021. “5G+ 人工智能 +” 背景下教育生态模式的建构 [J]. 中国教育信息化（23）：39-42.
孙颖，杜媛，朱振云，等，2023. 基于 APS 质量框架的孤独症儿童融合教育质量提升实践研究——以北京市为例 [J]. 中国特殊教育（6）：89-96.
王培峰，于炳霞，2003. 教育公平是全纳教育的核心内涵 [J]. 中国特殊教育（3）：3-6.
吴开俊，黄家泉，2003. 教育均衡化发展：理想与现实的抉择 [J]. 西北师大学报（社会科学版）（4）：7-11.
叶玉华，2003. 教育均衡化的国际比较与政策研究 [J]. 教育研究（11）：34-38.
翟博，2006. 教育均衡发展：理论、指标及测算方法 [J]. 教育研究（3）：16-28.
翟博，2008. 树立科学的教育均衡发展观 [J]. 教育研究（1）：4-10.
赵沁平，2021. 开辟未来智慧教育新境界 [J]. 教育家（43）：1.
朱卫国，2017. 实施二期特殊教育提升计划，办好适合每一位特殊孩子的教育 [J]. 现代特殊教育（21）：5-10.
朱振云，陈瑛华，朱勃霖，2020. 融合课堂教学目标的调整 [J]. 现代特殊教育（19）：30-33.

# 第三章

# 面向未来的

## 学校内部治理制度创新

## 第一节　面向未来的学校建设标准创新

“未来已来”，未来教育的起始点即为当下。探索未来的基础教育普通学校建设，首先要明确未来的学校的建设目的和目标是什么。本研究认为，未来的学校是未来教育理念的应用实践空间，是培养未来时代发展所需要的人才的教育场所。简要来说，与传统的基础教育学校不同，未来的基础教育学校处于构建人类命运共同体的世界发展大背景下，以培养具有全球竞争力核心素养的人才和实现国家阶段性战略发展需要的基础人才为目标，在基础设施、教学活动、学习场景、教育管理等方面广泛使用智能信息技术的新形态学校。绿色、智慧、安全、泛在互联，是未来基础教育普通学校建设的关键特征。

### 一、理论研究

#### （一）核心概念内涵

学校建设，从广泛意义上来说由两部分组成：一部分是硬件建设，包括校园空间布局、教育类建筑与设施建设等；另一部分是软件建设，包括教师队伍建设、学校精神文化建设等。本文所研究的学校建设专指硬件建设，即校园空间布局、教育类建筑与设施建设。未来的学校承载的是未来的教育，因此，我们以国家提出的“城市普通中小学校的建设必须坚持先规划设计后建设的原则”为本研究的宗旨，以未来教育的发展内涵为基准，对未来学校的建设标准进行理论研究。校园空间布局，在本研究中指的是在学校可以建设的面积之上，通过科学的空间设计与规划，对教育类建筑、教育设施与教育空间功能进行合理的分划，目的在于为教育教学活动提供空间使用便利、提高利用效率，具体包括学习空间（教学空间与自主学习空间）、生活空间（包括宿舍、食堂、教师休息室等）和管理空间（行政管理需要使用的特定空间）。本研究基于国家发布的《教育部关于进一步加强中小学校校舍建设与管理工作的通知》《中小学幼儿园安全管理办法》《城市普通中小学校校舍建设标准》《绿色建筑评价标准》《中国教育现代化 2035》《关于大力加强中小学线上教育教学资源建设与应用的意见》等文件，结合未来教育发展特点以及实践中的案例，以“绿色、智慧、安全、泛在互联”的视角对中小学校建设标准进行理论探索。

### （二）未来学校建设的文献综述

1. 未来学校建设的发展背景及其意义。

学校是教育理念得以集中贯彻的公共领域，本质是服务于教育教学目的，为教育教学提供实施场景。简单而言，学校就是教学场域，该场域能根据科目与课程的设置、教学方式、方法、学生规模与学习目的等特点，在面积、体积和场室种类发生相应空间布局、形态结构上的变化。最初期的学校只有普通的教室，之后发展出来可以细分教育教学功能的图书馆、讲堂、实验室等；随后在泰勒“科学管理”理论和工厂生产提升效率的影响下，学校功能得到更多的扩充和深入发展，逐渐从工业社会之前单一功能的“一室学校”变为“多室学校”。对现代学校空间布局设计进行比较全面的系统研究可以追溯到 1899 年建筑师沃伦 · 理查德 · 布里格斯所著的《现代美国学校：学校论述与设计》（*Modern American School Buildings. Being a Treatise Upon, and Designs For, the Construction of School Buildings*），该书对美国中小学校园的空间布局和建筑外观等做了论述；建筑师哈姆林于1910年撰写的《现代学校建筑》（*Modern School Houses*）和建筑师威尔伯·T. 米尔斯于1915年所著的《美国学校建筑标准》（*American School Building Standards*）对美国数百所中小学包括教学设备、造价、装饰、教具等结构、设备设施、资金支出等进行了详细总结和论述。20世纪中后期，工厂型学校的设计理念的主导地位开始受到挑战，开放式课堂理念（“没有围墙的学校”）、以学生为中心的教学意识和学习模式逐渐被重视，教学空间设计从闭塞、单一形态、单一功能型向开放、灵活、多功能型过渡发展。传统封闭式的教学空间被打破，教学活动以班级、年级划分为组团，能够满足独立学习、集体讨论等多种学习方式，实现了从“普通教室”到“教室群”再到“校园”的逐步开放（邓小军 等，2012）[67-69]。

到了21世纪，随着全球科技发展与可持续发展理念的不断加深，“绿色”的设计理念也融入校园设计中，例如《可持续发展的学校设计》（*Designing the Sustainable School*）以及《可持续的中小学校设计》（*Sustainable School Architecture: Design for Elementary and Secondary Schools*）都对中小学校园空间的绿色设计进行了深入的论述和研究；同时，随着人工智能技术的再次突破，大数据应用的常态化，线上学习系统以及线上学校、慕课的蓬勃发展，教育界注意到“第四次教育革命”正在带来更多关于先天潜能、自我认知、智慧辨析与个性发展的思考，于是校园空间设计布局与设施建设规划也开始进入到智慧校园设计、信息互联设计的分析与研讨中。

教育是为了人更好地发展，因此未来教育会随着未来社会对于人才需求的变化而发生发展方向上的变化。从人类命运共同体的宏观角度来看，在现代技术变革与经济社会的发展、科技水平的相对停滞与各国人才较量的“百年未有之大变局”的时代背景下，全世界都在积极思考人类教育的革新。从个人发展的微观角度来看，大数据和机器智能工业时代的到来将会颠覆很多传统行业与技能，智能技术实现升级换代的速度或许快于人本身的技术学习，个体的未来发展离不开智能技术的广泛使用，这将对人的核心素养与能力提出不同于工业社会时期的要求（吴军，2016）。根据布鲁金斯学会环球教育中心（Center for Universal Education at Brookings）等基金会对113个国家的教育系统的调研发现，大部分国家制定了21世纪人才能力框架以及未来人才技能的发展规划，其中欧盟《核心素养：欧洲参考框架》（*Key Competences: A European Reference Framework*）、美国“21世纪技能”（21st century skills）、澳大利亚的综合能力（General Capabilities）、以及日本的《培养适应社会变化的素质与能力的教育课程编制的基本原理》（社会の变化に对応する资质や能力を育成する教育课程编成の基本原理）提出的“21世纪型能力”等，都认为未来社会更需要具有创新能力、高阶思维技能、数字与信息技能、终身学习能力的人才。在此基础上，荷兰学者提出了“世界共同核心素养”，即协作、交往、信息通信技术素养、社会与文化技能的公民素养、创造、批判性思维、问题解决能力、开发高质量产品能力（Joke Voogt 等，2012）[299-321]。中国教育部2016年发布的《中国学生发展核心素养》提出了学生发展的六个核心素养，强调了未来学生需要具有人文底蕴、科技精神、自主发展、实践创新等素养。从国内外对于未来人才素养发布的纲领性文件中可以发现，人才发展理念和对人才的理解与以往发生了部分转变，传统的审美习惯、教学模式、学习方式也不再适用于未来教育和未来学校。因此，建筑设计领域中的未来意识、现代建筑艺术审美理念与教育发展的客观理念相互融合，促成了未来学校建设的设计构想与实践。

关于未来学校建设的标准构想，经济合作与发展组织于2001年发布的《未来学校是什么样的？》报告中提出了“健全的官僚体系”“扩展市场模式”“学校作为核心的社会中心”“学校作为学习型组织”“学习者网络和网络化社会”“教师流失”这六种未来教育的图景。2020年《回到教育的未来：经合组织关于学校教育的四种图景》报告中指出学校是学习的中心、无边界的学习随时发生。有国外学者提出“为教育而设计”的四项基本原则：宾至如归、多功能性、支持各种具体的学习活动、传递积极的信息。这四项原则可以看作是基于学生对学校的心理接受度、学生个性化学习需求、学生群体融合的学习活动和校园氛围感提出的。日本建筑学会 1979 年出版了专著《学校建筑、计划与设计》，其中“学校计划目标的确立”章回里对未来的学校建筑进行了探讨，提出“要研究今后采用什么样的教育方法，才能明确今后学校建筑的方向”的建设观点（傅克诚，1984）[77–79]。国外有专家提出学校建设应该根据学习模式和形态的转变而发生相应的创新型转变，构建小型的、个性化的学习环境的同时，也要打造具有群体学习条件的公共学习空间（鲍勃 · 伦茨 等，2019)。2016 年美国新媒体联盟（New Media Consortium, NMC）发布的《地平线报告》中提出，教学设计从系统软件角度出发，教学空间的设计从物理硬件角度出发，要体现一种对未来教育的探索，即“促进创造、支持动态指导、鼓励学生之间的讨论和合作”（岳培锫 等，2016）[79–82]。

2016 年发布的《中国未来学校白皮书》中指出，我国要基于“云”背景，将各种先进技术应用于学校教育实践，推动教与学方式转变，创造高质量、多样化的学校形态。国内专家和学者相比国外同行更加注重绿色校园和智慧校园的构建，这种考虑一方面基于我国长期重视生态文明建设、强调“双碳”发展的国家总体战略布局的现实思考，另一方面基于科技教育对经济社会创新以及可持续发展具有先导作用的人才支撑的未来谋划。除了在绿色、智慧方面的强调外，国内也非常注重校园环境与建筑要符合时代的审美理念与情感需求。例如，学校建筑除了满足教育功能，还应当满足人文情感、生态环境、人文性与艺术性、良好的学习生活氛围（李保宁 等，2017）[59]；在学校建设凸显实用性的基础上，可以将学校设计得具有温馨感和未来感（尚俊杰，2014）[74]。

2. 未来学校建设规划设计中常用的主要理论。

温斯顿 · 丘吉尔曾说:“我们塑造建筑物，之后建筑物塑造我们。”这句话简要阐明了环境与人的关系。在学校建设的各类研究中，环境心理学是主要的应用理论之一。环境心理学是以建筑学、生态学、心理学等众多学科为研究基础的，致力于研究人与周围物理、精神环境之间关系的整体科学。环境包括自然环境、社会环境、建筑环境、学习环境和信息环境（刘先觉，2008）。环境心理学认为环境可以在一定程度上影响个体的心理变化与发展。空间环境中的光线、色彩、温度、声音、空间划分、形态结构、人与物品数量等都会对人的行为和心理产生不同程度的影响和作用。环境场域对人产生的环境刺激会促使人对场域做出“接纳”或者“回避”的认知反应，因此，物理环境可以塑造人的精神和情感方面，而这已经成为评判空间设计是否成功的关键之一。学术界以环境心理需求为基点，围绕“环境氛围营造”“情感化设计研究”等视角的研究在近十年内呈现明显的上升趋势（赵斌　等，2021）[155-157]。未来教育是以培养适应未来社会发展形态与路径的人才为目标的。未来学校作为未来教育的实施空间，其建设标准与空间设计理念应该是服务于未来学校而不是传统教育教学方式的。因此，未来学校需要关注到学校空间环境对学生学习行为与心态的影响作用，充分发挥校园环境对教育教学的积极辅助作用。适合于学生审美以及高舒适度的空间造型、空间内陈设摆放、空间通风系统、空间装饰材料等，都可以使学生产生一定的校园归属感、新鲜感，从而影响学习积极性和学习兴趣。

与环境心理学一样，色彩心理学也是各国未来学校在实践中常被应用的一种理论。色彩心理学认为颜色可以通过视觉来激发接收者大脑中的某种情绪，从而引发心理上的变化。色彩心理学中的环境负荷理论认为，统一大规模的视觉环境可以减少主体信息加工量，有助于恢复注意力和提高学习效率；鲜亮的色彩反差所带来的意外刺激，可以给予主体新鲜的视觉刺激，从而体验到突如其来的释放与落差式的愉悦（刘绮璇 等，2021）[237-240]。空间内光线的冷暖色调的选择以及光照角度，也会从视觉上产生色彩刺激和情感暗示（赵斌 等，2021）[155-157]。因此在很多未来学校的建筑设计中，可以发现设计师会通过采用不同的色彩来激发学生对于学校建筑的兴致。不同功能的空间被设计成不同色调，因而可以从视觉上提升学生的学习兴趣或者关注力。

此外，教育生态系统理论在学校建设众多的相关研究中也被反复得到实践与应用。该理论在发展心理学领域具有重要地位，强调发展个体嵌套于相互影响的一系列环境系统之中，系统与个体相互作用并影响着个体发展。教育微观生态理论观测范围涵盖学校、教室、设备、座位分布、课程设置、学生评价等微观系统对教学结果的影响，以及学校的师生关系、同学关系、学生个体的生活空间、心理状态对教育结果的影响等。教育生态学中的社会群聚性和群体动力关系理论，应用到未来学校的空间设计中，可以有效地提升学生群体之间的心理关联。传统的学习空间内的学生群体之间的心理关联主要依托的是班级固定成员内部的成绩分数造成的群体分化，而在未来学校里，空间的贯通和个性化自主选课学习可以使得学生的心理关联与广泛的兴趣群落结合。打通固定的群体关联模式，加强依靠天赋兴趣和自主学习驱动力而产生的学习群落在同一个空间中的群聚效应，这种保持了个性化的集体融合理论上可以显著提升学习效率。

## 二、政策梳理

### （一）国外主要国家及组织的未来学校建设政策概要

前文中梳理了未来人才核心素养的需求与学校建设之间的关系，据此主要发达国家、国际组织出台了关于未来学校建设的相应政策。作为

“智慧国 2015”计划（Intelligent Nation 2015）在教育领域的具体实施，新加坡于 2007 年启动“未来学校”项目，主要强调推动和加强信息技术在学校教育教学活动的应用。未来学校采用最新信息数据平台、通信设备以及 3D 仿真技术打造例如探索实验室、竞技场等学习情境，配合符合未来教育理念的创新课程体系，让学生在学习理论知识的同时增强创造性思维能力以及实践动手能力。美国对于未来学校的探索可以追溯到 1996 年的《美国国家教育技术计划》，该文件提出要以未来教育和人才需求为目标，积极促进全美学校的教育信息化建设与发展。美国学校网络联合会（Consortium for School Networking）在《2020 基础教育创新驱动力报告（技术篇）》中提出学校未来的主要五大技术驱动，分别是数字协作平台、在线隐私与安全工具、分析和自适应技术、云基础架构、移动设备，通过数字技术的应用来带动学校整体的未来化发展（Amanda Datnow 等，2018）[131-152]。2000 年，德国联邦教育与科学部组织的由联邦、州、经济界、教育界、工会等各方代表参加的以“教育改革”为议题的教育论坛可以看作是德国正式开展未来学校研究的开端。该论坛上提出例如开发儿童的多种兴趣、注重个别学生学业促进、倡导终身学习、增强学生团队能力、社会活动能力、独立能力和自我负责能力、利用新媒体开发和优化学习软件等。2008 年，德国在“MINT 创造未来”（Mathemati 数学；Informatik 信息；Naturwissenschaft 科学；Technik 技术）联盟框架下设立了“MINT 友好学校”评选项目，旨在通过评选活动和标杆学校的榜样效应，鼓励学校促进数学、信息、科学和技术专业的教育教学，培养学生对于这些专业领域知识和职业前景的兴趣，在学校中营造促进 MINT 学习的良好氛围，并加强学校之间以及学校与企业、科研机构之间有关 MINT 教育的合作（黄扬，2021）[73-76]。2019 年，德国联邦政府正式启动《学校数字协定》，提出在未来五年，每年投入 50 亿欧元用于学校信息化平台建设，同时各州根据实际情况出台相应的政策。欧洲学校网络（European

Schoolnet）于 2012 年建立的“未来教室实验室”（The Future Classroom Lab）对传统教室进行重新设计，将封闭式空间打造为灵活开放的新式学习空间，其中包括六个学习区域：创造区、探索区、展示区、交互区、合作区和发展区，六区内配套有相关的学习资料与智能工具。2015 年，法国启动了“数字化校园”教育战略规划，提出三年内投资 10 亿欧元实现中小学校全景式的数字化转型，包括提高个人移动数字设备的普及率，建立国家级数字平台，为中小学师生提供多学科网络教育资源等。2020 年，欧盟委员会发布的《数字教育行动计划（2021—2027）》[Digital Education Action Plan（2021—2027）] 提出，在全欧建立高效数字教育生态系统用来支持校园内泛在互联，开展“学校连通”项目促进成员国获得欧盟在互联网接入、购买数字设备、电子学习应用和平台等方面的支持。该计划还为教学开发人工智能（AI）和提供数字设备与平台的使用指南，保障教学支持。日本文部科学省在 2011 年 4 月制定了《教育信息化展望》，基于该展望以及培养 21 世纪儿童生存能力这一目的，文部科学省在总务省“未来学校推进事业”的协同下，并行实施“学习创新工程”，以学生一人一终端、所有教室配备电子黑板和无线网络为实验教学环境，开展采用 ICT 进行教学的效果及影响的实践研究，开发有效的教学指导方法和标准化电子教材。总的来说，目前国外对于未来学校的政策主要是以信息化、数字化建设为核心，进行教学方式方法、课程内容、空间安排的创新。

### （二）我国关于未来学校建设的主要政策

基于我国对于未来教育发展的构想，国家陆续出台了相关政策，对未来学校的建设提供了良好的政策支撑与保障。2010 年发布的《国家中长期教育改革和发展规划纲要（2010—2020 年）》明确将教育信息化纳入国家信息化发展整体战略，并超前部署教育信息化网络体系，意味着从这份文件开始，教育信息化正式成为国内学校教育教学活动非常重要且普遍的组成部分。2018 年出台的《教育信息化 2.0 行动计划》提出“三全两高一大”目标，积极推进“互联网 + 教育”，坚持教育教学与信息技术深度融合，构建网络化、数字化、智能化、个性化、终身化的教育体系。2019 年颁布的《中国教育现代化 2035》提出要推行启发式、探究式、参与式、合作式等教学方式，以及走班制、选课制等教学组织模式，培养学生创新精神与实践能力。2013 年发布的《绿色校园评价标准》作为国内第一部绿色校园评价标准，率先提出绿色校园是指在全寿命周期内最大限度地节约资源（节能、节水、节材、节地）、保护环境和减少污染，为师生提供健康、适用、高效的教学和生活环境，对学生具有环境教育功能，与自然环境和谐共生的校园。中国教育科学研究院于 2014 年成立未来学校实验室，教育部学校规划建设发展中心的“未来学校研究与实验计划”于 2017 年正式实施，推动构建一个新的学习场、新的能力场、新的环境场，带动整个学校空间结构和功能结构的深刻变革，其中的“6+X”业务体系提出新建和改建一批绿色、智慧和面向未来的新型学校。2018 年，教育部发布了《网络学习空间建设与应用指南》，旨在积极推进“互联网 +”行动以及更加规范有序地推动“网络学习空间人人通”发展。2016 年，教育部学校规划建设发展中心联合国内 7 家知名高校建筑设计研究院，共同发起成立中国绿色校园设计联盟。会议发出中国绿色校园发展倡议，以绿色发展引领教育风尚，促进教育事业科学发展、健康发展、协调发展和可持续发展。2018 年国家标准化管理委员会发布的《智慧校园总体框架》，对智慧教学环境和智慧校园管理进行了分类、分级，定义和解释了基础设施层、支撑平台层、应用平台层以及信息安全体系，提出了网络安全防护要求。2018 年发布的《中小学数字校园建设规范（试行）》要求坚持“深化应用，融合创新”的基本思想，采用云服务模式统一规划、分步实施，促进区域教育的均衡发展和学校教育的质量提升，实现从基础设施（网络、终端、教室等）、资源（教材、图书、讲义等）到应用（学习、教学、管理、生活等）的数字化。2020年，教育部学校规划建设发展中心发布的《“未来路线图”实验学校发展指南1.0》对未来学校形态、学习方式、学习场景构建、技术整合机制等变革进行指导，为我国未来学校在数字化、智能化时代的发展以及国家所需的未来人才储备培养提供了基础指导框架，其中提出的学校建设的空间布局与设计具有基础性参考价值。2021年，教育部等六部门《关于推进教育新型基础设施建设构建高质量教育支撑体系的指导意见》中提出教育新型基础设施要聚焦信息网络、平台体系、数字资源、智慧校园、创新应用、可信安全等方面。这一文件为未来学校的智慧化、数字化发展以及教育信息化设施设备的建设与使用提供了体系化、制度化思路。相比国外，我国未来学校政策更加全面和具体，在平台建设、数字技术应用、空间建设、网络布局、校园绿色建设等方面都有囊括。

## 三、创新案例

### （一）国外未来学校建设设计典型案例

美国于2006年由费城学区和微软共同创建了世界上第一所以“未来学校”命名的学校，即费城未来学校（Microsoft School of the Future）。该校由政府负担经费，微软提供学校设计理念、师生发展指引、信息化的课程体系以及技术支持。学校里没有纸笔和课本，借助网络和移动终端设备，学生的学习可以发生在任何时段、任何地点，且学生可以有不同的学习进度。学校有可旋转180度的报告厅、环保屋顶、可循环雨水的厕所用水系统，以及可根据课堂不同需要进行拼接的活动课桌椅（曹培杰，2018）[114-119]。

Altschool 创办于 2013 年，学校秉承的办学理念是使用信息技术帮助学生的学习实现个性化。学校雇用了大量的信息工程师，利用大数据技术收集每个学生的学习全过程，分析学生的学习状态和进度，为教师提供学生个体实际的学习需求。

荷兰 Agora 学校没有班级、没有教室、没有课程，学校内部主要是共享学习空间，形态类似于集市。在大空间中有壁挂的小房间，桌椅散落在四处，学生可以对桌椅进行个性化订制。学生不分生源、不分年龄，全部在一起学习。空间根据功能进行划分，包括各类车间、计算机房等（刘慕洁，2021）[58-61]。

芬兰拉赫蒂市未来学校中有丰富且多元的各类室内多功能体育馆与户外运动场，包括网球场、篮球场、竞技场，会按照学生年龄划分出不同功能区域。学校的所有普通教室都是单人课桌，教室后面有一大排布袋沙发，学生可以躺在沙发上听课。此外，学校还为学生提供众多标准的专业教室。学生的公共区域主要由高挑的室内空间、大落地玻璃组成，强调有序且大方的空间感（丁懿，2019）[29-31]。

从以上案例中可以看出，不同的教育理念下，未来学校的侧重点并不相同，建设风格也不相同，共同点在于都强调了信息化建设，而对于空间的使用和设计则有所不同。学校的建造方有地方政府、科技公司、私立教育机构等。

### （二）国内未来学校建设设计典型案例

以国内未来学校建设为例。中国香港教育建筑设计师萧博思认为，传统的校园设计中各“教育场景”彼此分离、简单且统一的排列与叠加，局限了空间功能在教学活动中的充分利用（刘晓霞，2021）[73-79]。北大附中朝阳未来学校的多功能教学空间是国内“校园室内开放空间”里具有示范意义的典型案例。该校教学平层为线状布局，通过线性形态把各功能空间联系起来，教学空间设计特色是把封闭的教室单元结构转变为开放的公共学习区域，学习的物理边框界限消失了，空间格局具有了交融性、延展性与开阔性，使得教学活动更加舒展、师生交往更加便捷、信息传播更加通畅。根据环境心理学理论，开放交融的空间促进了学生在群体交流中获取知识的主动性，学习交流空间的无阻隔使得学生可以随时随地参与学习活动和信息交换，这是闭塞压抑的单元型教学空间所无法获得的开放式学习体验。这种开放的学习空间配套的是可以灵活组合的桌椅，可以根据教师教学活动需求以及学生的自主学习需要进行实时多元化的摆置，可以在有限空间内划分出多种空间利用的组合方式，有效地将被动式教与学场景转化为主动式，不仅有助于课堂内的学习互动，也有助于课堂外的学习互动。这种教学空间的融通与桌椅的灵活组合，形成了高效、多元化、复合化的学习空间，置身于这样的环境中有助于学生有意无意地提升空间拆解与重构的思维能力。

北京十一未来城学校以“创造适合每一位学生发展的教育”为办学目标，因此在空间设计上更侧重学生的个性化发展需求，具有特色的设计是半封闭半公共型的小空间、全开放的公共中心场所以及打通竖型空间结构。学生具有个性化发展的需求，封闭的环境不利于合作开放的人际联系，全开放的空间环境也不适于需要保守与私密安全感的部分学生，因此北京十一未来城学校在走廊和公共中心场所之间打造了具有半公共半私密性质的小空间，类似于嵌套式沙发隔间，可以平衡学生需要独处但同时想要获取开放空间的心理需求。学生可以在其中观望中心区域的社群活动，有助于建立随时可以融入交流又随时可以独自休憩的舒适恰当的人际联系。竖型空间结构的多向联通使得空间立体结构形成复合的有机系统，有序又互联的空间组织形态使得外观具有明显的层次段落美感，充满现代审美理念与未来感。内部学生的走班和随时流动更加顺畅灵活且有序，在突发情况下保障了学生出入的快捷与人身安全。根据《北京十一未来城学校建设项目取得建设工程规划用地测量成果报告书》，该校建筑结构采用“钢结构 + 装配式建筑 + 超低能耗 + 绿建 2 星”的建设标准，比北京市同类建筑节能达到 60% 以上；应用了被动式专用外窗、遮阳帘、气密膜、高效热回收新风机组等新技术，让建筑内部环境更加舒适友好。

还有一些学校在建设设计中，关注建筑与环境之间的关系，关注建筑形式与人的心理感受之间的关系，关注地域化特色以及人文关怀（徐耀，2012）[14-15]。例如，在南外科华学校内，设计师把不同品质不同特色的户外庭院设计得错落有致，形成半私密的教学与活动岛屿，并保留了原址中大冲村古榕树作为新学校里的旧风景。罗湖未来学校遵循让建筑有机融合进自然环境的原则，将主要建筑体量沿着山势进行布局，建筑单体本身形成退台花园，让建筑与原有山体环境融合。根据用地特征，在用地的南面和北面高效合理的布置了主要教学用房，在用地的中部南北纵向布置生活服务空间，充分利用山地地形与高差，将各项功能立体有机地整合在一起（林楠，2019）[7]。

## 四、趋势研判

根据上文对国内外相关文献和案例的梳理，本研究认为，未来学校是承载未来教育的线下实体学习环境。“学习”包括传统教育中知识点的学习、技能的学习，更加注重社会认知、情感互动、智力开发、创新能力的学习。未来学习是在互联网技术、人工智能技术、大数据技术驱动和影响下的学习。因此未来学校在学习方式上是高度智能与个性化的。未来学校的建筑标准、空间设计除了具有传统意义上的有组织地进行系统教育教学活动的公共空间属性之外，根据未来人才教育需求，还应该具有虚实融合、多元开放、智慧互联的属性，将未来学校打造为学习生态圈，而不是教育教学楼群的固定搭配集合。学生在未来学校中实现线上与线下学习的融合统一，学校的建筑与空间布局将解决线上虚拟学习所不具有的特性以及辅助促进线上线下学习的融合交互，将正式学习与非正式学习统一在整体的学校空间中，通过可触、可控、可视的实物感与现实感，成为促进学生有效学习的场所与活动空间。

“绿色、智慧、安全、泛在互联”是未来学校建设的基本标准理念，在该标准理念的基础之上，建筑风格、建筑取材、建筑色彩搭配、空间结构与布局、电力系统与设备设施的布置安排、共享智能设备在教学空间的铺陈设置等可以依据学校实际规模、招生人数、办学目标进行特色化设计。在标准理念的指导下，本研究认为未来学校建设的标准原则包括但不限于以下六点。

第一，空间布局设计应具有多元互通、大小空间灵活嵌套结合的结构特点。这是由学习样态和模式的多样化决定的，也是由个性化学习下学习计划、学习节奏和学习进度也都高度个性化的特征决定的。学校的学习空间不再是独立闭塞的单元结构，而是相互沟通的架构体系，在开放式学习环境中处理项目式学习以及其他集体学习活动，在大小嵌套空间内满足学生个性化发展的心理需求和学习进步需求。随着未来教育中课堂形式以及学制可能产生的变化，如学分制、选修制、走班制、学段弹性制的实行，无固定班级形成的自由教室走动、年级之间互通走动、自主和灵活的个性化学习的公共空间自由使用等，都将对未来学校的空间布局和结构设计提出灵活多元、空间嵌套与高共享度的高质量需求。由于学校的空间一般都是有限的，所以在空间利用上需要横纵向多功能使用，提升空间的复合利用效率；以色块标记和区分专一功能应用的区域，例如专业性较强的乐器储存室、教师休息室等。通过空间设计的现代感、未来创意感以及色彩与光线的合理科学使用，打造适合激发青少年、儿童想象能力、学习兴趣，认同感高的校园氛围。另外，由于学生规模每年都在发生动态变化，不论是增加还是减少，未来学校承载学生数量的能力同样取决于空间灵活的搭配和协调。

第二，学校的空间建设与建筑充分彰显“绿色校园”价值观。绿色，不仅指的是校园的绿化面积达到标准，更指的是校园的绿色环保理念在全体师生和校管理层的全方位执行，强化绿色发展理念在校园文化与教育教学活动中的实践。除了学校使用的建筑建设材料具有绿色环保友好性能之外，还应将校园打造为绿色循环、可持续发展的环保校园，如将校园建设成为植物实验室或者小型生态圈，对植物进行合理的空间布局，在美化环境的同时还可以将打造的有趣的植物空间与学生的休憩空间搭配起来，潜移默化中引起学生对绿色生命以及植物环境的习惯性感知；构建节能减排的管理体系，强化可持续发展意识，鼓励校园形成节约用水、用电的节俭之风；空间结构中多采用自然光线和自然通风，根据现实情况逐步使用清洁能源达成绿色低碳的标准。与自然环境的互动可以有效缓解认知疲劳以及提升注意力。感受自然氛围是促进中小学生“人性”成长的关键因素之一。由于未来的学校教学和生活方式大多以科技工具为主，因此构造或者引用的自然环境情境能够对于学生的自然意识起到比较重要的作用，避免“自然缺失症”（nature-deficit disorder）对学生身心造成的不良影响（普拉卡　等，2019）[165]。新址建设的未来学校有充足的条件对学校周边自然环境进行有机结合，因地制宜地布局和设计学校的形态；旧址改造的市内学校可以通过加设户外课程（例如养护城区花园、认领公园的绿地等形式）以及改善校园花草布局和增添空间内部盆栽数量来达到一定的“亲近自然”效果。

第三，学校基础生活设施布置要能够根据不同年龄段学生的生理特征、心理特征进行合理调适。由于未来的学校在学制、学段上可能会产生变化，基于目前走班制已经在一些学校的实践中获得了不错的教学成就，因此未来学校里要考虑到各年级学生可以自由流动将会成为普遍情况。教室桌椅、共享学习空间中的基础用品（储物柜、饮水机等），需要有灵活且安全的调节方式，可以让学生轻松完成。还要提高桌椅的使用效率和实用性，规避学生在实际操作过程中出现受伤或者不适的情况。

第四，未来的学校需要关注情境化建设，让学生更好地理解学习内容，体验舒适的生活场景。情境化建设，包括了教育情境、艺术情境和生活情境。教育情境可以通过空间的设计与 VR、AR 等技术和体验设备进行视觉和触觉的双重构建；未来学校注重设计美感，这是其相比传统学校的艺术情境区别，也是未来学校的形象标签，特别是城市内学校建筑与空间环境的“美”与人性化与否不仅与城市整体规划、景观的效果有关，还与学校的教育教学质量以及教学效率有密切联系（徐耀，2012）[14-15]。注重美感的设计有助于促进学生生成美育观念、增加美育体验、形成美感思维。当今世界不仅关注事物的使用价值，还关注设计价值。培养具有现代审美能力的未来人才也是未来教育的方向之一，因此通过学校具有美育价值的情境设计促成学生潜移默化地接受美育教育也是未来学校建设的重要考量方面。

第五，未来学校的建设要在物理安全和信息安全的前提下进行审美设计、材料选取、走线规划、平台构建，特别是防火设施与紧急出口的标记设计需要清晰显著。未来学校的学习场景构建中最重要的是智能技术打造下的实体智慧空间以及“云–网–端”所构建的虚拟空间。实体空间包括教室、操场、食堂、教学科研办公室、行政办公室等。支撑智慧空间的核心是智能技术。智能技术的使用离不开电力输送，因此未来学校第一关注的重要方面就是电力支持系统与校园电力设备的使用与安置安全。未来的教育依赖于信息数据的传送交流，但数据传送有两种安全隐患：一种是在传输时电力供应不稳定；另一种是因数据拦截或者泄露导致的信息安全泄露。学生的隐私数据的安全性需要得到格外重视。因此，未来学校的智慧校园智能基础设施建设和网络应用建设需要把安全使用和稳定的全天候全时段供电放在规划设计的关键位置上。

第六，空间布局和结构设计要能为智能技术设备设施的使用以及学习信息的互联服务，并且能通过智能技术平台将学校有限的物理空间延伸到无限的线上空间。虚拟离不开现实，数字技术与信息化应用需要学校提供硬件、物理场所的管理与运行支持。云端智慧教室、微课教学平台、网络学习社区、空中课堂等依靠互联网、大数据、云计算、深度学习等技术，将传统的课堂教学活动变为实时共享的智能课堂教学活动，而这些智能活动依赖于多种终端设备的信息互联与智能化应用；AGI、VR、AR、人机交互等技术与设备可以带来混合式、虚拟现实、增强现实的学习体验。这些设备与设施，都是未来学校的智慧学习模式中不可或缺的学习工具，摆放、安置、移动、使用这些设备设施需要足够灵活且可容纳的空间。因此，教育装备的无障碍化空间收纳与拿取便利也是在学校教学空间规划设计中需要考量的重要部分，关系到安全和智慧校园的“智能用品”使用规范。

## 五、问题聚焦

目前我国多个省区市都有正在投入使用或者即将投入使用的基础教育阶段的新建未来学校，也有旧学校加入未来学校的改造计划之中。在未来学校构建的过程中，会面临的挑战包括但不限于以下四点。

第一，在未来学校的空间建设上，不仅要考虑到教育教学的正式空间，还应该注重非正式学习空间的建设。非正式学习空间与正式学习空间的功能划分和有效连接将成为未来学校建设的一个重点。例如，在学校空间有限的情况下，走班制教学活动的空间设计要注意便捷、安全，要关注室内固定课堂与户外教学场地之间场景转换的便利性、灵活性和流畅性。未来学校需要在根据学生发展与培养目标，对已有的教学空间进行充分利用的同时，构建有利于学生进行户内外课外学习探索的专用空间。学校的现代化智慧设备、智慧课堂的建设、学生学习空间和生活空间的融通，对于已经形成固定校园空间结构和固定面积的学校在如何重构空间以及空间的合理分配方面具有较大挑战。

第二，《中华人民共和国义务教育法》规定：学校建设，应当符合国家规定的办学标准，适应教育教学需要；应当符合国家规定的选址要求和建设标准，确保学生和教职工的安全。未来的学校涉及的安全包括网络信息安全、数据安全、选址安全、电力系统安全、智能设备安全、学生老师的人身安全等。地势地形复杂地区的校舍建造、绿色选材、线路布局、智能设备的使用和管理等都会成为现实且重要的安全挑战。校园的整体建设，不仅依靠建筑领域、教育领域，还可以积极向科研院所获取技术支持与协助，启用技术建设与信息工程顾问。

第三，中小学校建筑设计面临的挑战是要充分满足教育教学各项设计标准及要求的同时，结合现代建筑理念和潮流。好看的建筑不一定适用于教育教学活动或者未来教育理念。建筑设计和教育理念的结合过程中，实用、适用于教育是根本原则，这意味着两个领域之间的合作需要达成一致。未来学校的建设设计基本点在于未来人才素养培养以及学生的学习与活动需求，需要对基础教育阶段的学生身心特征有慎重的考量。由于未来的学校强调未来、创新、绿色，智慧，这些特征需要在设计中得以体现，并根据不同学校的办学目标进行个性化设计。

第四，未来学校建设制度还是相对比较理论化的，目前我国已有一批学校进行未来学校的建设，问题和挑战在实践中会逐渐显现出来。除了以上的静态问题与挑战之外，还有相应的动态问题与挑战。未来的学生数量动态变化趋势与未来学校的学生数量与学习需求承载力需要在建设的时候纳入到动态规划蓝图中，与绿色减排、灵活空间安排共同组成学校可持续发展的一部分。例如学生的活动空间与智能设备的共享能力。未来学校也应该掌握应急能力建设标准与方法，比如，某些地区易发生地壳运动，那些与自然环境、地势地形融为一体的学校就需要有相应的应急预案，目前在文献中还尚未被提及。由于未来学校是绿色、智慧、追求设计感的，因此与传统学校相比建设费用也会相应增加，建设新校园或者改造传统学校过程中的资金保障也是未来学校建设需要重视的问题。以新加坡“未来学校”为例，为保障资金投入，学校与信息通信发展管理局、高等教育部达成战略性合作，并积极寻求国家研究基金会（National Research Foundation）的支持。我国的未来学校建设可以联合多部门进行关于资金运作、拨款渠道与方式的研讨，提出适用于我国的资金划拨与使用体制、机制。

## 六、改革建议

我国未来学校建设应以“绿色、智慧、安全、泛在互联”为突出特性，从以下三方面着力推进相关学校标准建设。

首先，设计感、科技感、舒适感、学习与生活氛围衔接等是未来学校的空间外在风格；建造模块化学习场所、做好以适应学生身心发展特点为主导的空间规划、布置具有探索性与灵活性的学习场景等是未来教育理念与方式注入学校空间布局的线索；智慧化、安全性、泛在互联的设备设施建设与应用是未来学校能够有效进行高效率高质量教育教学活动的关键内在保障。这三大主体内容的完成所要涉及的行业专家包括但不限于建筑设计师、教育学家、人工智能技术专家、地质学家、园林设计师等。因此，未来学校的建设需要多行业领域多部门的协同合作来完成。

其次，未来学校的建设需要有具体且细化的政策指导与政策支持，建设标准指标应明确，建设过程中不能急于求成，要留有一定的余地，规避因缺失建设经验造成的损失以及未来科技发展迭代更新造成的空间与设备设施浪费。基于之前新冠疫情的全球应对经验，未来学校的空间建设与设备设施要进行一些公共事件应急预案的设计：在空间设计中注意建造包括但不限于自然灾害、疫病传播等突发状况下可以灵活使用的避灾避险空间；建设使用的材料要注重绿色低碳以及保温隔热等；在建筑的设计中，还应注意进行报警装置的设计，以便出现紧急情况时，师生可以高效、便捷地使用报警装置。

最后，在虚实结合、数据驱动的未来学校设计中加入人文思考与关怀，对教师、学生和家长进行调研，充分考虑多方视角下的建议与意见；与世界已知的未来学校成功案例进行交流与合作，推进未来教育理念在学校空间与建设中的融合以及教育范式的重塑。

**参考文献**

安东尼·塞尔登，奥拉迪梅吉·阿比多耶，2020. 第四次教育革命——人工智能如何改变教育 [M]. 吕晓志，译. 北京：机械工业出版社.

鲍勃·伦茨 等，2019. 变革学校：项目式学习、表现性评价和共同核心标准 [M]. 周文叶，等译. 长沙：湖南教育出版社 .

曹培杰，2018. 未来学校变革：国际经验与案例研究 [J]. 电化教育研究 (11)：114-119.

邓小军，杨晓锋，2012. 开放式小学校教学空间模式研究 [J]. 华中建筑（4）：67-69.

丁懿，2019. 芬兰的“未来学校”是怎样的？ [J]. 福建教育（29）：29-31.

傅克诚，1984. 日本对未来学校建筑设计的展望 [J]. 新建筑（2）：77-79.

国家市场监督管理总局中国标准化管理委员会，2019. 智慧校园总体框架 ( GBT36342-2018) [EB/OL]. (2019-10-09) [2023-07-21]. http://www.eserexpo.com/cuce/?show-88- 2.html.

黄扬，2021. 德国未来学校创新实践及其启示 [J]. 教学与管理（26）：73-76.

教育部，网信办，发展改革委，等，2021. 教育部等六部门关于推进教育新型基础设施建设构建高质量教育支撑体系的指导意见 [EB/OL]. (2021-07-01) [2023-07-16]. http://www.gov.cn/zhengce/zhengceku/2021-07/22/content_5626544.htm.

李保宁，许传刚，2017. 建筑设计的探索与思考——以现代学校设计为例 [J]. 城市建设理论研究（电子版）(23)：59.

李哲，孙帙，李娟，等，2014. “学习创新工程”：日本面向 2020 年的未来学校设计 [J]. 中国信息技术教育（19）：100–103.

林楠，2019. 面向未来的校园建设 [J]. 设计（10）：7.

刘慕洁，2021. 荷兰 Agora 学校：为学生打造自由学习的“集市”空间 [J]. 上海教育（14）：58–61.

刘先觉，2008. 现代建筑理论：建筑结合人文科学自然科学与技术科学的新成就 [M]. 北京：中国建筑工业出版社 .

刘向永，2021. OECD：未来学校的四种图景 [J]. 中国信息技术教育（1）：5–8.

刘晓霞，2021. 学校空间设计助力个性化学习 [J]. 教育视界（19）：73–79.

刘绮璇，李嫣，李红菊，2021. 中学校园室内开放空间设计研究——以北大附中朝阳未来学校多功能教学空间为例 [J]. 艺术教育（2）：237–240.

普拉卡，什 · 奈尔，2019. 重新设计一所好学校 [M]. 林文静，译. 北京：中国青年出版社.

Rohde & Schwarz China, 2021. 应对学校数字化的挑战 [R/OL].(2021-01-27) [2023-12-09]. https://www.rohde-schwarz.com.cn/about/stories/tackling-the-challenges-of-school-digitalization/-_254426.html.

尚俊杰，2014. 未来学校建设的三层境界 [J]. 基础教育课程（23）：73–76.

王冬梅，2015. 新加坡“未来学校”的实践探索及其对我国的启示 [R/OL]. (2015-09-29) [2023-07-18]. https://www.csdp.edu.cn/article/736.html.

王素，姜晓燕，王晓宁，2019. 全球“数字化”教育在行动 [R/OL].(2019-11-15) [2023-07-12] https://www.edu.cn/xxh/focus/zctp/201911/t20191115_1693164.shtml.

吴军，2016. 智能时代：大数据与智能革命重新定义未来 [M]. 北京：中信出版社 .

徐耀，2012. 学校建筑设计中建筑美学与人情化的融合探讨 [J]. 山西建筑（36）：14–15.

岳培锫，张渝江，2016. 未来五年 K12 学校发展的方向——《2016 年地平线报告》（基础教育版）概述 [J]. 中国信息技术教育（19）：79–82.

赵斌，吴文治，郭林娜，2021. 基于环境心理学情感需求的校园共享空间设计研究——以上海工程大泗泾附校教工之家为例 [J]. 设计（16）：155–157.

赵婀娜，赵婷玉，2016.《中国学生发展核心素养》发布 [R/OL]. (2016-09-14) [2023-08-07]. http://edu.people.com.cn/n1/2016/ 0914/c1053-28714231.html.

中共中央、国务院，2019. 中共中央、国务院印发《中国教育现代化 2035》[EB/OL]. (2019-02-23) [2023-07-15]. http://www.gov.cn/zhengce/2019-02/23/content_5367987.htm.

中国教育科学研究院中国未来学校实验室，2016. 中国未来学校白皮书 [R/OL]. (2016-11-24) [2023-09-07]. https://wenku.baidu.com/view/135ff5f180c758f5f61fb7360b4c2e3f572725f7.html.

中国教育科学研究院中国未来学校实验室，2020. 中国未来学校的三大维度七大亮点 [R/OL]. (2020-06-19) [2023-07-15]. https://zysh.nwsuaf.edu.cn/xxyd/a08d4c33becb4d3ca2e557de6b729854.htm.

中华人民共和国教育部，2018. 教育部关于发布《网络学习空间建设与应用指南》的通知 [EB/OL]. (2018-04-17) [2023-07-15]. http://www.moe.gov.cn/srcsite/A16/s3342/201805/t20180502_334758.html.

中华人民共和国教育部，2018. 教育部关于发布《中小学数字校园建设规范（试行）》的通知 [EB/OL]. (2018-04-17) [2023-07-15]. http://www.moe.gov.cn/srcsite/A16/s3342/201805/t20180502_334759.html.

中华人民共和国教育部，2018. 教育部关于印发《教育信息化 2.0 行动计划》的通知 [EB/OL]. (2018-04-18) [2023-07-12]. http://www.moe.gov.cn/srcsite/A16/s3342/201804/t20180425_334188.html.

Amanda Datnow, Vicki Park., 2018. Opening or closing doors for students? Equity and data use in schools [J]. Journal of Educational Change, 19 (2): 131–152.

European Commission, 2020. Digital Education Action Plan (2021-2027) [EB/OL]. (2020-09-30) [2023-07-12]. https://education.ec.europa.eu/focus-topics/digital/education-action-plan.

Henry Barnard, J. McClintock, Robert O., McClintock, 1970. Henry Barnard's School Architecture[M]. New York: Teachers College Press.

Joke Voogt, Natalie Pareja Roblin, 2012. A comparative analysis of international frameworks for 21st century competences: Implications for national curriculum policies [J]. Journal of Curriculum Studies, (3): 299–321.

R. Thomas Hille, 2014. 现代学校设计：百年教育建筑设计大观 [M]. 北京：电子工业出版社.

RT Fernández, NC Martínez, 2020. The Future Classroom Lab as a Framework of Development for Competency- and Project-based Learning [J]. Revista Mexicana de Investigation Educativa, 25 (85): 449–468.

## 第二节　面向未来的学校内部治理制度创新

未来教育的治理需要各方利益相关者积极参与，国家与地方、私人部门与公共部门、家长与社会诸多行动者在不同的层面上对学校决策的制定与运作发挥影响（张敬威，苏慧丽，2021）[17]。学校内部治理是教育微观治理的具体场域，它涉及到教育资源在学校内部的分配。从组织管理的角度来看，内部资源的分配方式直接影响了教育生产效率。基于此假设，有研究者基于 PISA2015 数据分析义务教育学校内部治理与学生成绩的关系发现，以多元参与为核心特征的学校内部治理能够显著提高学生成绩（张建顺 等，2020）[101]。从学校氛围之于学生发展的角度来看，民主公正的学校氛围对于培育未来具有公民参与能力的学生而言，也具有显著意义。

### 一、学校内部治理制度概念界定

学校内部治理结构变革一直嵌入于学校管理改革的过程中（周彬，2020）[51]，因此对学校内部治理制度的界定需要从“管理”到“治理”的动态变迁中加以概括。

#### （一）学校领导体制：纵向权威的构建

最初，学校领导体制也被称为学校管理体制，它是一种组织架构，旨在规范学校的行政管理、教育、教学等方面的活动，并确定学校内部各种组织的职能、权力、责任以及彼此之间的关系。随着学校管理理论的不断深入，学校管理体制进一步被界定为“学校内部领导力量的地位、作用、权责划分及其彼此关系的根本制度，该制度除了规定学校工作由谁来领导，以什么方式进行领导外，还确定学校内部各种组织的地位、作用和相互关系”（王宁宁，2007）[18]。传统的管理理论主要体现的是韦伯式的官僚体制思路，其对于学校内部的管理主要体现为学校领导体制，这一体制主要致力于逐步构建其纵向权力的权威，并使之推动学校功能的实现。

## （二）学校内部治理制度

从逻辑上看，学校内部治理制度离不开“治理”与“学校治理”这两个基本概念。

1.“治理”：参与式互动中的公共利益最大化。

“治理”（governance）最初的含义是“控制、引导和操纵”。在西方语境下，“治理”是一种全新的、基于社会主体参与的国家和社会管理模式，它不仅改变了传统的国家统治和政府管理，而且更加注重社会参与，以及实现全面、公正、平等的管理。在我国的语境下，“治理”的含义既强调国家和政府的统治和管理，也吸收西方治理理论的有益成分，强调各社会主体的参与和作用（杨立华，2021）[65]。因此，“治理”是围绕国家（政府）、社会和市场之间的关系而展开的，以实现社会秩序可持续和公共利益最大化为目标，重点关注公共权力及其相关主体的参与及协调的互动过程（任勇，2020）[69]。

2. 学校治理：自主与合作。

教育治理是国家治理的一部分，学校治理又是教育治理的重要组成之一。从体系上看，学校治理是教育治理在学校层面满足民主参与教育需要的重要体现；从形式上讲，它超越了传统以管理为主的学校形态，实现了向自主合作治理的实践转型；但本质上是国家与学校权责关系的重构。从这个意义上说，学校治理意味着权力向学校的转移，通过权责的合理配置重构现代学校的价值体系和制度设计。同时，学校治理不以权力为终结，而是形成一种表达学校利益相关者利益的机制，并建立一系列民主协商的程序和规则。随着学校权利分工的明确，各方参与其变革的实践变得越来越重要，包括但不限于政府官员、校长、教职工、学生、社团、专业人士、家庭成员及社区居民，他们“可以基于自身对教育的理解并以不同的方式参与到学校变革的实践中，彼此相互链接共同在学校中组成了社会关系的缩影”（杜明峰 等，2020）[32]。

3. 学校内部治理制度：学校内部关系的合法性建构。

学校的外部治理体现为国家、学校和市场之间的权力分配与调整，重点是在理顺学校与政府、社会的权责关系的前提下，赋予学校更大的自主发展权。学校内部治理则强调厘清内部治理结构以及组织与个人的权责关系，强调形成各主体平等合作、民主参与和科学决策的观念和文化，从而提升校长的学校治理能力；同时鼓励支持教代会、家委会等组织积极行使权力；加强学校章程建设，用制度规范权力的运行，用章程强化学校治理的法理依据（杜明峰 等，2020）[34]。因此，学校内部治理制度是以学校育人活动为中心所指涉的相关主体在对话、协商互动中逐步认可、接受和执行的权威制度，以促进育人效果最大化的实现。

## 二、我国学校内部治理制度的政策变迁

《中华人民共和国教育法》第三十一条第一款规定：“学校及其他教育机构的举办者按照国家有关规定，确定其所举办的学校或者其他教育机构的管理体制。”该条第二、第三款还明确了：学校的教学及其他行政管理，由校长负责；学校及其他教育机构应当按照国家有关规定，通过以教师

为主体的教职工代表大会等组织形式，保障教职工参与民主管理和监督。同时，《中华人民共和国义务教育法》第二十六条也确认了义务教育阶段“学校实行校长负责制”。可见，现行的教育法律确立了校长负责制这一学校治理的基本制度。但是，“校长负责制”的具体内涵，以及与之相适应的配套制度还需要从有关学校内部治理的制度变迁之中进行梳理。

### （一）学校内部管理体制的奠基阶段：权威建构及其制衡

从新中国成立初期到改革开放前期，我国学校内部管理体制相关的政策文件数量不多，零星出台，但是开始走向规范化、权威化。宏观层面，学校内部管理体制政策的制定主体主要是国家行政机关以及相关的教育行政部门，管理体制政策的说服力与权威性不容置疑。通过改革学校内部管理体制，可以极大地提升教育行政部门的管理能力，增强学校的自治性，激发其内在活力，并为学校提供更高效的运营模式。

1949～1951 年，“校务委员会”制度被采纳，由政治上进步的教职员工和学生组成的校务委员会成为学校的领导机构。这种模式体现了学校在政治觉悟上的进步性，但也暴露出过度民主导致的缺乏有效的管理者和责任人。

1952 年，为了克服极端民主带来的问题，《中学暂行规程（草案）》和《小学暂行规程（草案）》规定中小学实行“校长责任制，设校长一人，负责领导全校工作”。校长可以较好地履行自己的职责，行使法律规定的权力，最大限度提高管理效率。自此，学校内部管理体制开始走向权威建构。

1958 年，《关于教育工作的指示》明确指出“一长制容易脱离党委领导，所以是不妥的”。因此在实践中强调党支部的作用，用“支部书记负责制”取代“校长负责制”，通过对校长权力的分割达到权利主体之间的横向制约目的，希望以此缓解行政一长制带来的独断专行。至此，学校中的党政关系开始成为学校管理体制改革需要解决的关键问题。经过多年的实践检验，这一模式的主要问题表现为：党支部与校长之间的权力分配不均、职能混乱，使得学校中党政关系矛盾激化，形式主义风险极大，甚至导致了我国学校管理长期存在的效率低下、资源浪费、有权无责、有责无权等问题。

1963 年，《全日制中学暂行条例（草案）》和《全日制小学暂行条例（草案）》规定："校长是学校行政负责人，在当地党委和主管教育行政部门领导下，负责领导全校的工作""党支部对学校行政工作负有保证和监督的责任"，由此确定了"党委领导下的校长负责制"。1978 年，教育部修订颁布的《全日制中学暂行工作条例（试行草案）》和《全日制小学暂行工作条例（试行草案）》中皆指出，全日制中小学"实行党支部领导下的校长分工负责制，学校的一切重大问题，必须经过党支部讨论决定"。一方面，作为学校的领导者，校长是学校运营管理的总设计师，负责管理和监督学校的所有工作，依法履行自己的职责和权力，从而最大限度地提高学校管理效率。另一方面，单体系的"校长负责制"监督机制不够健全，由于只有基层党委、支部、教代会等少数几个组织参与，导致了党政关系的紧张局势进一步加剧。基于此，"党委（党支部）领导下的校长负责制"充分践行了权力制衡在学校内部管理体制中的作用。

### （二）学校内部管理体制突破时期：简政放权

改革开放以来，随着计划经济向市场经济体制转型，学校内部管理体制改革也在整体性稳步推进。这一时期，学校内部管理主体、监督主体、决策主体更加多元，学校办学自主权走向深化，学校科学管理、依法治校多点发散。总体而言，国家给予了学校内部管理充分的发展空间，"简政放权”成为这一时期学校内部管理体制改革的重大突破点。

1985年，《中共中央关于教育体制改革的决定》拉开了改革开放以来我国学校内部管理体制改革的序幕。它强调，要推进教育管理的变革，就要坚持实行简政放权，在扩大学校办学自主权的同时加强对学校的监督和指导，并且要求各级党委和人民代表大会积极参与到学校的发展和建设当中。随着时代的进步，为促进学校的发展，国家及地方政府已经制定了多项有助于增强学校自主权、提高其治理水平的政策（李楠，2018）[14]，进一步要求，要加强领导，调动各方面积极因素，保证教育体制改革的顺利进行：1. 改革教育体制要调动各方面的积极性，最重要的是要调动教师的积极性，有关学校自身的重大改革都必须经过教师充分讨论；2. 学校逐步实行校长负责制，有条件的学校要设立由校长主持的、人数不多的、有威信的校务委员会，作为审议机构；3. 要建立和健全以教师为主体的教职工代表大会制度，加强民主管理和民主监督；4. 学校中的党组织要从过去那种包揽一切的状态中解脱出来，把自己的精力集中到加强党的建设和加强思想政治工作上。

1991年，《全国中小学校长任职条件和岗位要求（试行）》对“校长负责制”下校长的权力清单规定得更加具体，对校长的主要职责做出如下要求：1. 全面贯彻执行党和国家的教育方针；2. 认真执行党的知识分子政策和干部政策，团结、依靠教职员工；3. 全面主持学校工作；4. 发挥学校教育的主导作用，努力促进学校教育、家庭教育、社会教育的协调一致、相互配合，形成良好的育人环境。当前，校长负责制已成为我国中小学正在实行的领导体制，涉及学校管理的相关事务，包含学校重大决策的开展以及民主监督机制的运行等，同时校务委员会和教职工代表大会也在学校治理的过程中发挥着重要作用。

1993年，《中国教育改革和发展纲要》规定“中等及中等以下各类学校实行校长负责制”“上级机关领导，校长全面负责，支部保证监督，教工民主管理”。1996 年，《小学管理规程》进一步提出“小学若规模较大，可成立由校长召集，各部门负责人参加的校务委员会，研究决定学校重大事项”。至此，参与学校决策的主体更加多元化，民主监督的渠道更加多样化。

### （三）学校内部管理体制加速建构期：构建现代学校制度

2010 年颁布实施的《国家中长期教育改革和发展规划纲要（2010—2020 年）》（以下简称《纲要》）将现代学校制度建设上升到国家政策层面并作出具体战略部署。至此，现代学校制度建设步入全国范围的区域探索阶段，各地积累了一定的实践经验，通过构建现代学校制度，走出了一条具有中国特色的学校内部管理体制高速转型之路。这一时期，现代学校制度建设，从宏观到中观再到微观，都取得了一定的突破（许杰，2016）[32]。

《纲要》提出的现代学校制度构建的战略目标为：“健全充满活力的教育体制……全面形成与社会主义市场经济体制和全面建设小康社会目标相适应的充满活力、富有效率、更加开放、有利于科学发展的教育体制机制，办出具有中国特色、世界水平的现代教育。”在具体措施层面强调：1. 推进政校分开、管办分离。适应中国国情和时代要求，建设依法办学、自主管理、民主监督、社会参与的现代学校制度，构建政府、学校、社会之间的新型关系。2. 落实和扩大学校办学自主权。3. 完善中小学学校管理制度。完善普通中小学和中等职业学校校长负责制。完善校长任职条件和任用办法。实行校务会议等管理制度，建立健全教职工代表大会制度，不断完善科学民主决策机制。扩大中等职业学校专业设置自主权。建立中小学家长委员会。引导社区和有关专业人士参与学校管理和监督。发挥企业参与中等职业学校发展的作用。建立中等职业学校与行业、企业的合作机制。

2012 年，《全面推进依法治校实施纲要》提出全面落实依法治国要求，大力推进依法治校，建设现代学校制度：1. 加强章程建设，健全学校依法办学自主管理的制度体系。2. 健全科学决策、民主管理机制，完善学校治理结构：（1）依法健全科学民主决策机制。要进一步加强和改善党对学校的领导，在中小学、民办学校充分发挥基层党组织的政治核心作用，中小学要健全校长负责制，建立有教师、学生及家长代表参加的校务委员会，完善民主决策程序。（2）完善决策执行与监督机制。要在学校内形成决策权、执行权与监督权既相互制约又相互协调的内部治理结构，保证管理与决策执行的规范、廉洁、高效。

2012 年，《学校教职工代表大会规定》《关于建立中小学幼儿园家长委员会的指导意见》对其他利益相关者民主参与现代学校制度构建均做出了不同维度的规定。《学校教职工代表大会规定》赋予教职工代表大会的职权是：1. 听取学校章程草案的制定和修订情况报告，提出修改意见和建议；2. 听取学校发展规划、教职工队伍建设、教育教学改革、校园建设以及其他重大改革和重大问题解决方案的报告，提出意见和建议；3. 听取学校年度工作、财务工作、工会工作报告以及其他专项工作报告，提出意见和建议；4. 讨论通过学校提出的与教职工利益直接相关的福利、校内分配实施方案以及相应的教职工聘任、考核、奖惩办法；5. 审议学校上一届（次）教职工代表大会提案的办理情况报告；6. 按照有关工作规定和安排评议学校领导干部；7. 通过多种方式对学校工作提出意见和建议，监督学校章程、规章制度和决策的落实，提出整改意见和建议；8. 讨论法律法规规章规定的以及学校与学校工会商定的其他事项。

《关于建立中小学幼儿园家长委员会的指导意见》则规定“建立家长委员会，对于发挥家长作用，促进家校合作，优化育人环境，建设现代学校制度，具有重要意义”。家长委员会的基本职责：1. 参与学校管理。对学校工作计划和重要决策，特别是事关学生和家长切身利益的事项提出意见和建议。对学校教育教学和管理工作予以支持，积极配合。对学校开展的教育教学活动进行监督，帮助学校改进工作。2. 参与教育工作。发挥家长的专业优势，为学校教育教学活动提供支持。3. 沟通学校与家庭。向家长通报学校近期的重要工作和准备采取的重要举措，听取并转达家长对学校工作的意见和建议。向学校及时反映家长的意愿，听取并转达学校对家长的希望和要求，促进学校和家庭的相互理解。

2013年，《义务教育学校校长专业标准》和《普通高中校长专业标准》两份标准的颁布，从微观层面，为现代学校制度构建的优化管理设立了目标。在内容上体现出：复归学校主体地位，提升其自主性；激活校长队伍，实行自主管理；健全民主管理机制；注重社会参与，让学校融通社会等不同程度的实践经验。两份标准强调需要进一步优化内部管理：1. 形成学校领导班子的凝聚力，认真听取党组织对学校重大决策的意见，充分发挥党组织的政治核心作用。2. 尊重和支持教职工代表大会参与学校管理的民主权利，定期向教职工代表大会报告工作，实行校务会议等管理制度。3. 建立健全学校人事、财务、资产管理等规章制度，提高学校管理规范化水平，不得违反国家规定收取费用，不得以向学生推销或者变相推销商品、服务等方式谋取利益。4. 努力打造平安校园，建立和完善学校各种应急管理机制，定期实施安全演练，正确应对和妥善处置学校突发事件。

### （四）学校内部管理体制升级完善时期：学校治理体系和治理能力现代化

加快推进教育治理体系和治理能力现代化，是现阶段深化教育领域综合改革的目标（张乐天，2014）[5]。在此基础上，建立起健全的学校管理制度，以及提升其管控水平，将会大大促进我国教育管理制度的发展，从而实现教育治理体系的现代化。《中国教育现代化 2035》提出的战略任务为“推进教育治理体系和治理能力现代化，提高学校自主管理能力”。《国民经济和社会发展第十四个五年规划和2035年远景目标纲要》强调建设高质量教育体系——深化教育改革：落实和扩大学校办学自主权，完善学校内部治理结构，积极推动社会力量参与到学校的管理中。为此，现阶段学校深化改革的重要指向是推进学校治理能力的现代化，加快建设学习治理体系现代化。

2013年，党的十八届三中全会发布的《中共中央关于全面深化改革若干重大问题的决定》提出，全面深化改革的总目标是完善和发展中国特色社会主义制度，推进国家治理体系和治理能力现代化——深化教育领域综合改革：深入推进管办评分离，扩大省级政府教育统筹权和学校办学自主权，完善学校内部治理结构。

2015年，《关于深入推进教育管办评分离，促进政府职能转变的若干意见》强调进一步健全中国特色教育管理制度、现代学校制度和教育评价制度，加快推进教育治理体系和治理能力现代化，激发教育活力推进政校分开，建设依法办学、自主管理、民主监督、社会参与的现代学校制度：完善学校内部治理结构，坚持和完善普通中小学和中等职业学校校长负责制。

2016年，《关于加强中小学校党的建设工作的意见》要求建立党组织参与决策和监督、有效发挥作用的制度机制。完善领导班子配备方式，推行党组织与行政领导班子成员双向进入、交叉任职，保证党组织在重大事项决策中的地位。健全议事决策制度，明确党组织参与决策具体内容和程序，规范党组织会议、党政联席会议制度，按照民主集中制原则集体讨论决定重要事项。健全沟通协调机制，对重大议题和事项，党组织与行政领导班子成员要充分沟通酝酿、形成共识。

2019年，《中国教育现代化2035》提出主要目标：形成全社会共同参与的教育治理新格局。中国特色现代学校制度更加完善，学校办学自主权得到有效保障，学校发展活力明显增强。

2020年，《关于进一步激发中小学办学活力的若干意见》要求坚持科学决策、民主决策、依法决策。学校发展规划、重要改革、安全稳定等重大事项和涉及师生员工切身利益的重要问题，由学校党政领导班子集体研究决定，并充分听取广大师生的意见，主动接受监督。

总体而言，在学校内部管理体制升级完善时期，核心之举就是需要在新时代推进学校治理体系和治理能力的现代化。首先，需要不断提升学校多元治理主体对学校制度与规范的执行力，通过科学化的制度设计激发学校内外治理多元化主体执行各类制度的创造性、积极性与主动性。其次，不断增强学校治理多元化主体执行学校制度与规范的协调力。最后，循序渐进强化对学校治理过程与结果的监督、反馈和调整能力。

## 三、国内外学校内部治理制度的创新案例

### （一）美国特许学校内部治理机制

在未来学校治理的内部机制上，特许学校主要采用两种基本模式：董事会治理模式和公司集团化治理模式（王寰安，2017）[83]。

1.董事会治理模式。

董事会是学校的最高权力机关，拥有学校所有的法定权力，包括学校政策制定、预算审批、校长聘任和监督等重大决策权力。校长则具有提出学校发展建议、实施并评价课程与教学计划、聘任发展和评价教职员工等具体运营权力。保障董事会能行使其权力的机制有三种：一是董事会成员的产生机制。特许学校董事会的成员通过自我任命的形式产生，包括内部选举、推荐或董事会内部任命等方式来选择新成员，而不是通过强制性的公开选举或任命。为了确保董事会成员具备其职位所需的能力，董事

会将评估和审查候选人在各个领域的技能和能力、兴趣和关系。二是集体决策制度。即董事会实行集体表决制，实行“一人一票”和集体多数原则。三是专业委员会制度。在董事会下设包括财务委员会、人事委员会、教学委员会、学生事务委员会等在内的专业委员会，协助董事会进行科学决策。

这一内部治理模式通过平衡校长权力，强化学校内部责任制，有效提高了决策效率并改善了学校内部治理。但是也存在以下现实问题：一是不同成员之间的目标存在冲突或差异；二是董事会成员在决策时仅从自己孩子的角度出发，而不是从学校整体利益出发；三是董事会成员履责能力欠缺，呈现“外行管理内行”的现象；四是家长、教师都是兼任董事会职务，精力有限，难以全程掌握校长管理学校的信息。

2. 公司集团化治理模式：总部 + 分校模式。

以爱迪生公司为例，公司集团化治理主要包括三个层次：最高层是公司总部的执行总裁，享有最高的行政权限，负责统筹管理全局；总部设有中枢办公室，分设各地区区域经理，负责协调管理区域内的学校；最底层就是分校校长，负责具体学校的运营管理。在工作职能上，集团总部负责建立或设计共享的教育理念或特色、课程和教学模式，并统一聘任和评价校长的程序及标准，而分校校长负责学校愿景的具体实施，包括资金使用、人员聘任和评价、课程和教学管理等。为了有效规范校长的行为，爱迪生公司建立了一套严格的监管制度：第一，学校视察和电话会议。区域主管、区域年级副主任、总部课程部人员等会以个人身份定期对学校进行检查评估，通过每月电话会议向总部首席教育官汇报各学校包括课程实施、学生行为、考试成绩、学校校长领导等在内的基本情况。第二，实施月度学生评价制度。每个月通过计算机对 2 ～ 11 年级的学生进行数学和阅读测试结果的分析与评估。分析结果不仅可以作为学生和教师的教学诊断工具，还可以作为集团在学校管理方面对学校进行评估的工具。第三，采取顾客满意度评价。将教师、学生、家长对学校的满意度作为校长评价的重要指标。第四，星级排名。学校的年度星级评定基于五个方面：综合运营效率、顾客满意度、学校设计、财务管理和学生成绩。星级将决定校长的绩效金额。

## （二）“嵌入式”治理：以重庆市融汇沙坪坝小学为例

“嵌入式”治理以激活多主体的积极动能来推动多中心的合作共治。融汇沙坪坝小学主要通过以下几项举措来促进学校治理能力的升级，提高学校的办学活力（郭先富，2021）[25]。

1.“嵌入式”决策系统。

一是规划“嵌入式”领导设计。由于学校教学空间和师生社区的转型，学校原有的组织结构被解构，学校领导面临着监管不力的问题。为确保社会主义教育方向，强化学校管理效能，学校深度嵌入党支部组织结构和行政组织结构，通过党支部委员与学校行政校长、副校长的交叉聘任，加强领导，才能有效避免党政分离造成的“两条路线”和“各自为营”的弊端。党和政府通力合作，切实提高执政效率。

二是构建“扁平化”组织结构。学校将最高审议机构命名为“学校策划发展中心”，并建立了课程与教学管理中心、行政后勤服务中心和学生德育咨询中心，服务于每一层楼、每个教师办公室。学校取消年级组长制，实行楼层行政负责制，将学科主任分配到资源集中的教学楼楼层。具有学生管理性质的楼层管理与具有业务指导性质的部门管理（教学部、研究室、德育部）相互嵌入，形成以楼层为单位的“校中校”结构。每一位业务主任都是“校中校”的负责人，全面负责“校中校”的管理工作。

三是采取“清单式”赋权增能。完善学校内部治理结构，不仅要落实校长负责制，还要通过“横向分权”和“纵向分权”有效激发内部组织结构的活力。自2015年起，在建立四大中心的基础上，学校每年实行教学楼楼层“小微校长”的任命和教师办公室主任的民主选举，“学校规划与发展中心”通过学校章程将权力清单、责任清单、管理边界清单与各组织机构的负责人匹配起来，赋予各个场域空间管理者适度的教师配置权、绩效奖励分配权和参与学校公共事务的决策权，让“清单式”赋权为组织赋能。

2.“嵌入式”运转系统：自转公转同频共转提高效能。

一是建立“嵌入式”双驱共转机制。学校内部治理最重要的方面是处理好“学术”与“行政”的关系。因此，学校治理除了建立以教学楼层为标志的“校中校”行政组织结构外，还需要建立以学术为中心和服务于学术的组织，如学术委员会。学术委员会要作为校长专业治理学校的智库团队，参与教师培训、考核评价、职称评定等决策，让专业的人做专业的事。

二是实行“驿站式”教师共育机制。建设人人参与、人人尽责、人人享有的学校治理共同体，是提升学校治理能力和治理水平的重要途径。在教学楼区域，学校形成了以楼层办公为中心的新领域，包括“同伴学习社区”“混合年龄学生生活社区”“跨学科教师协作社区”。根据学习社区的形态，学校实施精准的班级教师协同育人机制，楼层办公室实施团队捆绑考评机制，学校楼层行政团队每年必须进行行政和业务双述职，展示协同育人的成果。

三是开启“自助式”学生自治机制。理想的学校是以学生为中心的场域，学校的每一层都是一个由具有生态特征的同龄学生和混龄学生组成的生态共同体：“校中校”同龄自然班级的学生在班主任的领导下实行班级自治管理；“校中校”的公共区域采用班级轮岗的方式进行值周管理；特色场馆中学生的社团学习由授课教师工作室自主管理；在课程老师的指导下，学生的社会实践活动由团队独立管理。自主管理提高了教师与学生自我服务的能力。

3.“嵌入式”保障系统：内控外督整体提升治理水平。

一是构建多主体协作督导机构。学校通过完善教职工代表大会制度，让教职工依法深度参与学校民主管理和民主监督，赋予其审定学校章程和发展规划、对决策机构和学术机构进行监督的权力；引导家长参与学校管理，通过三级家委会参与协同治理，形成家校共治的良好局面；激发全校学生参与学校公共事务的积极性，通过少代会团结学生参与学校管理，让他们在课程建设、学生自助管理及学校文化建设等方面发挥建议作用。

二是实施内控协约评价。学校共治与自治是有界限的，这需要更高的公民素质和具体的学校评价体系。学校在充分认识共治与自治利弊的基础上，通过相关协议促进多主体积极参与学校公共治理：（1）出台《融汇沙小“融耀团队”评价量表》，将教师个人与团队捆绑评价，有效促进管理团队与业务团队的双驱运转；（2）出台学生《自助管理行为规范》，授权学生组织实施“五雅”（雅言、雅行、雅洁、雅仪、雅膳）常规评价，促进学生在相关部门的指导下参与学校管理。

三是涵养协同治理文化。在制度无法触及的地方，可以利用文化的力量进行深入。学校开展“知行合一，聚沙成塔”的内部文化认同培训，积极培养教师的个人和团队精神，通过物质和精神激励，调动教师参与公共事务的积极性；通过培养雅正、包容、开放、创新的学校文化，鼓励家长积极参与与学生核心利益相关的重要决策，通过家校共育促进学校治理的全面提升；通过引入第三方机构积极参与学校监督评价，形成多方关心学校发展的综合生态圈。协同治理文化为学生全面发展、学校质量发展、教育治理科学发展提供动力。

# 四、未来学校内部治理制度的特征和趋势

## （一）未来学校内部治理结构的开放化

教育管理系统理论认为，教育组织是整个社会系统的一个子系统，它不能是封闭的，而是开放的。在一个开放的学校系统中，第一步是把握与外部环境的关系。环境既为教育提供了机会和资源，也给教育带来了制约。资源的获取是学校生存的基本条件。对一所学校来说，国家政策、地方政策、法律、其他学校建筑和社区等都是学校环境的重要特征，学校的目标和决策都将受到外部环境的影响，学校在环境中获得资源、信息，外部环境中的竞争、资源及政治影响都会对组织的内部运行产生作用（孙明英 等，2013）[197]。

未来学校是具有开放性的系统，其内部治理会受到相应外部环境的支持或约束。以学校为中心，直接相关的环境一般是指学校所在的社区和社会，间接相关的环境则包括与政府和市场的关系，学校外部更大环境的变化会影响学校的小环境（杜明峰 等，2020）。[35]因此，未来，学校应摆脱封闭的内部治理结构，实现内部治理结构的开放性，加强与外部环境的沟通，将其转化为学校发展的能源，其中最根本的就是在不断提高自主办学能力的基础上，重新构建学校与环境的关系。

未来学校要积极吸收外部环境资源。学校应该与各种利益相关的人士建立合作伙伴关系，包括社区、家长、教育理论家、公益组织和社会团体。利用这些人的专业性与已有资源，为学校和学生的发展提供帮助和支持。随着社会的发展，市场已经成为优质教育资源的重要来源，它能够提供政府无法满足的各种教育服务。因此，未来，学校应当与市场建立更加灵活的合作关系，通过向企业或其他教育机构采购教育服务，为学生提供

更多元化、多样化的选择，从而提高学校的教育质量和效益。

### （二）未来学校内部治理主体的多元化

利益相关者治理模式是一种多主体广泛参与治理的模式。包括政府、教师、学生、社会团体、社区等在内的多方利益主体以权力和利益作为基础，通过相互信任和相互协作的多元方式参与学校管理过程，从而实现治理目标。从前文政策回顾中，我们可以明确目前处于学校内部管理体制升级完善期。从《中国教育现代化 2035》和《国民经济和社会发展第十四个五年规划和 2035 年远景目标纲要》的目标定位中可以看出，当前及下一个阶段的教育治理需要进一步推进治理体系和治理能力的现代化。因此，我们认为，有序引导社会参与学校治理，提高他们的参与意识和参与能力，是面向未来学校内部治理制度构建与完善的方向。

教育治理能力现代化的核心理念是多元、民主、参与和协商。这要求打破传统的一元单向的学校管理模式，让各种利益相关者都能够参与到治理过程中。在多方参与、互动的过程之中，围绕共同的发展目标来协商，以“共治”求“善治”，共同提高中小学校的管理水平。

首先是多方参与。学校、教师、学生、家长、专家学者、新闻媒体、企业等各界人士都有责任参与到学校治理中，通过广泛的沟通、深入的讨论、科学的管理、有效的实施等措施，来实现学校的发展目标，并为学校的未来发展提供有力的支撑（杜明峰 等，2020）[36]。未来学校特别要注重专家学者参与学校内部治理。专家学者“以开设专题讲座、定期进校指导、担任指导教师等形式与一线教师进行互动”，解答一线教师在教育教学方面存在的困惑，帮助一线教师提升专业能力、开阔眼界。多元主体共同参与的治理格局，降低了校长个人因素对学校发展的影响，也促进了学校内部治理的相互协调和制约，实现了学校的民主治理和决策（潘虹 等，

2021）[64]。

其次是民主协商。未来学校要真正转变决策方式，从领导决策转向参与决策。未来学校内部治理主体不仅要给予各利益相关方参与决策的机会，更要认真听取各利益相关方提出的意见和建议并切实落实在决策结果上，从而保障各利益相关方都有机会参与到学校重大事务决策中并发挥实质性影响。

最后是校长负责。虽然治理主体的多元化是完善未来学校的内部治理制度的必然要求，但是过于民主容易导致“商而不决”、无人负责的情况。学校内部治理结构改革，核心在于坚持和完善中小学校长负责制和大学党委领导下的校长负责制。在基础教育领域，应加强中小学党组织建设，发挥基层党组织在中小学治理中的核心作用，健全校长负责制，完善学校理事会、教职工代表大会、学生代表大会制度，充分发挥中小学教学骨干在学校教育教学改革中的核心作用（范国睿，2017）[28]。

### （三）未来学校内部治理机构的扁平化

组织结构扁平化带来的好处是能利用现代信息技术使沟通更加顺畅，取消了原本负责上传下达任务的中间管理层，使组织轻量化，降低管理成本。扁平化管理的决策触角直达市场，能根据市场快速变化的信息做出决策，并得到即时的执行和反馈。扁平化管理实行授权管理，将企业决策者从具体事务中分离出来，专注于研究宏观市场，确立企业目标，进行整体战略决策；企业中的基层管理者有权根据具体情况做出行政决策，使总体决策更具灵活性和实用性。借鉴组织结构的扁平化管理方式在企业成功应用的经验，未来学校的内部治理结构也应该实现扁平化管理。

在传统的由上至下的科层式的学校管理模式下，管理方式主要体现为文件通过学校上级签字盖章和批示，然后下达到各个部门落实执行，上级要求下级部门在一定期限内按要求完成（杨晓莹，2020）[15]。未来学校治理的核心特征在于，它挑战了传统的学校管理体系，提出了一种新的、更加扁平化的治理模式，即建立一个由学校领导、学校决策者和学校沟通者共同参与的网络化渠道，以服务为导向，形成多中心的治理架构，从而促进学校的发展和改革（杜明峰 等，2021）[135]。

学校应逐步构建起扁平化、分布式、制衡型的管理机制。各学校应结合实际，逐步减少学校的管理层级，如副校级干部直接兼学部（年级）主任或中层部门负责人等，由此减少管理过程中的信息衰减，使自下而上的师生声音能够迅速被校务委员会了解到，同时也使自上而下的政策、措施等能够尽快惠及全体教师和学生（楚江亭，2021）[226]。

## 五、学校内部治理制度在中国实践中面临的问题与挑战

内部治理是教育治理的重要组成部分和具体实践之一（刘晓英，2022）[15]，中小学的内部治理结构作为教育治理体系的重要组成部分，已成为激发学校办学活力、确保学校各项工作健康运行、提高教育教学质量的关键所在（李晓忠 等，2022）[58]。在实地调研开始前，本专题主要依据现有的文献和课题组前期开展的“北京市依法治校现状调查”的部分数据以及一些学者公开的调查研究结果，归纳总结目前学校内部治理中的实践困境。

### （一）决策机制尚不完善，党组织领导下的校长负责制处于试点阶段

1. 天津市的调查发现。

2014 年，有研究者通过对天津市 4 个区、8 所学校调查发现：校长是

决策层的核心。尽管校务委员会、教职工代表大会也有参与部分决策的职能，但在实际决策过程中，二者的参与权相对有限。从决策程序来看，缺乏规范的议事规则和议事程序，存在决策随意化的情形。针对学校管理层认为学校在依法决策方面存在问题的调查显示，约35%的领导认为目前的决策制度在决策程序、决策评估制度的落实和责任追究方面存在一定问题（方芳，2015）[52]。

2.浙江省试点中小学党组织领导下的校长负责制。

本专题选取了有关浙江试点中小学党组织领导下校长负责制的新闻报道文章，以此来呈现这一决策机制试行中需要重点关注的问题。

问题1：试点之初，有的地方出现了一些认识和工作上的偏差，有的只是将书记、校长岗位调过儿，仍然用老办法拍板、做事。有的认为“党组织领导”就是“党组织书记领导”，纠结于书记、校长谁是“一把手”的问题。

具体做法：厘清党组织和校长的职责范围，完善议事决策制度，是试点工作的主攻点。

比如每个学校都会碰到的校园修缮工程，过去是校长拍板、党组织审议。表面看事情办得快，但往往校长个人意志突出，决策的科学性和风险点较难把控。杭州市拱墅区文渊小学自从实行党组织领导下的校长负责制后，问题迎刃而解。

首先，由分管后勤的支委委员、校长助理马莉芳提出方案，给各支委委员过目。三天后，召开党总支会议，书记沈金荣主持。各委员依次发言，对工程要不要做、预算合不合理等问题发表意见，沈金荣最后表态。按照民主集中制原则，多数人表示同意，会议通过了这项工程。两天后，学校召开校务工作会议，按照党总支会议的要求一一落实。

沈金荣告诉记者，党组织决策中三个细节必不可少。第一，书记要最后表态，不能第一个“抢头”定调。第二，全程做好会议记录，每个委员对自己发表的意见要签字、存档。第三，指定纪检委员后续跟进，全程把控风险点。党组织决策的三个效果，也是显而易见的。第一，党总支会议充分交流意见，决策的科学性高了。第二，因为是党组织决定，而非校长个人意志，教师的赞成率高了。第三，凡是“三重一大”事项，都采用这一决策制度，大家依章办事的意识更强了。

问题2：部分书记对党建第一责任人的意识不强，有些书记有退二线的想法，有的学校存在支部委员与行政职务不匹配、支部换届不按时等问题。

具体做法：强化中小学党组织的核心作用，探索党组织领导下的校长负责制，配强书记、选好校长是重中之重。

苍南即刻“立规”：对不能胜任书记者及时调整，暂时没有合适人选的可由上级党组织统筹选派。半年之后，苍南县统一进行全域党组织优化，171个支部两个月内完成。这是苍南历史上最大规模的一次党组织人员调整。学校提出方案，教育局机关党委逐个审查候选人的简历、职务、荣誉、奖惩等情况。校级领导原则上进支委，中层干部择优进入。

据统计，苍南县中小学党组织中新增委员79人，退出委员58人。动真格的调整，换来的是一支有能力、有干劲、有担当的崭新队伍。同时，每名委员必须“亮身份”，在办公室的人员牌、学校的通讯录上，党内职务放在了行政职务的前面。2019年4月，苍南县马站中学校长张振达递交了入党申请书：“党组织的领导地位在教师当中已成共识，要在学校发展中有担当，我希望成为党组织的一分子。”目前，浙江中小学试点党组织书记、校长“一肩挑”的有1118所、分设的有104所。各试点学校党员校级领导一般均进入党组织班子，一些办学规模较大、党员人数较多的学校还配备了专职副书记。与此同时，各地加强机构建设，为党组织领导下的校长负责制提供指导和保障。

3. 北京市的调查发现①。

在依法治校问卷调查中有三道评价问题涉及决策机制的运行状况：(1) 党组织在学校中实际发挥了把方向、管大局、保落实的领导作用；(2) 学校有规范的议事规则，并得到了有效的应用；(3) 学校校长作为行政负责人与党组织负责人相互配合。结果显示大约有 14% 的被调查教师对学校的决策机制运行持有疑虑态度。三个指标均有大约 14% 的被调查教师没有选择符合或者完全符合（见下图）。

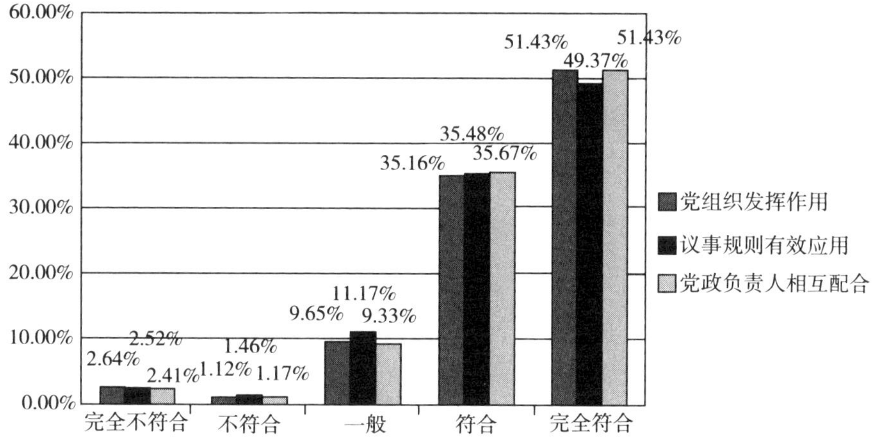


教师群体对学校内部决策机制的评价状况

① 注：依法治校问卷并非专门针对此专题设计的问卷，但是相关题目数据可以用此作参考。

不同教师群体对学校内部决策机制的评价差异

| 群体 | 均值差（保留至小数点后 3 位数） | | |
|---|---|---|---|
| | 党组织发挥作用 | 议事规则有效应用 | 党政负责人相互配合 |
| 学校校长、副校长-普通教师 | 0.202* | 0.270*** | —— |
| 学校校长、副校长-其他教工 | —— | 0.240** | —— |
| 学校中层干部-普通教师 | 0.175*** | 0.231*** | 0.216*** |
| 学校中层干部-其他教工 | 0.133* | 0.200*** | 0.170* |

注：* 表示 $P<0.05$，** 表示 $P<0.01$，*** 表示 $P<0.001$

从问卷的结果来看，校长和书记之间在三项指标的评价上没有差异。但是，校长与普通教师、其他教工，学校中层干部与普通教师、其他教工之间还是存在显著差异，并且普通教师和其他教工对决策机制运行效果的评价总是低于领导层。这也需要引起注意：学校内部治理制度得到普通人群的认可是其治理合法性的重要来源。

## （二）教师参与学校管理有待进一步深化落实

关于教师参与学校管理的状况，教育部哲学社会科学研究重大课题攻关项目“我国教师社会经济地位研究”中的数据有相关说明。该项课题分别在我国东部、中部和西部选取了广东、山东、浙江、湖南、山西、黑龙江、河南、甘肃、四川、广西 10 个省份，有效回收 9953 份调查问卷（劳凯声 等，2020）[9]。结果有以下发现：

1. 教师对教代会评价不高。

通过对相关学校的调查发现，73.7% 的学校设置了教代会，其中教代会的产生方式主要为选举或教师群体推荐（82.6%），也有少部分是直接由校长指定（9.9%）。按照李克特五点量表的问卷设计，将“教代会对校长权力的约束”设置为“完全、多数、少数、偶尔、无约束力”五个等级，调查结果显示，有28.9%的被调查者表示教代会对校长无约束力；22.1%的被调查者表示有少数约束力；13.9%的被调查者表示偶尔有约束力。总的来看，教代会对校长权力的制衡作用并不能完全凸显。

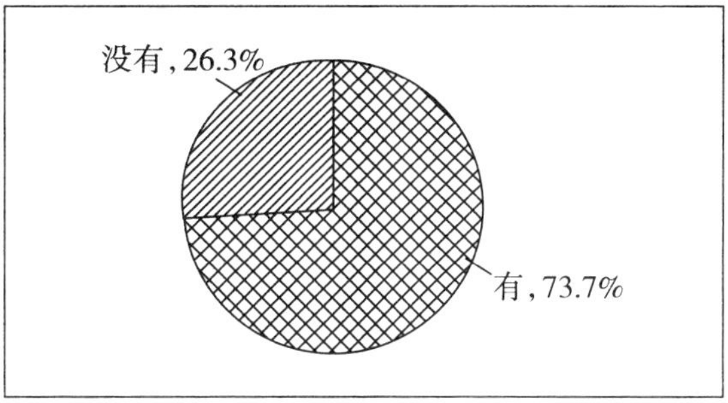


是否有教代会

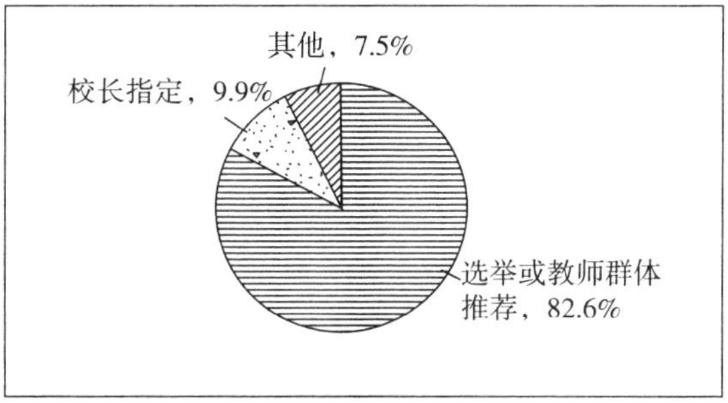


教代会产生方式

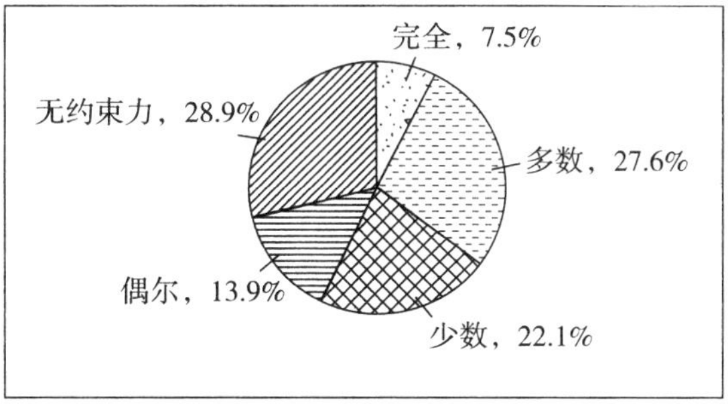


教代会对校长权力的约束

2. 教师参与学校事务程度不高。

通过对教师参与学校决策的调查发现，有48%的被调查者表示自己作为教师从不参与学校决策；42.6%的教师表示有时参与。在参与的具体内容上，也多数只是参与教师个人切身利益相关的内容，例如评优、职称以及奖金福利等相关政策，学校整体性发展规划等并不是教师想要关注的重点话题。除此之外，调查还发现，教师的相关意见被采纳率并不高，采纳次数比较少，这或许对教师参与学校决策的积极性有所影响。

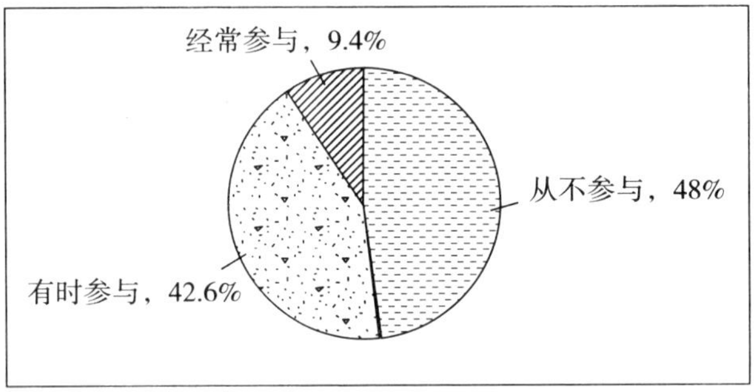


教师参与学校决策的情况

教师参与学校决策的内容

| 内容 | | 人数（人次） | 个案（%） |
|---|---|---|---|
| 参与何种学校决定 | 学校发展规划 | 1 520 | 32.9 |
| | 评优 | 3 249 | 70.4 |
| | 评职称 | 2 187 | 47.4 |
| | 奖金和福利的分配 | 1 215 | 26.3 |
| | 其他 | 306 | 6.6 |
| 总计 | | 8 477 | |

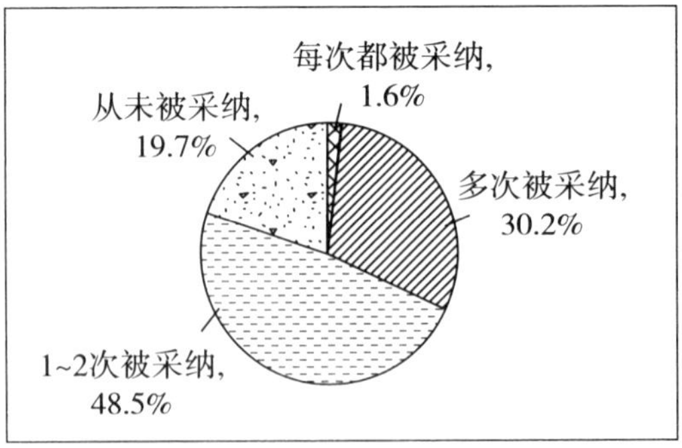


教师们提出的意见被学校采纳的频率

与上述发现几乎一致，天津市2014年的调查也基本得出类似结论。

根据调查结果，许多学校的教职工代表大会只是形式上的活动，而没有真正发挥其参与权。12% 的教师认为这种活动没有实际意义，而另外 33.5% 的教师则认为有一些事项可以发挥参与权，大约有一半的教师认为这种活动能够完全发挥参与权的作用。显然，目前教代会在中小学校尚未得到充分的发挥，需要更多的努力来促进教师的参与（方芳，2015）[52]。

2020 年课题组开展的依法治校调研中，关于教代会发挥职能的情况（见下图）。

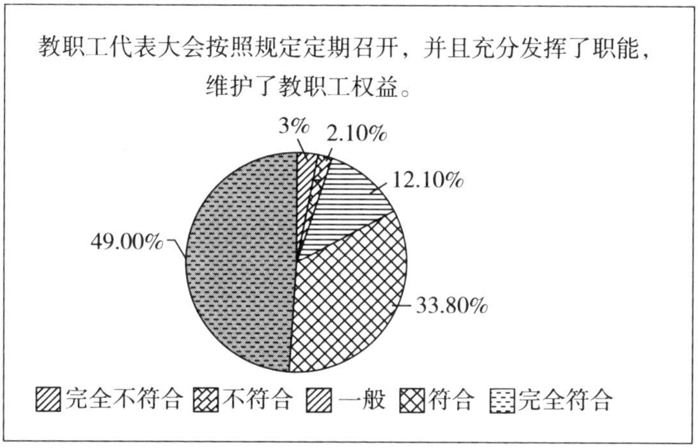


**教代会功能发挥情况**

总体来看，学校中层干部、校长对教代会功能发挥的评价还是高于普通教师和其他教工，具体情况见表。

**不同教师群体对教代会功能发挥的评价差异**

| 群体 | 均值差（保留至小数点后 3 位） |
| --- | --- |
| 学校校长、副校长–普通教师 | 0.299** |
| 学校中层干部–普通教师 | 0.256*** |
| 学校中层干部–其他教工 | 0.214** |

注：** 表示 $P<0.01$，*** 表示 $P<0.001$。

### （三）家长参与学校内部管理未能充分实现

根据天津市的调查结果，家长委员会与学校的关系相对比较松散，加之家长本身时间和精力的有限性，导致家长的参与度并不高。针对学校教职员工进行的关于家长委员会在学校管理中的作用调查显示，65.47% 的教职工认为有作用，大部分学校管理事项家长可以参与，28.39% 的教职工表示可以就个别事项提建议，还有 6.14% 的教职工认为基本没有作用，家长完全听从学校安排（方芳，2015）[52]。

还有研究表明，尽管家长参与学校管理的重要性已被广泛认可，但是在北京、重庆和呼和浩特等城市，家长参与的比例仍然偏低；家长们更多地关注自己孩子的发展，而参与学校管理的程度却相对较低；此外，家长们在监督教育教学和决策方面的参与也极为有限（汤丽伟，2021）[37]。

### （四）学校内部治理变革的路径依赖

研究者指出，受制度、结构、环境等多方面因素的影响，学校内部治理结构被锁定在原有路径上，存在路径依赖。具体表现为：在校长负责制的基础上，学校内部治理结构稍有调整但变动不大（滕媛，2016）[47]。具体来看，许多学校虽然建立了一个类似于委员会的组织，但这个组织并不能让所有的教职工、学生以及外界的支持者都加入进去。对已设置校务委员会的调查问卷表明①，大多数都认为学校管理人员（83.1%）、学校行政人员（76.6%）或教育行政部门代表（60.3%）是校务委员会的成员，家长或教师充任校务委员会成员的比例分别仅为 56.6% 和 42.6%，学生、社区

① 该调查基于对 S 市 726 份有效的中小学教师问卷调查。

和专业人员参与校务委员会的比例更低，只占调查对象的25.1%、22.6%和20.7%。不仅如此，很多委员的作用仅停留在表面，象征性居多。尽管许多学校都建立了家长委员会，但是它们的参与范围却非常有限，只能提出一些象征性的意见和建议，而没有实质性的权力，这使得家长委员会的职责仅限于表面，无法发挥应有的作用（张雷，2020）[18]。

### （五）多元主体参与学校内部决策、执行与监督落实不到位，民主参与力度不够

有研究认为，目前，我国学校在内部治理与宏观管理层面，学校的高层领导掌握实际决策权，教职工、学生、家长等缺乏有效参与决策的实际机会，内部决策过程中的民主参与程度不高、参与制度缺失等导致决策参与趋向形式化，缺乏实效性。同时，由于监督成本较高，学校内部治理中难以形成有效的权力制约机制，造成监督存在形式化的倾向。在一些学校的内部治理监督过程中，影响其监督因素较多，如权责不明、程序缺失等，最主要的是来自监督成本。例如，党支部的监督、书记的监督行为可能会对校长行为产生冲突，致使校长和书记的关系紧张。尽管理论上校长和书记是平级关系，但实际工作中二者的实权是不对等的，因此一些党支部书记会因为自己处于被动的角色、为了自己的利益得到满足而选择和校长“和谐相处”，那么校长也会考虑将些许好处分享给书记，从而书记多少会获取些利益，这个时候党支部的保证监督职能就没法发挥其作用。而在一些校长兼任党支部书记的学校，这种监督就是“摆设”，监督主体缺乏必要的独立性。在许多中小学校，教代会的监督成效并不显著，走形式化。在实际运作时，与会期间由于制度的缺失，代表们难以畅所欲言，他们或许怕得罪上级，或许怕自己的利益受到损害，部分代表们倾向于采取不负责任、随意性的投票决策现象，这种情况可能导致一些不合理甚至不

合法的制度留存。种种现实表明，监督机构尚不能良好的发挥民主监督与管理（吕丽，2017）[33]。

## （六）管办评分离在学校内部治理中的体制机制困境

2015 年，《教育部关于深入推进教育管办评分离促进政府职能转变的若干意见》提出了到 2020 年基本形成“政府依法管理、学校依法自主办学、社会各界依法参与和监督的教育公共治理新格局”的教育治理战略目标。基于此，教育部于 2015 年组织开展了教育管办评分离改革试点，部分省市和地区，参照国家改革试点，分别组织了区域内改革试点工作，学校内部治理结构不断完善，但改革仍面临体制机制层面的挑战。

1. 府际关系影响学校内部治理改革的进程。

作为国家治理最重要的公共管理机构，政府部门应当建立健全有效的管控机制，以促进其管辖范围的充分协同和秩序运作。这就要求，不同层级的政府部门之间要建立起相互衔接、相互协同的管控机制，以及同级之间的横向管控机制，以确保其管辖范围的全面性和有序性。政府内部部门间的府际关系由此产生。府际关系实际上是政府间的权力配置和利益分配关系（谢庆奎，2000）[26]，在具体的政府事务运作过程中，府际关系的人际性和政策性特点交互发挥作用（狄尔 · S. 莱特，1988）[253]。有研究者在不同省市通过问卷调查和访谈调查发现，学校领导的任命、教师的编制、专业技术职务的晋升、经费的使用以及教师的绩效工资制度等都与政府的组织、编制、人事、财政等部门息息相关，这些因素对学校的自主办学产生了重要影响（见下表）。调查中，66.8% 的地方教育行政部门领导以及 85.7% 的具体负责教育行政事务的工作人员都表示，在处理教育问题时，他们会遇到各种阻碍，比如说各自的职责被分割，或者互相推卸，这些都是影响到整个机构正常运转的重要原因。根据调查结果，许多地方教育局长表示，政府在提供重要教育资源时，并没有充分发挥其作用，这让 45% 的中小学校长和教师对政府放权表示怀疑（范国睿，2017）[21]。

**影响学校自主办学的相关因素**

| 项目 | | 教育局长（%） | 教育局干部（%） | 学校校长（%） |
|---|---|---|---|---|
| 1 | 学校领导任命（聘任）的行政化倾向 | 78.8 | 67.4 | 92.6 |
| 2 | 教师编制没有考虑学校改革与发展需求 | 95.2 | 78.8 | 86.4 |
| 3 | 学校不能自主聘任教师 | 78.5 | 75.4 | 90.4 |
| 4 | 教师专业技术职务晋升的量化倾向 | 66.7 | 68.2 | 82.6 |
| 5 | 教育经费管理不利于学校发展 | 23.6 | 58.7 | 88.3 |
| 6 | 绩效工资未能有效发挥激励教师多劳优劳的作用 | 68.8 | 42.8 | 89.5 |
| 7 | 许多重要教育资源供给教育行政部门说了不算 | 70.6 | 86.6 | 67.8 |
| 8 | 政府相关部门对学校干扰过多 | 82.1 | 74.8 | 91.3 |

2. 地方政府和教育行政部门的简政放权意愿与改革力度不均衡。

学校内部治理实行教育管办评分离，推进教育治理体系现代化建设，需要政府和教育行政部门简政放权。从政府与学校关系的维度来说，政府简政放权，就是把一部分权力“下放”给学校，让学校自主办学。在研究者的一项调查结果中，40% 的来自教育行政部门的受访者在思想上对“教育治理”、学校自主发展、清单管理等问题没有足够的认识。由于简政放权缺乏相关法律依据和标准，地方教育行政部门难免犹豫不决，对多元主体参与治理体制和机制建设缺乏信心，对放权后学校自主经营的能力和责任感也缺乏信心，想放不敢放、想做不敢做。在教育行政部门“不肯放”与“不敢放”问题上，教育局长、教育局中层干部和学校校长的认识存在明显反差，这一点也令人反思（见下表）。此外，一些地区在实行改革措施上，会“参照”其他地区的做法，也就出现近乎形式主义的简政放权改革或“似曾相识”的权力清单，使得清单管理形同虚设，学校办学自主权难以落实（范国睿，2017）[20]。

**对下放办学自主权的认识**

| 项目 | | 教育局长（%） | 教育局干部（%） | 学校校长（%） |
|---|---|---|---|---|
| 1 | 国家没有统一的放权标准 | 89.9 | 82.7 | 73.6 |
| 2 | 缺乏相关法律保障 | 95.8 | 78.8 | 70.4 |
| 3 | 根据上级要求下放办学自主权 | 90.6 | 88.7 | 81.4 |
| 4 | 区域内其他地区都已下放相关权利 | 88.6 | 83.2 | 78.8 |
| 5 | 参照其他地区的做法下放办学自主权 | 80.8 | 88.6 | 66.3 |
| 6 | 教育行政部门不肯放 | 23.6 | 38.7 | 88.3 |
| 7 | 教育行政部门不敢放 | 34.7 | 85.2 | 77.8 |
| 8 | 教育发展中遇到的问题倒逼改革 | 77.6 | 68.5 | 87.6 |
| 9 | 学校校长的强烈要求 | 60.3 | 58.6 | 88.9 |
| 10 | 权力下放是为了真正促进学校自主发展 | 70.7 | 66.9 | 98.3 |
| 11 | 学校校长缺乏自主办学的意识、能力和责任 | 70.6 | 86.6 | 25.8 |

## （七）学校治理制度建设不够健全

有学者认为，在制度内容上，现代学校内部管理缺乏完善的激励制度。学校虽实行校长负责制，但校长的部分权力并未得到有效保障，仍由上级监管部门掌握；校长全面负责学校的事务，工作量很大，对学校的付出也很多，但却缺少相应的激励机制以保障校长的工作积极性。

缺乏相应的激励机制，会导致校长对工作滋生消极态度，容易安于现状，特别是校长承担的大量工作与校长实际的权力与待遇不匹配的话，就更加打压校长工作的积极性。但对校长和教师激励的方式也不能太过单一，仅仅局限于物质层面，应该将精神和物质层面的激励手段进行有效的结合。教师激励是一个过程，在这个过程中应设立一个预期目标，以此督促教师学习，促进教师发展。在教师的职称评定上，对教师年龄以及教龄的限制会极大地阻碍教师的专业发展，挫伤教师提升自我的积极性，学校应结合现实情况制定更合理的职称评定标准。学校对教师的激励不能太注重物质奖励，要发挥学校精神文化对教师的影响力。同时，学校也要给教师提供大量的培训研修机会，若机会较少或者机会不均等，教师难以通过此途径提升能力，也会影响教师的绩效。

在学校内部管理制度开展后的评价体系建设中，缺乏完善的评价机制。健全的评估机构对现代学校制度的建设与改善有着重要的作用，不然人们就难以客观、真实地把握现代学校制度的进展与水平（段修珍，2017）[39]。

**参考文献**

楚江亭，2021. 分权、共治：基础教育治理现代化的现实路径——基于对有关教育局及学校 360 度管理诊断的分析 [J]. 武汉科技大学学报（社会科学版）( 2)：222-227.

狄尔 · S. 莱特，1988. 对政府间关系的一般分析观察 [A]//R · J. 斯蒂尔曼. 公共行政学：观点和案例（上册）[C]. 北京：中国社会科学出版社.

杜明峰，张猛猛，2020. 学校治理的实践建构与制度安排 [J]. 教育发展研究（20)：31-38.

杜明峰，范勇，史自词，2021. 学校治理的理论意图与实践进路 [J]. 教育研究（8)：

132–141.

段修珍，2017. 学校内部治理结构研究 [D]. 成都：四川师范大学.

范国睿，2017. 基于教育管办评分离的中小学依法自主办学的体制机制改革探索 [J]. 教育研究（4）：27–36.

范国睿，2017. 教育管办评分离改革：理论假设与实践路径 [J]. 教育科学研究（5）：5–21.

方芳，2015. 依法治校背景下中小学内部治理现状调查 [J]. 教学与管理（36）：52–54.

郭先富，2021. “嵌入式”治理：学校内部治理变革探新 [J]. 中小学管理（4）：24–26.

劳凯声 等，2020. 教师社会经济地位问题：现实与选择 [M]. 北京：经济科学出版社.

李楠，2018. 义务教育学校治理的政策分析与思考 [J]. 中国国情国力（9）：13–16.

李晓忠，王轶晰，咸晓红，2022. 推进党建统领中小学内部治理创新的五维探析——以中国教育科学研究院实验学校为例 [J]. 中国德育（1）：58–61.

刘晓英，2022. 中小学内部治理实践中的问题与对策 [J]. 教学与管理（10）：15–18.

吕丽，2017. 依法治校背景下中小学内部治理优化研究 [D]. 武汉：武汉大学.

潘虹，陈兵，胡平，2021. 现代学校治理的现实诉求及发展策略——基于成都市武侯区中小学“两自一包”改革案例分析 [J]. 教育学术月刊（6）：61–66.

任勇，2020. 治理理论在中国政治学研究中的应用与拓展 [J]. 东南学术（3）：67–76.

孙明英，曾阳，2013. 西方系统教育管理理论研究 [J]. 广西社会科学（11）：196–200.

汤丽伟，2021. 家长参与学校治理的深度追问与初步建议 [J]. 中小学管理（4）：37–38.

滕媛，2016. 中小学内部治理结构变革的路径依赖与突破 [J]. 中国教育学刊（4）：46–50.

王寰安，2017. 美国特许学校治理模式创新研究 [J]. 教育科学（5）：82–88.

王宁宁，2007. 我国公立中小学校内部治理结构研究综述——基于现代学校制度

建设的视角 [J]. 教育科学（4）：18–23.

谢庆奎，2000. 中国政府的府际关系研究 [J]. 北京大学学报（哲学社会科学版）（1）：26–34.

许杰，2016. 现代学校制度建设的实践逻辑 [J]. 教育研究（9）：32–39.

杨立华，2021. 人民治理：国家治理，社会治理和政府治理的共同本质 [J]. 学海（2）：64–75.

杨晓莹，2020. 赋权：学校现代化评价的刚性治理标准 [J]. 苏州大学学报（教育科学版）(3)：12–20.

张建顺，李祥云，解洪涛，2020. 义务教育学校内部治理与学生成绩——基于 PISA2015 数据的实证研究 [J]. 教育学报（6）：96–107.

张敬威，苏慧丽，2021. 为变化的未来而教育——基于经合组织《回到教育的未来》报告的分析 [J]. 比较教育研究（10）：12–20.

张乐天，2014. 推进学校治理能力现代化：意义、重心与路径 [J]. 复旦教育论坛（6）：5–9.

张雷，2020. 学校治理视野下中小学自主办学问题研究——基于 S 市的问卷调查分析 [J]. 上海教育科研（1）：15–19.

周彬，2020. 学校治理现代化：变革历程与建设路径 [J]. 教育发展研究（6）：51–58.

## 第三节　面向未来的教师专业发展创新

教育大计，教师为先。长久以来，教师专业发展、师资队伍建设都是党和国家教育政策的关注重点。党的十九大报告明确提出“培养高素质教师队伍”的要求，国务院发布的《关于全面深化新时代教师队伍建设改革的意见》也提出了“到 2035 年，教师综合素质、专业化水平和创新能力大幅提升”“教师管理体制机制科学高效”的目标（朱旭东，2018）[23]，突出强调了教师专业发展制度重构的紧迫性和重要性。

### 一、教师专业发展的理论研究

国内外围绕教师专业发展的研究资料极为丰富，包括对其概念内涵、历史沿革、专业标准、政策框架等的探讨分析，相应的认识与经验总结也在逐步深入、层层聚焦（刘军豪，2018）[16]。然而已有研究的落脚点基本在教师专业发展的内在水平和质量方面，对于保障和支持教师专业发展的外部制度探索不足（朱旭东，2018）[25]。与此同时，信息化时代背景之下，教师如何主动适应人工智能等新技术变革、如何更有针对性地提升自身的专业素养也是亟待解决的关键问题。

综合国内外相关文献，教师专业发展是一种教育理念，也是一种价值期待，更是一种制度构建（王建洪，2021）[113]。科学的教师专业发展制度能够激发教师专业发展的自主性和积极性，能够契合国家社会经济发展的需求并符合时代社会的变革趋势，形成极具生命力的可持续发展机制。教师专业发展制度并不局限于某个单一的制度，而是若干相关制度的整合，凡是能够推动教师专业成长并为教师的发展提供支持和保障的制度，都属于教师专业发展制度的范畴（王为民，2018）[139]。围绕教师专业发展的政策与制度领域的革新主要沿两条路径开展：一是保障教师专业发展的内在水平和质量；二是建立和完善与经济、社会、教育体制改革相适应的外部保障机制（罗英　等，2019）[107]。其中，涉及前者教师专业发展内在水平和质量的相关制度包括了教师培养、在职培训、日常教研等多个环节；后者外部保障机制可包含教师管理与聘任制度、教师评估与发展制度、教师职称与工资制度，等等。

面向未来的教师专业发展制度的重构，并不是对传统制度的全盘否定，也不是创造一种未曾有过的全新的制度体系，而是以“去其糟粕、取其精华”的视角，对现有的教师专业发展所涉及的制度文化等进行梳理，结合国内外零散发生的、先进的案例经验等提出一些有助于制度调适和完善的建议。而在探讨教师专业发展问题之时，首先应该对未来的教师身份地位、应当具备的素养能力进行分析和研究。总的来说，信息化时代面向未来的教师专业发展需要根据时代社会的变迁，结合中国教育面临的实际问题及教育本土化创新的需求等进行制度上的重构。这种重构需要从两方面切入：一是基于对传统与未来的反思和预判、对国际与本土的理解和融合，探寻面向未来的教师角色定位、身份地位，明确教师所应具备的素养能力；二是将涉及教师专业发展的内在质量机制与外部保障机制结合起来，聚焦教师的激励制度与教师的约束管理制度，结合国际比较的视角探索适应中国国情的教师专业发展制度重构路径。

## 二、教师专业发展的政策梳理

### （一）教师法律地位的比较与探索

教师的法律地位主要涉及教师的法律身份，教师与政府、教师与学校、教师与学生等法律关系，以及教师的权利和义务。其中，教师的法律身份属于核心问题，因为不同的法律身份及法律地位决定了教师的不同权利和义务、不同的工资待遇，等等。明确教师的法律地位对于提升我国基础教育阶段中小学教师的社会地位，吸引更多优秀人才投身教育事业具有重要的意义（劳凯声 等，2020）[9]。

围绕教师的身份定位，世界上主要国家的划分种类主要有公务员、雇员、公务员兼雇员三种类型，每种类型教师的权利义务及对于教育发展所带来的影响也各有不同（见下表）。

世界主要国家教师身份定位类型

| 教师身份定位类型 | 代表国家 | 制度优势 | 制度劣势 |
|---|---|---|---|
| 公务员 | 德国、日本、法国 | 体现国家意志，促进教师队伍均衡配置；教师享有很高的权利保障 | 教师队伍缺乏竞争意识；政府财政负担较重；教师的自由权很小 |
| 雇员 | 欧洲部分国家 | 学校办学极具灵活性；促进教师队伍更新；减少政府的管理事项 | 不利于体现国家意志；教师的职业安全和职业保障难以落实 |
| 公务员兼雇员 | 美国、英国、澳大利亚、加拿大 | 优先国家意志，有利于均衡配备师资力量；教师具备较好的职业保障；减轻政府的财政负担；教师享有较大的公民权利 | 不利于剔除低素质教师 |

德、法、日等国实行教师公务员制度，教师受到公务员法的约束，严格遵守国家规定，充分履行教育职责。具有公务员身份的教师一方面要严格遵循政府层面有关教师的管理约束机制，包括轮岗交流和教师队伍的配置调整；另一方面也享有很高的权利保障，包括职业稳定性、较高水平的医疗保障和退休金等。然而高水平的职业保障却也会滋生教师的懒惰情绪，出现很多低素质教师；高水平的医疗福利待遇也给政府带来巨大的财政负担。此外，教师享有公务员权利的同时也必须履行相应的义务，而这些义务可能会限制教师的自由权、选择权等。

在欧洲，部分国家将义务教育阶段教师直接定位为雇员，教师的去留、教师的教学任务、教师的评价监督等均由学校负责。这样的教师身份定位下，学校可以根据自身发展的需要雇佣教师，有利于提升学校办学的灵活性，有利于促进教师竞争，更新教师队伍，解雇不合格教师，有利于减少政府的管理事项，提高行政效率。但另一方面，教育教学的改革发展不利于体现国家意志，教师的职业安全和职业保障难以落实。

美国、英国、加拿大、澳大利亚等国家则将义务教育阶段教师定位为公务雇员，教师在经过一定年限的雇佣之后，可以获签无限期合同，具有一种终身雇佣的法律地位。可以说，公务雇员制度是对公务员制度以及雇员制度的一种折中融合，实行公务雇员制度可以在教育发展中优先国家意志，有利于均衡配置教师队伍，同时教师也能获得较好的职业保障。由于教师与政府属于一种基于平等自愿原则而确立的雇佣关系，因此教师能享有相对较大的公民权利，如争议权、罢工权等。近年来，为了更新教师队伍、确保教育教学质量，一些国家也开始关注公务雇员制度中不利于剔除低素质教师的弊端。

总的来说，世界上主要发达国家如德国、法国、日本、美国和英国等，其教师立法均突出了基础教育阶段教师身份的公务性，强调教育事业体现国家意志、属于国家兴办的公共事业，并将公立中小学教师定位为公务员或公务雇员（劳凯声 等，2020）[37]。

## （二）面向未来的教师核心素养能力研究

若想根据党和国家对教师的新要求，展望信息化时代的教师专业发展，首先需要对教师应有的“核心素养和能力”进行探讨和分析，只有明确了面向未来的教师核心素养能力问题，才能进一步对教师培养及教师研修做出相应的调整。不同国家及国际组织所发布的政策报告对教师核心素养能力的构成要素、要素之间的关系和作用等均做出了不同的描绘，但总的来说，教师核心素养框架已经从最初的单一并列模式逐步走向多维立体的综合型模式。根据国内外相关文献的梳理，可以看到目前国际上围绕教师核心素养指标及能力框架的描绘可以分为三种主要类型：

一是以澳大利亚为代表的同心辐射型框架。2012 年 8 月，澳大利亚发布了《教师表现和发展框架》，提出了促进教师专业发展所需的关键要素，（见下图）（冯翠典，2013）[49]。这一类型结构特点是要素之间紧密围绕核心素养并向外辐射。

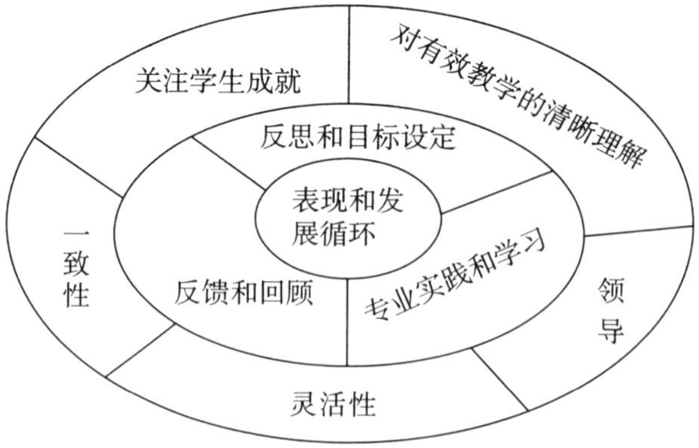


澳大利亚教师表现和发展框架

二是以联合国教科文组织为代表的交叉矩阵型框架。2020 年 7 月，联合国教科文组织发布《教师 ICT 能力框架（第 3 版）》，将教师使用信息技术的三个层级能力与教师工作的六个实践维度进行交叉，构建了共计 18 项信息技术教育应用能力的矩阵（见下图）（兰国帅 等，2021）[9]。

| | 知识获取 | 知识深化 | 知识创造 |
| --- | --- | --- | --- |
| 理解信息技术教育应用政策 | 政策理解 | 政策应用 | 政策创新 |
| 课程与评估 | 基础知识 | 知识应用 | 知识型社会技能 |
| 教学方法 | ICT 促进教学 | 复杂问题解决 | 自我管理 |
| 数学技术应用 | 应用 | 灌输 | 转型 |
| 组织与管理 | 标准课堂 | 协作小组 | 学习型组织 |
| 教师专业学习 | 数字素养 | 建立专业网络 | 创新型教师 |

教科文组织《教师 ICT 能力框架（第 3 版）》内容架构

三是以新加坡为代表的螺旋交互型框架。新加坡国立教育学院的教师教育全面依托新加坡教育部制定的“面向 21 世纪的教师教育模式”，该模式明确了面向未来的专业教师所需的价值观、技能和专业知识，而这三种专业素养盘桓交织于教师职业发展的各个阶段，并通过相互作用促进教师能力素养的螺旋式上升，强调培养能发挥多重职能的专业教师（姚师平 等，2019）[32]。

## 三、围绕教师专业发展的创新案例

面向未来，需要从教师应当享有的权利和必须履行的义务出发，一体化设计教师的激励保障制度与约束规范制度，也就是要对中小学教师相关管理制度做出调整。以下，笔者在探讨教师地位提升相关制度的基础上，主要聚焦了教师资格证书制度以及教师“减负”相关制度，前者的教师资格证书制度事关教师任职，是教师准入制度中的关键问题；而后者的教师“减负”制度则贯穿教师的职业生涯，事关教师能否有足够的时间精力去提升自身的专业素养，以及能否专注于学生并实现“育人”的教育本质问题。

## （一）“高薪养教”or 专业权自由，教师地位提升路径多样

在日本，中小学教师的起始薪资基本相同，且基础教育阶段公办学校教师属于公务员，这些基本保障是日本基础教育阶段吸引优质师资的先决条件。并且，基础教育阶段公办学校教师在享受基本上等同于公务员薪资待遇的基础上，还可获得大量名目繁多的津贴，例如，抚养津贴，即发放给教师的配偶、子女、60 岁以上的父母的费用；地域津贴，就是基于不同地区的不同物价和消费水平给予教师的相应差价补贴；值班津贴；通勤津贴，就是所谓的交通补助，根据到学校的距离远近、交通方便与否来决定金额；到远郊区县任教或流动的补助津贴，等等（付淑琼 等，2015）[105]。此外，韩国、德国等国家的中小学教师经济待遇均高于国内其他职业（劳凯声 等，2020）[45]。可以说，以日本为代表的“高薪养教”类国家，其提升教师地位的政策制度主要聚焦在教师经济地位的提升。

在芬兰，教师享有极高的专业自主权，并能得到政府为教师提供的同伴合作开发课程与评价学习方面的支持。芬兰教师职业的吸引力来源于教师的职业性质，即与专业一致的高度自主权，其教师教育和教育管理系统更是将教师的研究能力放在首位。芬兰具备十分完善的教育、医疗与社会保障系统，各行各业之间收入差别不显著，人们选择职业更多考虑的是个人兴趣、社会认可度、自主权等非物质因素。也因此，在芬兰等北欧福利

性国家，提升教师的专业地位是其政策制度的关注点。

### （二）促进教师资格证书多元化，实现“条条大路通罗马”的专业发展环境

为了让所有具备从教意愿、从教热情的人士均有机会成为教师，美国设置了多样化的教师资格证书类型并能涵盖社会上的广泛群体。不同类型的资格证书对于持证者所需的基本素养、任教学科、任教年级、使用期限等都做出了细致规定（李超　等，2021）[47]。总体来讲，美国教师资格证书分为常规版和特殊版。其中，特殊版证书主要是为了促进教师队伍的多元化发展，让具备从教意愿的社会各界人才均有机会成为教师，同时也为了解决特殊情况下的教师短缺问题。例如，应急证书（Emergency Certificate)，可对外国从教人员进行教龄与资格方面的认证，也可以为有能力从事非自身专业的教师提供增补证书；再比如过渡证书（Transition Certificate)，其有效期为三年，主要面向具有从教热情但缺乏教学经验的社会人士或硕士学位人才，只要参加了政府指定的培训学习即可持证上岗(李超　等，2021）[50]。

与此同时，日本也在探索帮助社会人士转行入职教育系统的体制机制。2021 年 9 月，作为日本名牌师范高校的东京学艺大学与日本民间非营利性组织“Teach For Japan（简称 TFJ)”缔结合作协议，共同致力于为具有教育情怀和教学意愿的社会人士提供必要的援助，尤其要帮助社会人士更顺利、更便捷地转行入职到教育系统。东京学艺大学正在全力推动“大家一起来创造未来的学校”(日语为「未来の学校みんなで創ろう」)项目，通过协同民间力量及政府机构来创建 10 年后的学校。与此同时，TFJ 致力于帮助那些具有教育情怀的社会人士考取国家认可的特别教师资格证或临时教师资格证，并将这些能够胜任学校教育的社会人士输送到学

校一线。通过东京学艺大学与 TFJ 的协同合作，日本或将有更多的社会人士转行进入教师职业。合作协议指出，东京学艺大学与 TFJ 将共享智慧成果，在现有的教师培养、录用及研修体系中攻克其中极具难度的社会人士转行成为学校教师这一课题，以此实现日本教师人才队伍的多样化，重新定义教师职能并解决当前日本学校教育人才不足的问题。

具体来讲，双方的合作包括以下几方面：1. 面向希望从事教育领域工作的社会人士，提供短期的集中形成教育基础能力的项目；2. 面向还未考取教师资格证却希望不久的将来能够成为教师的人士，提供能够形成教职员工专业能力的项目；3. 面向已具备教师资格证但并未从事教育教学工作的人士，为其提供重新学习专业知识相关的援助。此外，双方还将聚焦虽没有教师资格证却对教育事业充满热情的人士，思考并设计出新型制度框架，例如便于教育委员会发放特别教师资格证或临时教师资格证的认证制度，即东京学艺大学及 TFJ 先制定出一个能够胜任教师的认证制度，通过该认证制度的社会人士能在教育委员会筛选发放教师资格证过程中获得优先关注甚至优先通过。今后，日本还将努力构建新型教师资格证发放制度，例如，只要通过了基于产学协同的资格认定考试即可发放教师资格证。东京学艺大学副校长松田惠示表示，将与 TFJ 一同努力，重新定义教师资格证制度与入职学校两者之间的关系，盘活社会上的资源，让人力资源有效地流动起来，如此一来必将给学校的教育教学带来新的生机与活力。

### （三）以教师“减负”促进专业发展

1. 厘清教师工作重点，删减不必要的负担。

2019 年，日本中央教育审议会发布《关于构建面向新时代教育的可持续学校指导与管理机制的学校工作方式改革综合方案》，立足“负责主体”及“相应职责”的视角对学校的教育教学工作进行了梳理和界定，列出了 14 项可减轻的教师负担（见下表）（中央教育审议会，2019）[2]。

日本中小学教师减负清单

| 基本应由校外主体承担的业务 | 虽属学校业务，但并不必由教师负责 | 虽属教师本职工作，但可以减轻 |
| --- | --- | --- |
| 1. 学生上下学事务<br>2. 放学后到夜间的校园巡视<br>3. 费用征收及管理<br>4. 与社区志愿者的联络协调 | 1. 填写调查问卷<br>2. 学生休息时间的应对<br>3. 校内清扫<br>4. 课后文体活动 | 1. 饮食教育、饮食安排<br>2. 备课<br>3. 学习评价、成绩处理<br>4. 学校例行活动的准备和落实<br>5. 升学及未来走向指导<br>6. 对特殊情况学生的关怀和支持 |

如表所示，通过对涉及教师工作的三级分类，有助于厘清教师的工作重点及底线边界，果断剔除非教师工作，聚焦教师必须发挥专业性与职责的工作。例如，第一类是完全不需要教师承担的校外负责事务，包括校园巡视、上下学的交通安全等，这些事务并不在教师的专业职责范围内，应当由地方政府协同警察局、由学校协同家长及社区居民形成学生安全保障机制（吴璇　等，2021）[37]。

2. 定期开展问卷调查，监测教师工作时间。

英国自 1994 年启动教师工作负担日志调查，最新一次调查为 2019 年。该调查由教育部委托学校教师评审机构开展，主要通过工作日志的方法，完整记录教师一个学期中某一周的具体时间和工作任务安排。为减少教师填写日志所需花费的时间精力并提高日志回收率，2016 年起该调查改为问卷收集数据，包括教学时间、事务性工作时间、周末等非工作日的工作时间、各类任务所占时间、教师对工作负担的感知等。监测对象包括中小学和特殊教育学校的校长、副校长、中层干部和任课教师，同时涵盖全职教师和兼职教师等（李新翠，2021）[115]。

2020 年 1 月，日本东京发布《学校工作方式改革报告书（令和版）》，总结了东京都在推进学校工作方式改革、减轻教师工作负担方面所取得的成果，并对持续追踪的教师工作时间进行了分析探讨。报告书指出，自2018年2月东京都教委出台《学校工作方式改革推进计划》以来，东京都在变革学校工作方式方面取得了以下几大成果：与2018年10月相比，2019年10月东京都公立中小学校以及特别支援学校的教师、副校长每月在校的加班时间均有明显减少；东京都公立小学和初中通过引入“学校援助人员”辅助打印学习材料和教师备课等，让教师每周的在校时间从55小时30分钟减少至51小时；东京都公立初中和高中通过引入更具专业性的“学校课外文体活动指导人员”，大大减轻了教师负担，让教师每周指导课外活动的时间分别减少了1小时33分钟和1小时53分钟，同时也提高了学生们参与课外文体活动的积极性；东京都120所公立小学和初中，以及14所都立高中通过开展“提升学校运营能力模范计划”，大大减轻了副校长的工作负担，小学、初中、高中的副校长每周在校时间分别减少了7小时46分钟、4小时15分钟、9小时28分钟。

从英国和日本的经验来看，持续开展教师工作时间的定期监测，能够明确中小学教师减负的重点和目标，保障减负工作的正确方向。

3.活用校外人才，构建“团队学校”。

2016年1月25日，日本政府发布了面向未来的《下一代学校、地域创生计划》，其中的一大主题就是通过活用校外人才来支援教师的“团队学校”。关于“团队学校”计划的实施背景，首先，日本教师在进行教学指导过程中面临的校园欺凌、拒绝上学、儿童贫困、面向残障儿童的特别支援教育、家庭虐童等课题，单凭教师的力量已然无法彻底有效地解决。其次，日本教师的长时间超负荷工作状态导致教师们无法面向每一名儿童提供细致入微的教学指导，根据OECD发布的“第二次教与学的国际调查”（TALIS2013）结果，日本教师的工作时长在34个参与国家及经济体中排名第一，为每周53.9小时，远远超过每周38.3小时的平均工作时间。此外，日本中央教育审议会于2016年12月出台的新一期学习指导要领改革相关的审议报告指出，实现“向社会开放的教育课程”是未来10年日本基础教育的改革方向。因此，日本需要推进构筑“团队学校”，即在校长与学校领导层的一体化管理运营下，引入心理专员、营养健康专员、ICT（信息通信技术）专员等多样化专业人才，与学校教师相互协作，各自发挥专业知识与经验，形成互补、互动、交流、共进的新型学校。

为加快构建能够解决上述课题的“团队学校”，日本政府提出了如下重要措施：第一，从“基于教师全能化的学校运营”到“多样化人才协作下的学校运营”，“团队学校”就是要将至今为止以教师为核心的学校系统转变为教职员工多样化人才协作的新型学校，将学校运营的基础从“教师的全能化”转向“多样化人才的相互协作”。为此，校长和副校长必须具备调动教师与专业人才积极性、协同当地志愿者等地方人才的管理能力，并且面向校长、副校长、教导主任、骨干教师等学校管理层人员，培养其顺应“团队学校”构建的新型管理能力。第二，强化学校管理能力，改革并明确校长、副校长以及教师们所应肩负的职责，尤其需要加快配备支援副校长工作的辅助人才，让副校长从过去承担大大小小不相关杂务的工作状态中抽离出来，真正发挥其专业性。并且，新设“学校运营支援部门”，集中力量提升学校的顶层规划与管理能力。第三，推进学校事务的共同开展。为确保高效的学校运营，应推进学校事务的共同开展，提升事务人员的专业能力，打破各自为政、分散实施的局面（李冬梅，2017）[48]。

## 四、面向未来的教师专业发展趋势研判

### （一）构筑一体化的教师地位提升循环系统

从国际经验来看，教师的高地位并非是高声望、高工资、高学历的简

单叠加，影响教师地位的核心因素在各国均有不同（沈伟 等，2020）[43]。例如，在芬兰，教师的专业自主权是职业吸引力的关键要素，而在日本和韩国，教师的高薪资、高职级都是教师从业的重要动机。因此需要结合社会经济背景以及教师的真实需求等进行综合判断，聚焦重点、击中关键要害。国家需要高度支持、加强总体调控，以确保教师队伍的高质量发展。面向未来，提升教师地位需要进行一体化的通盘考虑，构建一个能够相互促进的正向循环系统，并由易到难、逐步推进，短期内可以通过提高教师收入待遇来吸引优秀人才。而从中长期视角来看，提高教师准入门槛及完善相关制度，提升教师资质素养进而提高教师的社会地位、职业声誉等均为重点课题。

### （二）教师核心素养并不是包罗万象，而是有所聚焦

中国学者张文婷、于海波利用 Citespace 可视化软件，对 1998—2020 年 WOS 收录的教师核心素养研究文献进行分析后发现，国际上对教师核心素养的内涵研究已经从最初的模糊阶段发展为形成一些明确的共识：不同发展阶段教师所需的专业素养不同，只有那些在教师专业发展的任何阶段都持续、长久地发挥作用的素养，才能称之为教师核心素养，而这些关键少数的核心素养也是推进其他素养、某一阶段特定素养形成发展的“奠基者”（张文婷 等，2021）[140]。教师的核心素养并不是“包罗万象”的，而是基于时代社会变化和国家发展需求，在教育教学工作及教师专业发展过程中发挥持续且关键作用，并能促进其他素养形成的必备少数素养。

### （三）教师的核心素养内容极具融合性

通过梳理国外相关文献发现，教师核心素养的内容主要涵盖了跨文化

教学能力、批判性思维及其教学能力、反思技能和ICT素养。可见，国际上对教师核心素养内容的研究与国际化趋势接轨，提出了跨文化教学能力，并存在时代化的趋势，强调了信息与通信技术素养的重要性；既包含了能够促进教师终身学习的批判性思维与反思技能，又衔接学生核心素养的形成与发展，强调教师的素养提升必须以学生发展为导向。可以说，面向未来的教师核心素养内容将超越基础知识与基本技能的存在，更加立体，更有侧重。

## （四）未来的教师队伍将兼顾多元化和高质量

2021年11月出台的《中华人民共和国教师法（修订草案）》中明确要求提高教师队伍的准入门槛，意味着对教师专业素养要求的提升。而从世界范围来看，美国、日本等发达国家在促进教师资格多元化、吸纳更多社会人才进入教师队伍方面存在许多共通之处。结合国际经验与本土实情来看，面向未来的中国基础教育阶段，教师队伍将朝向更高质量、更为多元的方向发展。一方面，纵观中国社会发展，政治、经济、文化等各个方面的水平都在显著提升，社会对高学历人才的需求也是水涨船高，社会各个领域都在强调对高学历人才的吸纳，作为“为党育才、为国育才”的教师群体更应体现高水平专业水准；另一方面，伴随人工智能的飞速发展，社会各个领域之间的融通将变得更为迅速、更为深入，并不是只有具备师范专业素养的人才才能进入教师队伍，例如，ICT领域专业人才、心理学专业人才、饮食营养学专业人才都可以进入教师队伍。应当在确保一部分专业化教师的同时，吸引更多非师范专业背景和不同专长的人士进入校园，作为教师的辅助人员，大家共同构成一个专业化团队来为学生提供多样化的服务。

## 五、教师专业发展的问题聚焦

### （一）教师地位提升仍需政策制度的稳步推进

中国学者沈伟、李倩儒基于 2018 年的《全球教师地位指数》（Global Teacher Status Index，简称 GTSI）报告、OECD 发布的 TALIS2018 年度报告中的国际指标等，对中国、日本、韩国、芬兰、以色列进行了教师地位及其支持制度的比较研究。结果发现，中国教师在工资方面呈现起薪水平低、津贴补助低、低工资却工作量大等特点，这些均不利于教师队伍的结构稳定和质量提升。

作为 OECD 成员国的日本，其首都东京发布的 2021 年度公立中小学教师薪资状况显示，截至 2021 年 4 月 1 日，平均年龄为 40 岁的小学和初中教师的平均月薪为 434491 日元（约 26000 元人民币），平均年龄为 44 岁的高中教师平均月薪为 458099 日元（约 27000 元人民币），均较平均年龄为 41 岁的普通公务员的平均月薪 463399 日元（约 28000 元人民币）存在一定的差距（李冬梅，2021）[2]。而在我国，多数教师选择从乡村流向城市，或从教师职业退出，很大程度上与教师职业收入不高、吸引力不足有关，这些都不利于稳定教师队伍和提升教师队伍的质量。可见，从“法律上的权利保障”到“实际上的权利保障”，这中间还有一段路要走，并不是一蹴而就的。

### （二）亟待构建中国特色的教师素养能力框架

结合国际上的经验趋势来探讨信息化时代中国教师的素养能力，笔者认为，应在国际化背景、时代趋势的基础上，根植于中国大地，突出中国的本土文化、传统文化素养以及中国国情、社会经济发展阶段等与教师专业发展之间的关系，探讨适应中国体制的基础教育阶段教师素养能力框架。

伴随中国教育改革的进程，国家越来越关注个性最优化的学习，意欲面向每一名学生提供最适切、最契合其发展的教育教学服务。未来的学校需要面对具备不同发展特点、不同能力特征的学生，也就需要实现教育资源的共享以及教师间的交流和互通，因此需要强调教师的跨领域、跨学科的教学能力和素养。此外，在“双减”教育改革推进的过程中，相关改革不仅致力于减轻学生的作业负担和校外培训负担，更需要减轻教师的负担。相应的问题解决路径不仅包括引入人工智能等先进技术，还包括家庭、学校和社会的协同合作以及引入校外人才参与学校的课后教育服务等，为此，未来的教师需要具备与不同人员、人工智能等跨界协作的教学能力。总之，在明确面向未来的基础教育阶段教师素养能力的过程中，应把脉当前及未来中国教育改革中的重点、难点问题，以问题为导向倒逼教师素养体系构建，帮助教师在职前准备和职后发展中有所聚焦和持续提升相应能力。

### （三）关注教师“减负”，让教育回归“育人”本质

无论人工智能如何发展，教师以人类所独具的感性认知、同理心等在观察学生并给予关切关怀方面发挥着重要作用。未来的教师专业发展需要聚焦教师工作的专业性，让教师从烦冗的事务性工作以及与专业领域关联度并不大的工作中抽离出来，让教师在确需其亲力亲为的工作中最大限度发挥其优势与专长，例如，在日常教学中细致观察学生的行为与态度变化，在学生遭遇学业下滑、人际关系受挫、重要考试前焦虑等关键节点上，给予学生充分的理解、支持与关怀等。教师作为各项教育政策落实

到位的核心关键要素，应对其给予充分的精神关怀，杜绝“蜡炬成灰泪始干”的极端奉献主义。教师只有在充分体会到愉悦感、充实感的工作环境下，才能激发出源源不断的专业发展自主性与积极性，当务之急就是要建立科学合理的教师工作负荷管理机制，以教师“减负”来谋求教师专业发展的“增长”。

## 六、面向未来的教师专业发展建议

### （一）建立健全面向未来的教师法律地位相关制度

2021 年 11 月 29 日，教育部发布了《中华人民共和国教师法（修订草案）》，其中第 13 条明确规定了公办中小学教师属于“国家公职人员”。上述教师身份地位的确立可谓划时代的跃进，既顺应了国际上多数发达国家对基础教育阶段教师公务性身份地位的定性，又是结合中国国情重构本土化教师队伍的核心体现。长久以来，虽然教师待遇一直参照公务员施行，但是教师并没有因此取得国家公务员的身份，公办学校的中小学教师是事业编制。该修订草案将中小学老师纳入“国家公职人员”范畴，明确了教师的法律地位，一方面教师的合法权益能够得到更好的保障；另一方面也要求教师必须履行相应的义务，包括定期轮岗、禁止有偿补课、禁止收受礼金等（申素平 等，2021）[15]。

从国际经验来看，对于教师法律身份的定位需要关注到教师权利义务的方方面面，如何在确保教师职业稳定性、职业吸引力的同时，不断激发教师的内在发展需求和积极向上的发展动力，如何在发挥国家意志的同时确保教师和学校的自主权，如何更好地基于时代社会的紧迫需求促进教育事业的长久向上发展等，都是各国在调整教师身份定位中面临的核心议题。需要看到的是，不论是哪种类型的教师身份定位，似乎都具有相应的优点和缺点，重要的是将“法律上的权利和义务”转化为“实际上的权利和义务”，这就需要稳步落实各项政策法规，并结合时代背景和社会变化等不断调试并弥补政策法律中出现的不足和劣势。

## （二）构建中国特色基础教育阶段教师素养能力框架

通过对国外经验的参考借鉴以及对中国本土需求的探讨分析，笔者尝试对面向未来的中国特色基础教育阶段教师素养能力框架进行如下描绘。面向未来的教师核心素养内容应包括：1. 跨界协作素养；2. 注重反思性的教学素养；3. ICT 素养；4. 终身学习素养；5. 创新学习设计素养；6. 情感关系建构素养；7. 传统文化素养。各个核心素养的内涵内容如下表所示。

信息化时代中国基础教育阶段教师核心素养内容

| 序号 | 核心素养 | 内涵内容 |
|---|---|---|
| 1 | 跨界协作素养 | 教师需要在无边界学习背景下设计学习活动，需要具备能够整合利用社区、家庭、社会资源、专业人士等各类资源的能力 |
| 2 | 注重反思性的教学素养 | 教师需要结合现实问题和未来需求等，对自己的教学理念、教学逻辑、教学行为等开展自觉的、深度的思考；要对现有的教育教学改革等进行分析、选择、判断与创新，进而带动其他素养的共同发展 |
| 3 | ICT 素养 | 教师需具备多样化的信息化教学能力，包括多媒体教学资源的制作、网络教学与资源的获取、多元的信息化教学手段、网络教学与社群合作、数字化教学数据的处理分析与应用等 |
| 4 | 终身学习素养 | 教师需要做好准备，进入从未有过的工作场景，使用现在还没有出现的技术，解决从来未遇到的问题。因此，面向未来的教师需要终身学习 |
| 5 | 创新学习设计素养 | 教师需要具备学习科学的相关知识与技能才能清晰确定地指导学习者的学习、设计出能够调动学习者全身心参与的学习活动 |

续表

| 序号 | 核心素养 | 内涵内容 |
| --- | --- | --- |
| 6 | 情感关系建构素养 | 良好的师生关系包含以下要素：真诚和互相信任；有效的指导与反馈，能够帮助学生明确自己和团体的目标；开放的共情和理解，尊重学生的不同情感、行为、思维模式；敏锐地感知学生的恐惧、焦虑、疑惑等情绪与认知状态，并提供积极的关怀，帮助学生进行自我调节 |
| 7 | 传统文化素养 | 需要教师对国家、民族、文化、制度、教育等正确地理解、贯彻与维护，并具备专业阐述传统文化的能力，讲好“中国故事” |

注：该表主要依据蒲公英教育智库发布的2021年度最新研究报告《21世纪教师技能研究报告——指向行为的发展路径》而制作。

此外，通过对国外文献的梳理，在教师素养能力框架的建构方面，当今国际上较为前沿的模式主要有同心辐射式、矩阵交叉式和螺旋交互式三种类型［如前文二、(二）所述］，笔者认为三种类型的框架都可以作为参考借鉴。其中，同心辐射式更加适合对教师素养能力进行宏观而全面的描述，即可以在核心素养的外围，进一步描绘未来教师的角色以及未来教师所需掌握的技能，从核心素养出发，逐步衍生出基本的、具体的角色和技能等，层层递进，形成教师专业发展的行动路径；矩阵交叉式则可以用于更为聚焦的某一个核心素养的深入挖掘，例如，可将教师的ICT素养进行不同教龄阶段的划分；螺旋交互式则更强调价值、知识、技能之间的交互融合。

## （三）建立明晰的教师工作负担管理机制

伴随我国“双减”政策改革的逐步推进，教师“减负”也成为社会热议、政府关心的重要问题。教师减负不仅事关教师的身心健康，还是决定教师能否有足够的时间静心育人、能否有足够的精力参与到教师研修培训并促进专业发展的关键性问题。近年来，我国政府相继颁发的若干政策文件均有涉及教师“减负”问题，例如，2018 年出台的《关于全面深化新时代教师队伍建设改革的意见》、2019 年出台的《关于减轻中小学教师负担进一步营造教育教学良好环境的若干意见》等。这些政策文件对教师的工作时间、加班限制等做出了宏观层面的规定，但缺乏详尽、明确的条文和指标，导致教师减负无法落到实处，相应措施的成效评估工作也缺乏数据支撑。今后，我国应进一步细化教师工作的负荷管理机制，对教师的到校离校时间、休息时间、加班时长等做出明确限定，并通过教师工作量等指标的科学化、可视化，进行持续性监测与跨年度追踪（吴璇 等，2021）[43]。

## （四）多元校外主体进驻学校，成为学校教育的助力者

未来，教师不再是单独的个体完成全部教学任务，而是由教学支撑团队全方位地支持其完成教学环节。团队里既包括专注于内容设计和课程建设的专家，又有负责指导的小班班主任；既有设计动手实践的工程试验教师，还有评判作业或设计评估模式的教师。数据分析师、心理咨询师、学业指导教师也不再可有可无，这些角色可以由教师担任，也可以由人工智能教师担任。教师群体将会更加多元化和专业化，每个人从事最擅长的工作（尚俊杰，2020）[3]。从国际经验来看，许多发达国家致力于将优秀的社会人士、校外人才等纳入学校的教育教学活动中，既有多元化教师资格证书制度的人才吸纳模式，又有以“团队学校”为代表的新型学校体制建构模式。面向未来，实现校内校外沟通顺畅、协同共进将成为教育改革的必然趋势。这不仅有助于为教师减负，还能丰富学校活动、激发学校教育乃至社会发展的更多活力。

## 参考文献

冯翠典，2013. 澳大利亚教师表现和发展框架简介 [J]. 外国中小学教育（9）：48-52.

付淑琼，高旭柳，2015. 日本教师定期轮岗制的经济保障制度及其对我国的启示 [J]. 教师教育研究（1）：103-108.

兰国帅，张怡，魏家财，等，2021. 提升教师 ICT 能力，驱动教师专业发展 [J]. 开放教育研究（2）：4-17.

劳凯声，等，2020. 教师社会经济地位问题：现实与选择 [M]. 北京：经济科学出版社.

李超，姜少婧，2021. 资格证书多元化：美国促进教师专业发展的重要举措 [J]. 世界教育信息（9）：46-52.

李冬梅，2017. 日本教师亟待“减负”，“团队学校”能否奏效？[J]. 上海教育（32）：44-48.

李冬梅（编译），2021. 东京发布 2021 年度公立中小学教师薪资状况 [J]. 教育快报：2.

李新翠，2021. 英国中小学教师减负：历程、举措、成效及启示 [J]. 河北师范大学学报（6）：112-120.

刘军豪，2018. 幼儿园教师专业发展的制度支持研究 [D]. 武汉：华中师范大学.

罗英，徐文斌，2019. 教师专业发展政策与制度研究的现状、问题与反思 [J]. 教育参考（6）：106-112.

尚俊杰，2020. 未来教育重塑研究 [M]. 上海：华东师范大学出版社.

申素平，郝盼盼，2021.《教师法》修订为教师赋权强责 [N]. 光明日报 2021-12-14（15）.

沈伟，李倩儒，2020. 教师地位及其支持制度的国别比较 [J]. 外国教育研究（10）：39-53.

滕珺. 2015. 工资不高，芬兰人为什么还向往教师职业 [J]. 中国教师（10）：77-79.

王建洪，2021. 学校教师专业发展制度的现状研究 [D]. 天津：天津师范大学.

王为民，2018. 走出“制度陷阱”：高职教师专业发展制度的供给困境反思 [J]. 河南大学学报（社会科学版）(1)：139.

吴璇，王宏方，2021. 日本中小学教师的时间减负困境及治理 [J]. 上海教育科研（10)：36–43.

杨挺，李伟，2021. 公办中小学教师作为国家公职人员的特殊法律地位 [J]. 中南民族大学学报（7)：106–116.

姚师平，姚鹏飞，2019. 新加坡：打造面向 21 世纪的高质量教师队伍 [J]. 上海教育（6)：30–34.

张光陆，2018. 教师核心素养内涵与框架的比较研究 [J]. 宁波大学学报（5)：101–106.

张文婷，于海波，2021. 国际教师核心素养研究现状及启示 [J]. 比较教育学报（6)：136–148.

中共中央，国务院，2018. 中共中央国务院关于全面深化新时代教师队伍建设改革的意见 [EB/OL].（2018-01-31）[2021-11-21]. http://www.gov.cn/zhengce/2018-01/ 31/content_5262659.htm.

中央教育審議会，2019. 新しい時代の教育に向けた持続可能な学校指導・運営体制の構築のための学校における働き方改革に関する総合的な方策について [EB/OL]. (2019-01-25) [2020-04-29]. https://www.mext. go.jp/b_menu/shingi/chukyo/chukyo3/079/sonota/1412985.htm.

朱旭东，2018. 论新时代中国教师队伍建设的顶层设计 [J]. 中国教师（7)：22–26.

Department for Education, 2015. Government response to the Workload Challenge [EB/OL]. (2015-02-06) [2019-12-06]. https://www.gov.uk/government/publications/workload-challenge-for-schools-government-response.

Greenhill v., 2010. 21st Century Knowledge And Skills in Educator Preparation[J]. Partnership for Century Skills: 1-40.

OECD, 2019. Education at a Glance 2019 [EB/OL].（2019-09-10）[2019-12-20]. http://www.oecd.org/education/education-at-a-glance/.

# 第四节　面向未来的学校发展水平评价创新

信息化时代互联网、大数据、云计算、人工智能等科学技术的迅猛发展与广泛应用，正以前所未有的方式和速度推动着人类生产生活方式的变化，在彻底改变全球经济蓝图与工作场域的同时，也促进了学习内容、学习方式、学习规则等教育要素的变化。学校作为人才培养的主阵地，在“第四次教育革命”中不仅需要承担起更加艰巨的职责与使命，同时也面临着在复杂环境与挑战中不断提升的高质量发展要求。在新的时代，定义和评价“好学校”的样态与标准，是未来学校制度重构的重要一环，同时也是学校发展水平评价改革的题中之义。

## 一、理论研究

### （一）学校评价的理论基础：基于教育评价理论的分析

学校评价作为教育评价的重要组成部分，是伴随着教育评价发展而逐步分化形成的一种评价类型。相对于教育评价的发展历史而言，学校评价尚处于相对“年轻”的发展阶段，远未形成成熟理论系统（卢立涛，2007）[23]，其在诸多理论问题上仍紧密依赖于教育评价理论的发展成果。为了更好认识和理解学校发展水平评价的内涵要义，这里有必要先对教育评价的理论基础做一些简要梳理。

从整体来看，教育评价理论体系的建构是一个在历史演进中不断积累、调整和完善的过程，借鉴美国学者库巴（E. G. Guba）、林肯（Y. S. Lincoln）等人的研究观点，其理论发展主要经历了测量、描述、判断、建构四个时代（见下表）。

**教育评价理论的演进历程及主要观点**

| 发展阶段 | 评价模式 | 主要观点 | 代表人物 |
|---|---|---|---|
| 测量时代：19世纪末至20世纪30年代 | 客观式测验、常模参照测验 | ●测量理论的形成和测量技术手段的大量应用<br>●教育评价的工作以编制各种面向学生心理特质、学力水平的测验量表为中心 | （美）桑代克、（法）比奈 |
| 描述时代：20世纪30年代至50年代 | 以目标为中心的泰勒评价模式 | ●教育目标是教育评价的出发点和依据，应以具体的行为目标加以界定<br>●侧重于对测验结果进行“描述”，以判断实际的教育活动达到的预期教育目标<br>●评价方法以标准化测验为主 | （美）泰勒 |
| 判断时代：20世纪50年代末至70年代末 | 以决策为核心的CIPP评价模式（背景评价context evaluation、输入评价input evaluation、过程评价process evaluation和成果评价product evaluation四个词组的首字母组成） | ●重视评价中的价值判断<br>●教育评价最重要的意图不是为了证明，而是为了改进<br>●认为教育评价是为决策提供有用信息的过程<br>●注重对评价目标合理性的评价<br>●教育评价不仅应该关心目标达成度（行为结果），还应该关心目标是怎样达成的（行为过程）<br>●重视过程评价和形成性评价，评价范围涵盖了活动的整个过程 | （美）斯塔弗尔比姆 |
| | 目标游离评价模式 | ●重视评价中的价值判断<br>●评价应以顾客为基础，以消费者需要为导向<br>●评价目标游离，关注非预期目标<br>●评价依据不是方案制定者预定的目标，而是教育活动参与者的意图或需要；评价的重点在于实际结论，而不是方案预期的结论<br>●评价者应保持价值中立 | （美）斯克里文 |

续表

<table>
<tr><th>发展阶段</th><th>评价模式</th><th>主要观点</th><th>代表人物</th></tr>
<tr><td rowspan="3">建构时代：20 世纪 80 年代以来</td><td>应答评价模式</td><td>●以回应和协商为重要标志<br>●评价并不是“外在于人的”“纯客观”的过程，而是参与评价的所有人在交互作用中形成共同心理建构的过程<br>●评价者的根本任务在于通过收集各种资料，梳理出不同人、不同环境中的建构，并运用协商的方式逐步统筹分歧、促成共识<br>●承认多元现实和多元主义的价值<br>●以案例研究和定性研究方法为主</td><td>（美）斯塔克</td></tr>
<tr><td>自然主义评价模式</td><td>●评价的主要作用是回应受众的信息需要<br>●尊重差异，价值多元<br>●评价信息的收集方法应主要依靠自然观察、访谈等质性研究方法</td><td>（美）库巴、林肯</td></tr>
<tr><td>发展性教育评价</td><td>●以教育的发展为评价对象，又以教育的发展作为目标<br>●注重评价内容的全面性和综合性<br>●强调评价主体的多元性、平等性、参与性和合作性<br>●强调评价指标设计的个性化、弹性化<br>●将质性评价与量化评价相结合<br>●在评价结果上，重视共同认同</td><td>（英）纳托尔、克里夫特</td></tr>
</table>

资料来源：表中内容依据以下文献资料整体而成。（1）GUBA E. G., LINCOLN Y. S. Fourth Generation Evaluation [M]. Newbury Park, California: Sage Publication, 1989.（2）卢立涛. 浅析学校评价理论的发展历程与趋势 [J]. 教育理论与实践，2007（6）：23–27.（3）刘志军. 教育评价 [M]. 北京：北京师范大学出版社，2018：35–37.（4）菲茨帕特里克，桑德斯，等. 改变未来的方案和评价标准 [M]. 黄艳，译. 上海：华东师范大学出版社，2018：174–261.

## （二）学校发展水平评价的内涵要义

学校评价作为教育评价的重要分支，其理论发展历程与教育评价观的发展历程一脉相承。在厘清相关理论发展脉络的基础上，对“学校发展水平评价”的理解可以从广义与狭义两个层面展开。从广义来看，这一概念与“学校评价”同义，后者可以看成是前者的简称，它们作为教育评价的下位概念或分支类型，主要指向以学校为对象的教育评价活动。从狭义来看，“学校发展水平评价”作为一个专属名词，与“学校办学水平评价”“学校教育质量评价”等概念同属于学校评价范畴，但它们在具体评价内容、评价主体、评价结果应用等方面却存在着不同程度的差别。“学校发展水平评价”更注重评价的过程性、整体性、发展性等内在特点，使之在一定意义上可以看成是当代发展性教育评价理论融入学校评价领域而衍生出的新类型，是超越于学校办学水平评价的高级形态。上述概念间的辨析关系如下图所示。需要注意的是，通过关键词的文献检索可以发现，“学校发展水平评价”目前在学术界尚未形成专门概念，而是内嵌于学校评价概念之中。为保证资料收集的全面性和文字表述上的简洁性，下文主要采用“学校评价”这一习惯用词指代“学校发展水平评价”。

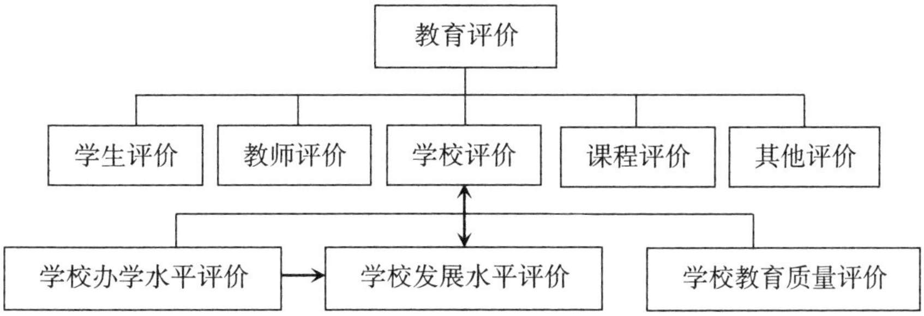


**学校发展水平评价相近概念辨析关系示意图**

从整体来看，在教育评价领域的研究中，相对于宏观层面的教育评价和微观层面的学生评价、教师评价、课程评价，中观层面的学校评价目前仍处于相对薄弱的地带。尽管学术界对学校评价的概念仍未形成统一的界定，但在已有研究中依然呈现出四方面的共识：一是学校评价承载着多重的目的性和功能性，具有多样化的评价对象与内容；二是学校评价需要建立在一定的评价标准之上，应依据不同的评价目的合理建构评价标准；三是学校评价以科学的手段和方法为支撑，具有一定的程序性；四是学校评价在本质上体现为价值判断的过程。结合上文的分析我们认为，学校发展水平评价（学校评价）是指相关主体依据一定的评价标准，对学校发展的整体状态及其各项工作的进展程度进行系统化的诊断与分析，以促进学校更好发展的过程。

值得注意的是，与教育评价的基本分类相似，学校评价也可以依据不同的标准或维度划分为多种类型。例如，依据评价主体，可以划分为校外评价与学校自我评价（校内评价）；依据评价时间与功能，可以划分为形成性学校评价和结果性学校评价；依据评价基准或参照系，可以划分为相对评价、绝对评价和校本差异评价，等等。尽管不同类型的学校评价蕴含着不同的特质与价值，但需要注意的是，不同学校评价类型之间并不是截然对立或分开的，而是具有多样的相互依存、包含与互补关系。任何学校评价目的的实现，往往都需要建立在多种学校评价类型有机结合、共同作用的基础之上。

## 二、政策梳理

### （一）学校发展水平评价在未来学校制度重构中面临的形势与挑战

全新的技术和数字变革逐步打破学校的固有边界，使教育逐步具有

"人人可学、时时可学、处处可学"的形态特点，原有的学校结构及学校制度也在进行着应势而为的调整与重构，以适应不断变化的教育环境和社会环境。尽管学校消亡论不绝于耳，但从根本上讲，学校仍然是，也将永远是学生最基本的社会活动场所（塞尔登 等，2019）。学校教育作为制度化学习和在家庭之外实现社会化的第一步，无疑是社会学习（学会做人和学会共存）的重要组成部分，其重要性并不会在技术变革的洪流中被削弱（联合国教科文组织，2017）。学校在未来不会消亡，而是需要继续承载着重要的育人功能，在帮助学生走入社会方面肩负起主要责任（OECD 教育研究与创新中心，2016）[2]，但学校的物理空间、教学组织方式、学校管理模式等都不可避免地发生与时俱进的创新、重构甚至是颠覆性的变革。

随着信息化时代传统校园向数字化校园、智慧校园转变，并带动着新的制度体系与思维体系的衍生与演进，学生个性化发展、教师专业化发展、学校特色化发展等都在崭新的教育环境中获得了多元化的资源重组渠道和信息技术的有力支撑。面向未来，学校将成为教育大数据生态系统的基石，连接各种孤岛式的系统，在教育业务流程中形成无缝的数据流（余胜泉，2019）。利用积累的数据，学校可以实现对教师的综合评价，对学生各种学习活动过程的分析，对学生成绩的横断面分析和时序变化分析等（任萍萍，2020）。这些都将帮助学校为学生、教师、家长等利益相关主体提供更好的服务。可以预见，当教育经过调整变得更符合人们的兴趣和能力时，学校常见的学生之间的竞争就会减弱；当技术能够产生兴趣驱动的空间时，学生也可以为自己的学习担负更多责任（柯林斯 等，2019）[112-113]。面对机遇与挑战并存的局面，学校必须积极求变、主动作为，以更强大的"内力"实现更高质量的可持续发展。

国内外诸多研究表明，未来教育不等于未来教室，也不等于未来学校，不过未来学校应该是未来教育的主体部分（尚俊杰，2019）。然而，仅仅改变管理人员或制定新法律并不能改变教育状况，推行更合理的评价方法可能是目前能够做的效果最好、最重要的改变（瓦格纳，2019）。由此可见，在面向未来的发展过程中，进一步加强和完善学校发展水平评价势在必行。这种以学校为对象的评价不仅有助于为学校的发展变革提供引导、指明方向，同时也有利于对学校现实运作中的状态与问题进行诊断，进而促进学校发展。其重中之重实际上在于回答“面向未来，什么样的学校是好学校”的核心问题。对此，国际上展开了理论和实践层面的多元探索。

## （二）国际视野下学校发展水平评价体系变革的政策要点

为应对信息化时代教育发展变革的形势与挑战，各国制定了一系列战略规划与政策。而教育政策必须落实到学校层面，才能触发与学生、教师、家长、社区等主体直接关联的作用链；教育改革理念必须在学校得到落实与开展，才能发挥其真正的影响力（黄忠敬 等，2019）[181]。作为教育改革的基本主体和关键领域，学校日益成为衡量教育质量、动态检验改革实效的重要监测点，学校组织和学校学习环境在促进学生学业水平提升、教师职业发展、新型教育生态构建中的重要性日益突出。在这种背景下，越来越多的国家和国际组织将教育评价改革的视角聚焦于学校层面，并普遍认识到评价已成为学校系统改进和问责的关键（经济合作与发展组织，2019）[5]。21 世纪以来，国际上围绕学校评价政策调整的要点主要体现在以下六个方面。

1.注重提高学校评价组织和知识体系的专业性。

信息化时代教育形态的多元变革，使得学校教育活动及其相应的评价工作都面临着日益复杂的要素体系和变量，学校评价在指标设置、方式方法、组织建构等各个层面都需要更加专业的力量。各国日益认识到，学校评价政策的实施既需要运用专门知识，也需要拥有足够的能力，同时有必要使其与教育当局保持一定程度的独立性（经济合作与发展组织，2019）[23]。为此，一批教育评价专门机构在各国应运而生，为学校评价的专业化发展提供了有力支撑。这些机构既包含政府性机构，也包含中介机构或第三方机构，其职能主要体现在五个方面：一是技术领导，如开发评价工具，判定指导方针、教育指标等；二是执行评价程序；三是建立教育监控系统；四是在引进创新研究成果的基础上发展能力评估和测评体系；五是推动由评价结果生成的知识管理和评价文化的推广（经济合作与发展组织，2019）[23]。

2. 注重加强学校评价指标体系建构的全面性。

学校的发展，受到校内环境与校外环境的共同作用，既涉及教学、管理等多重事务，也涉及学生、教师、学校管理者、家长、社区等多元主体，这使得学校评价日益具有内容上的广泛性和时空范畴上的丰富延展性。为了更好地评价学校表现，各国纷纷重新审视学校评价指标体系的完整性和适切性，并着手制定和完善了综合性的学校指标框架。尽管各国的学校评价指标体系不尽相同，但一般都包含了学生、教师、课堂教学、办学条件、学校文化、内部管理、学校领导力、校内外主体协作等内容，其多以学生发展为核心，注重各要素间的相互联系，共同构成良性运作的学校发展生态及其评价体系的有机整体（见下页图）。

值得一提的是，近年来我国也逐步加强了学校评价指标体系的科学构建。2021 年 12 月，教育部印发了《普通高中学校办学质量评价指南》，从办学方向、课程教学、教师发展、学校管理、学生发展 5 个方面，设置了 18 项关键指标和 48 个考查要点，并对评价方式、评价过程等进行了规定（中华人民共和国教育部，2021）。相关内容为完善我国中小学学校发展水平评价指标体系提供了有益参考。

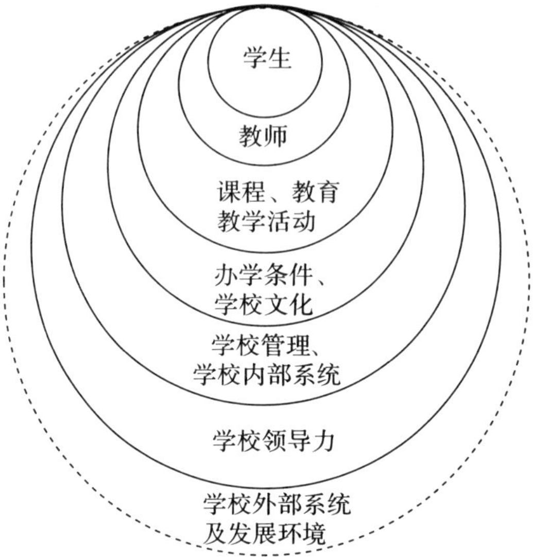


**学校评价指标体系的基本构成要素**

3. 注重增强学校评价标准的可比性和增值性。

随着各类国际学生测评的影响力日益增强，学生表现的国际差异常常使得一些国家在教育改革中面临压力，这种教育不均衡性在诸多国家内部同样存在。为了更好地借鉴学生表现优异国家（地区）的经验或保持自身优势，越来越多的国家加强了基于数据可比性的学校评价标准设计。这不仅有利于更好地对标先进水平查找自身不足，而且有利于在本国教育系统中营造良性竞争氛围。

与此同时，各国日益注重用增值性指标作为衡量学校表现的依据。这里的“增值”主要指向学生通过一定时期的学习所获得的进步，其基本假设是，学生入学时的水平与毕业时水平的差异，或学生在校期间的变化情况，可以归因于学校教育，其变化幅度（即增值）可以看作是学校、课程或教师的教育成就（卢立涛，2010）[71]。美国在学校评价中即明确强调，与年终考试成绩相比，学生的增值（进步）是衡量一所学校更为准确的指标（梁文明，2021）[88]。

4.注重提升学校评价手段的科学性。

在信息化时代，学校评价不仅需要面对海量的信息，而且需要依赖于对丰富信息的科学分析，以期得到更加科学有效的数据。日益强大的信息技术不仅使得采集、存储、传输、管理、分析、共享各种来源的测评数据信息以及开发和开展具有差异化、个性化的学校评价变得可行且日益重要，同时也使得相关学校评价的内容与应用场景变得更加广泛而多元。为了提高学校评价的质量与效率，各国纷纷加强了大数据平台、智能化测评、在线学习数据的动态挖掘、个性化学习者特征动态模型、以证据为中心的交互式测评等评价工具的开发（田伟　等，2022）[8]，积极探索推进信息技术与学校评价的深度融合，并不断提高学校评价服务科学决策及教学改进的能力与水平。

5.注重促进学校评价主体的多元性和协同性。

信息化时代学习边界与形态的多元变化，使得学校教育教学活动受到内外部发展环境中更多变量的影响，学生、家长、社区等利益相关体也对了解学校的真实表现呈现出多重诉求。学校评价不再只是教育行政、督导部门的职责，而是需要充分考虑各方主体的需求及其能动性。在这种发展背景下，各国近年来日益注重在学校评价中提高教师、家长、社区等利益相关体的参与度，并注重鼓励各方主体将促进学生的全面健康发展作为其共同责任。同时，越来越多的国家开始重视各主体和各环节间的连接性，这包括在不同的评价组成部分（如学校评价和教师考核）之间实现适当的连接，保证评价要素内部的多个元素（如校外评价与学校自我评价）充分连接等（经济合作与发展组织，2019）[10]。这种连接性和一致性有助于在各方主体间形成共识，促进评价决策的有效达成，保障评价过程的顺利实施。

6.注重增进学校评价结果应用的广泛性和有效性。

随着学校评价体系的完善，学校评价结果正得到越来越广泛的应用。各国日益关注使用学校评价结果来确定形成性目的，即用于确定学校在哪些方面表现良好，哪些方面可能需要改进（经济合作与发展组织，2019）[26]，进而为帮助学校领导提高学校规划和科学决策水平、帮助教师改善教育教学活动、帮助学校有效分配教育资源等提供支持和建议。在英国，所有学校都十分重视国家对学校的督导评价报告，报告中所指出的需要改进的方面都能得以及时纠正（孙河川 等，2011）[59]。与此同时，作为家长和社会更好了解学生学习情况和学校教育表现的重要渠道，学校评价结果也被要求以更加多元、透明的方式加以公开。

## 三、创新案例

现阶段，国际上的中小学学校发展水平评价改革主要聚焦于两个方面：一是注重给学校“减负”，开展频次更少但差异化特征更明显的外部评价，在此过程中，学校评价的重点也在从合规转向对教学质量的重视（经济合作与发展组织，2019）[363]；二是注重强化学校自主权，激发学校发展主动性，更加注重科学有效的学校自我评价。在相关实践及顶层设计中，各国呈现出不同的模式与特点，这里仅选部分发达国家和国际组织的典型案例加以梳理分析，以期管窥相关先进经验。

### （一）英国：以效能为核心的政府主导型学校评价

英国的学校发展水平评价建立在历史悠久且法律法规体系较为健全的教育督导制度之下，在传统上主要呈现为具有较高政府权威性和专业性的学校外部评价形态。其面向公立学校的评价工作主要由教育标准局（Office for Standards in Education，简称 Ofsted）统领和监管，并通过政府购买服务的方式，由督导服务机构（Inspection Service Providers，简称 Ips）负责具体的组织实施。2019 年和 2022 年，英国教育标准局先后公布了最新的《教育督导评价框架》( Education Inspection Framework，简称 EIF）和《学校督导评价手册》( School Inspection Handbook)。新方案规定从教育质量、行为和态度、个人发展、领导与管理四个关键领域对学校整体效能（over effectiveness）进行评价（Ofsted，2022)。

相较于前一版评价框架，新的评价指标体系主要呈现出三方面变化：一是减少了对考试成绩和测试数据的评价，更加关注学校是如何取得这些教育结果的，即关注这些结果是由丰富的课程和真正的学习产生的，还是由考试和测量产生的（王磊，2019）[10]；二是将学生的“行为和态度”提到“学校领导和管理效能”指标之前，凸显学生本位思想（顾娇妮，2020）[123]；三是将学生的“行为和态度”与“个人发展”作为独立的指标维度分开评价，前者主要指向学校领导者和教师是否在学校创造了一个安全、平静、有序的环境，并对学生的行为和态度产生了积极影响，后者主要指向学校是否能够通过丰富的课程和恰当的教学指导，为学生的健康全面发展及未来的成功提供有效的支持与帮助。

在上述评价指标体系基础上，依据教育标准局设置的统一评价标准，督学最终会对学校给出优秀（outstanding)、良好（good)、需要改进（requires improvement）和不合格（inadequate）四个等级的评判。相关评价结果向学校、家长等利益相关体公开发布。

值得注意的是，近年来英国日益重视加强学校自评工作。2005 年，教育标准局在新修订的督导框架中对促进自我评价的有效性进行了突出强调，这直接推动了英国教育评价的重点从国家宏观层面转向学校中观与微观层面，随后，一个以学校自我评价为核心、外部督导为指导、全员参与的学校自主发展性评价体系逐步建立起来（姜男，2010）[66]。作为学校评价的重要组成部分，学校自我评价需要以督导框架为依据，根据自身发展状况在正式督导评价工作开始前实施。2009 年，教育标准局出台了名为《与学校建立新型关系：通过自我评价提高学习效能》的重要文件，强调学校自我评价的目的是为外部评价提供基础与依据，但更重要的是为学校改进与发展服务，将自我评价纳入到学校管理的过程中，并成为一种持续性的发展机制（王璐 等，2011）[72]。由此，英国在学校外部评价与自我评价相结合的基础上，形成了更加完善的学校评价机制，并通过多种路径为学校改进提供支持（见下图）。

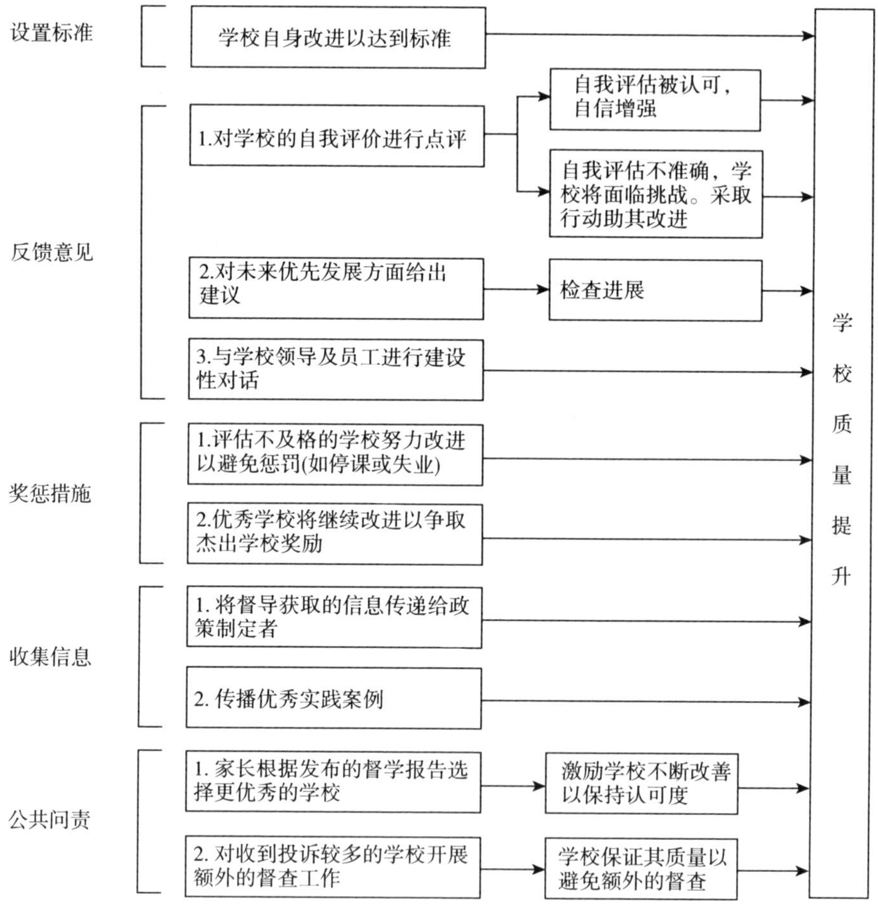


英国教育标准局督学工作促进学校改进原理流程图

资料来源：唐诗蕊，魏志春. 英国教育标准局改革经验对我国教育督导发展的启示 [J]. 外国中小学教育，2015（12）：7.

## （二）新西兰：以学生为中心的第三方学校评价

新西兰国家层面的中小学校评价工作主要由教育评价办公室（Education Review Office，简称 ERO）负责，该机构隶属于议会，是独立于教育部之外且与教育部平级的第三方评价机构。其不仅具有专门负责评价指标体系建构和评价工具研发的部门，而且制定了一系列旨在规范评价流程、提高评价能力的制度性文件，在整体上体现出较强的专业性。ERO 不仅能在全国层面对新西兰教育质量进行“面”上的评价，还能对每个学校进行“点”上的单独评价（王薇，2013）[16-17]。

ERO 评价重在帮助学校发现自身发展中的优势与不足，从而明确改进方向，在办好每一所学校的基础上，最终促进全国教育质量的整体提升。依据新西兰《教育法》的相关规定，所有学校都应参与持续的、周期性的评价，问询及改进过程。为了对学校发展质量进行全面评价，并便于探究学校取得进步或存在不足的原因所在，新西兰建立了包括“结果性指标”和“过程性指标”在内的学校评价指标框架（见下表）。其中，结果性指标的设计明确提出以学习者为中心（learner-focused），基本假设在于“每位学生都是一个自信的、与外部环境相联结的、积极参与学习活动的终身学习者”；过程性指标则主要以影响学校效能和学生成就的六个关键要素为维度进行设置（Education Review Office，2016）。

新西兰中小学校评价指标框架（2016 年版）

| 指标类型 | 评价维度 | 评价指标与要点 |
|---|---|---|
| 结果性指标 | 1. 身份认同与文化自信 | （1）学生是否对自己作为新西兰人的身份、语言和文化充满自信；（2）尊重价值观的多样性和差异性；（3）能够维护公平和社会正义；（4）能够运用文化知识与理解力促进多元文化社会的和谐发展；（5）在不同文化、地域和国内外背景下均表现出清晰的自我认知 |

续表

| 指标类型 | 评价维度 | 评价指标与要点 |
|---|---|---|
| 结果性指标 | 2. 社交、情感及适应能力 | （1）学生是否具有较强的社交能力和情绪控制能力，对未来具有较强的适应性和乐观态度；（2）享受在学校、朋友圈和社区的归属感与联结性；（3）感到被包容、被关心，具有安全感；（4）建立并保持积极的人际关系，尊重他人需求，表现出同理心；（5）能够发挥领导作用，做出明智和负责任的决定；（6）积极锻炼身体并保持健康的生活方式；（7）自我管理，并体现自我效能；（8）在新的和不断变化的环境中具有良好的适应力 |
| | 3. 成为成功的终身学习者 | （1）学生是否具有良好的读写能力和数学理解能力；（2）参与学习活动并充满好奇和享受；（3）通过多元视角和学科知识积极探索、运用和创造新知识；（4）流利使用技术，并能采取有洞察力的方法；（5）具有熟练的数字技术，能够使用一系列电子学习工具来增强学习能力；（6）所有学生都能享受成功；（7）自信地处理具有挑战性的任务，在困难和失败面前具有韧性和毅力；（8）能够使用多重策略开展学习和解决问题；（9）能够与他人合作，向他人学习，并帮助他人学习；（10）设定个人发展目标，并根据表现水平进行自我评价；（11）培养对学习过程的反思能力；（12）在小学教育阶段，学生在数学、阅读和写作方面都能达到国家标准；（13）在小学后教育中，能够获得1至3级国家教育成就证书（NCEA）；（14）参与与继续教育或就业相关的连贯性教育通路 |
| | 4. 在多元环境中的参与度与贡献力 | （1）能够在复杂和充满变化的环境中，运用不同学科知识进行富于批判性和创造性的思考；（2）精力充沛，积极进取，能够有效应对挑战与机遇；（3）能够通过协作应对前所未有的问题，探索新的问题解决策略与方法；（4）理解和参与不同文化、地域、国家及全球事务活动，并做出贡献；（5）成为重要的、积极的和负责任的公民；（6）能够评价一系列与社会、文化、经济、政治和环境相关的实践活动的可持续性；（7）成为未来世界的道德决策者和守护者 |
| 过程性指标 | 1. 学校管理 | 校委会是否：（1）积极服务学校发展，有效履行相关管理职责；（2）对学校培养学生取得的积极成效进行仔细审查；（3）对学校有效履行受托的管理职责情况进行自我评价；（4）有效履行法定职责 |

续表

| 指标类型 | 评价维度 | 评价指标与要点 |
|---|---|---|
| 过程性指标 | 2. 促进教育公平与卓越发展的领导力 | （1）建立有助于在多主体协同合作的基础上促进教育公平与卓越发展的学校规划及目标愿景；（2）为学生学习及幸福成长提供良好有序且富于支持性的学校环境；（3）对学校课程及教学活动进行有效的设计、协调与评价；（4）促进并参与教师学习与发展；（5）构建促进学校评价及持续改进的集体协作能力；（6）建构与学校社区各层面主体相互信任与协作的良好关系 |
| | 3. 强有力的教育联系和协作关系 | （1）学校与社区间建立以学习者为中心的交互关系；（2）促进学校教师与学生、家长、社区等主体之间以学习者为中心的有效沟通与联系；（3）为学生在家学习提供相关学习机会、资源与支持；（4）通过社区合作丰富学生成为自信的、与外部环境紧密相连的、积极参与学习活动的终身学习者的机会 |
| | 4. 有针对性的课程、有效教学与学习机会 | （1）学生在国家课程体系中学习并获得进步的广度与深度；（2）学生在充满关爱、合作、包容的学习环境中参与活动和开展学习；（3）学生获得有效的、充分的、公平的学习机会；（4）实施有利于促进学生学习的有效教学方法；（5）提升学生的评价能力与学会学习的能力 |
| | 5. 学校领导者及教师的专业能力和协作能力 | （1）对人力资源管理采取战略性和连贯性的方法，促进学校领导者及教师专业能力和集体协作能力的培养；（2）完善系统的、合作的探究过程和具有挑战性的专业学习机会，使教师发展与学校的愿景目标保持一致；（3）组织结构、过程和实践能够支持和维持相关主体的协作学习与科学决策；（4）获得相关专业知识，增强持续改进和创新的能力 |
| | 6. 评价、探究与知识建构 | （1）贯通的组织条件促进了评价、探究和知识建构；（2）通过评价、探究和知识建构促进学校持续改进与创新；（3）评价、探究和知识建构能力有助于参与外部评价 |

资料来源：Education Review Office. School Evaluation Indicators: Effective Practice for Improvement and Learner Success [EB/OL]. (2016-03-21) [2022-02-20]. https://www.ero.govt.nz/publications/school-evaluation-indicators.

从评价机制与实施过程来看，新西兰中小学学校评价采用外部评价与内部评价一体化的运作方式。两类评价以提升教育的结果性质量为共同目标，着力促进教育的公平与卓越发展，并确保学校对其管理工作负责。其中，内部评价作为新西兰学校质量保障与改进的核心环节，通常建立在系统的指标框架和一套兼具分析性和形成性的评价工具基础之上（MACBEATH J, 2012）[71]，具有较为严格的过程。同样，外部评价也依循完整的流程，这主要包括启动评价、探索和确定评价重点、设计评价方案、开展现场评价、撰写评价报告和制定改进计划五个步骤（余蓉蓉，2022）[72]。教育评价办公室会根据每所学校不同的背景、文化、特点及发展需求，设计富有针对性的评价方案；在评价现场，评价人员也会围绕评价重点，通过查阅资料、课堂观察、问卷调查、利益相关体访谈等多种方式收集信息，并在与学校共同讨论的基础上，解析数据背后所隐藏的信息，总结评价发现（余蓉蓉，2022）[73]。从整体来看，新西兰学校内部评价与外部评价具有目标上的一致性，在评价过程中相互补充和支持，形成了较为完善的评价机制。在此过程中，校委会、教师、学生、家长、社区等多元主体广泛参与，而无论是专业评价人员还是参与评价的教育工作者都要求必须利用丰富的定量和定性数据来源为评价提供资料（Education Review Office，2016）。

新西兰学校评价除了重视评价过程之外，还十分重视评价结果的呈现与应用。在以评价为基础撰写的学校年度报告中，学校需要报告学生成绩、学校改进的重点及其计划采取的行动等内容（Education Review Office，2016）。整体评价报告会在教育评价办公室的官网上公开发布，不仅为学校改进提供专业建议，同时也为学生、家长和社会了解学校发展水平提供多元信息。对于其中表现不佳的学校，教育部会给予更多关注，并加强资金、专业指导等方面的发展支持。

## （三）经济合作与发展组织：以发展为导向的发展性学校评价

20世纪八九十年代，随着建构主义理论的兴起以及“学校重建”运动的拓展，一种基于学校发展并旨在促进学校发展的发展性学校评价模式应运而生。与以往重在水平鉴定和甄别选拔的学校评价不同，发展性学校评价是一种面向未来的、着眼于学校进步性与发展性的评价，重在通过分析学校发展中的优势与不足，探索学校改进的方向。前文所述的英国、新西兰的学校评价体系事实上都蕴含着发展性评价的理念与逻辑。值得一提的是，OECD在综合学校发展主要影响因素的基础上，于20世纪90年代末提出了一套用于学校发展性评价的指标框架，有效促进了相关理念与实践的广泛传播与应用。

随着信息化时代的深入发展和学校评价需求的不断提高，越来越多的国家认识到，评价和测评框架是建立更强大更公平的学校系统的关键（经济合作与发展组织，2019）[7]。OECD亦格外注重加强以学校为主体的发展性评价指标的建构，这涉及课程与教学、管理与领导、专业发展、监测与评估、信息技术五大主题（黄忠敬 等，2019）[210]，而其近年来指标修订的重点则主要体现在以下两个方面。其一，在学校领导力方面，OECD早期的评价指标主要聚焦于校长如何参与学校的管理和发展，随着教育系统的重建和教育决策权的下移，校长领导力备受关注。OECD认为，校长领导力指向校长如何在学校组织中激励教师和学生，发挥卓越的管理和学术能力，促进教师、学生和学校的发展（黄忠敬 等，2019）[210--214]。在日益复杂而多变的学校发展环境中，校长不仅需要直面新老问题叠加的诸多挑战，同时也肩负着促进学校高质量发展的更多期待与使命，而校长领导力正是影响学校科学决策与改进发展的关键要素之一。其二，在学校信息与通信技术（ICT）发展方面，OECD早期的评价指标主要集中在对电脑、ICT 设备的统计上。近年来，随着 ICT 在学校系统的广泛、深入应用，相关指标日益加强了对使用者的关注，并把教师的 ICT 素养作为测量重点（黄忠敬 等，2019）[214-215]。从相关指标的调整变化不难看出，随着科技发展，新技术已然成为学校发展的新动力（黄忠敬 等，2019）[223]。

## 四、趋势研判

### （一）从强调"合规"向强调"质量"转变

工业时代的学校教育遵循的是大规模、标准化的人才培养逻辑，这使得学校评价往往以达标或合规为取向。而随着信息化社会教育普及程度的广泛提高，学校教育日益注重人才的多元化、个性化培养需求，提高学校教育教学质量，培养具有未来胜任力的多元化人才随之成为学校教育的核心任务，学校评价的落脚点亦逐步从强调学校办学的合规性向强调办学的优质性转变。这里的优质并不仅仅指向学校教育结果，而是包含整个教育教学过程；相关的人才培养质量，也并非指向学生的考试成绩、升学率等单一成就，而是指向个性化教学支持体系下学生综合素养的全面发展及每个学生的成功。

不论学校教育形态如何变革，学生始终处于学校教育的中心。OECD 在建构发展性学校评价指标体系时强调，有效的评价框架的关键之一在于它与教育目标和学生的学习目标紧密结合（经济合作与发展组织，2019）[10]。学校评价不仅仅关注政策、规划和结果之间的关系，更要旗帜鲜明地突出它对教学和学习的重视（杨中超 等，2018）[65-66]。通过学校评价，可以引导和促进学校改进教学过程与学习环境，帮助每个学生获得成功。

## （二）从强化“问责”向强化“发展”转变

20世纪末兴起的问责性评价在一定历史时期内对改造薄弱学校、促进学校发展等产生了可圈可点的影响，但也因其易于导致学校机构中的程式化现象（拉斯利，2017）[62]、在高利害压力下诱发“钻空子”“美化结果”等评价异化现象而受到越来越多的质疑。随着信息化时代人才培养环境与要求的变化，单一的、鉴定性的、重结果的学校评价已经越来越难以适应学校教育变革的需求，而以促进学校发展为目标、关注学校发展过程、注重问题诊断与改进的发展性评价则备受推崇。

从整体来看，发展性学校评价具有主体性、过程性、发展性等特点，其与鉴定性评价的区别如下页表所示。概括而言，鉴定性评价着重回答的是与统一标准或其他学校相比，“学校当前发展水平如何”的问题；而发展性评价着重回答的是与学校此前的发展基础相比，“学校取得了哪些进步”“如何取得这些进步”以及“如何改进现存的问题以获得更大的发展”等问题。相应的，鉴定性评价往往只以学校某一阶段的发展结果为评价对象，更多采用的是办学条件、学业成绩、升学率等结果性指标，重在鉴定和分级，为问责提供依据，呈现为相对静态的结果性评价；而发展性评价则格外强调“以评价促发展”，重视评价对象参与评价的主体地位与协商机制，其评价内容与评价指标更为全面和多样，是一种更加面向学校长远发展、强化问题诊断功能的形成性评价。学校评价在从鉴定性评价向发展性评价转化的过程中，相关评价导向也发生了从强化问责向强化发展的转变。但需要注意的是，这种转变并不是完全否定问责在学校评价中的价值，而是主张减少高利害问责对学校发展带来的不利影响，在问责与发展功能有效整合的基础上，以多向作用力共同促进学校的高质量发展。

**鉴定性评价与发展性评价的对比**

| 对比维度 | 鉴定性评价 | 发展性评价 |
| --- | --- | --- |
| 评价目的 | 鉴别、选拔、问责 | 诊断、改进、发展 |
| 评价导向 | 面向过去；目标导向；静态导向 | 面向未来；问题导向；动态导向 |
| 评价内容 | 单一，重升学率和硬件建设 | 全面性、整体性 |
| 评价对象 | 关注学校组织机构 | 关注学校提升过程 |
| 评价类型 | 结果性评价 | 形成性评价 |
| 评价方法 | 量化为主 | 质性为主 |
| 评价主体 | 单一主体 | 多元主体 |
| 评价标准 | 统一化、绝对化 | 个性化、弹性化 |
| 评价关系 | 自上而下 | 平等协商 |
| 评价结果 | 强迫接受 | 共同认可 |

资料来源：表中内容依据以下文献资料整体而成。（1）卢立涛. 浅析学校评价理论的发展历程与趋势 [J]. 教育理论与实践，2007（6）：23-27.（2）经济合作与发展组织. 为了更好的学习：教育评价的国际新视野 [M]. 窦卫霖，等译. 上海：上海教育出版社，2019：368.

## （三）从关注“分层”向关注“分类”转变

随着信息化时代人才培养需求的深入调整，“好学校”的定义和标准也在发生着潜移默化的变化，其中最重要的变化之一便是“好学校”的样态特征正在从统一性向多元性转变。对于面向未来的学校发展水平评价而言，“分类”将比“分层”更加重要。换言之，学校评价不能再用“一把尺子”对所有学校进行“一个标准”的衡量和评判，而是需要用“多把尺子”、依据“多元标准”衡量不同的学校，在强调共性的基础上，更多地关注学校的个性和差异（刘志军，2003）[18]。

与此一致，学校发展水平评价指标体系及评价标准的设置也需要兼顾共性与个性的统一，即要求学校在达成办学基本规范的基础上，保护和促进不同学校的个性化发展（陈惠英，2019）[85-86]。诸多发达国家由此开展的探索主要呈现出两条改革路径：一是注重学校评价内容的全面性和整体性，致力于提升评价方案的多元适用性和评价结果的科学性；二是注重学校评价指标设计的个性化和动态化，不仅要使评价指标能够准确反映不同类型学校的办学特色与发展定位，而且能够依据现实状况及形势发展需求对相关指标和标准做出灵活调整。为此，许多国家都着手设置了基础性指标与个性化指标相结合的学校评价指标体系，前者以国家（地区）统一的学校办学标准为依据，后者着重突出学校的办学特色，这为更好促进学校在不同“赛道”上实现高质量发展提供了积极助力。

### （四）从偏重“硬环境”向兼顾“软环境”转变

工业时代的“工厂式”教学模式往往使学校处于相对封闭的状态，在环境设计上通常重教学环境、轻学习环境，而在以差异化和联通学习为教育关键特征的信息时代，学校发展日益倡导打造一个开放的数字化、智慧化学习环境（汤彪，2021）。这种学习环境不仅有助于教育资源的合理分配与广泛共享，帮助学习主体之间实现更好的交流与合作，在促进教学方式变革的同时，不断提高优质教育资源的覆盖面，而且有助于有效识别学生的学习特质及学习进展，帮助教师为学生制定个性化的学习方案并为每个学生提供适合的教育。

在发展性评价理念的影响下，相应的学校评价不再仅仅关注信息技术设施设备的配置情况，而是更加关注科技赋能教育是否有效促进了人才培养质量的提高，及相应的智慧学习环境是否提供了更加适应学习者个性特征的学习支持和服务（黄荣怀 等，2012）[75-84]。在评价学校硬件建设水平的同时，更加关注学校相应的文化建设、信息技术素养发展等软性指标，这对于学校高质量发展具有更加深层和长远的影响。

### （五）从注重“外部评价”向加强“内部评价”转变

从整体而言，学校评价可以分为外部评价和内部评价（自我评价），二者既相互独立，又存在着密切的联系。传统的学校评价往往以外部评价为主，而随着信息化时代学校评价功能的拓展及主体关系的变化，加强学校内部评价正日益成为各国教育评价改革中的共识与着力点。一方面，加强学校内部评价有助于调动学校自我问题诊断与改进的主动性和积极性，提升学校在评价过程中的主体意识和创新精神，促进学校改革模式从“自上而下”式向“自下而上”式转变，促进学校改革动力从外驱力主导向内驱力主导转型。另一方面，随着新时期的学校评价日益走上专业化的发展道路，学校自我评价作为整个评价体系中的重要环节，也日趋强调专业性和相关评价主体专业能力的增长。

有研究表明，如果校外评价设定对学校质量的明确期望、规范和标准（如“优秀学校”标准），利益相关方参与并了解校外评价过程，那么便会直接影响学校的改进能力（经济合作与发展组织，2019）[365]。新西兰的研究与实践也表明，在校外评价过程中加强对学校自我评价的关注可以有效地激发学校的改进措施（经济合作与发展组织，2019）[366]。这都为越来越多的国家致力于促进校外评价与校内评价的协作关系提供了依据。从世界范围来看，在不断提升学校自评水平的同时，着力促进校外评价与学校自我评价的有机结合，已成为现阶段学校评价改革的重要取向。

## 五、问题聚焦

改革开放以来，我国学校评价体系在不断制度化、规范化，为促进我国中小学校标准化建设和教育质量的提升起到了积极作用，但面向未来教育改革的需求与挑战，仍呈现出多方面的问题与不足，主要体现在以下四方面。

### （一）过于强调评价的鉴定功能

我国现行的中小学学校评价模式产生于20世纪70年代末80年代初，是一种以工业化生产时代的标准化管理为核心理念、以检验各不相同的学校是否达到预先设定的统一标准为基本操作方式的评价模式（胡中锋，2016）[327]，主要体现为目标导向或结果导向的鉴定性评价。在改革开放初期学校办学条件相对薄弱的背景下，这种评价模式对于规范学校办学行为、促进学校基本设施建设、提高学校办学水平等都起到了积极的推动作用。然而，随着教育现代化事业的发展，我国不同地区的学校呈现出不尽相同的发展速度和改革路径，学校发展的差异化特征日趋明显，传统的主要聚焦于基本办学条件与物化资源配置、以合格鉴定或等级划分等功能为主的评价模式已越来越不适应信息化时代学校个性化、特色化、差异化的发展需求，同时也在一定程度上制约了学校参与评价的积极性和主动性。

近年来，随着“管办评分离”的深化，我国日益强调加强学校评价制度改革。但在现实中，基础教育领域的学校评价仍具有较强的鉴定、排名特征，往往带有较强的功利主义色彩，过分强调学校的当前利益，忽视教育的长远目标，导致学校评价在与学校利益紧密挂钩的基础上，成为自上而下地对学校进行督导管理的一种手段（卢立涛，2009）[30]，而缺失了评价对于学校的引导、激励和促进发展的功能，弱化了学校在评价中的主体地位和自我发展的价值取向。如何转变我国学校评价的理念与思路，强化评价促进学校改进与发展功能的切实体现，已成为我国面向未来的学校发展水平评价制度重构中亟待解决的重要议题。

## （二）过于强化教育行政部门的领导者权威

在很长一段时期，我国实行的都是自上而下的教育管理和评价体制，学校评价主要是教育行政部门和教育督导部门主导下的终结性综合评价，从方案制定、指标筛选、标准设置、过程实施到结果发布，统一由教育行政部门负责（李文静 等，2016）[82]。这不仅使得评价权力过于集中，评价者与评价对象长期处于不平等的地位，而且也使评价主体相对单一，学校评价的行政化色彩较强，形成了一个教育内部“自己评自己”的怪圈（陈向明，2003）[12]。这种现状极易造成评价者和被评价者的对立，以及忽视学校发展基础与环境的多样性和差异性（陈惠英，2019）[43]，进而导致评价结果的失真或异化。

尽管国内诸多政策文件均提出构建政府、学校、社会多元参与的评价体系，发挥专业机构和社会组织的作用，但在实践中，我国社会组织的数量、资质等不健全，公众对于社会组织认识存在偏差，多元主体参与评价的配套措施仍不完善等因素，常常导致其无法满足学校评价的需要，多元参与的学校评价体系有流于形式之嫌（郑美良 等，2021）[44]。这其中，教师作为教育主体，在学校评价方案设计、结果解释等关键环节的话语权普遍较弱，在整个评价过程中不仅处于被支配的地位，而且常需直接应对繁杂的被评价事务，极易增加额外的工作负担和压力，甚至产生对学校评价工作的消极情绪，这无疑会对学校评价工作的有效开展产生不利影响。

## （三）过度倚重量化指标

量化评价是传统学校发展水平评价的基本手段，量化指标也是直观反映学校发展水平的重要内容。由于量化指标相对易于测量和进行比较，因而在功利主义和政绩要求的驱动下，常常为学校领导者所青睐。然而，对量化指标的过度依赖，却会形成学校系统复杂的教育现象被归结为简单数据的不利导向。在这种评价体系下，对学生的思想品德、行为习惯、学习能力、教育教学理念、校园文化资源利用、学校管理水平等质性内容或隐性教育要素的评价常常被忽视或被简单量化，从而对学校真实发展水平产生以偏概全的假象。不仅易于使学校发展水平评价落入“为评价而评价、为政绩而评价”的陷阱，而且易于忽视未来以人为中心的学校发展中最根本的教育内容与意义。

尽管量化评价有其自身的价值和优势，但对量化评价的过度倚重也易于导致学校评价向结果性导向倾斜，而忽视学校的过程性指标设置，不利于对学校发展中的优势、劣势进行准确的衡量，甚至可能造成有什么数据便评什么内容的评价异化现象（李刚，2015）[13]。科学构建量化指标与质性指标有机结合的评价指标体系，已成为政界和学界共同关注的重要议题。

## （四）评价结果应用不够充分

在目标导向的评价体制下，我国学校评价的结果往往呈现为等级划分、鉴定排名等结论式判断，很少能够为学校及其管理者和教师提供详细的、对其发展至关重要的反馈（马长泽，2010）[87]，很难为学校提供及时的、经常性的、能够解决实际问题的、富有前瞻性指导意义的服务和帮助

（陈向明，2003）[12]。这不仅不利于发挥“以评价促发展”的内在价值，而且易于弱化教育主体对评价过程和评价结果的认同感，不利于构建良好的学校评价文化。

在评价结果与绩效奖励存在较强联系的情况下，上述评价结果的呈现与应用方式还容易导致学校在利益驱使下产生趋利性的自我评价，使得“上有政策、下有对策”“只重结果、不重过程”等现象屡见不鲜（龚孝华，2009）[38]，这显然不利于评价结果的真实性和有效性，长此以往，势必带来不良的评价竞争风气，影响学校评价的公信力。

## 六、改革建议

### （一）强化学校发展水平评价的诊断与改进功能

随着我国基础教育普及水平迈上新的台阶，人民的教育需求进一步从“有学上”向“上好学”延伸，相应的学校发展水平评价也亟待从“促进学校规范管理”向“促进学校优质均衡发展”转变，从传统以鉴定、排名、问责等功能为主导的评价模式向突出诊断与改进功能的发展性评价模式转变。在评价中，不仅要准确回答“学校发展得怎么样”的问题，同时也要回答好“学校取得了怎样的发展”“学校如何更好地发展”等问题。

为了促进上述转变，学校发展水平评价一方面需要加强“问题导向”，既关注学校取得的进步，也关注其中存在的问题。通过评价，不仅要诊断出制约发展的问题所在，更要重视分析问题产生的原因，并注意区分问题的性质和程度（李凌艳，2020）[118-119]，在此基础上，为学校合理有效地解决相关问题提供研判与建议。另一方面，着力强化“过程评价”，即不能只关注评价结果，而是应该重视整个评价过程。不仅要用发展性的眼光考量学校及其师生在教学（学习）活动中取得的进展，而且要注重在评价中激发相关主体参与评价、共同促进学校发展的积极性和主动性，充分调动学校改革发展的内驱力。

此外，学校发展水平评价还要注意弱化传统高利害评价带来的“副作用”，避免将评价直接作为学校评优、分级、问责的依据，而是需要积极拓展低利害评价对学校发展的正向作用力，在厘清学校定位与责任的基础上，完善学校评价方案，更好实现“以评价促发展”的改进效能。

### （二）促进学校发展水平评价的专业化运作

学校发展水平评价是一项内容丰富的系统性工程，在信息化时代不断提高目标要求和充满复杂性与不确定性的形势背景下，评价功能的有效发挥日益依赖于评价过程的科学化、专业化运作，这不仅体现在内容和技术层面，同时也体现在组织和制度建构等层面。

为此，我国一方面亟待建立独立于教育行政机构之外的专门性评价机构，或通过政府购买服务等方式，着力推动由第三方机构主导的学校评价机制，以进一步提高评价的公正性和科学性。鉴于我国基础教育量大面广，区域、城乡、校际差距大等现实情况，上述专门机构可以在中央和地方两级层面设立：中央评价机构主要负责顶层设计，包括制定宏观的评价实施办法、开发专业的评价工具、提供统一指导与培训等工作；地方评价机构则因地制宜，根据区域教育发展水平和学校发展需要研制更加具体的评价指标体系和方法，并承担具体的评价工作（余蓉蓉，2022）[77]。相关机构都应在人事、经费等方面具有一定的自主权，以保障其独立性。

另一方面，我国还应进一步建立健全专门针对学校发展水平评价的相关规章制度，对评价机构及其人员的职能范畴、行为准则等加强规范化管理。国家相关部门或者行业协会应着力完善相关机构的准入制度及相关人员的资格认定制度，加强相关人员职前及在职培训的制度化建设，全面提高评价队伍的专业素养。在此基础上，进一步优化评价人员的队伍结构，不仅要有负责开展学校评价实操工作的专职人员，而且要重视吸纳和培养负责评价指标体系设计、评价工具研发、评价结果解析等工作的专业研究人员。

### （三）建立校外评价与学校自我评价相结合的多主体评价机制

面对信息化时代教育系统内外部发展环境的变化，学校发展水平评价亟待从单一模式向多元模式转变。要着力提高学校内部评价或称学校自我评价的主体地位。有关研究强调，学校是教育变革的主要推动者，而高质量的内部评价过程则是发展战略性思维和持续改进能力的重要基础（Education Review Office，2016），这对于重在诊断与发展功能的学校评价的实施至关重要。为改变我国现有学校评价体系中学校自我评价相对薄弱的现状，可以尝试采取两种改革路径。一是通过各级教育行政管理部门，鼓励和支持学校依据教育战略规划及自身发展定位制定三至五年期的学校发展规划，并确立年度发展重点和监测进展的评价方法，在学年末形成包含成就、问题、挑战、改进策略在内的年度报告，帮助学校提高自我评价的意识和行动，并能够对自己的改进策略负责（经济合作与发展组织，2019）[431]。二是在校外评价中加强对学校自我评价的考量，以共同的评价指标框架为基础，为学校加强自我评价提供目标和行动方案，并通过具有可比性的数据信息，激发学校开展自我评价的积极性和主动性。

在此基础上，进一步促进校外评价与学校自我评价的有机结合，即充分发挥双方优势，在相互补充、相互促进的过程中实现评价效益的最大化，全面激发学校办学活力。具体而言，二者的结合方式可以采取统一设置学校内部评价与外部评价的指标体系、向学校派驻外部评价专员、共享数据库、建立双向信息反馈机制等多种实践模式。在实施中需要注意的是，政策与实践之间需要保持良好的一致性，特别是有必要确保学校外部评价和自我评价使用的标准足够相似，以便就优先事项和影响高质量教学的关键因素创造一种共同的语言（经济合作与发展组织，2019）[431-432]，这是保障学校发展水平评价工作高水平开展的重要前提。

在上述改革过程中，还应注重加强学校领导者和教师的评价能力。研究与实践指出，有一个好校长，就会有一所好学校（叶澜，2006）[389-391]。同样，好的学校评价也离不开校长领导力的发挥。正如 OECD 所强调的，学校自我评价的过程在很大程度上取决于学校领导激励参与、调动资源并确保适当的培训和支持的能力（经济合作与发展组织，2019）[434]。同时，学校评价也有赖于教师和学生的有效配合及积极能动作用的发挥。为了更好提高相关主体的评价素养，国家教育主管部门可以通过开设培训课程、鼓励教师参与评价方案设计等方式，逐步提升其参与评价、科学运用评价工具的意识与能力。学校可以通过加强教师职业培训、制定相关自评制度、开发自评工具等方式，将对评价素质的培养融入常态化管理工作中去，构建学校良好的评价环境。

## （四）完善富于差异性、系统性、动态性的评价指标体系构建

学校发展水平评价作为一个多维度、多向度、多功能的复杂系统，包含着多层面、多类型、多特质的构成要素。有什么样的评价内容，评价对象就会注重哪个方面的工作；有什么样的评价标准，评价对象就会向哪个方向努力（刘志军，2018）。高质量学校发展水平评价制度的建设，需要以科学的评价指标体系为基础，为此，我国亟待从以下几个方面着力，完善学校评价指标体系的建构。

其一，确保学校发展水平评价的重点在于教学、学习过程和学生成就的提高。我国学校评价从强调达标、合规向强调教育教学质量的拓展和深

化，特征之一便是将学生置于评价的中心，重在对学生学习过程及其成就进行评价。这里的成就并不主张倚重测评成绩、升学率等指标，而是更加关注每个学生在自身原有基础上取得的进步和增值性发展，注重以增值性指标作为衡量学校质量的主要依据之一。同时，注重对学生发展提供支持的学校软硬件环境的评价，保证学生在学校的学习环境是充满安全感和幸福感的。

其二，注重根据不同学校间的差异性设置分类指标。由于不同学校的优势特点不尽相同，发展资源与条件也存在差异，因而其在发展过程中往往呈现出不同的改革路径与速度。在注重学校改进与发展功能的学校发展水平评价中，应充分考量学校之间存在的层次、类型、特点等差异，合理建构具有多样性、差异性和较强针对性的评价指标体系与标准，以满足不同学校的发展特色与需要，在“多把尺子”下实现更加科学、准确的评价。

其三，促进评价指标体系的完整性和系统性。这并不是主张指标体系的“大而全”，而是在保证指标覆盖全面性的基础上，注重指标内部的结构性和系统性。从发展性评价的内在逻辑出发，学校评价指标可以划分为四个层面：一是基础性指标，主要指向学校办学的基础需要和学校常规工作的基本要求；二是发展性指标，主要是衡量一定时期内学校在不同基础上取得的进步和发展；三是学校特色发展指标，主要是引导学校发展自己独特的、优化的、稳定的教育特征和学校文化；四是教育效益指标，主要指向学校的办学质量，可以通过学生学业成就、教师工作满意度、学校社会声誉等指标加以衡量（胡中锋，2016）[313]。

其四，注重评价指标的动态调整。由于信息化时代学校系统呈现出更强的动态性发展特征，学生的学习环境和学习目标可能会随之发生多种形态或向度的变化，因此，学校发展水平评价的指标体系也不能是一成不变的，而是应该建立动态调整的弹性机制，对相关指标进行适时且及时的修订和完善，以保证评价标准与现实的适切性。由此构成的学校发展水平评价不仅具有判断价值和发现价值的功能，而且还具有提升价值的功能（李斐 等，2008）[147]。

## （五）促进评价结果的合理分析与有效应用

学校发展水平评价结果可以通过纸质报告、电子文本、大众传媒、网络平台等多种形式和渠道呈现，其核心价值在于帮助学校改进和发展。研究表明，除非所收集的信息被解释并转化为学校发展战略，否则学校评价不会带来有效的改进（经济合作与发展组织，2019）[434]。由此可见，对评价结果的合理分析与有效应用是整个学校发展水平评价中不可小觑的重要一环。然而从现实来看，由于评价数据分析方法过于复杂，评价结果解释环节被忽略或省略，评价应用过程学校参与度低等原因（王薇，2017）[54]，我国学校评价结果在很多情况下并未得到充分、有效的应用。

为了改变上述状况，我国首先需要改进学校发展水平评价结果的呈现方式，避免过强的技术性和专业性带来阅读和理解上的困难。评价者可以依据不同受众群体的特点形成不同版式的报告，以满足不同群体了解评价结果的需求与程度，并为促进评价结果的广泛传播奠定基础。相关评价结果可以通过多种形式公布和传播，包括面向家长或社会的摘要型报告，特定地区或教育团体内一组学校的评价结果，通过专门网站提供学校评价结果的定制性查阅服务，将某一学校的特定方面与当地或全国的其他学校进行比较而形成的分析报告等（经济合作与发展组织，2019）[435]。

其次应该明确，学校发展水平评价报告的重点不是给出一个分数或排名，而是基于所得数据、信息对学校发展中的优势与不足进行总结，合理地说明学校发展过程中的矛盾关系或影响要素，帮助学校厘清发展思路，明确改进方向。这一过程作为对评价结果的综合性解释与分析，可以看成是学校评价中将理论转化为实践的过渡环节，应具备发展性、理解性、专业性和对话性等特点（王薇，2016）[54]。在具体分析框架上，可以从影响学校发展的内外部要素体系、主体关系等不同维度展开。

总的来看，信息化时代，不断变化的技术环境为科技赋能教育带来了新的空间与路径，同时也对学校发展提出了更高的要求，学校不仅要成为知识社会的先驱（OECD 教育研究与创新中心，2016）[2]，而且要成为弥补数字鸿沟、促进教育公平的主阵地（柯林斯 等，2019）[108]。单纯传授知识的学校不再具有魅力，只有将学校建成能够帮助学生认识自己、发现自己、有情感的学习场所（张治，2018）[234-235]，才能体现未来学校的价值。相应地，面向未来的学校发展水平评价也逐步从问责导向向强调诊断与改进功能转变。"好学校"不再以学生成绩、升学率等为标榜，而是应以学生身心健康全面发展为核心，以激发学生学习的主动性、适应性、创造性以及促进学生的安全感、幸福感为追求，致力于为学生一生的幸福成长奠定基础。

**参考文献**

陈惠英，2019. 学校评价：优质学习场域地构建路径 [M]. 郑州：大象出版社.

陈向明，2003. 普通高中发展性学校评价体系的构建 [J]. 全球教育展望（9）：12–13.

顾娇妮，2020. 指向改进的英国学校督导研究 [D]. 上海：上海师范大学.

龚孝华，2009. 我国学校教育评价的困境与出路 [J]. 教育研究与实验（4）：37–40.

胡中锋，2016. 教育评价学 [M]. 3 版. 北京：中国人民大学出版社.

黄荣怀，杨俊锋，胡永斌，2012. 从数字学习环境到智慧学习环境：学习环境的变革与趋势 [J]. 开放教育研究（1）：75–84.

黄忠敬，等，2019. OECD 教育指标引领教育发展研究 [M]. 上海：华东师范大学出版社.

姜男，2010.英国学校自主发展性评价体系概述及启示 [J].中小学校长（10)：66–69.

经济合作与发展组织，2019. 为了更好的学习：教育评价的国际新视野 [M]. 窦卫霖，等译.上海：上海教育出版社.

柯林斯，哈尔弗森，2019. 教育大变局：技术时代重新思考教育（第二版）[M]. 陈家刚，译.上海：华东师范大学出版社.

拉斯利，2017.学校标准及问责 [J].孙颖，等译.北京：北京师范大学出版社.

李斐，刘广利，2008.发展性学校评价的若干思考 [J].继续教育研究（12)：147–148.

李刚，2015.教育现代化评价热潮反思 [J].教育发展研究（11)：10–14.

李凌艳，2020.学校诊断 [M].北京：北京师范大学出版社.

李文静，徐赟，2016.改革开放以来我国普通高中学校评价政策的回顾与分析 [J]. 现代教育管理（3)：80–84.

联合国教科文组织，2017. 反思教育：向全球共同利益的理念转变 [R]. 北京：教育科学出版社.

梁文明，2021.美国第三方评估机构“好学校”的高中学校综合性评价及其启示 [J].当代教育科学（3)：86–95.

刘志军，2003.新课程背景下的学校评价改革 [J].中小学管理（10)：18–20.

刘志军，2018.教育评价 [M].北京：北京师范大学出版社.

卢立涛，2007.浅析学校评价理论的发展历程与趋势 [J].教育理论与实践（6)：23–27.

卢立涛，2009.改革开放 30 年我国中小学学校评价的回顾与反思 [J].教育科学研究（10)：28–32.

卢立涛，2010.发展性学校评价的概念辨析 [J].继续教育研究（11)：69–71.

马长泽，2010.完善的学校评价体系使普通高中可持续发展的保障 [J].全球教育展望（6)：87–90，93.

OECD 教育研究与创新中心，2016.技术驱动，教育为本：技术革新教育的系统方法 [M].张怀浩，译.上海：华东师范大学出版社.

尚俊杰，2019.未来教育重塑研究 [M].上海：华东师范大学出版社.

任萍萍，2020. 智能教育：让孩子站在人工智能的肩膀上适应未来 [M]. 北京：电子工业出版社.

塞尔登，阿比多耶，2019. 第四次教育革命：人工智能如何改变教育 [M]. 吕晓志，译. 北京：机械工业出版社.

孙河川，刘文钊，王小栋，等，2011. 英国最新教育督导评价指标述评 [J]. 比较教育研究（3）：55–59.

汤彪，2021. 数字化教育：基于大数据和智能化场景应用下的教育转型与实战 [M]. 北京：中华工商联合出版社.

田伟，杨丽萍，辛涛，等，2022. 科技赋能教育监测与评价：现状与前瞻 [J]. 中国远程教育（1）：1–11，92.

瓦格纳，2019. 教育大未来 [M]. 余燕，译. 海口：南海出版公司.

王磊，2019. 英国：新教育督导框架专注课程、行为与发展 [J]. 人民教育（12）：10.

王璐，车金恒，2011. 强化学校自我评价，提高督导效能：英国学校督导评价最新发展趋势 [J]. 比较教育研究（10）：71–76.

王薇，2013. 中国、新西兰学校评价体系的比较及启示 [J]. 教育测量与评价（2）：16–22.

王薇，2016. 学校评价结果解释研究：基于解释学视角的分析 [J]. 中国教育学刊（1）：54–58.

王薇，2017. 奖励 · 问责 · 改进：让学校评价促进学校发展 [J]. 中小学管理（3）：51–53.

杨中超，杜屏，2018. 国外中小学学校评价的特征及未来政策走向：基于 OECD 和欧盟教育报告的分析 [J]. 现代教育管理（9）：63–67.

叶澜，2006. “新基础教育”论：关于当代中国学校变革的探究与认识 [M]. 北京：教育科学出版社.

余胜泉，2019. 互联网 + 教育：未来学校 [M]. 北京：电子工业出版社.

余蓉蓉，2022. 新西兰中小学校评价体系：构成、特点及启示 [J]. 教育测量与评价（1）：70–79.

张治，2018. 走进学校 3.0 时代 [M]. 上海：上海教育出版社.

郑美良，范国睿，2021. 超越结果与绩效 回归过程与改进：基础教育学校评价的变迁与改进路向 [J]. 教育科学研究（6）：41–46.

中华人民共和国教育部，2021. 普通高中学校办学质量评价指南 [EB/OL]. (2021-12-31)[2022-01-15]. http://www.moe.gov.cn/srcsite/A06/s3732/202201/t20220107_593059.html.

Education Review Office, 2016. School Evaluation Indicators: Effective Practice for Improvement and Learner Success [EB/OL]. (2016-03-21) [2022-02-20]. https://www.ero.govt.nz/publications/school-evaluation-indicators.

MACBEATH J, 2012. Future of Teaching Profession [R]. Cambridge: University of Cambridge: 71.

Ofsted, 2022. School Inspection Handbook [EB/OL]. (2022-04-14) [2022-04-30]. https://www.gov.uk/government/publications/school-inspection-handbook-eif/school-inspection-handbook.

# 第四章

# 面向未来的

## 学校外部共治制度创新

# 第一节　面向未来的政府—学校关系创新

2020 年 9 月，教育部联合中央组织部、中央宣传部、中央编办、国家发展改革委、公安部、财政部和人力资源社会保障部共同发布了《关于进一步激发中小学办学活力的若干意见》(以下简称《意见》)，强调以习近平新时代中国特色社会主义思想为指导，“深化教育‘放管服’改革，落实中小学办学主体地位，增强学校发展动力，提升办学支撑保障能力”。《意见》提出的五大基本原则之一是“坚持放管结合”，具体阐述为“明晰政府、学校权责边界，处理好政府办学主体责任和学校办学主体地位之间的关系，既注重打破部门壁垒、做到应放尽放，又注重规范学校办学行为、强化事中事后监管”。

《意见》的发布再次将政府与学校关系（以下简称政校关系）这一命题置于当前教育改革与发展的热点聚集圈，置于推动基础教育公平发展和质量提升的核心关键圈，置于加快现代学校制度建设、推进教育现代化、建设教育强国的重点辐射圈。

## 一、理论研究

“关系”一词在《现代汉语词典（第 7 版）》中有六种解释。第一种解释为“事物之间相互作用、相互影响的状态”，这应该是政府与学校关系这一命题中对“关系”二字较为贴切的注解。

我国学者对政校关系的概念内涵从不同角度给予了多元化解读：

冯大鸣在《西方六国政府学校关系变革》一书的前言中写道:"'政府学校关系'主要是指政府与学校之间的权责关系,既包含中央政府及地方政府与学校的关系,也包含中央政府与地方政府因分割管辖学校的权责而形成的中央政府与地方政府的关系,还包含由政府与学校之间的权责关系而派生的学校与社区、家庭以及其他社会关切团体之间的关系,因而它是教育管理体制中最为重要的部分……"。(冯大鸣,2011)[1]

褚宏启在《政府与学校的关系重构》一文中的表述是:"政府与学校的关系实质上是一种行政法律关系,双方地位具有不对等性。不管两者关系如何调整,这种关系的不对等性不会改变。"(褚宏启,2005)[41]

成尚荣在《改善政校关系　激发办学活力》一文中认为:"政校关系是客观存在的关系,是办学校、办教育诸多关系中处在'第一'的关系。所谓'第一',是言其意义之深、价值之重、影响之大。"(成尚荣,2021)[31]

当然,还有学者从制度分析的视角探讨政府与学校关系的重建(蒲蕊,2009)[81-85],也有从厘清"管办评"职责或"管办评"分离改革的视角分析政府和学校的权责(王璐,2018),亦有围绕教育治理体系和现代学校制度的构建研究政校关系的调整(李继星,2003)[83-86],另有从行政法学、教育法学的角度对政府和学校之间的关系进行法理探究(周兰领,2007)……

由上可知,我国学者对政校关系问题的探讨有多重语境,包括现代学校制度、校长职级制、公共管理、教育治理、行政法学等。不同语境下,对政校关系这一核心关键词的讨论有不同的侧重点。本文在上述研究的基础上,尝试从切合研究目标的角度出发,给出一个比较简单的定义——政校关系即在教育改革与发展的不同时期,政府和学校相互作用、相互影响的状态。此状态有三个主要特征:第一,与社会、经济发展阶段和教育改革背景联系紧密;第二,状态调整一般表现为政府主动,学校配合;第三,状态的不确定性和复杂性较为突出。

## 二、政策梳理

新中国成立以来，我国教育事业走过的道路并不平坦。新中国成立初期的主要教育成就是把旧中国的教育转变为新中国的社会主义教育。1954年通过的新中国第一部宪法规定："国家设立并且逐步扩大各种学校和其他文化教育机关，以保证公民享受这种权利。"可以说，新中国成立后到50年代后期，是我国社会主义教育事业的起步和奠基阶段，初步构建了政校关系的基本雏形，在推翻旧制度的过程中，新的学校制度在不断重建。

从20世纪50年代末开始，我国刚刚起步的社会主义教育事业因政治运动的频繁冲击而遭到严重破坏，前期初步确立的社会主义教育体系也未能幸免，严重阻碍了一代人的成长，对我国的教育事业发展造成了巨大的负面影响，拉大了新中国与当时世界上主要发达国家的教育差距。

党的十一届三中全会以后，我国的经济和社会发展逐步得到恢复，得益于中央做出的一系列新的重大决策，教育事业开始恢复活力和生机并走上积极健康的发展道路。政校关系也得到逐步恢复并进入了一个日趋规范的新阶段。

1985年，《中共中央关于教育体制改革的决定》(以下简称《决定》)的颁布和实施，成为政校关系调整过程中一个具有里程碑和分水岭意义的重大事件。《决定》明确了我国进行教育体制改革的根本目的——提高民族素质，多出人才、出好人才。《决定》还强调"教育必须为社会主义建设服务，社会主义建设必须依靠教育"。《决定》的出台意义重大且影响深远，为90年代乃至21世纪初我国经济和社会发展的人才培养和储备做出了巨大贡献。《决定》对当时教育发展面临的主要问题认识到位，特别是教育事业管理权限的划分，认为"政府有关部门对学校主要是对高等学校统得过死，使学校缺乏应有的活力；而政府应该加以管理的事情，又没有很好地管起来”。为此，中央提出要对教育体制进行系统性改革，改革教育管理体制，既要加强政府对教育的宏观管理，也要坚决实行简政放权，扩大学校的办学自主权。《决定》明确提出“地方负责、分级管理”的基础教育管理权限划分原则，中央决定基础教育的大政方针和宏观规划，地方负责具体政策、计划的制定和实施以及对学校的领导、管理和检查。省、自治区、直辖市负责该省、市（地）、县、乡各级教育管理职责的划分。《决定》的出台为我国政校关系的基本权责划分指明了方向，初步明确了双方的地位、职能和作用，奠定了我国政校关系继续调整和改善的重要基础，因此有学者称之为指导我国政校关系的“纲领性文件”。

1986 年，《中华人民共和国义务教育法》（以下简称《义务教育法》）在第六届全国人民代表大会第四次会议上获得通过，于 2006 年进行修订，之后分别于 2015 年和 2018 年进行了第一次和第二次修正。《义务教育法》明确了各级人民政府及其有关部门应当履行的各项职责，以保障适龄儿童、少年接受义务教育的权利。《义务教育法》的颁布和实施使得教育管理权限的划分比以往更具体化、规范化和法制化，义务教育管理体制得到了法律的确认和保障。国务院负责领导，省、自治区、直辖市人民政府负责统筹规划实施，县级人民政府为主的义务教育管理体制有力地促进了义务教育的均衡发展，改善了农村和民族地区的义务教育水平，保障了家庭经济困难和残疾儿童接受义务教育的权利。

1995 年，《中华人民共和国教育法》（以下简称《教育法》）在第八届全国人民代表大会第三次会议上获得通过，并分别于 2009 年、2015 年和 2021 年进行了第一次、第二次和第三次修正。《教育法》更为清晰地界定了政府对各阶段教育工作的管理原则和管理权限，“国务院和地方各级人民政府根据分级管理、分工负责的原则，领导和管理教育工作。中等及中等以下教育在国务院领导下，由地方人民政府管理。高等教育由国务院和省、自治区、直辖市人民政府管理”。除此以外，教育法还更为详细地规定了国务院教育行政部门、县级以上地方各级人民政府教育行政部门以及其他有关部门的教育管理权限。全国教育工作的主管部门是国务院教育行政部门，负责统筹规划、协调管理全国的教育事业。县级以上地方各级人民政府教育行政部门以及其他有关部门，前者主管本行政区域内的教育工作，后者在各自的职责范围内，负责有关的教育工作。

《义务教育法》和《教育法》的颁布、修订和多次修正，使得教育管理工作的权责划分越来越具体、细化，教育管理体制在法制化的进程中日趋完善，政府和学校在教育工作中的定位和职能越来越清晰，越来越有利于政校关系的调整和改善。

## 三、创新案例

2035 年，我国将总体实现教育现代化，迈入教育强国行列，成为学习大国、人力资源强国和人才强国，这是《中国教育现代化 2035》提出的未来十几年的教育发展总体目标。为实现预期目标，国家重点部署的十大战略任务之一是推进教育治理体系和治理能力现代化，形成全社会共同参与的教育治理新格局。《中国教育现代化 2035》对政府和学校双方均提出了要求，一方面要求政府提升管理服务水平，提升综合运用法律、标准、信息服务等现代治理手段的能力和水平；另一方面要求学校提高自主管理能力，完善学校治理结构。在推进教育现代化和建设教育强国的过程中，政校关系的再次调整成为必然，两者职能的再次细化和精确转变成为激发中小学办学活力，办好人民满意的教育之关键。

### （一）国内案例

近年来，国内多地贯彻中央精神和部署，进行教育管理体制改革的探索，以政校关系的调整为核心，围绕双方的权责细化和职能转变进行创新尝试，在一定程度上激发了中小学的办学活力，提升了教育治理水平和能力，推动教育治理体系向现代化目标迈进。下表中展示了国内几个地区政府、学校双方的权限划分内容。

**政府和学校主要权限划分**

| 地区 | 政府 | 学校 |
|---|---|---|
| 四川成都 | 统筹规划、政策引导、依法监管、办学质量评估 | 学校发展规划、教育教学管理、课程设置开发、教职员工聘任、中层干部选聘、学校经费支配 |
| 山东潍坊 | 梳理权限清单、优化权力运行流程、强化监管评价 | 副校长提名、中层干部聘任等干部管理权；课程开发与设置、教学改革等教育教学管理权；学生综合素质评价、招生录取等学生管理权；师德考核、职称竞聘、评优树先等教师管理权；学校经费收支、资产管理等财产财务权；学校组织机构产生和重大事项决策权 |
| 上海浦东 | 间接管理；办学质量监控与评估；监督问责 | 督导和评估方式的自主选择权；中介组织从委派校长、输入教育理念、创新管理方式到培训教师和组织教学全部实行自主管理 |
| 浙江杭州 | 设立导助机构突出服务功能；强化督导和评价；加强信息服务和监督问责 | 制定三年发展规划；人员、课程、设备、时间安排、资源分配自主权 |

以上只是聚焦部分国内案例，从扩大学校办学自主权、激发中小学办学活力的角度，部分反映了政府和学校层面的基本权限划分，从中也大致可以看出政府和学校双方权责的核心所在。政府的教育管理职能从微观向宏观转变，聚焦统筹规划和政策引导；从直接向间接转变，引入中介组织和第三方机构；从全部责任向有限责任转变，督导、监管、评价、问责成为重心。相对而言，学校则获得了教育教学、课程设置、教职工聘任、经费支配等方面的自主权。

## （二）国外案例

近些年，全球一些主要发达国家都在积极地寻求公立学校改革新途径，部分发达国家的教育改革者为了激发教育活力、提升教育质量、促进教育公平做出了重要的尝试和努力。其中，美国和英国公立学校的改革主要体现为以政府为主导的政府与公立学校关系的调整和变革，通过多种措施和渠道重新构建政府和公立学校之间的良性关系，在转变政府公共职能和监督学校办学自主权之间寻找新的平衡点。美国、英国以政府和学校关系调整为核心的公立学校改革方向从一个侧面反映了基础教育改革的趋势和潮流，以美国特许学校和英国自由学校为代表的公立学校改革实践取得了一定的积极成效。

美国特许学校和英国自由学校的大力推行和迅速发展是探索建立新型政校关系的公立学校改革实践，政府通过特许状、拨款协议等契约委托相应机构、团体和组织来运营学校，学校在承诺完成契约所规定的办学目标和任务的前提下，在师资招聘、课程设置、财务预算、教学管理等方面享有自主权。特许学校和自由学校以激发公立学校办学活力、提高公立教育质量和促进教育公平为目的，以政校关系调整为主要特征。已有大量研究表明，学校自主权的扩大有助于提高学生的学业成就和学校的办学水平。

美国得克萨斯州有两所非常有名的特许学校，一所是 YES，全称翻译过来是“服务中的年轻人”；另一所是 KIPP，全称翻译过来是“知识就是力量”。这两所学校都位于休斯敦市中心的贫困社区。目前，YES 已成为休斯敦地区最好的公立学校，在《美国新闻和世界报道》的排行榜中跻身全美前 10 名。KIPP 发展至今，已拥有自己的基金会网络和教师资格培训体系，并在美国 19 个州开设了近 90 所学校，帮助更多原本可能辍学、没有生活技能的贫困学生进入大学殿堂。

这两所特许学校成功的法宝是什么？答案是：它们要求学生的在校时间都长于普通公立学校，从早上7点多至下午5点，周六上课3小时左右，暑期也要上课；学生入学时，家长、学生和学校要签署三方协议，以此保证招收到的是认同学校办学理念、愿意努力学习的学生；由于低收入贫困家庭对大学申请的复杂程序不太了解，这两所学校经常带学生和家长参观大学，为家长开办讲座，介绍学生未来可能的就业和深造机会，了解大学和奖助学金申请程序，鼓励并督促家长参与到孩子的教育中。

在英国，所罗门王学院（King Solomon Academy, KSA）是位于伦敦的一所小学。这所小学的常规教学日时长是从上午8:30到下午4:00，这一点很受家长欢迎。这里的学生不仅比一般学校的学生更早接触自然拼读法，而且可以有更多的时间学习这些内容。学校的数学教学是以在世界数学测试中排名第一的新加坡数学课程为基础的。在2011年第一关键学段（1、2年级）统测中，KSA的学生所有学科的平均成绩都远远高于地方和国家的平均水平。尽管这所学校的起点比较低，但取得了相当大的进步。

这所学校希望每个孩子在18岁的时候可以正常步入大学的校门，因此不管是学校的课程设置还是其他方面都渗透着这样的信念。更长的教学时间可以让学生更集中有效地学习英语和数学，同时也便于为学生提供更广泛的课程选择。KSA的学生每周的英语学习时间有7个小时，而普通公立学校平均只有3个小时。

KSA的学习还延伸到了周六和暑期。在英语和数学方面需要额外帮助的学生可以参加周六的辅导。每个暑假，KSA都会有一个拓展夏季学期，比相邻的普通公立学校晚放假两周。

# 四、趋势研判

推动基础教育公平发展和质量提升有助于构建教育高质量发展的新格局，有助于促进教育现代化和建设教育强国，有助于办好人民满意的教育，有助于培养德智体美劳全面发展的社会主义建设者和接班人。

当前以及今后相当长的一段时期，我国乃至全球教育发展的内部和外部环境都将发生深刻变化。教育发展面临的机遇增多，挑战也相应增多。在面对未来的多重不确定性的时候，我们需要立足全局、放眼长远来把握教育，积极应对变化与挑战，主动抓住机会和际遇，开创教育高质量发展的新局面。

## （一）政校关系优化是推动教育治理体系和治理能力现代化的加速器

在中华民族伟大复兴的历史进程中，教育的先导地位毋庸置疑，政校关系的优劣是直接影响教育能否优先发展的先手棋。当前，百年未有之大变局和全球疫情不断扩散的交织叠加，给教育带来巨大的外部挑战，我们必须深刻认识和把握新发展阶段社会和经济转型升级对教育的迫切需求，培养适合新发展阶段和新发展格局的人才。政校关系的调整优化是深化教育体制改革的必然要求，政府教育行政职能的转变深刻影响着学校教育教学的生机与活力。政府在双方关系的变革过程中应担起主导和引领的责任，从而带动学校内部治理体系的完善和治理能力的升级。

## （二）政校关系调整成为全球基础教育改革的风向标

以美国特许学校和英国自由学校为代表的公立学校改革实践均以政校

关系调整为核心。美国的特许学校经过20多年的发展，把一个教育理想变成了一个不容忽视的事实，它在争议与质疑声中不断发展壮大，已经从一个小规模的公立学校改革实践发展成为服务于全美相当比例的k12学生的公立学校体系。2013年，美国已有超过6000所特许学校服务于230万名学生，特许学校在校生人数占公立学校在校生总数的比例已经超过5%。毫无疑问，特许学校已成为美国近25年来最受欢迎、发展最快的教育改革实践之一。

1992年，瑞典政府放开了对公立教育领域的限制，允许瑞典公民兴办自由学校，以达到减轻财政压力和满足多样化教育需求的目的。根据瑞典一份关于自由学校发展情况的报告显示，2010年，瑞典的自由学校已经占全国幼儿园和中小学的21.5%，约21万名学生在自由学校就读，学生、家长和教师对自由学校的满意度远远超过一般公立学校。

英国联合政府也是从美国的特许学校和瑞典的自由学校的实践中得到启发，以自治学院和自由学校作为撬动公立学校改革的支点，对公立教育体系进行了疾风骤雨式的改革，为积弱已久的公立教育体系注入新的生机与活力。根据英国教育部的统计数据，截至2013年3月1日，英格兰已经运营的自治学院达到2724所，数量是联合政府上台之初的13倍还多。而自由学校作为英国保守党反对贫困战略的组成部分，在联合政府的强势推行下，短短两年多的时间，已有79所自由学校投入运营。

最近，澳大利亚和新西兰等国家也列出了推行类似学校改革的时间表。世界上这么多发达国家都不约而同地选择了极其相似的公立学校改革途径：通过引入新的公立学校类型，积极调整政府与公立学校之间的关系，以期达到激活公立学校办学活力、提高公立教育质量和促进教育公平的目的。从全球范围来看，以政校关系调整为主要特征、以政府的放权与问责为主要内容的公立学校改革已经不再处于小规模的实验阶段，而是进入了大范围的推广阶段。特许学校、自由学校、自治学院在各自国家的公立教育体系中已迅速成长为一支不可忽视的力量。

### （三）政校关系重构为激发教育创新、提高教育质量、促进教育公平提供新契机

美国总统奥巴马 2011 年 4 月在“全国特许学校周”开幕式上的讲话中提到“特有的灵活性使特许学校一直处于创新的前沿，它激励着所有公立学校为改进教学和课程而展开对话。我和其他政府成员将致力于支持特许学校和奖励教育创新”。特许学校和自由学校实际上都是作为一种创新教育模式出现的，从某种程度上讲它们就是作为教育实验室而存在，是教育理想的实现舞台：不断探索和实践新的教育理念、教学方法、管理方式和评价手段等，以教育创新激发新的教育活力，从而带动整个公立教育体系的蓬勃发展。可以说，教育创新是特许学校和自由学校发展的生命力，缺乏教育创新，特许学校和自由学校将会流于平庸，失去自身的优势和价值。

特许学校兴起的主要原因之一是公众对公立学校教育质量的不满。美国由于学生学业成绩在国际评比中落后而产生危机感，因此政府希望通过特许学校来提升学生的学业成绩，提高教育质量是特许学校的重要使命。20 多年来，特许学校一直在围绕“质量”谋发展。特别是以总统奥巴马和教育部长邓肯为代表的美国联邦政府，对特许学校“质量”的要求达到了一个新的高度。自由学校兴起的主要原因之一也是公立教育与私立教育的质量差距。自由学校和特许学校一样，必须以提高教育质量为己任。反过来讲，教育质量的不断提高可以确保特许学校和自由学校能够长期、稳定、可持续地发展。

特许学校和自由学校作为公立教育体系的组成部分，促进教育公平是其不可推卸的责任和义务。特许学校在发展过程中实现了“尽量多招贫困的非洲裔及西班牙裔学生，借由这一特殊设计的学校来改善贫困学生教育

问题”的初衷。目前，特许学校在校生中 55% 是非洲裔或西班牙裔学生，超过 1/3 的学生是有资格享用免费或优惠午餐的贫困学生。而自由学校则是英国联合政府反对贫困战略的重要组成部分。政府优先支持在最贫困的地区创办自由学校，为贫困家庭的孩子提供更好的教育。事实证明，已经开学的自由学校中，大部分都位于英格兰最贫困的社区。

### （四）政校关系变革以政府主导和立法推动为重要保障

每一届美国联邦政府都把对特许学校的政策支持和财政资助作为执政期间最为重要的教育行动之一。在奥巴马执政期间，奥巴马和教育部长邓肯是特许学校的坚定支持者，他们不仅一再要求和呼吁各州解除对特许学校数量的限制，而且加大对特许学校的财政支持力度，使特许学校得以大规模扩张。

除了美国联邦政府的大力推动以外，加强立法是特许学校政策得以有效实施的保障。目前，美国绝大多数州都制订了《特许学校法》，同时在特许学校 20 多年的发展过程中，各个州的特许学校法历经多次修订和完善，在促进特许学校发展方面发挥了重要作用。

英国自治学院和自由学校在短时间内的迅猛发展同样归功于政府的强势主导和立法的大力推动。2010 年 5 月联合政府上台以后，以首相卡梅伦和教育大臣迈克尔 · 戈夫为代表的中央政府立即掀起了彻底的“学校革命”。2010 年 7 月，《学院法案》正式通过，明确了自治学院的合法地位，使公立学校转型为自治学院有法可依。此后，自治学院数量以超乎寻常的速度激增。

### （五）政府教育行政职能的转变需要提供专业教育服务的中介组织发挥重要作用

特许学校和自由学校是政府转变教育行政职能的探索和实践，通过特许状、拨款协议等契约，委托授权者和学院信托组织来监管学校，从而改变了由政府直接管理学校的单一模式。政府在学校管理中的部分退出，给专业机构进入创造了机会。社会上一些能够提供专业服务的中介组织可以借此机会承担更多的教育责任。

特许学校或自由学校的管理机构要定期委托中介组织对学校进行全方位的评估和检查，包括学生学习成绩考核、学校财务审计等，中介组织需要向特许学校或自由学校管理机构提交评估报告。中介组织的评估结果是特许学校或自由学校管理机构评判学校办学质量的重要依据。由于中介组织的评估对特许学校或自由学校的声誉、生源和发展前景有直接的影响，客观上已经成为监督特许学校或自由学校的重要手段之一。如斯坦福大学教育成效研究中心对特许学校的评估已经成为评价特许学校绩效的重要依据。

特许学校或自由学校的发展还催生了大量专门解决特许学校面临的问题和挑战的专业机构。这些专业机构为特许学校或自由学校的师资招募、教师培训和领导力培养提供帮助。还有一些其他的专业支持机构为特许学校或自由学校提供各类服务，如数据分析、教学支持、设备资金、财务管理，等等。

可以说，政府教育行政职能的转变离不开能够提供专业服务的中介机构的强大支持。完善的专业服务体系可以帮助学校克服发展过程中遇到的各种困难和问题，并且能及时提供专业化的解决方案。

## 五、问题聚焦

人民群众的教育期盼不断提高，办好人民满意的教育就必须推动教育改革的发展成果能够更多更公平惠及全体人民。当前，我国基础教育基本解决了“有学上”的问题，正在向“上好学”迈进。基础教育已进入全面提高质量的新阶段。办学活力不足是制约质量提升的关键因素，因此必须创新体制机制，激发并增强中小学的办学活力，从而推动基础教育质量不断提升。

### （一）政府对学校依然“管得过多”，教育行政职能的转变幅度不大

政府对学校“管得过多”是调整和优化政校关系面临的第一道难题。构建政校新型关系，必须推进“管办评”分离，这是全面深化教育体制机制改革的重要内容，是全面推进教育治理体系和治理能力现代化的必由之路。改革开放以来，我国的政校关系逐步理顺，但政府对学校的管理还存在很多越位现象。为进一步转变政府教育行政职能，激发学校办学活力，必须厘清政府、学校的权责关系，构建良性互动机制，改变目前教育行政部门“直接管理学校的单一方式”。“管得过多”的具体表现：一是直接管理过多；二是微观管理过多。直接管理和微观管理过多会对学校教育教学造成干扰，无法调动学校的积极性、激发学校发展的动力与活力，不利于学校自主发展。“管得过多”还体现为“管理”有余而“服务”不足，政府（教育行政部门）习惯于通过自上而下的行政命令管理学校，为学校自主发展提供服务的意识不强，相应的服务能力也欠缺。

## （二）政府对学校“保障不够”，办学支撑保障职能发挥不足

政府对学校“保障不够”导致学校自主发展有后顾之忧，政府的办学支撑保障职能亦有缺位现象。在构建适应高质量教育发展的新型政校关系过程中，政府的办学支撑保障能力尤为重要。想要实现从“管得过多”过渡到“管得恰好”，政府的办学支撑保障职能需要不断加强，为落实学校的办学主体地位腾出空间、让出位置，同时为学校自主办学和自主发展提供强有力的后盾和支撑。政府在转变教育行政职能的过程中，需要逐渐适应从“直接管理”过渡到“间接服务”，为学校自主办学提供充足的人、财、物保障，减少直接干预的管理措施，增加间接服务的保障措施。

## （三）政府对学校自主发展“信心不足”，学校办学自主权落实不到位

政府对学校“统得过多”“管得过死”实际上是对学校自主办学的能力不够信任，对学校自主发展的“信心不足”。政府一直以来对学校的绝对领导和掌控是造成这种局面的主要原因。长期以来，政府对学校的教育教学、人事工作、经费使用等方面的直接管理和干预压缩了学校自主发展的空间。政府事事操心，学校事事听从，“千校一面”不可避免，学校的办学主体地位没有得到体现，而且陷入“一放就乱，一管就死”的怪圈。政府在支持和保障学校自主办学的过程中，应在政策引领、资源保障、质量监督和评价问责方面充分发挥作用，这些方面的职能发挥到位的话，对学校自主办学的信心自然也会增加。

## 六、改革建议

面向不确定性增多的信息化时代，政校关系调整优化的最终目标还是推动教育治理体系和治理能力的现代化，建设社会主义现代化教育强国。目标愿景是政校各司其职，各归其位，双方通过良性互动相得益彰，双方相互影响、相互作用的状态呈螺旋式上升，并因此不断推动我国的教育发展水平迈上新台阶。

政校关系调整的主要路径有二：一是政府的放权与问责；二是学校的权利与责任。美国特许学校和英国自由学校之所以成为公立教育体系内重要的一个分支，其特殊性主要表现在它们拥有其他公立学校所不具备的办学自主权。无论美国，还是英国，在政府与公立学校关系调整的过程中首先需要考虑的问题就是“如何放权”以及“放哪些权”的问题。但是，政府放权并不意味着完全放弃对学校的一切管理，而仅仅是放松了对学校的直接管理；同时通过特许状、拨款协议等契约形式指导和监管学校的发展。

政府放权以后，特许学校和自由学校在人事安排、课程设置、财务预算、教学组织等方面获得了很大自主权，但代价是特许学校要在3～5年内提高学生的成绩，否则将被关闭。自由学校也必须达到拨款协议中明确的教育目标，一旦目标无法达成，教育大臣将会采取法律手段。所以说，特许学校和自由学校实际上是以“责任”换取“权利”，它们只有承担责任才能保有权利。

**建议一：在公办教育体系内尝试办学主体多元化，激发办学活力，用丰富的、高质量的教育选择来满足人民的优质教育需求**

作为公立学校改革的一种举措，开设美国特许学校和英国自由学校的目的是从引入多元办学主体入手来激活公立学校办学活力，提高公立教育质量和促进教育公平。开设特许学校和自由学校是学校教育的所有权和办学权、经营权分离后的一种学校办学权和经营权的“多样化”实践。特许学校和自由学校的属性仍是公立学校，是公立学校制度自身的一种重建与变迁，而非公共性的“失范”。这种变迁使公立学校制度从传统的“国家垄断制度”演变为新型的“国家与社会共建制度”。“社会”的加入体现了教育与国家、教育与社会和教育与政府等多方面关系在教育发展中的变化。

我国基础教育在实现均衡、优质发展的同时，可以通过引入多元化的办学主体，创造日益丰富的高质量的教育选择，改变“千校一面”的局面，以满足公众多样化的教育需求。“就近入学”政策无疑是出于“教育公平”的考虑，但现实却是择校现象愈演愈烈、不断升级。人民的教育选择需求不能被满足的教育体系不能说是一个公平、优质的教育体系。因此，我国应借鉴美国特许学校和英国自由学校的发展经验，尝试在公办学校体系内引入新的办学模式，使之成为教育创新的“孵化器”，并在整个教育体系内推广。

**建议二：制定透明式的绩效责任，建立完善的监管机制和评估体系，坚持信息的公开、透明，促进办学体制机制的创新**

美国特许学校的一个重要特征是“以责任换权利”：作为办学自主权的交换，特许学校必须接受严格的问责。“透明式的绩效责任”是监督特许学校办学的重要机制。首先是通过“授权机构多元化”和加强对授权者的监管，确保替政府行使责任的“授权主体”的专业化发展，从而确保特许学校的质量并加强对其的监管。其次是完善的评估体系，州统一学业测试是评价特许学校成效的主要手段，同时几乎每一所特许学校都使用了标准化评估来衡量学生的学业进步，而且大多数学校还使用了各种非标准化的评估手段。再次是“信息透明化”，特许学校会自行定期公布学校表现、组织和财政方面的信息，许可单位和州政府也会定期公布特许学校评估结果等相关完整信息。透明式的绩效责任、完善的监管机制和评估体系、信息的透明化也是英国自由学校健康发展的保证。

我们曾经尝试过“国有民办”“民办公助”等新的办学模式，但是结果却是自主权“一放就乱”“一乱就收”，究其根源是对责任及自主权缺乏清晰的界定，同时缺乏完善的保障及监管机制。从目前“学区化管理”“集团化办学”“一体化办学”“名校办分校”等实践总结来看，责任及自主权界定比较清晰的、监管机制和评价体系比较完善的，相对来说效果就比较好；反之，则办学效果不明显或只是徒有其名。为了实现办学体制机制的创新，必须从清晰界定责任和权力、完善保障及监管机制入手，加强事中和事后评估。

**建议三：借鉴特许学校和自由学校的经验，通过改造或新建薄弱地区学校开展多元主体办学实践，激发办学活力，提高薄弱地区的教育水平，推进教育公平**

目前来看，基础教育经历了薄弱校改造、农村中小学达标验收、规范化建设等阶段，中小学办学条件基本均衡，但城乡、地区、校际差距仍然很大，促进教育均衡发展，依旧是当前以及今后相当长一段时期内教育发展面临的主要挑战。特许学校和自由学校在提高薄弱地区学校的教育质量和办学水平方面有特殊贡献。除了实行契约式（委托式）管理，学校还拥有课程设置、师资招聘、财务预算、教学安排等方面的自主权，政府还给予专项资金的支持。

**建议四：举办小规模的微型学校，尊重学生的个性化发展，满足家长多样化的教育需求，实现更高层次的教育优质和教育公平**

尊重学生的个性化发展现实，满足家长多样化的教育需求是特许学校和自由学校计划突出的亮点之一。能否成功创办特许学校和自由学校与家长的支持和认可密不可分。正因如此，自由学校在满足特殊教育需求方面比普通公立学校更有优势。这里所说的特殊教育需求不仅包括身体残疾和智力因素导致的特殊需求，同时也包括因为心理或者其他方面原因导致的特殊需求，如自闭症、学习障碍等，也包括有特殊天赋的超常儿童。特许学校和自由学校可以为这些有特殊教育需求的学生提供更多的支持，这些学生的家长也完全可以申请创办适合自己孩子发展的学校。

也正因为如此，美国特许学校的规模远小于普通的公立学校，60% 的特许学校在校生规模少于 200 人。特许学校的平均在校生规模为 100 人，而普通公立学校的平均在校生规模可以达到 400 多人。英国新建的自由学校，平均在校生规模也就百人左右。英国政府对自由学校规模的最低要求是“5 岁以上的学生超过 5 人”，而且自由学校可以建在任何家长有需要的地方。

由此我们可以得到启发：在教学、课程、师资、财务等方面拥有自主权的小规模微型学校是满足个性化特殊教育需求的上佳之选。通过举办小规模微型学校，可以促进特殊教育需求学生的个性化发展。小规模微型学校在校址的选择上可以更便利，在办学条件上可以放宽限制，在办学理念和教育方法上可以更贴近学生，在教学安排和课程设置上可以更自由，在师资招聘和财务管理上可以更灵活。

**参考文献**

成尚荣，2021. 改善政校关系 激发办学活力 [J]. 江苏教育（53）：31–32.

褚宏启，2005. 政府与学校的关系重构 [J]. 教育科学研究（1）：41–45.

褚宏启，2014. 教育治理：以共治求善治 [J]. 教育研究 35（10）：4–11.

范国睿，2017. 教育管办评分离改革：理论假设与实践路径 [J]. 教育科学研究（5）：5–21.

冯大鸣，2011. 西方六国政府学校关系变革 [M]. 上海：上海教育出版社.

蒋莉，2014.“管办助评”：构建区域服务型教育管理新体系 [J]. 中小学管理（1）：7–9.

教育部等八部门，2020. 关于进一步激发中小学办学活力的若干意见 [EB/OL]. (2020-09-22)[2022-03-15]. http://www.moe.gov.cn/srcsite/A06/s3321/202009/t20200923_490107.html.

李继星，2003. 现代学校制度初论 [J]. 教育研究（12）：83–86.

蒲蕊，2009. 政府与学校关系重建：一种制度分析的视角 [J]. 教育研究 30（3）：81–85.

山东省教育厅，2016. 山东省潍坊市探索建立学校自主管理权限清单制度 [EB/OL]. (2016-07-11)[2022-04-02]. http://www.moe.gov.cn/jyb_xwfb/s6192/s222/moe_1747/201607/t20160711_271357.html.

四川省教育厅，2021. 四川省成都市深化教育领域综合改革 努力激发中小学办学活力 [EB/OL]. (2021-07-02)[2022-5-18].http://www.moe.gov.cn/jyb_xwfb/s6192/s222/moe_1755/202107/t20210702_541791.html.

王璐，王世赟，2018. 厘清“管、办、评”职责，构建政府、学校、社会新型教育治理关系 [J]. 教育测量与评价（5）：11–19，37.

王胜，2009. 从“划桨”者到“掌舵”者——上海浦东以“委托管理”机制构建新型政校关系 [J]. 中小学管理（3）：4–6.

周光礼，刘献君，2006. 政府、市场与学校：中国教育法律关系的变革 [J]. 华中师范大学学报（人文社会科学版）(5)：131–136.

周兰领，2007. 论政府与公立学校的行政法律关系 [D]. 北京：中国政法大学.

# 第二节　面向未来的市场—学校关系创新

学校、市场作为育人和商品交换的场所，自古有之。春秋时期，孔子办学，学生“自行束脩以上”，他“未尝无诲焉”。战国时期，齐国“稷下学宫”官办民营，是天下各派学术观点自由争鸣的场所，在当时蔚为壮观。随着时代演变，政府、学校、市场之间的关系也在不断演变。

## 一、理论基础与实践探索

20 世纪 70 年代和 80 年代西方经济滞胀，新自由主义（Neoliberalism）思潮出现，人们对公共管理与政府职能提出新的见解。在教育领域，政府对公办中小学放权，增加学生和家长的学校选择权。我国在 20 世纪 90 年代初实行社会主义市场经济改革，在教育领域，尤其是中小学发展方面也开始市场化争论和实践探索。

### （一）基本概念界定

在探讨学校与市场关系之前，有必要分析市场与学校这两个概念的内涵和外延。

1. 市场。

市场也叫市井，是做买卖的地方。抽象地讲，市场是与计划相对的一种资源配置方式，主要通过供需、价格和竞争等机制来展开。保罗·萨缪尔森认为，市场“是买者和卖者相互作用并共同决定商品或劳务的价格和交易数量的机制”（保罗·萨缪尔森，1999）[21]，强调市场的机制作用。学校作为育人的场所，具有一般的市场要素，比如，作为人力资源的教师，作为消费者的学生，作为商品的课程、教材、教具、仪器设备，作为教学场地的土地、建筑物，作为教育辅助活动的评价、考试、教育信息咨询，作为教育服务对价的学费制度等，都在市场中流动，以提高教育资源的有效配置。

2. 学校。

按照《大辞海》的解释，学校是有计划、有组织地进行系统教育的机构。1995 年，全国人大制定的《中华人民共和国教育法》明确学校法人地位，学校在民事活动中依法享有民事权利，承担民事责任（第 32 条）。从这个意义上来说，学校本身也是一类市场主体。学校拥有按照章程自主管理等九项权利，国家保护学校的合法权益不受侵犯（第 29 条）。同时，学校应当履行遵守法律、法规等六项义务（第 30 条）。从法律上讲，学校可以作为市场主体在市场上依法交易，实现法律赋予学校的相关职能。学校的举办主体不同，法人性质不同，市场行为能力亦不同。根据相关法律的规定，学校可以登记为事业单位法人（公办学校、非营利性民办学校）、民办非企业单位法人（非营利性民办学校）、公司法人（营利性民办学校）。这三类法人中，营利性民办学校受到法律限制较少，市场行为能力最强。

### （二）学校与市场的关系探索

随着经济社会发展，一方面，人们的教育需求变得多元化和个性化，另一方面，政府财政负担能力有限。传统教育引入市场机制，试图解决现实矛盾，在实践中取得一些成效，同时也招致一些批评。

1. 教育产品属性与教育 / 学校市场化的一般性认识。

教育产品是学校提供的教育服务。由于产品属性不同，产品的生产、提供制度就有差异，尤其是政府是否应该投资和生产。按照美国经济学家萨缪尔森 1954 年创立的公共产品理论，产品可以分为公共产品、准公共产品和私人产品。学者对教育产品属性争议较大。在分析国内外学者观点的基础上，曹淑江认为问题的关键在于理解教育服务的消费，学生接受教育后人力资本作用的发挥具有非排他性，教育服务正是在这个意义上具有准公共产品属性（曹淑江，2004）[21]。袁连生将教育产品的消费分为间接性消费和直接性消费，正是教育的间接性消费决定了其准公共产品属性。教育的直接消费效用（即教育的内部产出或内部效益）决定学校可以市场化运作。作者认为学校作为教育的具体生产方式可以市场化，但是教育作为准公共产品不能市场化，政府必须参与提供，否则全社会的教育供给达不到最优水平（袁连生，2003）[15]。有的学者从新制度经济学角度看教育市场化问题。向为民认为，教育成本要么由政府负担，要么由个人负担，作者探讨了教育市场化有助于产权明晰进而优化配置教育资源，间接增进教育公平（向为民，2004）[40]。由于资源的稀缺性，经济学中心问题是资源分配和使用如何选择的问题。新制度经济学从产权、外部效应和交易费用的关系研究这个问题，教育市场化的实质是优化产权提高教育效率，而效率的提高也是提升教育公平的重要因素之一（周采 等，2001）[5]。教育市场化能否成功，主要与不同层次教育政策相联系，初等教育政府负担教育成本，而高等教育个人需要负担教育成本，政府通过贷款、助学金等方式补贴个人学费负担。

2. 国内外学校与市场的关系探索。

20 世纪七八十年代以来，英美国家在新自由主义思潮的影响下开启面向市场的教育改革。英国《1980 年教育法》推出公助学额计划（Assisted Places Scheme），政府为来自低收入家庭的优秀学生进入非政府举办的独立学校学习提供全额或部分学费资助。《1998 年教育法》推出教育行动区计划（Education Action Zone），政府就教育薄弱地区公立学校的管理权向社会公开招标，在教育薄弱地区成立教育行动区接管所属的公立学校（汪利兵，2001）[42]。20 世纪 80 年代以来，择校是美国教育市场化改革的总体趋势，政府推出开放入学（Open enrollment）、特色学校、教育券计划（Educational voucher）、特许学校、学费税收抵扣制度（Tuition tax deduction）等措施（徐建平，2011）[181]。

20 世纪 90 年代，我国各种办学体制改革实践兴起，教育与市场的关系成为学界关注的话题，英美教育市场化的改革经验被学界广泛讨论。劳凯声指出，90 年代中期学校实践出现四大变化：政府包办的办学体制已被突破；教育的自由交易关系已然出现；教育的市场化公益性行为得到社会认同；民间资本开始进入教育领域（劳凯声，2005）[20]。根据教育市场化的程度不同，劳凯声将教育市场化的具体形式分为两类：一是局部市场化，包括学校的象征性市场化运作（通过捐赠获得署名权）、公立学校局部运作市场化（如学校特长培训通过市场提供服务）、“一校两制”、转制学校等市场化运作形式；二是实质性市场化，包括私立学校、股份制学校、教育集团、文化与职业技术培训机构的兴起（劳凯声，2003）[15]。

3. 对教育 / 学校市场化运作的反思与制度重构。

教育市场化、产业化在理论探讨和实践中争议不断。张艳敏等从公益性的视角认为教育市场化改革损害公益、加剧了教育不平等、破坏社会共同的价值基础和社会的凝聚力、扭曲教育的公益性目标（张艳敏 等，2007）[1]。

最近十年，我国教育市场化或者民营化的问题争议较大，出现了新的发展趋势，主要体现在《中华人民共和国民办教育促进法》的修订与一系列教育政策文件的制订当中。一是明晰学校产权，实行分类管理。法律取消“合理回报”概念，民办学校分为营利性法人与非营利性法人，消除制度上的灰色空间。二是限制教育领域资本运作空间。2010 年以后，我国教育机构在国内外资本市场上挂牌交易有加速的趋势，新修订的《中华人民共和国民办教育促进法实施条例》对此给予了有针对性的回应。民办义务教育学校不可通过可变利益实体（VIE）在海外上市，防止资本在民办中小学和幼儿园无序扩张，禁止民办义务教育学校进行关联交易；义务教育阶段学科类培训机构需要登记为非营利性法人，在资本市场上交易的教育机构需要剥离非营利性的教育业务。三是公有资源在民办教育中的使用更加规范。如有的省市为了扶持民办学校发展，以前允许公办学校教师在保留编制的情况下到民办中小学任教，现在需要清理整顿，公办学校教师需要回归原校，若想继续留在民办学校任教，则需要从公办学校辞职。

## 二、新时代教育变革背景及政策梳理

我们正处在第四次工业革命和第四次教育革命的潮流中，社会发展对教育提出了新要求，学校运行模式将发生深刻变革，在这个变革过程中市场机制必不可少。人类因为印刷机的发现使教育世俗化、大众化，产生第三次教育革命（安东尼·塞尔登 等，2019）[10]。当下第四次教育革命则是由互联网和人工智能引起的，问题的复杂性不是学校，甚至不是教育部门能够独立解决的。

### （一）中国教育现代化与信息化

中国在 2019 年出台的《中国教育现代化 2035》中指出，要“加快信息化时代教育变革”。教育信息化是我国教育现代化的基本特征之一，与市场化的关系呈现新的特征。一是教育信息化可以扩大教育资源的供给，满足市场需求的多样性和个性化；二是教育信息化可以提高教育服务的质量和效率，增强市场竞争力和适应力；三是教育信息化可以促进教育创新和改革，激发市场活力和潜力；四是教育信息化可以增加教育公开透明度，保障市场公平和诚信。我国也出台了一系列文件，提到利用市场机制推动教育信息化与教育变革。也有学者认为要弱化教育信息化的政府依赖性，要充分利用市场机制打破教育信息化运行的单维轨道（孙立会 等，2019）[3]。

## （二）美国国家教育技术计划

从 1996 年到 2016 年，美国政府发布了五轮《国家教育技术计划》。其中，《美国 2010 年国家教育技术计划》指出："教育部门可以从企业学习的经验是，如果想要看到教育生产力的显著提高，就需要实施由技术支持的重大结构性变革，而不是渐进式的修修补补。"美国在线学习联盟（OLC）等机构联合发布的《数字化学习创新趋势》阐述了全球数字化学习创新的七种主要趋势（自适应学习、开放教育资源、游戏化学习和基于游戏的学习、慕课、学习管理系统与互动性、移动性和移动设备、设计），以及三种次要趋势（混合学习、数据管理、虚拟现实与人工智能）。学校教育正处在永远改变世界学习方式的数字化转变临界点上，在线学习与学校课堂结合的混合式学习成为美国基础教育变革的热门话题。学习方式的变革也会推动学校组织、教育资源提供模式的变化，学校与市场的关系更加密切。

## （三）国际组织政策文件

1. 联合国"人工智能与教育"文件。

2019 年 5 月，联合国教科文组织在北京召开了主题为"规划人工智能时代的教育：引领与跨越”的大会，并发布了成果文件《人工智能与教育——北京共识》。这是该组织为实现2030教育议程而倡议发展人工智能教育技术的首份重要文件。2021年12月，该组织与中华人民共和国教育部、中国联合国教科文组织全国委员会共同主办了国际人工智能与教育线上会议，并发布了《人工智能与教育：政策制定者指南》。《指南》指出，随着人工智能进入教育领域，“智能”“自适应”和“个性化”学习系统日益增多。私营企业纷纷开发这些系统，以供全球广大中小学和高校使用。全球人工智能教育应用日益繁荣，预计2024年将达到1500亿美元的市场规模。

2.世界银行关于教育技术创新的文件。

2020年12月，世界银行发布了两份教育技术创新文件:《实现学习的未来：从学习贫困到人人皆学、处处能学》和《重新构想人际纽带：世界银行的教育技术与创新》。前者提出了未来学习的愿景：人人皆学、处处能学，且学习是快乐的、有目的的和认真的。报告描述了学习者、教师、学习资源、学校、教育系统管理等五大支柱愿景与关键政策行动。在教育生态全面参与方面，教育系统应该采取政府和多方利益相关者（包括学生、教师、学校领导、家长/看护者、非政府组织、慈善机构、学术界、私营部门以及其他政府部门）共同参与的方式，支持学生学习。创新的数字教育内容、软件、应用程序、算法、“教育娱乐”和教育技术支持应由众多本地区、区域性以及全球性的组织机构共同提供。教育部门不能也不应该独立承担。

## 三、教育市场新变化：基于创新案例的分析

围绕学校及其教师、学生需求，市场已经形成一个庞大的产业链，包括校园设计与建设、教学设备设施、校服、后勤服务（食堂）、教材出

版、课程公司、教育技术、质量认证、教育咨询、教育管理、教育培训等产品与服务。除了传统的教育产品和服务，教育市场还出现了一些新的变化。

## （一）教育科技投资和市场持续增长

教育技术（EdTech）包括用于教育学生的硬件和软件技术，在虚拟层面上改善课堂学习并提高学生的教育成绩。世界科技巨头如谷歌、苹果、微软、英特尔、亚马逊竞相投资开发教育软硬件产品，抢占全球教育市场。传统企业，如麦格劳-希尔公司（McGraw-Hill）、新闻集团（News Corp.）、培生教育集团（Pearson）和凯博教育（Kaplan）已经在教育科技领域建立据点、投入的研发和收购资金达到数十亿美元（维克托·迈尔-舍恩伯格 等，2015）[11]。根据美国大观研究公司（Grand View Research, Inc）的研究报告，2021 年全球教育技术市场规模为 1064.6 亿美元，预计从 2022 年到 2030 年将以 16.5% 的复合年增长率（CAGR）扩大。推动教育科技市场增长的关键因素包括数字化在教育领域的渗透，学术和非学术领域越来越多地采用教育科技工具，智能设备的普及以及无缝的互联网连接。从区域分析，北美在 2021 年主导了教育科技市场，占全球收入的 37.15% 以上。从教育领域分析，2021 年 K12 基础教育领域以 40.78% 的份额主导了教育科技市场，基于游戏的学习预计在 K12 基础教育领域呈现增长趋势。我国教育科技产业蓬勃发展。2021 年 6 月，欧盟委员会联合研究中心发布的《疫情前后中国教育科技报告》指出，在 2020 年疫情期间，“中国教育方案”为全球的混合式创新教育提供了新的探索样板。特别是人工智能等教育技术应用，中国成为全球教育科技领导者。如科大讯飞是在中国上市的人工智能公司，2021 年度，公司教育业务收入 62 亿元，占总收入的 34%，同比增长超过 40%。

### （二）民办教育生态环境将发生深刻变化

近年来，我国民办教育制度发生重大变革，民办学校实行营利性与非营利性分类管理，更加鼓励非营利性民办学校发展。中国经过 40 年改革开放，社会经济发展取得巨大成就，自 2010 年以来经济总量稳居世界第二。由于社会财富的增加，企业家纷纷捐赠办学或者教育家利用社会捐赠开办了一所所非营利性、高起点的民办高校，如西湖大学、东方理工大学、福耀科技大学等。基础教育领域民办学校也展现了类似的发展趋势，尤其是义务教育阶段出现了教育改革示范性的民办学校。中国互联网企业巨头阿里巴巴创世合伙人深感现有教育体系培养出来的人才不能满足社会发展的需要，联合投资 12 亿元创办了十五年一贯制非营利性民办学校——云谷学校。他们认为，在人工智能时代，如果不能改变现有的教育教学方式，我们培养的人才三十年后将找不到工作。学校创始人承诺，现阶段云谷学校亏损运营，即使今后学校收支平衡，学校盈利部分也将投入到学校自身发展。学校的办学理念是：以人为本，个性发展，多元开放，科技导向，教学创新。鉴于云谷学校法人性质、治理结构、资金实力、教师水平等因素，学校创始人对中国教育改革和创新的初衷值得肯定。

### （三）新型在线教育学校出现

有赖于通信和网络技术的快速更新迭代，各类在线教育机构发展壮大，教育活动突破时空限制，人们“时时能学，处处能学”。美国斯坦福在线高中成立于 2006 年，是美国第一所能颁发合法高中学历的在线学校。目前有学生 903 人，来自美国 47 个州和全球 43 个国家，提供 7 ～ 12 年级课程，班额 13 人，老师与学生之间的沟通通过线上实时讨论课进行，学生可以到斯坦福大学校园参加暑期项目。Stride Inc. 是美国最大的提供虚拟和混合学习的教育服务公司，前身是 K12 国际学校（K12 Inc.），2007 年在美国纽交所上市，业务涵盖普通教育和职业教育。公司产品和服务涵盖课程、系统、教学和支持服务，旨在帮助所有年龄段的学习者通过启发式教学和个性化学习，充分发挥他们的潜力。其客户主要是公立和私立学校、学区和特许学校委员会，同时还为雇主、政府机构和消费者提供解决方案。它还在美国各地经营由国家资助的虚拟特许学校。

## 四、未来学校演变及其市场化趋势

第四次工业革命促使教育变革，中外教育工作者纷纷实践和探索面向未来的学校组织形态，学界对教育变革和未来学校进行的理论探讨也存在不少争议。

### （一）教育变革与未来学校

未来学校的概念是适应教育变革的需要提出的。影响教育变革的因素有很多，主要包括教育价值、教育制度和教育技术。教育价值和教育制度由国家的基本教育法规定，一般不易变动。《中华人民共和国教育法》第二章规定了我国的基本教育制度，包括学校教育制度、考试制度、学业证书制度、学位制度、教育督导制度、教育评估制度以及教师资格、职务、聘任制度等。教育技术往往在现有教育制度框架内就能促进教育变革和学校的较大变化，未来学校发展往往从教育技术推动的变革开始。

影响教育变革的因素很多，未来环境又存在高度不确定性，而人们的预测能力有限，因而线性思维的未来学校愿景存在相当大的局限性。OECD 鉴于其 2001 年发布的《面向未来的学校教育》（Schooling for

Tomorrow）报告及其过去 20 年的观察，运用战略前瞻（strategic foresight）方法，对未来 20 年的学校发展提出了四种方案，设想了未来学校的四种图景，即学校教育扩展（Schooling Extended）、教育外包（Education Outsourced）、学校作为学习中心（Schools as Learning Hubs）以及无边界学习（Learn-as-you-go）（经济合作与发展组织，2022）[53]。这四种图景在我国未来学校研究和实践中都有不同程度的反映。

### （二）“互联网 + 教育”场景下的未来学校及其与市场的关系

当下正在进行的从“互联网 + 教育”到“人工智能 + 教育”的转变，主要依靠教育技术推动学校变革，教育制度基本不变。余胜泉认为，“互联网 + 教育”时代的未来学校体现“八新”：环境新智能、课程新形态、教学新范式、学习新方法、评价新模式、教师新素养、管理新模式和学校新结构（余胜泉，2019）[23]。传统学校要转变为现代化的未来学校，需要借助市场上实力雄厚、技术先进、服务周到的教育科技公司或者教育管理、咨询公司的力量。学校与市场关系主要体现在教育科技产品和服务购买上面，对于公办学校而言，则是政府购买服务。在此背景下，政府购买在线教育资源与服务制度出现在了政府政策文件中。如通过政府购买服务项目，科大讯飞的教育科技产品和服务进入普通中小学。

### （三）走向学习中心的未来学校构想

朱永新从历史角度将学校分为前学校阶段、学校阶段、现代学校阶段和后学校阶段。后学校阶段就是未来的学校，其核心变化是：现在的学校将演变为学习中心，现在的教学概念将演变为学习的概念，现在的教师将成为成长伙伴，现在的教室将成为学习室，现在的标准化教育将演变为定制化和个性化教育（朱永新，2021）[11]。

走向学习中心的未来学校意味着教育变革不仅仅是教育技术上的变革，而是结构性的变革。首先，是教育生态将发生根本性变化。封闭性内循环的传统学校围墙被打破，未来教育资源极大丰富，学生在里面可以自主选择适合自己的教育课程（刘苗苗 等，2021）。其次，为了满足学生个性化教育需求，学生可以自主选择学习中心。学习中心也必定是类型多样的。学习中心需要具备较强的竞争优势才能在市场中立足，同时它们又彼此连接，学生学习不必拘泥在一个机构，不同的课程可以在不同的学习中心完成。再次，教育经费来源和经费拨付机制相应发生深刻变化。政府不能满足人的所有个性化教育需求，公共财政只能保障公民的基本教育需求，其他的教育费用需要学生或者其家长承担。教育财政经费通过教育券的形式发到学生个人手中，学生自主选择学习中心。最后，教师身份不再被编制限制在一个学校。能者为师，任何人具备一定技能、满足国家教师资格都可以在学习中心这个大市场中自由流动。

### （四）对未来学校市场化倾向的反思与批评

未来学校的概念很新潮，实践操作却是一件非常不容易的事情，典型案例是美国另类学校（ALTSchool)。该校成立于 2013 年，受到社会广泛关注，曾在美国旧金山、纽约开设九所线下学校，市场化特征较为明显。该校由风险资本投资，曾获得 Facebook、eBay 创始人和乔布斯的遗孀等硅谷巨头 1.76 亿美元的投资，旗下开办的学校属于营利性私立学校。学校由前 Google 员工 Max Ventilla 创办，高管来自 Google 和 Uber 等公司，利用科技手段实施个性化教学。ALTSchool 用技术跟踪每个学生的学习进程，为每个学生量身订制每周的“学习列表”(playlist)，学生根据列表进行一系列的个人和集体活动。然而 2019 年 6 月，ALTSchool 宣布停运，并将仍在运营的四所学校转让。创办人 Max Ventilla 坦言："不管你怎么想象教育活动的难度……实际办学活动的难度是你想象的十倍。"

OECD 报告描绘的学校教育四种图景受到推崇，但也有学者提出批评意见。首先，它过度依赖技术、市场、大众消费，将会弱化国家教育控制权。其次，教育活动遵守专业模式而不是市场模式，"教师不够，机器来凑"的想法会增加新的教育不公平。最后，教育私有化和市场化会导致盲目主义和竞争主义，激化矛盾，与我国的教育价值和制度背道而驰（李芒 等，2021）[7]。

## 五、改革建议

学校运行过程中引入市场机制，不是为了减轻政府财政负担，也不是为个人或者单位提供谋取福利的通道，而是为了适应现代社会发展，满足人们的高质量教育需求，因此需要严肃对待。

### （一）对标国家教育现代化，树立正确的教育市场伦理观和价值观

新一轮科技革命全面影响社会的经济发展，人们更加需要多样化和个性化的教育服务，更加期待高质量和公平的教育供给。《中国教育现代化2035》提出教育现代化的基本理念，而学校是贯彻执行教育现代化理念的基本单位，需要引入市场机制，形成有利于高质量发展的教育体制机制。为此，教育工作者要在理念上对市场的本质有正确的认识，要树立市场公平竞争、开拓创新、诚实信用、社会责任等现代价值和伦理，而不是学校之间无序竞争、弱肉强食，举办者利用市场机制左右逢源、捞取好处，政府以市场化改革的名义推卸政府责任。西方国家公办学校市场化改革是以政府履行财政责任为前提的，而不是简单地将薄弱学校推向市场，让家长

承担办学经费。

### （二）落实教育治理现代化要求，正确处理政府、学校和市场的关系

《中国教育现代化 2035》提出的十大任务之一就是推进教育治理体系与治理能力的现代化，要求从教育法治、政府服务管理、教育督导、学校自主管理和社会参与等五方面健全制度，完善教育体制机制。市场经济是信用经济、法治经济，市场经济背景下的教育改革必须完善教育法治，健全学校办学法律支撑体系，为各方主体提供行为准则，为教育改革家提供制度保障。教育或者学校市场化改革事关重大，地方实验探索应当在《中华人民共和国教育法》框架内实施地方立法，照顾各利益相关方关切，而不是政府一纸文件就将公办学校转制、托管。教育改革需要政府强力主导，其职能应转向定标准、保基本、抓底线，而不是过多地介入学校微观办学行为。学校要依法治理，独立决策，吸引教育家或者社会贤达自主办学，才有望利用市场机制真正推动教育改革，而不至于学校在市场化过程中成为个人或者单位牟利的工具。还应推动社会参与教育治理常态化，通过多种途径让社会参与学校管理和教育评价监管，规范学校购买社会教育产品与服务等市场行动。

### （三）探索现代学校制度创新，完善不同组织属性学校市场机制

学校作为一种社会组织，有众多的相关利益主体，包括政府、举办者、教师、学生及其家长、社会其他营利性组织或者非营利性组织，等等。学校作为独立法人主体，《中华人民共和国教育法》规定了其权利和义务，也基本界定了学校与相关利益主体之间的关系。现代学校制度要界

定各方权利义务、职权职责，保障学校自主管理，实现学校育人目的。未来教育的重要方向是个性化学习，深度挖掘个人潜能，把每一个人培养成栋梁之材。为此，学校需要利用市场机制，激发办学活力；政府需要在法律框架下，对不同组织属性学校进行制度创新。

首先是政府举办的公办学校。公办学校在编办登记，按照事业单位法人进行管理。借鉴国内外学校市场化实践经验，公办学校市场机制建设可以从以下几方面入手。一是在办学体制上，义务教育基本公共服务由政府保障经费，可以采取联合办学、委托管理等形式提高办学水平；对于非义务教育非基本公共教育服务，可以鼓励行业、企业等社会力量参与学校办学，扩大优质教育资源；二是完善政府购买服务和审查制度。基于人工智能、大数据、区块链等的教育科技产品和服务较为复杂，选用不当可能出现诱导学生消费、黄色污染和侵犯隐私问题，同时也会有产生寻租的可能性。针对这一问题，可以由政府集体谈判和审查，由辖区内学校选购或者选用；三是改革教育经费分配方式，适当扩大学生选择权。在教育资源相对较均衡的我国沿海地区，可以考虑开展"教育券"制度实验，给予学生一定的择校的权利；四是改革教师人事制度。未来学校需要背景多元化的教职工。以往受制于编制管理的要求，学校无法聘任需要的教职工，同时也不能进行薪酬上的激励。未来需要赋予学校更大的人事权，让学校能够根据课程项目和特殊教育服务需求从人才市场上聘任需要的教职工。

其次是社会力量举办的民办学校。民办学校本身是为了满足市场过度教育需要或者差异教育需求产生的，学校享有较大的自主权。但是民办学校也是教育机构，需要实现国家的教育价值，同时民办学校也需要与公办学校协调发展。为了维护学校之间有序竞争和更好促进教育公平，民办学校市场化也要受到一定限制，政府也应当采取措施保障民办学校的公益性。非营利性民办学校和营利性民办学校应实行不同的扶持政策。对于非营利性民办学校，政府要落实学校在税收、财政、人事、金融、土地等方面的优惠政策。即使是营利性民办学校，如果接受政府委托提供基本公共教育服务，政府也应当给予财政上的补贴。

**参考文献**


安东尼·塞尔登，奥拉迪梅吉·阿比多耶，2019. 第四次教育革命——人工智能如何改变教育 [M]. 吕晓志，译 . 北京：机械工业出版社.

保罗·萨缪尔森，1999. 经济学（第 16 版）[M]. 萧琛，等译 . 北京：华夏出版社.

曹淑江，2004. 论教育的经济属性、教育的公益性、学校的非营利性与教育市场化改革 [J]. 教育理论与实践（9）：21–24.

经济合作与发展组织，2022. 回到教育的未来：OECD 关于学校教育的四种图景 [M]. 窦卫霖，张悦晨，王淑琦，译 . 上海：上海教育出版社.

劳凯声，2003. 世纪之交的中国教育改革：教育与市场的关系问题 [J]. 北京大学教育评论（7）：10–16.

劳凯声，2005. 教育市场的可能性及其限度 [J]. 北京师范大学学报（社会科学版）（1）：15–22.

李芒，石君齐，2021. 未来学校教育图景的幻视——对 OECD《回到教育的未来》报告的批判话语分析 [J]. 中国电化教育（1）：7–13.

刘苗苗，朱永新，2021. 我们离未来教育已经很近了 [EB/OL].(2021-04-27) [2022-5-24] .http://home.xinhua-news.com/gdsdetailxhs/share/9324903-?pageflag=iframe.

迈克尔·霍恩希塞·斯特克，2015. 混合式学习：用颠覆式创新推动教育革命 [M]. 北京：机械工业出版社.

孙立会，刘思远，李芒，2019. 面向 2035 的中国教育信息化发展图景——基于《中国教育现代化 2035》的描绘 [J]. 中国电化教育（8）：1–8，43.

汪利兵，2001. 当代英国教育的市场化改革研究 [J]. 比较教育研究（6）：42–46.

维克托·迈尔–舍恩伯格，肯尼斯·库克耶，2015. 与大数据同行——学习和教育的未来 [M]. 上海：华东师范大学出版社.

向为民，2004. 用新制度经济学观点看教育市场化 [J]. 教学改革（2）：40–43.

徐建平，2011. 学校：在政府、市场与社会之间——现代学校制度的理论探索及启示 [M]. 北京：教育科学出版社.

余胜泉，2019. 互联网 + 教育—未来学校 [M]. 北京：电子工业出版社 .

袁连生，2003. 论教育的产品属性、学校市场化运作及教育市场化 [J]. 教育与经济（1）：11–15.

张艳敏，梁东荣，2007. 公益性视野下的英美教育市场化改革 [J]. 外国中小学教育（4）：1–4.

周采，黄河，2001. 用新制度经济学的观点看教育的市场化趋势 [J]. 教育与经济（3）：1–5.

朱永新，2021. 走向学习中心——未来学校构想 [M]. 北京：中国人民大学出版社.

# 第三节 面向未来的家校社协同育人模式创新

家校社协同育人是我国建设高质量教育体系的国家教育战略抉择，是构建现代学校制度、推进学校治理能力现代化的必然要求。为了进一步探索面向未来的家校社协同育人的发展趋势和方向，本文力图通过探析家校社协同育人的内涵、价值，系统梳理总结我国家校社协同育人的政策演进特点，尝试概括出面向未来的家校社协同育人应具备的基本特征，并提出构建面向未来的家校社协同育人的实践路径。

## 一、家校社协同育人的理论研究

### （一）家校社协同育人的概念界定

家校社协同育人是家庭、学校和社会协同育人的简称，是指家庭、学校和社会之间互相配合，相互协同，构成教育合力，产生育人的协同作用，形成育人协同效益，增强教育的协调性、一致性和实效性，从而促进学生全面发展。

1. 家校社协同育人是具有明显中国特色的本土概念。

根据中外文献比较研究，可以发现在国外关于家庭教育、学校教育与社会教育关系的研究中，更普遍使用的是“家长参与”（Parental Involvement）、“家校合作”（Family-school Cooperation）或“学校、家庭和社区合作伙伴关系”（School，Family，and Community Partnerships）等概念，几乎未见“家校社协同育人”概念的表述。而通过对我国政策文本进行分析，不难发现“家校社协同育人”的概念在我国的政策文本语境中，已成为表述家庭、学校和社会关系的一个已达成共识的重要概念。

2. 家校社协同育人概念的内涵具有丰富性。

通过文献研究可以发现，“家校社协同育人”概念是随着对家庭教育、学校教育、社会教育三者关系的研究深入和不断厘清的过程中，逐步发展起来的，其内涵也随之不断丰富。从早期家庭经济社会背景等对儿童成长影响的研究发现家庭教育的重要性，到家长对学校教育的参与，再到家校合作，再进一步到学校、家庭和社区合作伙伴关系的建立，最终到家校社协同育人概念的提出，这一概念演进脉络也正是“家校社协同育人”概念内涵不断丰富和完善的过程。

3.“家校社协同育人”概念的主要特征。

（1）全面性。相较“家长参与”“家校合作”“学校、家庭和社区合作伙伴关系”等概念而言，“家校社协同育人”的概念表述更全面、更科学，其内涵也更丰富。

（2）多元性。“家校社协同育人”概念涵盖的教育参与主体是多元的，包括家庭、学校、社区和社会，教育参与主体间相互关系的构成是多元的，教育参与主体间的协同途径与方式也是多元的。

（3）指向性。“家校社协同育人”概念具有明确的指向性，那就是以“育人”为目标，所有教育主体的协同均指向儿童的成长与发展，即促进儿童认知、学业成就、情绪和社会性等方面的全面发展。家校社协同育人概念既是对家庭教育、学校教育、社会教育三者关系的厘清和界定，也是对如何正确构建三者关系的回答。

（4）协同性。相较于“家校社合作”的概念而言，“家校社协同育人”的概念更强调和突出协同性。按照现代协同学的观点，协同是表现系统内部各要素之间相互作用的一种特殊方式。协同更强调要素之间通过发挥协调、同步、合作、竞争、互补的作用进而产生新的结构和功能，以实现期望目标。家校社协同是作为复杂性开放系统的教育，其三大子系统“家庭教育、学校教育和社会教育”之间相互作用而产生整体效应或集体效应，形成整个教育系统的整体功能和联合作用。这时的整体功能大于各个部分功能之和，即 1+1+1 > 3。

## （二）家校社协同育人的相关理论发展：对家庭、学校与社会三者关系的认识进展

考察家庭、学校与社会关系的认识进展，可以发现其是一个不断发展和完善的过程，也正是在这一过程中，发展出了不同的家校社协同育人的相关理论，对家庭、学校和社会在儿童教育过程中的相互关系和相互作用做出解释。

1. 社会资本理论与家庭社会资本对儿童发展的影响。

社会资本理论把资本划分为三种类型：经济资本、文化资本和社会资本，认为社会资本以关系网络的形式存在。场域作为各种要素形成的关系网，是个动态变化的过程，变化的动力是社会资本。

詹姆斯·科尔曼（James S. Coleman）认为，社会资本是指个人拥有的，以社会结构资源为特征的资本财产，社会资本是与物质资本和人力资本相并存的，每个人生来就具有这三种资本。物质资本是有形的，社会资本和人力资本是无形的，它们三者之间可以相互转换。家庭社会资本（Family Social Capital）是社会资本的一种重要形式，指家庭中建立在信任、规范、制度或责任等基础上的人际关系网络。家庭社会资本对儿童的心理及社会化发展具有重大的影响。

社会资本理论认为儿童发展会受到社会资本和金融资本的影响。詹姆斯·科尔曼通过大规模调查发现，教育机会不平等产生的根源首先是学生

所在的家庭以及周围的文化环境，其次才是学校。因此，科尔曼认为，增强学校、家庭和社区的联系与合作，可以增加儿童的社会资本，提高整体的教育效果，从而促进儿童的认知、学业、心理和社会性发展，最终促进教育公平。

2. 重叠影响域理论。

“重叠影响域理论”（Overlapping Spheres of Influence），是美国约翰斯·霍普金斯大学的爱泼斯坦（Joyce L. Epstein）教授提出的。“重叠影响域理论”认为，家庭、学校和社区是学生在学习和成长过程中的三个重要影响因素，不仅对学生的学习和成长产生影响，而且其活动还会单独或共同地影响着孩子的学习和发展，发生交互叠加的影响。重叠影响域理论日益成为构建学校、家庭、社区伙伴关系的理论基础，指导学校重新调整建立与家庭和社区的关系模式，并通过学校、家庭和社区伙伴关系的建立，来帮助学生在学校和未来的生活中取得成功（张俊，吴重涵，王梅雾，2019）[5]。

## 二、家校社协同育人政策演进

### （一）国外家校社协同育人政策概况

1. 美国家校社协同育人政策概况。

1965 年，美国颁布了《初等和中等教育法案》，开始关注处境不利儿童的受教育机会和教育质量（钱德勒·巴伯，2013）[59]。1970 年通过的《初等和中等教育法案》修正案，在“第一条款”提出成立家长咨询委员会，首次将家长参与作为对学校经费资助的评估指标。2002 年通过的《不让一个孩子掉队法案》（NCLB），强化了家长的教育选择权，对于连续两年没有达到年度进步目标的学校，家长可以选择免费转学或者帮助学校执行改进计划。2010 年通过的《家庭参与教育法案》，强调“家庭参与”（Family Engagement）是家庭、学校和社区机构共同的责任，可以提高学生成绩，改善学生行为和出勤率，降低辍学率，改善儿童的身心健康。2015 年通过的《每个学生都成功法案》，把“家长参与”修改为“家长和家庭参与”，将家长参与的范围扩大到整个家庭的所有成员和社区（卫沈丽，2017）[32]。

2. 英国家校社协同育人政策概况。

英国教育标准局 2019 年推出的《教育审查框架》（The Education Inspection Framework），将家校合作作为衡量学校教育状况的重要指标。家长可以通过教育标准局的年度报告了解学校情况，学校也可以从年度报告中了解家长的需求，以便更好地与家长进行合作。

## （二）我国家校社协同育人政策的演进历程及特点

我国历来高度重视家校社协同育人工作，相继出台了相关法律和政策文件来保障家校社协同育人工作的顺利开展。

1. 家校社协同育人在我国相关法律体系中的界定、表述日益清晰，要求也越来越明确具体。

在我国的法律体系中，涉及家校社协同育人的相关法律主要有《中华人民共和国教育法》《中华人民共和国义务教育法》《中华人民共和国未成年人保护法》《中华人民共和国家庭教育促进法》等。

通过对我国法律体系中关于家校社协同育人的相关规定和条文进行分析，可以比较清晰地看到，从《中华人民共和国教育法》中对家庭教育义务和学校对家庭提供教育指导的规定，到《中华人民共和国义务教育法》提出形成学校、家庭、社会相互配合的思想道德教育体系，到《中华人民共和国未成年人保护法》对国家、社会、学校和家庭的教育义务界定，再到《中华人民共和国家庭教育促进法》中明确提出“建立健全家庭学校社会协同育人机制”，家校社协同育人在我国法律体系中的界定、表述日益清晰，要求也越来越明确具体。特别是在2021年颁布的《中华人民共和国家庭教育促进法》，首次以法律条文的形式提出建立健全家庭学校社会协同育人机制，更明确了家庭、学校、政府及社会各部门的教育职责和义务，并以专章形式对社会协同进行了明确规定，为家校社协同育人的开展提供了有力的法律保障和支撑。

2.家校社协同育人在我国相关教育政策文件体系中的重要性日益凸显，已上升为国家的重要教育战略举措。

在我国，除了通过法律体系对家校社协同育人进行规范和保障外，还在各级各类教育政策文件体系中对家校社协同育人进行了明确的规定。我们收集了近30年来与家校社协同育人相关的重要教育政策文件，进行政策文本分析。通过分析，可以清晰地发现家校社协同育人的政策演进脉络及过程中充分体现了发展性和规范化的特点。

（1）发展性。发展性体现为家校社协同育人在我国相关教育政策文件体系中的地位和作用是一个逐步发展的过程。从最初的要求家庭配合学校育德到现代学校制度的重要内容，最后上升为国家重要教育战略举措，正是其发展性的充分体现。特别是2020年，党的十九届五中全会提出“健全学校家庭社会协同育人机制”，将家校社协同育人作为建设高质量教育体系的重要举措，首次将家校社协同育人上升为党和国家的重大战略部署。2021年3月，《中华人民共和国国民经济和社会发展第十四个五年规划和2035年远景目标纲要》中提出“构建覆盖城乡的家庭教育指导服务体系，健全学校家庭社会协同育人机制”，将家校社协同育人作为国家全面推进教育发展的重要战略举措，充分体现了我国育人机制改革的重大时代转变。

（2）规范化。规范化体现在随着对家校社协同育人的地位和作用的认识日益深化和发展，家校社协同育人的政策文本表述也日益规范、准确，其政策目标日益清晰、明确，其政策保障措施也日益全面、具体。

## 三、家校社协同育人的实践探索

### （一）国外关于家校社协同育人的实践探索

1. 爱泼斯坦家校社合作实践模型：从理论到实践的范例。

（1）爱泼斯坦家校社合作实践模型概述。

美国约翰斯·霍普金斯大学的爱泼斯坦（Joyce L. Epstein）教授在“重叠影响域理论”基础上，经过 30 多年的跟踪实验和积累研究，概括出抚养子女、沟通交流、志愿服务、在家学习、决策制定和社区协作六种实践类型，来指导学校有效开展家校社合作（见下表）。

**爱泼斯坦家校社合作实践类型**

| 序号 | 实践类型名称 | 实践类型定义 |
| --- | --- | --- |
| 1 | 抚养子女（parenting） | 帮助家长提升自身素养，为孩子提供良好的家庭环境 |
| 2 | 沟通交流（communicating） | 构建家庭与学校双向沟通交流的有效途径和方式 |
| 3 | 志愿服务（volunteering） | 招募并组织家长志愿者参与并支持学校工作 |
| 4 | 在家学习（learning at home） | 向家长提供如何让孩子在家获得更好体验的知识和技能 |
| 5 | 决策制定（decision making） | 通过家长委员会及其他家长组织使家庭参与学校的决策、管理，支持学校活动 |
| 6 | 社区协作（collaborating with community） | 识别和整合社区资源与服务，营造爱心社区和友好的教育氛围 |

美国约翰斯·霍普金斯大学于1995年成立了“学校、家庭及社区合作研究中心”，并在1996年创建了全美合作型学校联盟。该联盟把学校、地区、州和相关机构组织联合起来，在实践层面形成了一个完整、严密的家长参与教育的网络体系，并积极在全国、地方和学校三个层面开展实践。

全美合作型学校联盟在学校层面的实践模式主要包括合作行动小组（Action Team for Partnerships, ATP）、六种参与类型的框架、年度合作行动计划和项目评估四个基本的要素。

（2）爱泼斯坦家校社合作实践模型及全美合作型学校联盟实践的特点。

分析爱泼斯坦家校社合作实践模型及全美合作型学校联盟开展的家校社合作实践，能发现有两个突出的特点。

一是基于实证研究、实验研究，帮助联盟中的学校制定有效的学校、家庭和社区合作计划，开展有效的家校社合作实践。

二是不同于传统学校与家庭的两方合作，它更重视学校、家庭、社区的三方合作。

2. 美国家校合作组织的创新及对家校社合作实践的影响：以家长教师联合会为例。

（1）家长教师联合会及其对家校社合作实践的影响。

美国的家长教师联合会由全国家长教师联合会（NationalPTA）、州家长教师联合会（StatePTA）和地方家长教师联合会（LocalUnit）三级组成。全国家长教师联合会成立于1897年，其宗旨是促进儿童与青少年在家庭、学校、社区的幸福与健康；完善儿童与青少年养护的法律；协调家庭与学校的关系，团结教师与公众的力量，使儿童与青少年健康成长。多年来，全国家长教师联合会积极推动家校合作实践，取得了许多重要成果。

（2）美国家校合作组织的特征。

分析以家长教师联合会为代表的美国家校合作组织，发现其具有以下特征：

一是组织的独立性。以家长教师联合会为代表的美国家校合作组织的一个最重要特征就是保持组织的独立性。美国家校合作组织多是一个独立于学校和教育监管部门之外的“第三方机构”。

二是组织的合法性。美国的家校合作组织具有合法性地位，家校合作组织正常运行受到法律的保护。美国陆续出台了多部法案以确保家长参与学校教育的权利，也为美国家校合作组织的运行提供了坚实的法律保障。

三是组织的协同性。为了既能保证家长参与到学校教育中，与学校合作共同促进学生发展，同时又保证家长的参与不影响学校运作，且能够帮助学校在某些方面有所完善，美国家校合作组织强调协同性，明确划分家长、家校合作组织和学校的职责分工，加强互相协作。

### （二）我国关于家校社协同育人的实践探索

1. 区域推进家校社协同育人的实践案例。

（1）江西省以科研为引导，推进家校社合作的科学化和制度化。

江西省发布的《关于开展制度化家校合作示范县（校）创建工作的指导意见》以及家校合作工作标准，提供了县（市、区）和学校（园）两级的家校合作实践框架，并分别制订了工作标准，强调将家校合作嵌入到教师的日常教学工作和对学生成长过程的关注中去，并以家校合作工作来系统优化育人、办学和家庭三大环境，形成以学生、学校、教师、家庭和家长为内在结构的教育共同体。

（2）山东全面推动家长委员会建设，探索家校社合作组织建设与实践。

山东在全国率先以省域为单位全面推动家长委员会建设，通过强化顶层设计，以科研、队伍、课程、标准、基地和氛围与文化建设为重点，引入专业力量进行全省中小学校长专项培训，通过典型引路以点带面、通过课题带动提升水平，加强专业服务；不断创新工作机制，强调家校社协同育人的整省推进，形成了东营“四联”协同模式，泰安“三区协同、多元共生”模式，潍坊“以评促建”模式，青岛“市域联席会议制度”模式等创新模式。

（3）北京市东城区建设“家校社协同育人示范性实践研究区”，创新家校社协同育人机制。

2020 年，北京市东城区启动“家校社 · 共育 2035”工程，并获批首个“北京市家校社协同育人示范性实践研究区”。围绕家庭教育指导服务机制建设、队伍建设、平台建设、实践研究和交流展示五个重点工作领域，开展了一系列主题鲜明、形式多样的教育活动：启动“家校社共育咨询室”试点工作，建立了家校社协同育人的三层级“双主管”管理机制，成立了东城区家庭教育指导服务中心和 8 个分中心，构建了“1+8+X”的家庭教育指导服务实践的纵向运行机制和多部门有效沟通的横向联动机制，以及家校社共育的课程、培训和交流平台，初步形成了具有东城特色的家校社协同育人新格局。

2. 学校开展家校社协同育人的案例剖析。

（1）北京九渡河小学的乡村教育合伙人实验。

九渡河小学是北京怀柔的一所普通农村小学，2020 年夏天，学校在周边的几个村庄贴出了招募乡村教育合伙人的启事，并最终从众多报名者中选取了 40 位手工艺人成为学校工坊课的教育合伙人。这些乡村教育合伙人为学生们开设了 20 多门课程，学生们可以根据自己的兴趣递交参与工坊课的意愿申请。工坊内还设了管理职务，例如，经理、销售代表等，也由学生自主报名竞选。

（2）北京九渡河小学乡村教育合伙人实验对家校社协同育人的启示。

九渡河小学招募乡村教育合伙人开设工坊课的实验，因地制宜地为学生的成长精心构建了本土化的乡村教育共同体。一方面，孩子是在社区中成长起来的，社区滋养孩子，而孩子也给社区带来希望和活力，所以孩子们的学习与成长不应该是在封闭的学校中完成，而必须要在学校、家庭与社区中共同完成。另一方面，家长成为教育合伙人，让他们能够为乡村的孩子做一些力所能及的事情，家长们的生命活力会被新身份唤醒。

九渡河小学的实验结果说明了家校社协同育人的重要性。在家校社关系中，学校无疑是占据主导地位的，九渡河小学主动打开校门办学，解决了师资来源；村庄里的村民成为教育合伙人，生命也因此被照亮，有了更多的光彩。九渡河小学和周边村庄的关系也因此发生了改变。学校主动作为，积极推动家校社合作，实现了学生健康成长、学校专业发展、社区和谐发展的多方共赢。

## 四、家校社协同育人趋势研判

### （一）家校社协同育人是未来学校制度的重要组成部分

1.家校社协同育人是构建现代学校制度、推进学校治理能力现代化的必然要求。

从教育发展趋势来看，家校社协同育人已日益成为构建现代学校制度的必然要求和重要组成部分。现代学校制度既重视协调校内关系，也重视协调校外关系。

从我国教育实践的发展趋势来看，建立健全符合现代学校制度要求的家校社协同育人机制，是构建政府、学校、社会之间新型关系，全面推进依法治校、加快建设现代学校制度、推进学校治理能力现代化的内在要求。学校治理能力现代化强调通过多元主体参与教育决策实现多元共治，建立起依法办学、自主管理、民主监督、社会参与的现代学校制度。在学校治理层面，外部多元主体包括家长、社区、企业、社会组织等（朱永新，2017）[76]。

2. 家校社协同育人是我国建设高质量教育体系的国家教育战略抉择。

2020 年，中共中央十九届五中全会审议通过了《中共中央关于制定国民经济和社会发展第十四个五年规划和 2035 年远景目标的建议》，提出到 2035 年基本实现社会主义现代化的远景目标，基本实现国家治理体系和治理能力现代化，人民平等参与、平等发展权利得到充分保障，建成教育强国。习近平总书记在关于《建议》的说明中指出，“十四五”时期经济社会发展要以推动高质量发展为主题，新时代新阶段的发展必须贯彻新发展理念，必须是高质量发展，各领域都要体现高质量发展的要求。为此，《建议》中明确提出建设高质量教育体系，健全学校家庭社会协同育人机制。家校社协同育人也成为我国未来建设高质量教育体系的国家教育战略重大抉择。

### （二）面向未来的家校社协同育人应具备的基本特征

家校社协同育人是构建现代学校制度、推进学校治理能力现代化的必然要求，是我国建设高质量教育体系的国家教育战略抉择。为了明确面向未来的家校社协同育人的发展趋势和方向，本文汲取一些发达国家和地区及我国家校社协同育人的理论成果与实践经验，提出面向未来的家校社协同育人应具备的基本特征。

1. 促进学生的全面发展是家校社协同育人的目标和出发点。

家校社协同育人必须紧紧围绕“促进学生的全面发展”展开。促进学生的全面发展既是家校社协同育人的目标，也是家校社协同育人的出发点。家校社协同育人要将实现人的德智体美劳全面发展、综合素养提升和获得终身幸福作为不变的目标和核心价值追求。家校社协同育人要以学生的全面发展作为出发点，强调以人为本，要在育人过程中遵循个体的身心发展规律和教育规律，关注个体的差异性和发展性，为每个学生找到属于自己的舞台，并创造人生出彩的机会。

2. 多元性与开放性相统一。

面向未来的家校社协同育人强调多元性与开放性的统一。家校社协同育人的多元性体现在教育参与主体的多元，家庭、学校、社区和社会都是教育的参与主体，教育参与主体间相互关系的构成是多元的，教育参与主体间的协同途径与方式也是多元的。而家校社协同育人的多元性则必然要求其具备开放性，各方参与主体打破固有的边界和藩篱，以促进学生的全面发展为共同目标。学校要开门办学，家长、社区、社会力量要协同合作，形成家校社育人合力。

3. 实践性与制度化相统一。

面向未来的家校社协同育人强调实践性与制度化的统一。家校社协同育人具有强烈的实践导向，强调实践性和可操作性。根据国内外的经验，要坚持家校社协同育人的实践性，持续推进家校社协同育人的发展，就需要实现学校、家庭、社会协同育人的制度化。只有通过“政策”“文化”“共识”“组织”等制度化手段，家校社协同育人的实践才能走上制度化的良性发展轨道，从而实现家校社协同育人的持续性发展。

## 五、家校社协同育人问题聚焦

我国高度重视家校社协同育人，不仅在《中华人民共和国家庭教育促进法》中规定建立健全家庭学校社会协同育人机制，为家校社协同育人提供了法律保障和支持，更是把家校社协同育人上升为我国建设高质量教育体系的国家教育战略举措。但客观考察我国家校社协同育人的发展现状，无论是在理论研究，还是实践推进上，都还有许多亟须解决的问题。

### （一）现实之惑：家校社协同育人的客观发展与理想目标尚存在较大差距

考察我国家校社协同育人的政策演进脉络，可以发现早在1999年发布的《中共中央国务院关于深化教育改革，全面推进素质教育的决定》中，就明确提出学校、家庭和社会要互相沟通、积极配合，共同开创素质教育工作的新局面。但客观现实却是：一方面国家越来越重视家校社协同育人，不断从政策和法律上强化家校社协同育人的地位和作用，不断推进家校社协同育人；另一方面却是家校社间的藩篱难以从根本上打破，特别是在学校层面，虽然看似家校社协同活动开展得丰富多彩，但大多是形式大于内容，或者难于持续和深入。特别是从育人效果看，家庭、学校和社会间的育人合力尚未完全形成，“5+2=0”的现象尚未杜绝。家校社协同育人的客观发展现实与理想目标间尚存在着较大差距。

### （二）理论之困：家校社协同育人的本土理论发展与实践的需求间尚存在较大差距

从我国家校社协同育人的发展现状看，实践无疑是丰富的，但往往形式大于内容，或者昙花一现，难以持续和深入，其中一个主要原因就是缺乏有针对性的理论进行指导。考察美国家校社协同育人，可以发现其一个重要特点就是以理论的建构与研究去影响和指导政策的制定与实践探索。而我国家校社协同育人的理论发展远远落后于政策与实践，客观说，我国尚未建立起本土化的家校社协同育人理论，其研究也多是对政策的解读或简单的经验概括，难以承担起对实践的指导。

### （三）家校组织之难：家长委员会的现实作为与家长的期待尚有较大差距

考察美国等国家和地区家校社协同育人的发展经验，完善的家校合作组织在推动家校社协同育人中发挥了极其重要的作用，如美国的家长教师联合会。也正基于此，2012 年，在《教育部关于建立中小学、幼儿园家长委员会的指导意见》中，明确提出要积极推进组建中小学幼儿园家长委员会，完善中小学幼儿园管理制度。客观说，绝大多数中小学、幼儿园均已组建家长委员会，很多学校还组建了校、年级和班级三级家长委员会。但从家长委员会的实际运行看，家长委员会通常是学校牵头成立的，往往缺乏独立性，多数沦为学校的一个附属机构，其家长意愿的代表性不足，现实作为也与家长的期待尚有较大差距。

## 六、面向未来的家校社协同育人的改革建议

根据面向未来的家校社协同育人应具备的基本特征，结合当前我国家校社协同育人中存在的突出问题，本文尝试提出面向未来的家校社协同育人的改革建议。

### （一）强化政府的主导作用，进一步健全完善政策保障机制

家校社协同育人是一项涉及面广、利益相关者众多的复杂系统工程，涉及家庭、学校、社区和社会各部门，远不是教育部门能够协调的，更不是在学校层面能得到根本解决的，所以构建面向未来的家校社协同育人必须首先强化政府的主导作用，进一步健全完善政策保障机制。2021 年颁

布的《中华人民共和国家庭教育促进法》首次以法律的形式正式明确由政府负责指导家庭教育工作，并建立健全家庭学校社会协同育人机制，还详细的就各级政府和政府各组成部门在建立健全家庭学校社会协同育人机制中的具体职责分工进行了明确的界定和要求，以法律条文的形式厘清了各级政府和政府各部门的职责分工。长期以来，家校社协同育人的一个难点就是主责不清，特别是政府应承担的职责以及政府各组成部门间职责分工的划分不清晰，导致往往好像哪个部门都重视家校社协同育人，但在实践中又往往因缺乏明确的职责分工，屡屡出现“龙多不治水”的现象。《家庭教育促进法》的颁布执行，以法律的形式明确界定了各级政府和政府各组成部门的工作职责，将彻底革清长期困扰家校社协同育人中的主责不清、分工不明的痼疾，使家校社协同育人开创崭新的局面。为此，要切实按照《家庭教育促进法》的要求，强化政府的主导作用，进一步健全完善政策保障机制，推进并保障家校社协同育人的顺利开展。

### （二）强化家校社协同育人多元参与主体的主体性，推动实践的丰富性和多样性

面向未来的家校社协同育人强调参与主体的多元性和平等性。家庭、学校、社区和社会都是教育的平等参与主体，具有多元性。通过对多元教育参与主体的激活与赋能，提升参与主体的主体性，能够推动家校社协同育人实践的丰富性和多样性，使传统家校社合作中“学校一家独大”的单极格局逐步回归家校社三方协同合作的均衡格局。

首先，通过对家长的赋能和赋权，激活家长在家校社协同育人中的主体性。家长不仅要在家切实承担起对孩子实施家庭教育的主体责任，以身作则，做好孩子人生的第一任老师。同时，还要积极参加、配合学校教育和社会教育，在力所能及的情况下主动参与并协同学校教育，发挥家长的

专业优势，为学校教育教学活动提供支持；对学校教育教学和管理工作予以支持和配合，对事关学生和家长切身利益的事项提出意见和建议，对学校开展的教育教学活动进行监督。

其次，通过加快现代学校制度建设和学校治理能力现代化，全面激活学校在家校社协同育人中的主体性。长期以来，虽然家校社合作中出现了“学校一家独大”的局面，但这并不是真正意义上的学校作为育人主体的主体性体现，只是单极格局中“一家独大者”优势地位的表现。在客观现实中，这种缺乏监督的“一家独大者”的优势地位和长期封闭系统的惯性，往往并不会真正激活其家校社协同育人的主体性和主动作为，也很难真正让其主动向家长赋权与分权。因此，应加快现代学校制度建设和学校治理能力现代化，建立学校民主管理机制，完善学校治理结构；依法健全社会参与机制，努力扩大社会参与学校办学与管理的渠道与方式，扩大社会参与的广度与深度；建立健全家长委员会制度，积极探索完善家长委员会的组织形式和运行规则，不断扩大家长对学校办学活动和管理行为的知情权、参与权和监督权；加强与所在社区的合作，积极开展社区服务，参与社区建设，完善与社区、有关企事业组织合作共建的体制、机制。

最后，通过建设人人有责、人人尽责、人人享有的社会治理共同体，全面激活社区、社会组织在家校社协同育人中的主体性。社会是家校社协同育人中的重要主体，它包括社区、社会组织和社会各界等。但长期以来，社区、社会组织和社会各界的力量在家校社协同育人中的作用未得到充分的发挥和体现。社区及社会组织的发展尚未成熟，社会治理能力不足是其重要原因。中共中央十九届四中全会通过的《中共中央关于坚持和完善中国特色社会主义制度推进国家治理体系和治理能力现代化若干重大问题的决定》明确提出，加强和创新社会治理，完善党委领导、政府负责、民主协商、社会协同、公众参与、法治保障、科技支撑的社会治理体系，建设共建共治共享的社会治理共同体，提升社会治理能力。社会治理共同体建设和社会治理能力的提升，为全面推进家校社协同育人，激活社区、社会组织在家校社协同育人中的主体性提供了条件保障。要实现家校社协同育人，社区和社会各界要充分发挥主体性，落实主体责任，充分调动与整合各主体独特的教育资源，发挥各自的积极作用，从能力要素、资源支撑、制度保障、运行机制等方面构建既有分工更有合作、既有专业更有融合的，百花齐放的家校社协同育人新局面。

### （三）强化家校社协同育人“研究-实践共同体”建设，推动政策、研究与实践的良性互动

家校社协同育人具有强烈的实践导向，强调实践性和可操作性。考察我国家校社协同育人的发展现状，已经在区域和校本层面开展了丰富多彩的家校社协同育人的实践活动。这些实践活动无疑推进了我国家校社协同育人的发展，但客观上，这些家校社协同育人活动因缺乏研究的支撑，往往或流于形式，或难以持续和深入。反观美国家校社协同育人，可以发现其一个重要特点就是通过研究去构建理论、影响政策和指导实践。为此，我国要持续推进家校社协同育人，就要强化家校社协同育人“研究-实践共同体”的建设。以研究为引领，着力建设符合我国国情的本土化家校社协同育人理论，全面创新我国家校社协同育人的模式、方法、策略、机制，搭建“理论-政策-实践”之桥，将决策者、研究者和实践者协同起来，共同推动政策、理论与实践的良性互动，推动我国家校社协同育人的科学化和制度化，实现我国家校社协同育人的持续和健康发展。

**参考文献**

李家成，王培颖，2016. 家校合作指导手册 [M]. 北京：北京大学出版社.

钱德勒·巴伯，2013. 家庭、学校和社区：建立儿童教育的合作关系 [M]. 南京：

江苏教育出版社.

邱芸，2014. 美国中小学家校合作的实践与启示——以佐治亚州梅肯市亚历山大二世小学为例 [J]．教学与管理（32）：58-60.

苏丽萍，2012. 日本小学家校合作研究 [D]. 大连：辽宁师范大学.

卫沈丽，2017. 美国儿童养育的“学校化”——对“家长参与”政策的工具理性的评析 [J]. 外国中小学教育（5）：29-35，28.

杨琼，2015. 论家庭文化资本对子女教育的影响及其回应 [J]. 现代中小学教育（4）：18-21.

张德伟，2009. 日本新《教育基本法》（全文）[J]. 外国教育研究（3）：95-96.

张俊，吴重涵，王梅雾，等，2019. 面向实践的家校合作指导理论——交叠影响域理论综述 [J]. 教育学术月刊（5）：3-12.

朱永新，2017. 家校合作激活教育磁场：新教育实验“家校合作共育”的理论与实践 [J]. 教育研究（11）：75-80.

## 第四节　面向未来的学校法治体系创新

通过颁布实施大量教育类法律法规行使教育立法权，是当前世界各国管理教育事务的重要方式，由此形成了一国的教育法律体系。学校是教育的实际实施者，学校法也是教育法律体系的重要组成部分。广义的学校法指的是规定和调整学校管理和教育教学活动中的教育关系的法律规范的总称，狭义的学校法仅指冠以“学校法”或类似名称的专门法。本节所指的学校仅包括基础教育阶段的各类学校，不包含学前教育、高等教育及继续教育机构。

当今世界主要有两大法系，其中英美法系的代表是美国和英国，大陆法系的代表则是德国和日本。这四个国家均有数量庞大的各级教育法律法规，形成了较为完备的教育法律体系。

### 一、部分发达国家学校法立法现状

#### （一）美国

美国是联邦制国家，教育立法权主要在地方，教育法律体系由联邦宪法及其修正案、州宪法、成文法（制定法）和判例法等构成，除判例法外，以州教育法律为主。联邦和主要的州尚无冠以“学校法”之名对学校事务加以规范的专门法。

美国联邦层面的成文法主要为教育法案和教育部规章，范围局限在两个方面：为公民教育机会平等和为国防需要开设学校课程拨款。各州教育法律体系通常都比较完整，包括州法律、政策、规章、制度等。

美国判例法确立的比较重要的教育法律原则主要有：公立学校与私立学校并存、学生的权利、宗教和公立教育的分离、取消种族隔离等（张维平等，2004）[102-109]。

## （二）英国

英国也无专门的学校法，其关于学校的法律规定散见于各类涉及教育的法律法规中。作为英美法系国家，英国的教育法也分为成文法和判例法，前者主要包括国家立法机关颁布的教育法以及作为教育法补充的政府教育通告和教育主管部门制定的教育规章等（徐静琳，1987）[106]。

## （三）德国

德国教育法律体系主要由不同层次和类型的专门教育法律，以及德国《基本法》、州宪法和其他法律法规中与教育有关的内容构成，以州层面的法律法规为主。此外，各州在基础教育领域达成的有约束力的协议，如《关于学校制度的共同基本结构以及各州在基础教育政策问题上共同国家责任的协议》也是德国教育法律体系的重要组成部分。德国并没有一个统一的、适用于全国的《学校法》，其在基础教育领域最重要的立法形式就是各州的《学校法》。除萨尔州外，德国其他州均制定了《学校法》或《教育和教学事业法》。此外，围绕学校法的研究，德国也走在世界的前列。早在1957年，德国国际教育大学法律系的汉斯·赫克尔教授和西普教授就出版了世界上第一部学校法专著——《学校法学》（史大晓，2019）[113]。

### （四）日本

二战后，日本的法律体系经历了重大调整，教育法律法规也不例外。历经多次修法，目前日本已经形成了一系列比较完备的与学校相关的法律法规，从内容上可以分为六类：第一类是有关教育的基础性法律，包括《日本国宪法》《教育基本法》等；第二类是有关学校教育的一般规定，如《学校教育法》；第三类是有关学校教育奖励的法律，包括《就学奖励法》《理科教育振兴法》等；第四类是有关学校保健、安全、供食、图书馆的法律，如《学校保健法》；第五类是有关私立学校的法律，包括《私立学校法》《私学教职员法》等（周健，1990）[53-54]；第六类是有关学校设置标准的法律，包括《高级中学设置标准》《国立学校设置法》等。

## 二、部分发达国家学校法的规范内容

### （一）美国

美国联邦教育法律一般只涉及教育的基本原则，教育的立法权主要在州。各州关于学校的法律，主要规范了以下内容。

1. 义务教育。

各州的教育法律规定了免费义务教育的年龄和年限。大多数州都明确地规定了义务教育的上下限年龄。义务教育的年限也因州而异，通常是 9 ～ 12 年。免费的范围在不同的州也有所不同（张维平 等，2004）[91-92]。

2. 学校课程。

每个州法律规定的中小学课程标准略有不同，但都依法设定了最低课程标准。除了阅读、写作、数学、历史等基础科目外，大多数州还赋予了当地中小学一定的课程自由裁量权。对于私立学校，除少数州外，不要求其课程科目与公立学校完全一致，但其学生必须具备与公立学校学生相等的能力。

3. 学校经费。

美国的学校经费由联邦、州和地方政府分别提供，其中联邦的拨款一般不用于学校的日常运营，只能用于指定用途。州的相关法律旨在确保经费的来源，又避免滥用公共资金（张维平 等，2004）[94–96]。

此外，虽然各州的情况各异，但是涉及学校的法律通常还包括高中毕业的最低要求与规定、学校对学生和教师的管理、州的行政部门对地方学区的监督等内容（秦梦群，2006）[24–25]。

### （二）英国

英国涉及基础教育的法律主要有以下 5 部。

1. 1944 年《教育法》。

1944 年《教育法》涉及基础教育的内容包括：设立教育部，加强中央对教育的集中领导；将教育划分为初等教育、中等教育和继续教育三个层次；义务教育年限延长到 11 年，公立学校实行免费教育；规定了地方教育当局的职责等（驻英国使馆教育处，1996）[1]。

2. 1988 年《教育改革法》。

1988 年《教育改革法》涉及基础教育的主要内容有两点：设立一个课程设置委员会，制订公立中小学全国统一课程大纲，检查公立学校课程设置情况；允许公立中学和拥有 300 名以上学生的公立小学成为国家直接拨款学校，由教育部直接资助（驻英国使馆教育处，1996）[2]。

3. 1993 年《教育法》。

1993 年《教育法》几乎涉及中小学教育的各个方面，在基础教育领域的主要规定有：继续推进国家直接拨款学校的发展；改善特殊教育，要求学校挖掘潜力提供特殊教育，要求地方教育当局鼓励辖区内学校开展特殊教育，并提供相关服务；认定和处理不合格学校；建立教师培训机构；合理使用教育资源等（程凤春 等，1995）[1-3]。

4. 1998 年《学校标准与框架法》。

1998 年，英国议会通过了《学校标准与框架法》，对学校的规模、学校和政府在提高教育标准方面的职责进行了明确规定。该法还将“反校园欺凌”纳入公办学校的法定义务，对欺凌事件的处理策略、制裁措施以及学校应提供的支持做出了明确规定。

5. 2006 年《教育和督学法案》。

英国于 2006 年颁布的《教育和督学法案》，从法律上确认了教师在日常教学及管理活动中的教育惩戒权，为教师对学生实施教育惩戒提供了法律保障；允许英格兰的学校获得独立的“信托”地位，在入学和学校预算方面拥有更大的自主权（俞杨建，2011）[16]。

### （三）德国

德国各州的《学校法》规定各有区别，但都包括以下 8 项基本内容。

1. 学校的使命和教育的目标。

德国各州《学校法》一般会对学校的使命和教育的目标做出比较详细的规定。如柏林州《学校法》第 1 条明确了学校的使命：充分发挥学生的宝贵能力，并为他们传授最高水平的判断力、全面的知识和能力；第 3 条则规定了教育的三大目标。

2. 学校的法律地位。

此处的法律地位主要是指学校作为法律主体享受权利与承担义务的资格。柏林州《学校法》第 7 条规定，公立学校是公法下不具法律能力的机构。巴伐利亚州《学校法》第 3 条第 1 款也指出，公立学校是不具法律能力的公共机构。但这两州的《学校法》均未就私立学校法律地位做出明确规定。可见，在德国《学校法》中，公立学校和私立学校的法律地位并不相同。

3. 学制和学校分类。

这部分的内容主要包括：学校教育的分类，即普通和职业教育的分类；学校的横向类型，即不同的学校种类，如联合学校、文理学校等；学校的纵向结构，即学校教育的分段（中学、小学）（胡劲松，2004）[4]。柏林州《学校法》第三部分、黑森州《学校法》第三部分等均对此做了规定。

4. 学校课程。

德国各州《学校法》关于学校课程主要规定了基础的框架课程、学科分类、课程安排、双元制培训课程、针对特殊学生的课程等。如根据柏林州《学校法》第二部分对框架课程的规定，学校的教育任务应基于教学和教育框架课程完成。框架课程确定了学习的基本原则、强制性的一般能力和专业能力以及资格目标，还确定了学科、学习领域和跨学科任务等的指导思想和标准，并明确了具有约束力的教学内容。框架课程由负责学校事务的州教育行政主管部门作为行政法规发布，它为柏林州教育教学活动的开展设定了标准，对教育质量的保障发挥了基础性的作用。

5. 义务教育。

有关义务教育的规定主要包括义务教育的基本原则、年龄和年限、义务教育的责任和实施等方面的内容。如柏林州《学校法》第 42 条规定，年满 6 周岁的儿童必须上学，义务教育从入学开始。义务教育学制为十年，通过小学和普通中学完成。如果学生获得职业培训资格，并且可以向学校监督机构证明他们具有《职业培训法》所界定的职业培训关系，也可以在职业学校完成第十年的学业。

6. 学校财务。

在财政事项上，德国各州《学校法》的规定主要涉及两方面的内容：对公立学校 / 非公立学校的经费投入 / 补助；公立学校免费就读及对困难学生的学费减免。如柏林州《学校法》明确了各级政府对公立学校的经费投入责任：学校有权从政府主管部门获得必要的资金，用于学校的日常管理和维护，以及学校的必要设备等，以确保教学活动的进行，以及持续改善教学条件，保证课外合作的开展；除职业学校的个别情况外，一般而言，学生就读柏林州的公立学校是完全免费的。

7. 学校参与。

德国各州《学校法》还对相关方参与学校管理的权利、义务以及参与形式等做出了具体的规定。如柏林州《学校法》第六部分、勃兰登堡州《学校法》第七部分，均对此做出了规定。

8. 学校监督。

德国各州《学校法》规定了国家对学校实施监督的机构、事项和监督的方式。在政府对学校实施监督时，其监督机构也就是学校管理机构。政府对公立和非公立学校的监督是有所区别的，这在各州《学校法》中都有明确规定（胡劲松，2004）[4-5]。

### （四）日本

《学校教育法》是日本学校法律制度的核心，它制定于 1947 年，曾多次修订，最近一次修订是在 2019 年。该法分为十三章：第一章总则、第二章义务教育、第三章幼儿园、第四章小学、第五章初中、第六章高中、第七章中等教育学校、第八章特别支援学校、第九章大学、第十章高等专门学校、第十一章专修学校、第十二章杂则、第十三章罚则。它规定了学校教育的最主要内容。

1. 学校的目的和目标。

《学校教育法》对不同类别学校的目的和目标进行了较为明确的界定，分别规定了义务教育（第 21 条）的目标，幼稚园（第 22 条）、小学（第 29 条）、初中（第 45 条）、义务教育学校（第 49 条之 2）、高中（第 50 条）、中等教育学校（第 63 条）等的教育目的和目标。如第 29 条规定，小学根据学生身心的发展，以实施作为义务教育的普通教育中的基础教育为目的。有的条款在学校的目的之后，又对该学段的教育目标予以了具体的说明。

2. 学校的设置者。

根据日本《学校教育法》第 2 条的规定，只有三个主体才有权设置学校，即国家（包括 2003 年《国立大学法人法》第 2 条第 1 款规定的国立大学法人和独立行政法人国立高等专门学校机构）、地方公共团体（包括 2003 年《地方独立行政法人法》第 68 条第 1 款规定的公立大学法人）和 1949 年《私立学校法》第 3 条规定的学校法人。

3. 学校教育的结构和学校的类型。

学校教育的分类和学校的类型是学校教育的制度基础，因此，此部分的内容也构成了日本《学校教育法》的一个重要的方面。关于这方面的内容，《学校教育法》在开篇的第 1 条和第 2 条便做了说明，主要包括：（1）学校的纵向结构，如小学、初中、高中等；（2）学校的横向类型，如公立学校、私立学校等。

4. 义务教育。

日本《学校教育法》规定了义务教育的目标、年龄、年限、义务豁免条件和保障措施等。第 21 条规定了义务教育应当达到的十个目标，除了通用知识和基本技能，还包括培养学生以“自主、自律和合作的精神、规范意识、公正的判断力和公共精神为基础，主动参与社会的建设并对其发展做出贡献的态度”等对学生健康完整人格的塑造。第 16 条规定了义务教育的年限为 9 年。第 17 条规定了义务教育每个学段的年龄，原则上 6 ～ 12 岁应接受小学阶段义务教育，并在完成小学课程后至 15 岁接受中学阶段的义务教育。第 18 条规定了义务教育豁免的特殊情况。

5. 学校的人事。

日本《学校教育法》对学校中人事的构成以及基本任务做出了基本规定，涉及了教师的资质、校长的任务等重要事项。如《学校教育法》第 9 条规定了不得担任校长或教员的四种具体情形。

6. 学校的财务。

在财务方面，日本《学校教育法》主要涉及各类学校设置者在学校经费中的承担和政府对学校教育的补助原则。关于学校经费承担，《学校教育法》第 5 条规定，学校的设置者管理其设置的学校，除法令有特别规定的情况外，承担该学校的经费。关于政府对学校教育给予补助，第 41 条规定，当都道府县教育委员会认定町村无法承受前两条规定的负担时，都道府县必须对町村给予必要的补助。

7. 国家对学校的监督。

监督机构主要有文部科学大臣、都道府县的教育委员会以及都道府县知事等，如《学校教育法》第 34 条规定小学必须使用经过文部科学大臣审定的教科书或文部科学省著作名义的教科书。监督事项包括学校的设置、学校的废止、学校设置者的变更、（专修）学校的名称、位置或校规变更，以及其他由政令规定的事项等。如《学校教育法》第 4 条规定，市町村高中、中等教育学校及特别支援学校的设置、废止、设置者的变更及其他政令规定的事项应当分别得到都道府县的教育委员会的批准。

## 三、部分发达国家学校法的立法特点

### （一）教育法律体系较为完备，并适时修法

美国、英国、德国、日本等国均为典型的法治国家，法律已经成为社会正常运转的基石。通过多层次的立法，这几个国家都建立了较为完备的教育法律体系，使教育事业在法律的规范下运行。很多法律还是以专门法的形式发布，规定更加具体。其教育法律不仅内容丰富，数量庞大，而且从结构上看，法律的层级划分分明。以日本为例，其教育法律体系中居于最高位的是《日本国宪法》，确定了日本教育法律的根本事项；接下来是关于教育的基础性法律——《教育基本法》，从法律上确立了日本教育的主要原则，可称之为日本教育法律的“母法”。在《教育基本法》下又有分门别类规范不同教育事务的教育专门法，如《学校教育法》；再之下则是一些对更具体的教育事务进行规定的单项法律，如《理科教育振兴法》等。

在较为完备的教育法律体系基础之上，这几个国家也会根据不同历史时期的国情，适时对已有法律进行修订，以适应当时政治、经济、社会发展的需要；有的颁布时间较长的重要法律甚至会多次修订，如于 1947 年颁布的日本《学校教育法》，迄今已修订了 30 多次。

### （二）除德国外，尚无成文学校法

尽管上述各国的教育法律法规中均有关于学校的各种规范，但除德国外，其他国家尚无成文的学校法。德国除萨尔州关于学校法的内容散见于其他法律外，其他州均颁布实施了专门的《学校法》。美国和英国关于学校的法律规定分布在各类涉及教育的法律法规中，且因其属英美法系国

家，相比成文法，判例法是其更重要的法律渊源，在教育法律体系中也发挥着更为关键的作用。而日本虽有一部《学校教育法》，涵盖学前教育到高等教育的各个教育阶段，但充其量只能算是教育法加上少部分学校法的内容。其只涉及了学校举办者、学习年限、人员基本设置及职责、经费承担等方面的基础性内容，对学校的治理结构等重要内容并未涉及，且规定非常笼统，只是做出了一些原则性的规定，或是指向其他法律或行政法规。如关于小学教育课程的事项，“按照第二十九条及第三十条的规定，由文部科学大臣规定”（日本《学校教育法》第 33 条），其他学段的课程事项也是类似的笼统规定；而在德国柏林州的《学校法》中，共有八个法律条文都是关于学校课程的具体规定，分别为学校课程（第 8 条），教学和教育框架课程（第 10 条），框架课程委员会（第 11 条），学科、学习领域和跨学科任务、学习领域、伦理（第 12 条），宗教和世界观课程（第 13 条），课程安排（第 14 条），针对母语不是德语的学生的课程（第 15 条），双元制培训课程（第 33 条）。

### （三）法律通常规定政府在学校事务上主要发挥监督作用

上述四个发达国家的教育法律体系较为完备，法制观念深入人心，因此学校内外部的法律关系均比较清晰。尤其是学校的外部关系相对简单，加上学校内部的治理能力强大，政府传统上一般不介入学校的内部管理，通常不会使用包括行政命令在内的强制性手段干预教育的发展或教育活动的进行，主要是起到监督、引导的作用，这一点也体现在了各国相关的教育法律规范中。如柏林州《学校法》第 105 条规定，整个学校教育系统受国家监督，对学校的监督由州教育行政主管部门（即学校监督部门）行使；学校监督机构对公立学校、申请大学的外国学生的预备课程和考试进行专业监督，并对私立学校进行监督；负责制定柏林地区的学校发展计划，确定当前和未来的学校需求；负责批准各区关于建立、合并、转制和关闭其管理的学校以及建立融合学校或高中的决定等。

### （四）美国和德国的教育立法主要以州教育法律为主

美国和德国均为联邦制国家，实行联邦与各州的分权体制，给予各州较多的自治权利。只要美国宪法及修正案 / 德国《基本法》没有做出其他规定的，相关国家权力的行使属于各州事务。德国《基本法》第 70 条还进一步明确了联邦与州在立法上的权限划分，而《基本法》第 73 条和第 74 条并未将主要教育事项纳入联邦专属立法和联邦与州的竞争立法范围之内。也就是说，在美国和德国，教育事项的立法权实际上主要由各州行使。因此，在两国的教育法律体系中，州层面的法律占比更大，尤其是在基础教育领域。

## 四、德国《学校法》规范内容的特点与趋势

通过对美、英、德、日等国有关学校的教育立法内容的梳理，可以发现，德国作为大陆法系的主要代表国家，在《学校法》立法的形式和内容上皆较为完备；加之我国在法治体系的建设中，也对德国的法律规范多有借鉴。因此，本部分内容主要对德国各州《学校法》规范内容的现状特点和发展趋势做简要分析。

### （一）纳入多元化的教育内容

在当今时代，人类的生产方式、生活方式和思维方式正发生深刻变革的背景下，教育必须改变传统的观念、理论和模式，纳入多元化的教育内

容，以适应多元化社会的发展，应对多元化世界对教育提出的更高要求。德国各州在《学校法》的立法中也考虑到了这一问题，除了传统的学科教育之外，还纳入了更为丰富的教育内容。如柏林州《学校法》第12条规定，学校的教育任务包括对学生进行包容多样性的教育，健康促进及预防吸毒、预防暴力、平等及两性平等的教育，跨文化教育，文化教育，可持续发展教育和全球学习，性教育和性自主权教育，消费者教育以及关于运动和体育的教育，包括关于享受运动及其对健康的重要性的教育。巴伐利亚州《学校法》也在第48条将家庭教育和性教育列为学校的重要任务之一。

其中，值得一提的是柏林州《学校法》提出的可持续发展教育。在柏林，可持续发展教育的实施以柏林州《学校法》为依据。柏林州《学校法》第1条规定，“学校的目标之一便是在与自然和环境和谐相处的基础上塑造国家和社会生活”。第12条第4款关于学校课程计划的规定也要求，“应将包括全球背景下的可持续发展和学习教育等多方面的内容设计进学校的课程计划”。

### （二）重视道德伦理课程

尽管德国社会的意识形态、文化传统等与我国有着本质上的不同，但其对学校德育课程的重视，尤其是通过法律手段保障学校德育的实施，仍有值得我们借鉴之处。柏林州《学校法》第12条第6款规定，道德伦理科目是公立学校7至10年级所有学生的常规科目。道德伦理课程的目的是促进学生的意愿和能力，使他们能够建设性地处理个人生活和社会共同生活的基本文化和伦理问题，而无论其文化、民族、宗教和意识形态的出身如何。通过学习道德伦理科目，学生应该具备自主和负责任地生活的基础，并获得社交技能、跨文化对话技能和道德判断能力。道德伦理科目基于德国《基本法》、柏林州宪法以及柏林州《学校法》中教育和培训任务规定的一般道德原则进行授课，教授哲学知识、思想和宗教伦理以及关于不同的文化、生活方式、世界主要宗教等的知识。道德伦理科目教授的内容在宗教和意识形态上是中立的，但在个别主题领域将由学校与宗教和意识形态课程的提供者合作设计，采取何种合作形式由各个学校自行决定。道德伦理教育的目的、内容和形式必须由学校“及时并以适当的方式”告知学生的法定监护人。巴伐利亚州《学校法》第 47 条也指出，道德伦理课程旨在教育学生以尊重价值观的方式实施判断和行为，其内容以德国《基本法》和巴伐利亚州《宪法》中规定的道德原则为指导，并考虑认知和世界观的多样性。

### （三）加强对学校的监督

通过评价等方式对学校进行监督是基础教育质量监测的重要方式，也是教育高质量发展的有力保障。德国各州的《学校法》均有对学校实施监督的主体、监督事项和监督方式等的规定。学校自身和州教育行政主管部门（即学校监督部门）均为实施监督的主体，有义务持续确保教育的高质量发展；对学校的监督范围涵盖整个教学和教育活动、学校组织、学校生活以及课外合作，通常包含了对学校行政管理和秩序实施的法律监督，对学校教育和教学活动的专业监督以及对学校教师和其他教育工作者的工作监督；监督的方式包括内部评价、外部评价、参与测试调查、发布教育报告等。

### （四）扩大全日照护服务

2021 年 10 月 11 日，德国颁布了针对小学学龄儿童的《全日照护促进法》，其主要部分于次日生效。该法律的核心是引入了一项不依赖于需求的法律权利要求：从一年级到四年级的学龄儿童均有权在日托机构中获得至少每周 5 天、每天 8 小时的照护服务；联邦各州可以自行规定寒暑假期间日托机构的关闭时间，但关闭不能超过四周。该促进法将从 2026 ～ 2027 学年就读一年级的儿童开始实施，随后，该权利将逐步扩展到其他年级。

这部联邦法律的相关内容在各州的《学校法》中也有所体现，主要是在关于全日制学校的规定中，但内容详略不一。巴伐利亚州《学校法》对此只做出了一些原则性的规定，如要考虑特殊教育儿童的需求，公共青年福利机构可与学校合作提供服务等。而有的州则通过《学校法》的修订扩大了《全日照护促进法》的适用范围，如柏林州在新修订的《学校法》第 19 条第 6 款（修订后的该条款将于 2022 ～ 2023 学年开始时生效）中，将对学龄儿童全日照护的范围扩大到 1 ～ 6 年级全部学生。此外，根据柏林州《学校法》对全日照护的管理也进一步制度化，主要体现在：第一，全日支持和照护服务由学校监管部门通过公立学校提供或由与学校合作的独立青年福利机构提供场所；即使在后一种情况下，这种支持和照护服务也处于《学校法》规定的学校监督之下；第二，所提供的全日支持和照护服务应基于柏林的“开放式全日制学校”① 教育计划，并且必须在设施和人员配备方面满足儿童保育的教育和健康要求；第三，全日支持和照护服务中的教学工作要通过系统性评价不断反思和修正。

## 五、我国的《学校法》立法情况

### （一）制定《学校法》的必要性

1. 不断完善教育法律体系的需要。

我国相继出台的《义务教育法》《教育法》等一系列法律法规，初步

① 在德国，根据学生基于自身的意愿选择是否全天上课，全日制学校分为封闭式、部分封闭式和开放式等几种形式。开放式全日制学校主要基于传统半日制学校的教学结构，并在午餐后提供学生可自愿参与的下午课程；在每学年开始时，由学生和家长自行决定是否全天上课。

形成了我国的教育法律体系，为教育事业持续健康发展提供了有力的法律保障。但作为承办教育主体的学校，却没有一部专门的法律对学校及其他相关方在学校管理以及教育教学活动中的权利、义务和责任等方面加以规范，使得学校难以正确发挥管理权，学生和教师对学校的参与权等合法权利也没有得到充分的法律保障。推进《学校法》的立法，正是为了完善我国的教育法律体系，提高教育法治化水平。

2. 建立完善现代学校制度的需要。

构建现代学校制度，是我国一项很重要的教育改革措施。要破除当前现代学校制度构建中存在的教育管理体制障碍和学校组织体制障碍，提高学校自主管理能力，完善学校内部治理结构，需要靠法律来破解制度困境，需要制定《学校法》给予学校法律上的支持与保障。

3. 解决当前涉校法律纠纷的需要。

近年来，涉及学校的各类恶性案件、法律纠纷逐渐增多。通过裁判文书的检索发现，以"学校"为关键字进行查询，案件多达上百例，且仍有上升的趋势。一些涉校纠纷如果处理不当，轻则容易使学校的教育主体地位受到诟病，重则会引起学校、教师、学生以及学生家长之间的矛盾，甚至引起负面效应，导致社会的不稳定。究其原因，很大程度上是因为教师、学生的权利以及学校的权利、义务与责任问题没有从法律上予以明确。因此，制定《学校法》，明确相关方的权利义务和法律责任，明确涉校争议的法律解决途径和方式，已成为当务之急。

### （二）《学校法》立法的推进情况

我国的教育法律体系包括《教育法》这一基本法，《义务教育法》《高等教育法》《职业教育法》《教师法》《民办教育促进法》《家庭教育促进法》等不同类别的专门法，有关教育的行政法规、地方性法规、规章等和其他法律法规中与教育有关的部分。这些法律法规中涉及学校的内容，如《义务教育法》的第三章“学校”等，形成了我国当前调整涉校法律关系的法律基础。

早在 2004 年，时任教育部部长周济就在一次会议上透露，教育部正在加快研究起草《学校法》。2005 年，教育部制定了“五修四立”的教育立法规划，计划起草四部、修订五部教育法律，《学校法》便位居“四立”之首。2010 年，教育部在《国家中长期教育改革和发展规划纲要》“修六立五”的教育立法规划中，再次将《学校法》纳入立法规划。2012 年，教育部又在《国家教育事业发展第十二个五年规划》中提出“开展《学校法》的调研起草工作”。可见，在政府层面，《学校法》早已被纳入立法的重点考量，学界也曾草拟《中华人民共和国学校法（草案）》①（黄欣 等，2017）[51]。

2017 年，《青岛市中小学校管理办法》颁布。这是全国第一部以学校为主体的地方性政府规章，在全国范围内引起了强烈反响。该《办法》通过对中小学的相关主体、运行机制、管理方式等的规范，为学校的发展提供法律保障，是我国在《学校法》立法进程中一次重要的实践探索。

### （三）我国《学校法》立法需要解决的问题

在《学校法》立法的视域下，我国目前需要解决的主要问题有以下 4 点。

1. 政府与学校权责不清。

政府和学校的角色定位不同，却没有明确的法律规范来调整两者的关

① 马怀德教授曾于 2007 年草拟了《中华人民共和国学校法（草案）》，以《学校法律制度研究》图书形式出版。西南大学于 2006 年承担教育部《学校法》立法研究委托项目。

系，导致政府和学校都很难对自身的权利、义务和责任有正确的认知，从而无法以适当的方式履行各自的职能。

2. 学校内部治理结构不完善。

我国的中小学还存在内部治理不规范、不完善的问题，学校内部机构及其职责划分一直缺乏法律规定的统一标准。

3. 各方合法权益保障不够。

学校能够顺利开展教育教学活动的重要前提条件之一就是学校、教师、学生，特别是未成年学生的合法权益必须得到有力的保障。但在实践中，对相关各方的合法权益却缺乏必要的法律保障。备受社会关注的校园欺凌及霸凌事件，在很大程度上就是因为责任归属和处理流程的相关法律缺失而造成的。

4. 学校决策的民主性不足。

由于必要法律和制度的缺失，一些学校在日常管理中和在重大事项的决策上往往存在不民主、不科学的现象，缺乏民主的决策机制和有效的民主监督机制。

## 六、发达国家经验对我国《学校法》立法的启示

纵观当今世界上教育发达的国家，在其完善的基础教育体系背后，是从国家到地方数量庞大的各级各类教育法律法规的支撑。这些教育法律法规，尤其是规范学校法律关系的法律规定，为该国基础教育的高质量发展提供了重要的法律保障。虽然各国的政治体制和法律体系不同，有关学校法律的具体内容与法规体例也不尽相同，但其立法的目的都是规范学校所涉及的法律关系和法律行为，保护学校、教师、学生及其他利益相关方的合法权益。

在“依法治教、依法治校”的大背景之下，加快我国的教育立法进

程，尽快制定符合我国国情的《学校法》，已是落实立德树人根本任务、深化教育改革、建设高质量教育体系的当务之急。发达国家成功的立法经验对我国《学校法》的制定和教育法律体系的完善具有一定的借鉴价值。

### （一）《学校法》的立法取向

在制定有关学校的法律时，一般存在两种立法取向：一是以学校为中心向外辐射，首先规范学校的教育教学活动和内部管理机制，再向外辐射至政府对学校的管理、学校与学生家庭、其他社会组织的合作等内容；二是从学校外部出发，向学校内部辐射，在完善涉及学校的一些外部关系的法律规范后，再逐步完善关于学校作为教育教学活动主体的权利、义务、责任等的法律规定。有成文《学校法》的德国和制定了《学校教育法》的日本，在立法上会更倾向于以学校为中心，在规范学校内部活动和关系的基础上，再延伸至关于政府对学校的管理和监督以及学校与外部机构的关系等规定，如关于义务教育、学校与青少年福利机构合作等方面的内容。美国和英国关于学校的法律规定散见于不同时期制定的各级各类法律法规，在立法取向上并未表现出明显的倾向性。德国和日本的这种立法取向与其注重民权的文化传统和"大社会、小政府"的社会治理方式有着密不可分的关系。就我国而言，由于我国的学校外部关系较为复杂、法律规范尚不完备，未来我国的《学校法》应当以习近平法治思想作为统领，立足于学校本身，通过关于学校管理、活动等的具体规定，先规范好学校内部的法律关系，在此基础上，关注学校外部法律关系的调整，并在《家庭教育促进法》等外部法律的协同下，由内向外、由外向内相结合，对学校内外部法律关系进行规范，推进立法进程。

## （二）《学校法》的规范内容

考虑到我国教育立法的现状和学校发展的需要，我国未来的《学校法》至少应包括以下四方面的重点内容。

1. 学校的管理制度。

虽然上述几个发达国家的学校有不同的管理制度，但学校的决策、执行和监督机构通常是分开的。我国学校在实践中实行的是“校长负责制”，现行法律也没有明确规定学校的决策机构，以及决策机构和执行机构相分离的原则，应尽快在《学校法》中对学校的内部治理结构加以规范。

2. 相关方的权利、义务和责任。

关于学校及教师、学生等相关方在学校实施办学行为过程中的权利、义务和责任的规定是上述几国有关学校法律规范的核心内容。我国未来的《学校法》应明确规定各相关方的法律责任和承担责任的方式。通过法律规定，健全学校的各项制度，规范学校办学，保障教师和学生的合法权益。

3. 政府的监管权限。

上述几国对政府在学校事务上监管权限的规定虽不尽相同，但究其立法原意，均是主张政府向学校放权，政府不直接介入学校的日常管理，仅对学校的教育教学活动起指导、支持和监督作用。德国《基本法》第 7 条第 1 款明确规定，“整个学校教育系统均处于国家的监督之下”。我国未来的《学校法》一方面要对政府的监管权限做出规定，解决长期以来政府集举办者、管理者于一身的问题，使政府转变职能，承担起公共服务的职责；另一方面要赋予学校充分的办学自主权，以适应现代学校教育的发展。

4. 学校的内部参与。

在上述几个发达国家，学校成员参与学校决策的权利、可参与的事项及参与方式等都受到法律保障，学校内部治理的民主参与程度较高。目前，我国学校内部参与的内容和方式还未能以法律形式加以规范。教职工代表大会的权责也并不明确，在实践中对学校决策的参与权力有限。而学生作为接受教育的主体，也没有以法律形式确认对学校管理的参与权。我国未来的《学校法》应对学校内部成员所具备的参与权的内涵和适用范围进行明确界定，如规定教职工如何进行民主自治，受教育者对学校哪些决策有参与权等，这样才能够充分发挥《学校法》在调整学校内部关系中的关键性作用。

### （三）《学校法》的编纂体例

根据学校工作的需要与立法的一般要求，参考德国各州《学校法》的编纂体例，我国未来《学校法》的基本框架至少应包括总则、学校分类（学制）、义务教育、学校的教学（含课程）、学校的内部管理、学校的监管、学校的法律责任和附则等八个主要部分。在总则部分，要明确立法依据、立法目的、立法原则和指导思想等内容。在附则部分，要规定适用对象、实施时间和其他需要说明的事项等内容。

### （四）《学校法》的外围法律

从上述几国与学校有关的法律渊源可以看出，对学校的法律规范是由从国家宪法到地方法规的各层级的数量庞大的法律法规实现的，而成文的《学校法》只是其中一部重要的专门性法律。单一的一部《学校法》无法囊括所有调整围绕学校产生的各类法律关系的规范。因此，我国在制定《学校法》的过程中，也要以《宪法》的相关规定为基础，处理好《学校法》与《教育法》《教师法》《义务教育法》《民办教育促进法》《家庭教育促进法》等其他教育法律以及相关行政法规、地方性法规等的内容衔接和法理统一的问题。既要避免与现有法律相冲突，保持法律的稳定性，也要适当修订其他法律中的规定，给《学校法》的制定留下更多空间，使教育法律与时俱进。尤其要注意弥补现有教育法律在规范学校事务上的空白之处，进一步提高学校法律规范的全面性和相互衔接的准确性，构建更为完善、严密的教育法律法规体系。

## 附录：德国柏林州《学校法》框架

### 第一部分　学校的使命和受教育权适用范围

§ 1 学校的使命
§ 2 受教育权
§ 3 教育的目标
§ 4 实现的原则
§ 5 学校的开放、合作
§ 5a 学校与青少年福利局的合作
§ 5b 与学校相关的青少年社会服务
§ 6 概念定义和适用范围

### 第二部分　学校的形态

第一节　独立性、责任、质量保证
§ 7 学校的独立性和责任
§ 8 学校纲领
§ 9 质量保证和评估

第二节　教学组织

§ 10 教学和教育的框架课程

§ 11 框架课程委员会

§ 12 学科、学科领域和跨学科任务、学习范围[①]、伦理

§ 13 宗教和世界观课程

§ 14 课程安排

§ 15 双语或多语的促进

§ 16 教科书和其他教学媒体的引入

## 第三部分　学校的架构

第一节　分级和组织

§ 17 年级、学校级别和学校类型

§ 17a 条（已废除）

§ 18 学校试验，具有特殊教学性质的学校

§ 19 全日制学校、补充支持和照护、午餐

第二节　小学阶段

§ 20 小学

第三节　初中阶段

§ 21 一般规定

§ 22 综合中学

§ 23 联合学校

§ 24(已废除）

§ 25(已废除）

---

① 在职业学校中可代替学科、学科领域和跨学科任务。

§ 26 文理中学
§ 27 初中阶段的更详细规定
第四节　高中阶段
§ 28 文理中学高年级
§ 29 职业学校
§ 30 职业专业学校
§ 31 高级专科中学
§ 32 职业高中
§ 33 双元制培训课程
§ 34 技工学校
§ 35 高中中心
第五节　特殊教育
§ 36 原则
§ 37 联合课程
§ 37a 融合式重点学校
§ 38 获得特殊教育重点支持的学校
§ 39 特殊教育支持的更详细规定
第六节　进修课程
§ 40 后续获得普通教育和职业教育毕业证书的第二类教育路径机构

## 第四部分　义务教育

§ 41 原则
§ 42 普通义务教育的开始时间和持续时间
§ 43 职业义务教育的开始时间和持续时间
§ 44 义务教育的责任

§ 45 义务教育的实施

## 第五部分　学校关系

第一节　一般规定

§ 46 学生的权利和义务

§ 47 学生和法定监护人的知情权

§ 48 出版物、学生的言论自由、出于政治目的的宣传

§ 49 学生团体

§ 50 免除学费和学习材料费用

§ 51 学校的监督义务

§ 52 学校的保健、检查

§ 53 学年、学周、假期

第二节　入学

§ 54 一般规定

§ 55 语言能力评估和语言支持

§ 55a 小学入学

§ 56 初中入学

§ 57 职业学校和第二类教育路径机构的入学

第三节　学习成果评估、转学、考试、承认

§ 58 学习成果控制和证书

§ 59 升学、转学、留级、跳级、课程分级

§ 60 毕业考试和毕业程序、非在校学生考试

§ 61 大学入学资格和其他学业成就的承认

第四节　发生教育冲突时的措施

§ 62 教育措施

§ 63 纪律措施

第五节　数据保护

§ 64 数据处理和信息权利

§ 64a 自动数据处理

§ 64b 评估报告

§ 64c 身份管理

§ 65 评估、学校科学检查、统计调查

§ 66 数据处理的更详细规定

## 第六部分　学校章程

第一节　学校教职工、学校管理层

§ 67 教师的职责和职位

§ 68 学校工作人员，其他人的参与

§ 69 校长的职位和职责

§ 70 申诉权和紧急处理能力

§ 71 行使校长职能的先决条件

§ 72 校长的任命

§ 73 职能职位

§ 74 扩展的学校管理层

§ 74a 危机小组

第二节　学校大会

§ 75 职位和职责

§ 76 决策权和听证权

§ 77 成员

§ 78 程序原则、委员会

第三节　教师和教职工大会

§ 79 全体大会

§ 80 专业会议，部分会议

§ 81 班级会议、年级会议、学期会议

§ 82 成员

第四节　学生参与学校管理

§ 83 学生代表会的职责

§ 84 学生发言人

§ 84a 班委会

§ 85 全体学生代表大会，学生大会

§ 86 高中中心和职业学校中的参与

§ 87 技工学校中的参与

第五节　法定监护人参与学校管理

§ 88 家长代表会的职责

§ 89 家长大会、法定监护人的发言人

§ 90 全体家长代表会、全体家长大会

§ 91 高中中心和职业学校中的参与

第六节　附则

§ 92 特殊教育重点支持学校和职业学校

§ 93 授权发布规定

## 第七部分　私立学校

第一节　一般规定

§ 94 私立学校

§ 95 学校形态和监管

§ 96 名称
第二节　替代学校
§ 97 替代学校
§ 98 批准
§ 99 批准的取消、失效和转让
§ 100 国家认可的替代学校
§ 101 财务
第三节　补充学校
§ 102 补充学校
§ 103 国家认可的补充学校
第四节　附则
§ 104 免费机构和私人课程

## 第八部分　学校管理

§ 105 学校监管
§ 106 专业监管的职位和职责
§ 107 学校心理学和融合教学方面的咨询和支持
§ 108 柏林-勃兰登堡州立学校和媒体研究所
§ 109 各区的职责

## 第九部分　区和州专门委员会

§ 110 区委员会
§ 111 区学校顾问委员会
§ 112 职业学校委员会

§ 113 职业学校顾问委员会

§ 114 州委员会

§ 115 州学校顾问委员会

## 第十部分　共同规定

§ 116 专门委员会工作的原则

§ 117 选举原则

§ 118 选举考试

§ 119 委员会主席和办公室

§ 120 选出的代表的职位

§ 121 地点，费用

§ 122 会议记录

## 第十一部分　音乐学校、青年艺术学校、青年交通学校和园艺学校

§ 123 音乐学校

§ 124 青年艺术学校、青年交通学校和园艺学校

## 第十二部分　过渡性和最终规定

§ 125 学校的继续运行

§ 126 行政违规行为

§ 127 基本权利的限制

§ 128 行政法规

§ 129 过渡性规定

§ 129a 由于冠状病毒 SARS-CoV-2 的传播而制定的特殊规定

§ 130 法规的废除

§ 131 生效

**参考文献**

巴伐利亚州，2021. Bayerisches Gesetz über das Erziehungs- und Unterrichtswesen (BayEUG)[EB/OL]. (2021-8-1)[2022-5-20]. https://www.gesetze-bayern.de/Content/Document/BayEUG/true.

柏林州，2022. Schulgesetz für das Land Berlin[EB/OL]. (2022-3-31)[2022-5-20]. https://www.schulgesetz-berlin.de/berlin/schulgesetz.php.

程凤春，洪成文，1995. 英国中小学教育改革新动向——《1993 年教育法案》及其影响 [J]. 外国中小学教育（6）：1–3.

胡劲松，2004. 德国学校法的基本内容及其立法特点——以勃兰登堡、黑森和巴伐利亚三州学校法为例 [J]. 比较教育研究（8）：1–6.

黄欣，吴遵民，杨婷，2017. 我国《学校教育法》为何难以制定 [J]. 中国教育学刊（10）：46–51.

秦梦群，2006. 美国教育法与判例 [M]. 北京：北京大学出版社.

史大晓，2019. 德国学校法初探：渊源与问题 [J]. 复旦大学法律评论（00）：112–113.

徐静琳，1987. 英国教育立法初探 [J]. 上海大学学报（社会科学版）(1)：106–109.

俞杨建，2011. 我国学校法立法的基本内容研究 [D]. 苏州：苏州大学.

张维平，马立武，2004. 美国教育法研究 [M]. 北京：中国法制出版社.

周健，1990. 日本学校教育法的结构 [J]. 中小学管理（5）：53–54.

驻英国使馆教育处，1996. 英国的教育立法 [J]. 世界教育信息（11）：1–2.

Schulgesetz für das Land Berlin[EB/OL]. (2022-3-31)[2022-5-20]. https://www.schulgesetz-berlin.de/berlin/schulgesetz.php.

# 后记

教育是面向人类未来的事业，具有强烈的未来属性，始终关注着人的未来成长和可持续发展，关注着人类社会的未来和永续生存发展。未来学校是教育未来属性的一种鲜明体现，是教育面向未来不断创新发展在学校制度建设上的一种基本表征。信息化时代互联网、大数据、云计算、人工智能等科学技术的迅猛发展与广泛应用，正以前所未有的方式和速度推动着人类生产生活方式的变化，在彻底改变全球经济蓝图与工作场域的同时，也促进了学习内容、学习方式、学习规则等教育要素的变化。在这种背景下，对国家而言，教育需要培养什么样的适应未来生存和发展需要的人才？对个体而言，具备怎样的核心素养才能适应信息化时代的社会发展？如何以制度重构来探索解决面向未来的学生创新培养问题和信息化时代学校改革发展的深层次问题？为解答这些问题，受教育部委托，北京教育科学研究院课题组开展了“信息化时代未来学校制度重构与创新实践研究”。

课题组在把握前沿、研判趋势、查找问题的基础上，尝试更加深入地探索未来学校的改革逻辑，更加系统地总结未来学校制度创新的知识体系与实践经验，为探索具有中国特色的现代学校制度提供决策参考和科研支撑。

感谢课题组成员为本著作贡献了智慧和成果：冯洪荣、郭秀晶、李旭（总论）；李政、沈永辉（第一章第一节）；唐科莉（第一章第二节）；宋晓欣（第二章第一节）；乐进军（第二章第二节）；周红霞（第二章第三节）；

唐亮、李艳霞、高保琴、于志涛、刘寅（第二章第四节）；孙颖（第二章第五节）；曲垠姣（第三章第一节）；邹敏、沈永辉（第三章第二节）；李冬梅（第三章第三节）；李旭（第三章第四节）；李震英（第四章第一节）；刘熙（第四章第二节）；刘韬（第四章第三节）；邓舒（第四章第四节及附录）。全书由郭秀晶统稿，冯洪荣审稿定稿。

课题研究还得到教育部政法司等教育行政部门的指导和支持，并得到北京十一学校、北京第二实验小学等单位的大力协助，在此一并表示衷心感谢。

鉴于未来学校相关理论研究和实践探索不断发展，以及本团队的研究能力和时间有限，书中如有疏漏和不妥之处，敬请广大读者批评指正。

课题组

2023 年 3 月

出 版 人　郑豪杰
责任编辑　殷梦昆
版式设计　孙欢欢
责任校对　贾静芳
责任印制　李孟晓

图书在版编目（CIP）数据

面向未来：教育变革趋势与路径研究 / 冯洪荣等著.
北京：教育科学出版社，2024. 5（2025.2 重印）.
-- ISBN 978-7-5191-3913-1

Ⅰ. G521

中国国家版本馆 CIP 数据核字第 2024XM0387 号

**面向未来：教育变革趋势与路径研究**

MIANXIANG WEILAI: JIAOYU BIANGE QUSHI YU LUJING YANJIU

| | | | |
|---|---|---|---|
| 出版发行 | 教育科学出版社 | | |
| 社　　址 | 北京·朝阳区安慧北里安园甲 9 号 | 邮　　编 | 100101 |
| 总编室电话 | 010-64981290 | 编辑部电话 | 010-64989421 |
| 出版部电话 | 010-64989487 | 市场部电话 | 010-64989009 |
| 传　　真 | 010-64891796 | 网　　址 | http://www.esph.com.cn |

| | | | |
|---|---|---|---|
| 经　　销 | 各地新华书店 | | |
| 制　　作 | 高碑店市格律图文设计有限公司 | | |
| 印　　刷 | 保定市中画美凯印刷有限公司 | | |
| 开　　本 | 720 毫米 ×1020 毫米　1/16 | 版　　次 | 2024 年 5 月第 1 版 |
| 印　　张 | 26.75 | 印　　次 | 2025 年 2 月第 2 次印刷 |
| 字　　数 | 343 千 | 定　　价 | 96.00 元 |